LES GRANDES CARTES SECRÈTES DE L'HISTOIRE

Rangeepara
Lamarpara
Jadoorampara
Koomulchan
Pheskapara
Manikdhunpara
Kheeteerarpara
Sooklal
Baoorarpara
Jeelhoodewanpara
Gazeeke Musjid
Nobskee
Bhoonsorapura
Dooleeadewanpara
Pooapara
Foromoin G.T.S.
Rajpareea
Tabla S.
Dolphin Peak
Mahdoosund Chowdrys
Musjid
Boobulpara
Hamookeea
Doonglallkhan
Lebahpara
Nasaroo
Murehsuree
Jugdeepara
Kaptaroa
Chukehureea
Khodudela
Moratong G.T.S.
Beenuooree
Chunseepara
Goorchum
Raepoor
Nanapoor
Andarmanik
Laroongiapara
Oongkooree
Shabpara
Farradabad
Rasangeree
Bolctapoor
Thourroozapara
Bogabul
Keojophrooroa
Dangroa
Jeharpoor Musjid
Jehanpoor
Bharamcherty
Sapsurupara
Noabha
Nasaroo
Gogra
Dubbooa
Eekoolea
Chileebur
Amullkhanpara
Neelnlapoor
Neelchundpara
Dovadl
Nodimp.
Chutterpara
Toneerpara
Shelbooka Gogra
Oongfrooroa
Mirzap.
Dewapoor
Moshak Beheer Musjid
Kompreeaoo
Lallnnuggur
Sadangr
Charrea
Cheepatulla
Nowajisp.
Raojun
Purroa
Dhoneepara
Moneeroa
Mozufferpoor
Goora
Edilpoor
Moungphroo
Huangroa
Sona S.
Hosseinabad
Kargota
Seetapilhan
Raheempoor
Alipoor
Roffalpoor
Ladangarrah
Soneoi N.
Issamuttee
Nechutap.
Dulchun
Runguneea
Neelchundpara
Ghaseepara
Hathazaree
Beenajooree
Musjid
Kaddalpoor
Soorud Sings Datta
Thoangree
Gurdooarra
Andarmanik
Ghatchuk
Gomai
Chundergong
Chundergong
Meetapullah
Moogdai N.
Goozera
Kurla G.T.S.
Rangoonea
Noagong
Kuddum-tullee
Kadulla
Puchhimputtee
Moisputtee
Kooceakhalre
Moonshee Keelhangs
Pomra
Nozirteel
Surubghutta
Doop Rat Musjid
Gyalmura
Nehalpoor
Pookealola
Musjid
Bunneakota
Meena Ghazee Musjid
Sadekabad
Gorkee Char
Putteeaparra
Sahroa
Puchum Pahartallee
Chickendundee
Mois-kurrean
Netparra
Daneeuhata
Dingalia
Seelok
Shakpelah
Buggoodh
Teenghadea
Samuderkwang
Mozufferabad
Beetaqaee
Pokaira
Narissea
Mudunmoora H.S.
Boree Chur
Kochookein
Churndah
Battooa
Mora
Korondeep
Sreep.
Kurnafoolee River
Debaseeroa
Teeboorec
Soondree
Puddooa
Koolgong
Kuddoorkeel
Chitpoor
Akuleea
Jellalabad
Chur Mora
Akoopdundee
Bogaserra
Meophoroa
Pachdesh
Popadeea
Ammorkea
Chur Mora
Varreekoop
Chur Kidderpoor
Nagarkana G.T.S.
Gooneedundee
Secundundee
Khooroosseea
Palarea
Nusseerabad
Goomdundee
Kunjooree
Kooruldanga
Bullupoor
Koolsee
Solachh.
Chur Dukaleea
Hijellee
Allah
Sukpoorah
Chur Beora
Ruttenpoor
ISLAMABAD
OR
CHITTAGONG
Nussera
Askera
Buhaleea
Sukpoorah
Dulghat
Bagdundee
Boorsee
Chur Kidderp.
Ghooskea
Eeshackhein
S.Italseri G.T.S.
Marorephoroa
Marorephoroa
Marorephoroa
Agrabad
Jeekabunga
Halleem Khan
Pacherria
Deep
Jyekhalee
Dingaleo Maut
Leikharra
Lurreecharree
Neilkein
Okara
Boorsee
Sampmarra
Gohildonga
Patterghatta
Bunnigram
Munshur
Teerkool
Nolshah
Teryea
Meratta
Barreekarra
Bagkhalee
Alishar
Tharrah Meira
Kartullee
Pattia P.S.
Peikparrah Beharee
Patteegram
Moisbunder
Luksea Chur
Zeeree
Belkein
Melghur
Koorul
Kochooe
Seermai
Domekhalee
Joolda
Keagram
Kuriama
Kuriama
Shameerpoor
Dorruk
Ajsea
Battekein
Goatullee
Chuttora
Mulleearra
Bundelgaon
Kalatulli
Mooradabad
Chur Megra
Dowlutpoor
Keagpoor
Battooa
Parreekora
Borea
Kalesh
Bundelgaon
Roshoonar
Allahabad
Petunga
Baroden
Keaghur
Pachim Keinarra
Chunamattee
Talserra
Budul Fulceer
Chuttoree
Rodoora
Sidillia
Bunder
Sinarra
Domareea
Kunnmadgree
Patandundee
Jooarra
Khan
Hassimpoor
Dobacherree
Rungadea Chr
Belchoora
P.S.
Chundanaish
Sheelghattee
Danpoora
Puchumchul
Melghur
Eechalkhalee
Kootendenga
Gauchbareea
Seringhatta
Steighur
Burkul
Hurralla
Abdool

LES GRANDES CARTES SECRÈTES DE L'HISTOIRE

TOM HARPER | NICK DYKES | MAGDALENA PESZKO

Glénat | BRITISH LIBRARY

Cet ouvrage accompagne l'exposition de la British Library intitulée « Secret Maps: How They Conceal and Reveal the World » organisée par Tom Harper, Nick Dykes et Magdalena Peszko, à Londres, du 20 octobre 2025 au 18 janvier 2026.

Pour l'édition originale :

96 Euston Road, Londres NW1 2DB

Textes :
Tom Harper : 30-33, 48-65, 70-73, 86-91, 104-109, 116-119, 123-133, 150-155, 164-169, 188-193, 198-201
Tom Harper/Bobby C. Martin : 160-163
Nick Dykes : 74-77, 92-103, 110-115, 120-123, 134-139, 156-159, 176-179, 212-217
Magdelana Peszko : 34-45, 46-47, 66-69, 146-149, 170-175, 180-187, 194-197, 208-211

Conception et composition : Ocky Murray
Recherche iconographique : Sally Nicholls

Avec le soutien de Wayland Games et Tony & Maureen Wheeler
Remerciements à Kathryn Uhde, Sir Trevor & Lady Susan Chinn et The Indigo Trust

Pour l'édition française :

Éditions Glénat
37 rue Servan
38000 Grenoble
www.glenat.com
contact@glenat.com

Traduction : Sylvie Deraime pour les pages 6-51, 134-193 ;
Valentine Palfrey pour les pages 52-133, 194-231
Correction : Améline Néreaud, Serge Cordey pour la page 240

Dépôt légal : octobre 2025
ISBN : 978-2-344-07169-4 / 001
Achevé d'imprimer en France en octobre 2025 par SEPEC AGM, sur papier provenant de forêts gérées de manière durable.

SOMMAIRE

INTRODUCTION

Le secret et les cartes semblent d'emblée aller parfaitement de pair. En témoignent les exemples suivants : une carte militaire d'un réseau de grottes, datée de la Seconde Guerre mondiale et tamponnée du mot « secret » en lettres capitales rouges ; une carte défraîchie dessinée à la main, marquée d'un « X » indiquant l'emplacement d'un trésor enfoui ; ou encore, l'écran de votre téléphone, sur lequel un point bleu signale votre localisation [p. 8-9]. Nous considérons ces diverses cartes comme secrètes, car elles recèlent des informations géographiques confidentielles, précieuses ou privées et sont, par conséquent, dissimulées – ou l'ont été – pour préserver l'avantage conféré par leur possession. Naturellement, nous voudrions en savoir plus. Qu'y a-t-il dans ces grottes ? Comment découvrir ce trésor ? Pourquoi vous êtes-vous rendu dans cet endroit ? Les cartes secrètes évoquent le mystère, l'excitation et le danger – autant de caractéristiques qui expliquent la fascination des humains pour le secret –, à quoi s'ajoute le frisson particulier procuré par l'impression que le monde nous est révélé sous une forme miniaturisée et donc, que nous le possédons.

Ce livre relate comment, au cours des six derniers siècles, s'est tissé le lien entre cartes et secret dans la culture occidentale. En raison de l'association couramment faite – et justifiée – dans l'opinion, entre cartes, secret et activité clandestine, cette histoire recèle des aspects troublants. Pourtant, la trame n'en est pas uniquement constituée de motivations négatives, comme la suspicion ou la convoitise. Le secret, de même que les cartes, peut fonctionner de manière constructive au sein d'une société, comme le savent tous les parents qui cachent à leurs enfants ce qu'ils auront à Noël. Le secret peut offrir une protection, ainsi qu'un fondement aux liens sociaux et au sentiment d'appartenance.

Le choix de s'en tenir ici, pour l'essentiel, à la « culture occidentale », prend acte de l'impossibilité d'inclure l'ensemble des diverses conceptions du secret et de la dissimulation, comme des cartes et de la cartographie à travers le temps et l'espace. Ce récit abordera succinctement la période médiévale en Europe, l'histoire principale commençant au XVIe siècle. Cela reflète le développement du type de carte principalement traité dans ces pages : des représentations graphiques d'un espace essentiellement géographique, sur parchemin ou papier et sous forme numérique. Mais, même en réduisant ainsi le sujet, cette histoire demeure complexe, fondée sur deux éléments énigmatiques et en partie insaisissables : le secret et les cartes. Cette introduction vise à en percer la nature.

Nous pouvons nous faire une idée de cette complexité en revenant aux trois exemples cités plus haut. En révélant les grottes cachées, l'emplacement du trésor et votre itinéraire privé, ces cartes, de fait, leur ôtent leur caractère secret. Tamponner une carte d'une grande inscription « secret », en rouge, est le plus sûr moyen d'alerte sur la présence d'un secret. Et si quelqu'un voulait véritablement dissimuler l'emplacement de son trésor, l'indiquerait-il sur une carte ? Pourquoi, encore, voudrait-on partager ses déplacements avec des étrangers ou une quelconque entité inconnue ? Nous pouvons en tirer un premier enseignement, à savoir que le secret est autant affaire de divulgation que de dissimulation. Comme l'écrit Clare Birchall, ces deux faces du secret sont en « état de flux constant[1] ».

Une des plus célèbres cartes secrètes du XXe siècle n'échappe pas à ce paradoxe [p. 10]. En octobre 1941, le président des États-Unis, Franklin D. Roosevelt, annonçait à la nation américaine, dans un discours radiodiffusé : « J'ai en ma possession une carte secrète établie en Allemagne par le gouvernement hitlérien. » Cette carte, selon toute apparence une carte authentiquement allemande de l'Amérique du Sud et qui révélait un plan nazi visant à redéfinir les frontières des pays sud-américains après la victoire du Reich, aurait dû être décrite en réalité comme une carte *jusqu'alors* secrète, puisqu'elle était précisément divulguée à des millions de personnes. Il s'avérera plus tard qu'il s'agissait probablement d'un faux conçu par un officier

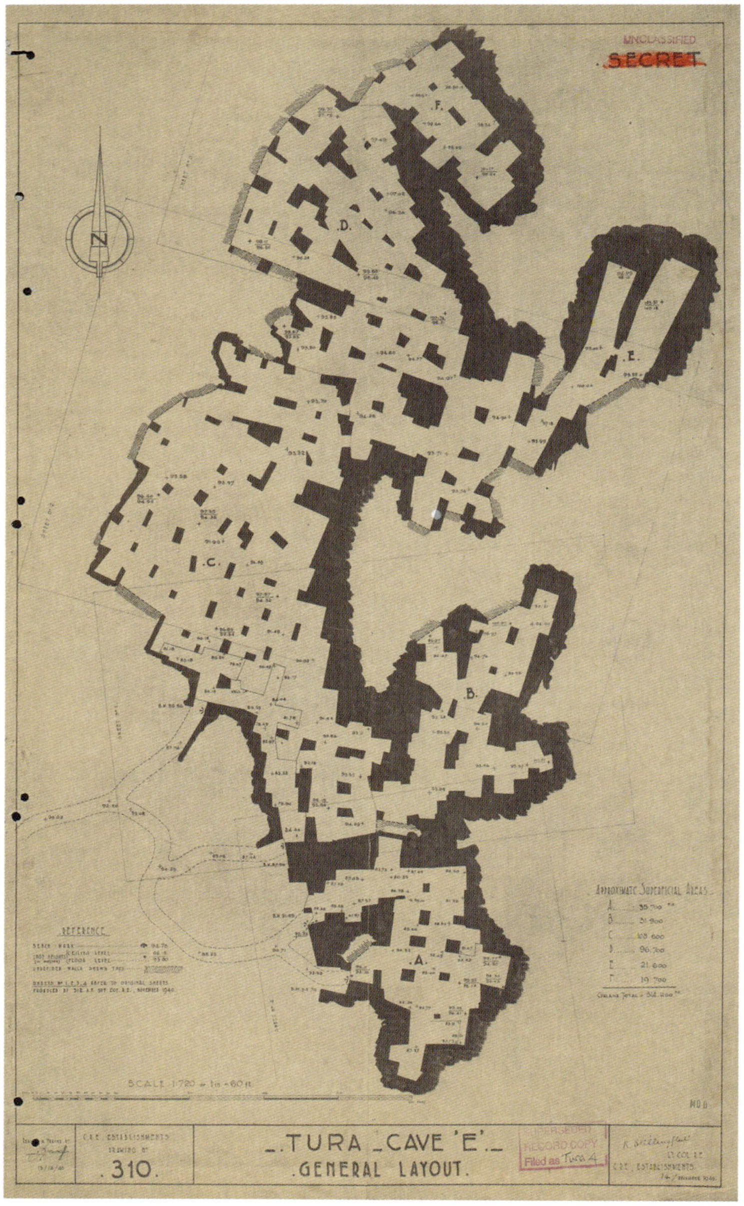

Tura – Cave 'E' – General Layout [« Tourah – Carrière souterraine E – Plan général »]. Le Caire, Direction des levés topographiques, Commandement du Moyen-Orient, 1940. Cartes MOD Tourah 4.

des Renseignements britanniques, destiné à susciter l'indignation de l'opinion publique américaine face aux visées allemandes sur « l'arrière-cour des États-Unis », afin d'accélérer l'entrée en guerre de ce pays, comme l'avait fait le télégramme Zimmermann en 1917 (voir p. 214). Il semble peu probable que c'est à cela – le véritable secret inhérent à cette carte – que faisait référence le président américain, sans qu'il soit possible d'en être certain. C'est cette complexité qui définit la nature secrète de cette carte.

Définition des cartes secrètes

La carte de Roosevelt donne une première idée de la relation entre cartes et secret : ce document est en premier lieu une image constituée de formes, de lignes, de signes, de noms, de données mathématiques et de notes gribouillées, formant la carte de l'Amérique du Sud, qui communique des informations sensibles concernant les visées supposées du Troisième Reich sur ce continent. C'est, en deuxième lieu, un morceau de papier dont la surface est couverte de nombreux traits, ainsi qu'un objet secret d'abord dissimulé physiquement, puis à un certain point, révélé. En troisième lieu, cette carte est porteuse de sens, depuis la traduction relativement évidente des lignes tracées à l'encre en une carte de l'Amérique du Sud jusqu'à quelque chose de beaucoup plus subjectif, en l'occurrence une déclaration chargée d'émotion et ayant le pouvoir de susciter la colère d'une nation. Ainsi, les cartes indiquent des secrets, sont l'objet de dissimulation et sont conçues pour ces raisons même. En abordant ces aspects l'un après l'autre, nous pourrons mieux comprendre la relation entre cartes et secret.

Des images secrètes

L'essentiel de ce qui a été écrit sur les cartes secrètes se concentre sur les informations véhiculées par l'image cartographique. Par exemple, le secret de la carte au trésor est le signe « X » placé à l'endroit qui, sur l'image, correspond à celui où est enterré le trésor. Les éléments additionnels de l'image cartographique tels que les lignes représentant la topographie locale, la frontière, l'échelle, l'orientation, les noms,

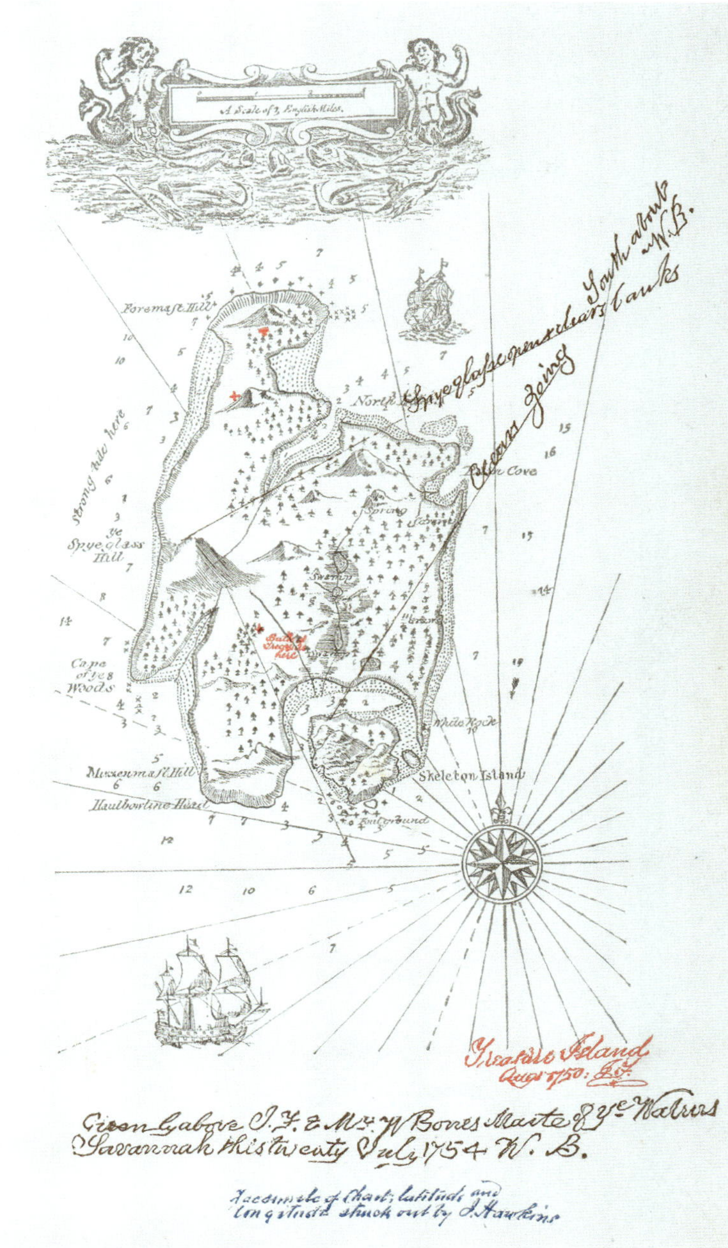

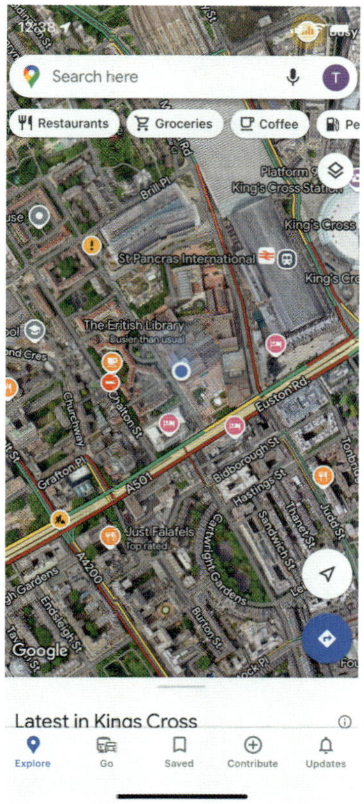

(À gauche) « L'Île au Trésor, août 1750 » dans *L'Île au Trésor* de Robert Louis Stevenson. Londres, Cassell & Company Ltd, 1883. C.71.c.18.

(Ci-dessus) Le « point bleu » de Google Maps. Image © Airbus, Maxar Technologies, données cartographiques, 2025.

les instructions écrites et les ornementations aident à situer cet emplacement. Autre exemple : la carte militaire datée de 1941 des anciennes carrières souterraines de Tourah (en anglais, *Tura Caves),* au sud du Caire, en Égypte, est une image d'un lieu secret utilisé par l'armée britannique pendant la Seconde Guerre mondiale, entre autres choses pour créer, imprimer et stocker des cartes. Les entrées, la disposition et le contenu des carrières indiqués sur l'image cartographique constituent les informations secrètes que recèle cette carte. Ces deux exemples démontrent qu'en matière de carte, les secrets sont d'abord et surtout localisés : ils concernent le « où ».

Mais les cartes font plus qu'indiquer un endroit spécifique. La philosophe Sissela Bok caractérise les secrets en termes « de plan, d'action, d'identité et de possession », auxquels on peut attribuer une localisation (le plan secret d'invasion, l'itinéraire secret pour s'évader, le pays auquel on appartient secrètement, la résidence secondaire secrète) qui peut être visualisée par le biais d'une image cartographique[2]. Bien sûr, on ne peut pas montrer sur une carte tous les lieux ou toutes les choses qui s'y trouvent, car même les cartes ont leurs limites, notamment en matière d'échelle et de superficie couverte. Les cartes ne répondent toutefois pas qu'à la question du « où ». Ainsi, le plan d'une action criminelle peut en révéler l'auteur (« qui »), l'heure approximative du crime (« quand »), voire le motif potentiel (« pourquoi »), en plus du lieu où le crime a été commis.

Il faut souligner que les traits figurant sur une carte « secrète » ne sont pas nécessairement tous secrets. On pourrait dire que sur la carte au trésor, le « X » est le seul élément véritablement secret contenu dans l'image. À l'inverse, la carte des carrières de Tourah représente un lieu truffé d'intersections, qui renfermait des secrets bien avant que l'armée britannique ne l'ait réquisitionné et estampillé « secret » : le calcaire extrait de ces carrières servit à la construction des pyramides de Gizeh (voir p. 188-193), et de précieux manuscrits furent cachés dans ce labyrinthe. Bok pense également qu'un secret est nécessairement quelque chose de « délibérément caché », ce qui veut dire que les secrets ne peuvent être ni fortuits, ni secondaires[3]. L'intentionnalité fait souvent débat et ce sujet

Luftverkehrsnetz der Vereinigten Staaten Süd-Americkas Hauptlinien [« Réseau aérien des États-Unis, lignes principales d'Amérique du Sud »]. Lieu de publication inconnu, 1941. Bibliothèque Franklin Delano Roosevelt, dossier confidentiel du Président (boîte n° 3).

reviendra souvent dans ce livre. Bien des choses sont qualifiées de « secrètes », à l'exemple d'un « paradis » secret et exclusif pour les vacances, sans être intentionnellement dissimulées – c'est notamment le cas lorsqu'elles sont vantées en ligne à l'intention de millions de personnes ! On retrouve ici la définition du secret donnée par un lexicographe du XVIIIe siècle, Samuel Johnson, dont l'une des acceptions est : « Une chose inconnue ; quelque chose qui n'a pas été encore découvert[4]. »

Pour un esprit contemporain, cette définition peut paraître extrêmement large. Bien des choses nous demeurent inconnues. En 1926, John Buchan écrivait que « l'inconnu, heureusement, nous accompagnera toujours, car il existe d'infinis secrets dans un brin d'herbe, un tourbillon de vent et un grain de poussière[5] ». Pour autant, l'on ne dirait pas forcément que les levés et la cartographie des côtes au XIXe siècle ont révélé des « secrets ». Néanmoins, de nombreux dictionnaires corroborent l'idée qu'est secret ce qui n'est « pas connu », ce qui reflète le fait que certains endroits sont cachés, délibérément ou non.

Le fait qu'il puisse exister des lieux secrets sans être délibérément dissimulés suggère qu'en réalité, nous parlons de deux choses : le produit d'un secret et le processus de dissimulation[6]. Ce que l'on a pu définir respectivement comme « un secret sans dissimulation » – par exemple, un livre « secret » de recettes, accessible à tous, qui n'a donc de secret que le nom – et comme une « dissimulation sans secret » – quelque chose qui est recouvert du voile du secret, mais qui peut ne rien avoir de secret en soi[7]. De nos jours, nous avons tendance à penser que lorsqu'on parle de secret, ce sont des « secrets dissimulés », mais il en existe assurément d'autres types. Par exemple, les cartes indiquent des lieux qui sont considérés comme secrets du fait de leur association avec le sacré, le mystère ou le folklore, de leur histoire ancienne ou de leur nature souterraine (le secret ultime). Les cartes représentent fréquemment des lieux comme Stonehenge, le triangle des Bermudes, les pyramides d'Égypte ou même, des traits comme les lignes telluriques, qui ne sont généralement pas considérés comme des secrets délibérément dissimulés. Le langage et les priorités des cartes scientifiques sont soit incapables de rendre les secrets épistémologiques que celles-ci peuvent receler, soit peu intéressés par ces derniers.

Pour les cartes secrètes qui exigent une dissimulation délibérée, diverses méthodes peuvent être utilisées. La première consiste à codifier ou falsifier l'image par mesure de sécurité. Dans le cas de la carte au trésor, le « X » pourrait être placé au mauvais endroit et une scytale (dispositif de décodage) fournie pour en « corriger » la localisation. On trouvera dans ce livre de nombreux procédés ingénieux de falsification, d'encryptage et de codage des cartes, en particulier concernant celles produites durant un conflit. La seconde méthode pour dissimuler le secret d'une carte se fonde sur sa nature d'objet.

Des objets secrets

En effet, les cartes peuvent être aussi des objets secrets. Ceux-ci peuvent être évidemment cachés, comme le fut supposément la carte secrète détenue par le président Roosevelt révélant les desseins nazis en Amérique du Sud. Il existe de nombreux exemples de cartes sur parchemin ou papier ainsi mises à l'abri des regards. Par exemple, les institutions cartographiques des empires espagnol et portugais du XVIe siècle conservaient leurs cartes dans des coffres spéciaux, rangés dans des pièces secrètes. Il s'agit, dans de tels cas, de restreindre la circulation des informations secrètes portées sur les cartes, voire des cartes elles-mêmes. Par exemple, la présence au sein d'une collection officielle de cartes militaires d'une carte touristique apparemment anodine figurant, disons, un complexe balnéaire espagnol des années 1960 pourrait trahir l'intérêt porté par les autorités à cette zone, avec de possibles implications concernant un secret d'État.

Il est bien beau d'enfermer à double tour une carte pour préserver son secret, mais quel avantage cela représente-t-il si l'on a besoin d'utiliser les informations secrètes qu'elle contient ? Après tout, la carte nazie contrefaite n'avait été fabriquée que pour être divulguée ! Elle nous livre un autre enseignement important : quelles qu'en soient la forme et les intentions, les cartes doivent être utilisables, même si cela équivaut à compromettre l'intégrité de leur secret. Par conséquent, divers procédés sont utilisés pour maintenir l'équilibre entre secret et utilité. Par exemple, classifier les cartes officielles selon leur degré de sensibilité et en gérer l'accès par des habilitations de sécurité est une méthode éprouvée. La carte « secrète » des carrières de Tourah figurait probablement à un niveau élevé sur l'échelle de classification britannique, tandis que les cartes produites en vue du débarquement en Normandie, le 6 juin 1944, se situaient dans la catégorie la plus haute (voir p. 92-93). La classification diffère d'un État à l'autre et change au fil du temps en fonction du risque sécuritaire, mais ce système de dissimulation institutionnalisée constitue un moyen efficace de gérer la circulation des informations.

Une autre méthode pour restreindre l'accès aux objets cartographiques consiste à en contrôler le nombre d'exemplaires. Ainsi, s'en tenir à des cartes manuscrites afin d'en limiter le nombre de versions était, au XIXe siècle, la politique par défaut dans les cercles officiels, militaires et maritimes, et ce malgré les conséquences négatives en termes de disponibilité de cartes reproductibles avec précision. Dans les périodes de conflit, la tendance était au respect plus étroit des règles d'exactitude. Les guerres ont également favorisé une grande ingéniosité en matière d'objets cartographiques secrets ; ceux conçus par le fabricant de jeux Waddington's et le MI9 durant la Seconde Guerre mondiale, pour être acheminés clandestinement jusqu'aux prisonniers alliés en sont une brillante illustration [ci-dessous][8]. En temps de paix, lorsque la nécessité du secret devient moins criante, l'équilibre entre confidentialité et utilité est susceptible de basculer quelque peu en faveur de cette dernière. Ainsi, une fois achevées les guerres napoléoniennes en 1815 et la menace française éliminée (voir p. 70), la Compagnie britannique des Indes orientales décida finalement de publier ses cartes manuscrites de certaines régions du sous-continent indien, cartes jusqu'alors restées confidentielles.

GB Kent Ltd, [Brosse à cheveux ovale abritant une carte en papier]. Hemel Hempstead, 1939. Imperial War Museum [Musée impérial de la Guerre] EPH 2207.

Bien que d'innombrables cartes, autrefois secrètes et aujourd'hui déclassifiées, soient conservées dans les archives gouvernementales et accessibles au public dans des lieux comme la British Library, il est certain qu'on en a délibérément détruit au moins autant. Les archives de guerre déclassifiées décrivent, par exemple, un appareil destiné à « la destruction en urgence des documents, manuels, manuels de codage, cartes et films ininflammables », utilisé par le ministère de l'Air britannique en 1944[9]. Les secrets des cartes détruites sont par définition bien gardés. Qu'ils aient survécu ou été perdus, les objets cartographiques entretiennent des liens actifs avec le secret et, de ce fait, contribuent à une troisième fonction des cartes, en tant que vecteurs de sens.

Sens secrets

Les cartes sont porteuses de sens en tant qu'objets et en tant qu'images. Par exemple, l'une des significations associées à un morceau de papier contenant un message secret tracé à l'encre est qu'il s'agit d'un objet que l'on peut aisément plier, cacher ou jeter au feu, ou dont on peut, semblerait-il, s'emparer pour le brandir lors d'une conférence de presse afin d'attester d'un complot nazi. Mais les cartes sont davantage signifiantes en tant qu'images. C'est d'ailleurs leur première raison d'être, ces étranges assemblages de formes et de mots représentant de l'information codifiée. Les significations attachées aux cartes comportent différents niveaux. À un premier niveau, l'information intégrée dans l'image cartographique est véhiculée sémiotiquement à travers le sens attaché aux signes, symboles et autres traits distinctifs. Ainsi, la série de lignes tracées à l'encre sur une carte du XVIe siècle « signifie » le port marchand oriental que la Couronne espagnole souhaite garder secret, tandis que le « X » « signifie » que c'est là qu'il faut creuser.

À un deuxième niveau, les cartes peuvent receler des sens allégoriques cachés qu'il faut mettre au jour, avec une difficulté variable. Par exemple, la seule signification que l'on puisse prêter aux « exubérantes » ornementations baroques figurant sur les

(Page de gauche) Christophe Tassin, « Carte générale de dix et sept provinces des pays » ... in *Les cartes générales de toutes les provinces de France*. Paris, 1634. Cartes C.26.b.18.

(Ci-contre) Image satellitaire de la « Bille bleue », 1972. NASA.

cartes de Christophe Tassin [ci-contre], est que ces cartes, si l'on en croit Tom Conley, « posséderaient des pouvoirs inconnus ou exerceraient une action secrète de caractère mystique[10] ». En d'autres termes, il y a là assurément un sens, mais nous ignorons lequel et il demeure secret.

C'est au niveau des valeurs et de l'idéologie que le sens véhiculé par les cartes contribue le plus au secret : les versions du monde qu'elles présentent à travers ce qu'elles incluent, laissent de côté, exagèrent et minimisent, et l'objectif qu'elles cherchent à atteindre, depuis l'intimidation jusqu'à l'inclusion. L'étude de cette dimension de la signification des cartes a été développée dans les années 1980 par l'historien J. B. Harley. Ainsi, en 1988, celui-ci a écrit sur « les silences découlant d'une politique délibérée de dissimulation et de censure[11] ». À ses yeux, certains aspects des cartes, en particulier les fameux espaces vierges (« il n'existe pas d'espace vierge sur une carte ») ou les « silences », véhiculent des significations manifestes et inconscientes, à l'exemple des cartes des empires européens omettant les populations et les cultures autochtones[12]. Ici, l'absence même d'information sur la carte fait sens.

L'argument a été contesté. Cela ne pourrait-il pas aussi vouloir dire tout simplement que le cartographe ignorait ce qu'il y avait là ou se préoccupait surtout de mettre en évidence les éléments les plus pertinents ? Comment distinguer l'intention de l'omission fortuite ?[13]. Pourtant, même lorsqu'on s'accorde sur le fait que tout ce qui est absent d'une carte ne dissimule pas un message secret, ce débat tend de plus en plus à refuser aux cartes le bénéfice du doute. Cela tient au fait qu'une relecture critique a conféré à ces dernières la réputation d'être par nature des choses trompeuses, dissimulant les fondements souvent douteux de leur autorité derrière une apparence polie et altruiste. Par exemple, Laura Kurgan a démontré que la version diffusée au XXIe siècle de la célèbre image satellitaire de la « Bille bleue » n'est pas nécessairement la photographie authentique et objective du globe vu de l'espace, apparaissant vulnérable, tel que vendue par les agences qui l'ont produite, mais une image composite artificielle formée de quantité de données obtenues à distance, une technologie qui trouve ses origines dans la surveillance militaire [ci-dessus][14]. Le réalisme rhétorique de la cartographie, à la différence de la « duplicité » de la topographie[15], nous incite à croire que la carte doit représenter fidèlement le territoire, ce que Phil Cohen et Mike Duggan nomment « le pacte cartographique[16] ». Parmi les autres pactes secrets figurent ceux concernant les cartes impliquées dans des injustices historiques, comme la traite des esclaves. En l'occurrence, les cartes n'apportaient pas seulement une aide pratique à la navigation et au commerce, mais minimisaient et édulcoraient la nature inhumaine d'un tel commerce, même en l'illustrant de façon apparemment objective.

Qui décide de ce qui est un secret ?

Nous avons maintenant établi comment les cartes sont associées au secret, en tant qu'images, objets et vecteurs de sens. Nous n'avons guère évoqué comment, précisément, l'information en vient à être considérée comme secrète. Très peu de gens considéreraient Google Earth comme une carte secrète, ne serait-ce qu'en raison de son statut de carte la plus prisée et la plus accessible dans le monde. Des secrets sont certainement disséminés en son sein, depuis les floutages opérés par Google Street View pour préserver la vie privée jusqu'aux retouches, omissions, pixélisations, faibles résolutions et autres vues potentiellement étranges de sites officiels, militaires et navals. On peut comprendre les préoccupations de sécurité et d'intimité motivant ces choix. Ce qui n'est pas toujours clair, en revanche, c'est la logique présidant à la diversité des approches en matière de secret. Pourquoi, par exemple, l'Élysée, résidence officielle du président français, est-il flouté sur la carte Google Earth de Paris, par ailleurs parfaitement lisible, alors que les vues du 10 Downing Street, hébergeant le Premier ministre britannique, et de la Maison-Blanche, abritant le président des États-Unis, n'ont apparemment pas été modifiées [ci-contre] ? Et d'ailleurs, pourquoi le lieu de villégiature officiel du président américain, Camp David, est-il montré sur Google Earth (quoique caché en grande partie par des arbres), alors qu'il est totalement absent des cartes touristiques du Catoctin Mountain Park au sein duquel il se trouve ?[17]

L'idée, ici, est que la décision concernant ce qui est secret et ce qui ne l'est pas, ce qui peut être ou ne peut pas être montré sur une carte, peut certes paraître arbitraire au non-initié, mais n'en est pas moins prise quelque part, par quelqu'un. La bonne question, soulevée par le sociologue Georg Simmel en 1906, est donc : « Qui ?[18] »Qui décide quelle information est secrète et laquelle ne l'est pas ? Qui décide où placer le « X » sur la carte au trésor ? On peut présumer que le pouvoir de décision appartient au détenteur du secret. La réponse n'est pas pour autant toujours évidente, en particulier dans le cas de secrets d'État, protégés par un dispositif légal et pour lesquels les individus ne sont en général pas identifiés.

Par exemple, il existe un réel manque de clarté concernant le secret potentiellement caché dans cette petite carte de Mardin, ville turque, produite par le War Office britannique [p. 15]. Il y a manifestement une raison justifiant qu'elle ait été classée « top secret », qu'on en ait découpé un morceau, et qu'elle n'ait été déclassifiée que des décennies plus tard. Mais le fait que l'identité de celui qui a pris ces décisions ne soit pas connue du public constitue une partie du secret. À l'instar des images satellitaires (comme celle de Camp David), sans interprétation, sans personne pour nous expliquer correctement ce que nous devrions regarder, les cartes peuvent dissimuler des secrets à la vue de tous. Qu'il n'y ait personne pour en endosser la responsabilité explique en partie pourquoi on associe traditionnellement les cartes et le secret avec la préservation du pouvoir politique.

Voici deux enseignements à en tirer : d'une part, définir quelque chose comme secret appartient entièrement au détenteur du secret ; d'autre part, un secret peut être *tout* ce qu'une personne, un groupe ou une société souhaite dissimuler, ou ce qui est caché d'une manière ou d'une autre.

Le contexte des secrets

En l'occurrence, Simmel affine encore le sujet en soulignant que les secrets sont neutres jusqu'à ce qu'ils s'inscrivent dans une situation ou un contexte spécifique[19]. Quand on y pense, cela est tout à fait sensé, car un document très confidentiel des

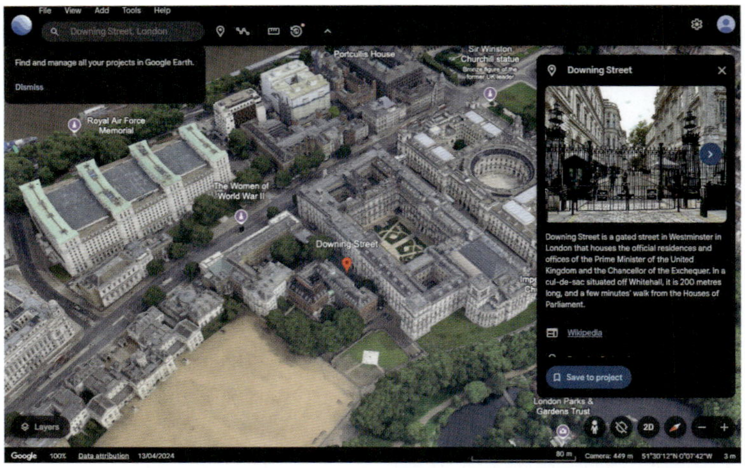

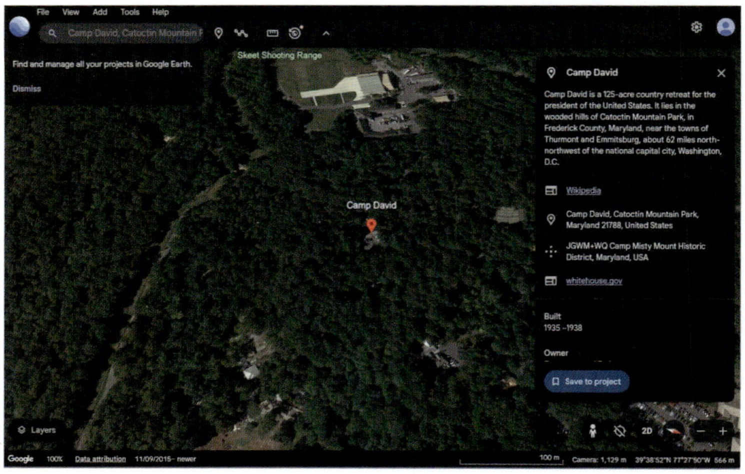

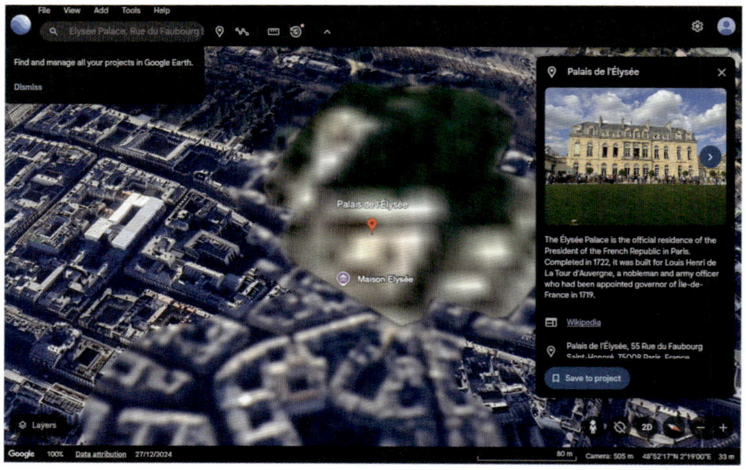

Captures d'écran du Palais de l'Élysée (© Google, Airbus, Landsat/Copernicus, 2011–25), de Downing Street (© Google 2024) et de Camp David (© Google 2012).

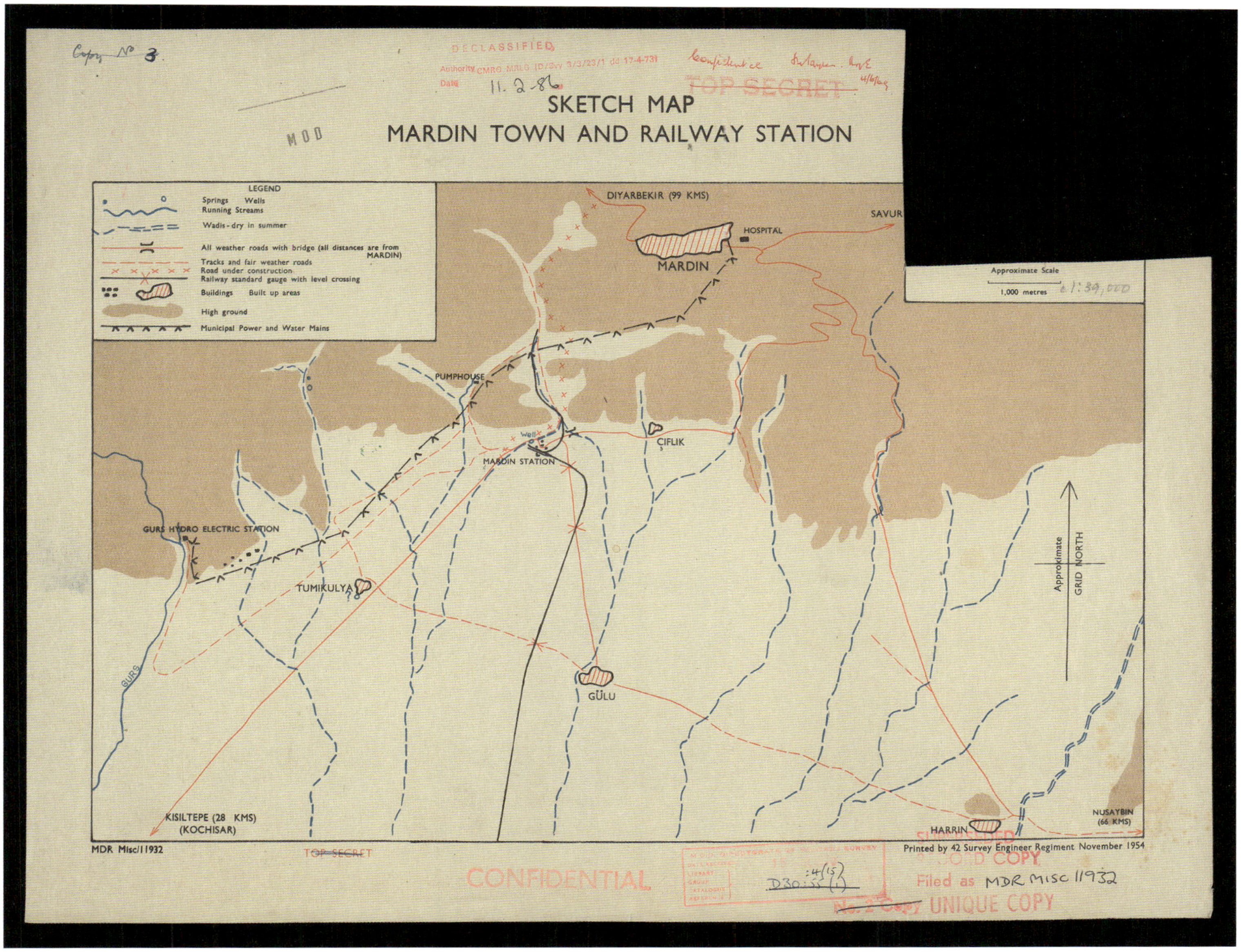

renseignements peut être un secret pour la plus grande partie des gens, mais n'en est pas un pour l'attaché militaire qui dispose de l'habilitation de sécurité requise. Par conséquent, les secrets sont définis par des relations sociales et des circonstances. Cette idée se rapproche de la théorie concernant les cartes, postulant que ce sont des objets largement neutres qui prennent vie dès lors qu'on les consulte, se nourrissant de la ou des personnes qui les regardent dans un contexte spécifique, et influençant celle(s)-ci tout à la fois[20]. Contexte et situation définissent par conséquent les cartes aussi bien que les secrets qu'elles recèlent. Il est important de noter que le contexte dans lequel s'inscrivent les cartes secrètes peut *changer avec le temps*.

Le contexte présidant au secret est la clé pour comprendre les cartes secrètes dans leur triple dimension d'images, d'objets et de vecteurs de sens. C'est pourquoi ce livre est découpé en chapitres correspondant à quatre situations ou contextes principaux, dans lesquels ces cartes remplissent ou ont rempli une fonction. Il s'agit, en résumé, du contexte impérial, du contexte étatique, du contexte sociétal, ou non officiel, et du contexte privé. Un court prologue aborde la période médiévale et le début de l'Époque moderne. Certaines des cartes et des vues topographiques incluses dans ces pages pourraient s'inscrire dans l'un ou l'autre des contextes, lesquels se recoupent partiellement ; leur relation à la divulgation ou à la dissimulation serait alors différente. Comme tout est soit révélé, soit caché, l'histoire que nous relatons des cartes et des secrets opère comme une fenêtre ouverte sur l'histoire de la cartographie occidentale.

Sketch map, Mardin town and railway station [« Croquis cartographique, ville et gare ferroviaire de Mardin »]. Direction des levés topographiques, Moyen-Orient, 1954. MDR Misc 11932.

SECRET ET CARTES DU MOYEN ÂGE À L'AUBE DE L'ÉPOQUE MODERNE

Quels liens les cartes entretenaient-elles avec le secret dans des temps historiques plus anciens ? Il est difficile de répondre à cette question, car avant (et même après) le début de l'Époque moderne en Europe, qui s'ouvre vers 1500, ces deux mots n'avaient pas la même signification ni la même réalité qu'aujourd'hui. Les exemples suivants démontrent que, quel que soit la nature ou le type de secret concerné, sa quête a toujours été une obsession humaine.

Le Moyen Âge et le début de l'Époque moderne n'étaient pas avares en secrets. D'après Daniel Jütte, «le secret était une notion omniprésente, concernant toutes les facettes de la vie des populations». Des termes comme *arcana*, *secretum* et *mysterium*, dont les acceptions étaient proches, désignaient un savoir tenu pour précieux, réservé aux initiés ou tout simplement, digne d'intérêt[1]. Certaines choses auxquelles on attachait alors une valeur secrète, comme les horoscopes et l'alchimie, peuvent paraître ordinaires à un public du XXIe siècle. Pourtant, l'idée que la nature était régie par des causes cachées, et que ces *arcana naturae*, ou « secrets de la nature », pouvaient être percés grâce à l'expérimentation, la technique et des efforts acharnés, occupait une place essentielle dans la philosophie de ces époques[2].

Le Moyen Âge était bien moins riche en cartes, notamment en comparaison des siècles postérieurs à 1500. En outre, celles qui existaient ne semblent pas avoir été porteuses de secrets. Par exemple, nombre de cartes médiévales avaient à voir avec des mystères sacrés et divins, en particulier les *mappaemundi*, aux multiples significations philosophiques quant à la nature de l'Univers, mais elles n'étaient pas alors considérées par les contemporains comme secrètes. Il en va de même pour d'autres genres cartographiques tels que les cartes de navigation, beaucoup plus pratiques (quoique la confidentialité du commerce associé à leur production les désignerait aujourd'hui comme secrètes) ou encore, les textes anciens et médiévaux de géographie.

Le seul domaine de savoir secret dont les cartes traitaient, bien qu'indirectement, était l'astrologie. La connaissance du ciel constituait une part essentielle de l'érudition médiévale. Les astrolabes, que l'on peut voir comme des cartes portatives, et les sphères armillaires permettaient aux astrologues d'interpréter ce que John Dee a décrit comme « l'influence secrète des directions et des planètes » – le mouvement des corps célestes – sur l'activité humaine[3]. Ainsi, la lecture des étoiles et des planètes pouvait décider de la pertinence d'effectuer une opération chirurgicale un jour donné ou, pour ce qui étaient des dirigeants, définir leur caractère ou influer sur les décisions prises sur le champ de bataille.

L'astrologie compte parmi les thèmes traités dans le *Secretum Secretorum*, ou *Secret des secrets*. Ce texte présenté comme un ensemble d'instructions rédigées par le savant grec Aristote à l'intention de son disciple Alexandre le Grand, alors en guerre contre la Perse, est en réalité un ouvrage pseudo-aristotélicien daté du VIIIe siècle, traduit ensuite en latin de l'arabe au début du XIIe siècle. Ce traité renferme un savoir ésotérique de haute volée censé provenir du grand philosophe et rassemble toutes

(À gauche) Astrologue tenant une sphère armillaire lors d'une audience avec Alexandre. Extrait du traité pseudo-aristotélicien *Secretum Secretorum (ou Secret des secrets)*, 1326-1327. Add. MS 47680, f. 54v.

(Ci-contre) Pietro Vesconte, [Carte du monde dans le style d'une carte portulan] in *Secreta fidelium crucis...* de Marino Sanudo Torsello, [Venise, vers 1325]. Add. MS 27376*, ff. 187v–188.

sortes d'informations secrètes et pratiques permettant de devenir un bon gouvernant. On y trouve des conseils sur les qualités appropriées pour un roi, sur le choix des meilleurs conseillers, comme sur l'éthique et la justice, la santé et l'hygiène, les sciences occultes et l'astrologie. Une copie du *Secretum Secretorum*, de 1326 ou 1327, richement illustrée, car destinée au roi Édouard III d'Angleterre, comporte des images d'astrologues à l'endroit adéquat du texte. L'une d'elles montre un astrologue en audience avec Alexandre, tenant une sphère armillaire.

Le *Secretum Secretorum* fut l'un des textes les plus lus au Moyen Âge, un best-seller dans la veine de plus en plus prospère des « livres des secrets », qui persista bien après l'invention de l'imprimerie. Comme il renfermait des secrets royaux, il correspondait également à la catégorie des *arcana imperii*, ou « secrets d'État ». C'est dans le même contexte prémoderne que l'on commence à voir apparaître des cartes utilisées de façon moderne, comme des instruments conférant à leur détenteur un savoir spatial « secret », précieux et pratique, au service des affaires gouvernementales. Un exemple précoce de cet usage est offert par le *Liber secretorum Fidelis Crucis super Terrae Sanctae recupatione et conservatione*, ou « Livre des secrets à l'intention des fidèles croisés sur la récupération et le maintien de la Terre sacrée[4] », produit à peu près à la même époque que le *Secretum secretorum* d'Édouard III.

Le *Liber secretorum* fut achevé en 1321 par le noble vénitien Marino Sanudo Torsello. Il appartient à un genre dit de « littérature de récupération », qui fleurit après la prise de la ville chrétienne d'Acre, en Terre sainte, par le sultan Al-Ahsraf en 1291. De tels traités promouvaient l'idée d'une nouvelle croisade pour reconquérir ce lieu symbolique. Sanudo, qui avait probablement séjourné à Acre cinq ans avant sa chute, pétitionna auprès du pape Jean XXII afin d'obtenir son soutien, accompagnant sa demande d'un exemplaire de son *Liber secretorum*, expédié à Avignon en 1321. Sanudo réalisa d'autres copies, y compris celle présentée ici, pour convaincre d'autres dirigeants européens de se joindre à une croisade.

Les « secrets » recelés par le *Liber secretorum* sont en l'occurrence les plans rusés élaborés par Sanudo. Il détaille dans son traité une stratégie de guerre économique menée par étapes contre l'Égypte des mamelouks, suivie d'un conflit armé, puis d'une troisième phase culminant dans la reprise d'Acre. Sanudo se montre exhaustif, précisant même le nombre de navires qui

pourraient être utilisés pour le blocus et leur coût. Il a également inclus dans son ouvrage des cartes « pour guider les conquérants putatifs[5] ». Parmi ces dernières figure un ensemble de cartes marines de la Méditerranée orientale, produites par le cartographe génois Pietro Vesconte. Leur statut d'aide à la stratégie militaire, dans le cadre du plan d'invasion de Sanudo, leur confère une remarquable modernité et l'on a même pu les qualifier de « renseignements secrets[6] ».

Étaient également incluses dans le *Liber secretorum* des cartes de la Terre sainte et une mappemonde représentant le monde sous une forme sphérique. Leur présence visait sans doute à fixer le but de la mission dans l'esprit du pape. En revanche, l'iconographie chrétienne n'y est guère présente et aucun Paradis ne figure à l'est, ce qui est inhabituel pour une mappemonde médiévale européenne (en particulier destinée à un pape). Il est possible que cette absence ait eu pour objectif d'appuyer l'argumentation de Sanudo en faveur d'une croisade, fondée sur « la puissance déclinante de la chrétienté dans le monde[7] ».

L'Époque moderne s'ouvrant, les sciences et mathématiques appliquées supplantèrent peu à peu les conceptions médiévales des secrets de la Nature. La science elle-même était considérée comme un savoir spécial, « secret » même, et remplissait une fonction similaire : interroger les facultés cachées du monde. En 1646, à Florence, un ouvrage abondamment illustré et découpé en plusieurs volumes fut publié sous le titre *Dell'Arcano del Mare*, ou « Les secrets de la mer ». Les secrets en question consistaient en données maritimes destinées à équiper le lecteur des informations nécessaires pour déterminer une route précise, construire un navire, lever et organiser une flotte, et procéder à des calculs à l'aide des connaissances et des instruments astronomiques (dessinés sur le papier pour être découpés et collés sur du bois).

Le compilateur de ces informations était Robert Dudley, duc autoproclamé de Northumberland à partir de 1620, et marin. Dudley avait quitté l'Angleterre après avoir échoué à établir la légitimité de sa naissance auprès des tribunaux, et avait trouvé un emploi à Florence, où il avait gagné la faveur des grands-ducs de Toscane, lesquels nourrissaient des ambitions d'expansion. L'entreprenant Dudley construisit un navire de guerre pour Ferdinand Ier, fortifia le port de Livourne et organisa même une expédition florentine à destination du nord du continent sud-américain. Dédié au grand-duc Ferdinand II, son prestigieux

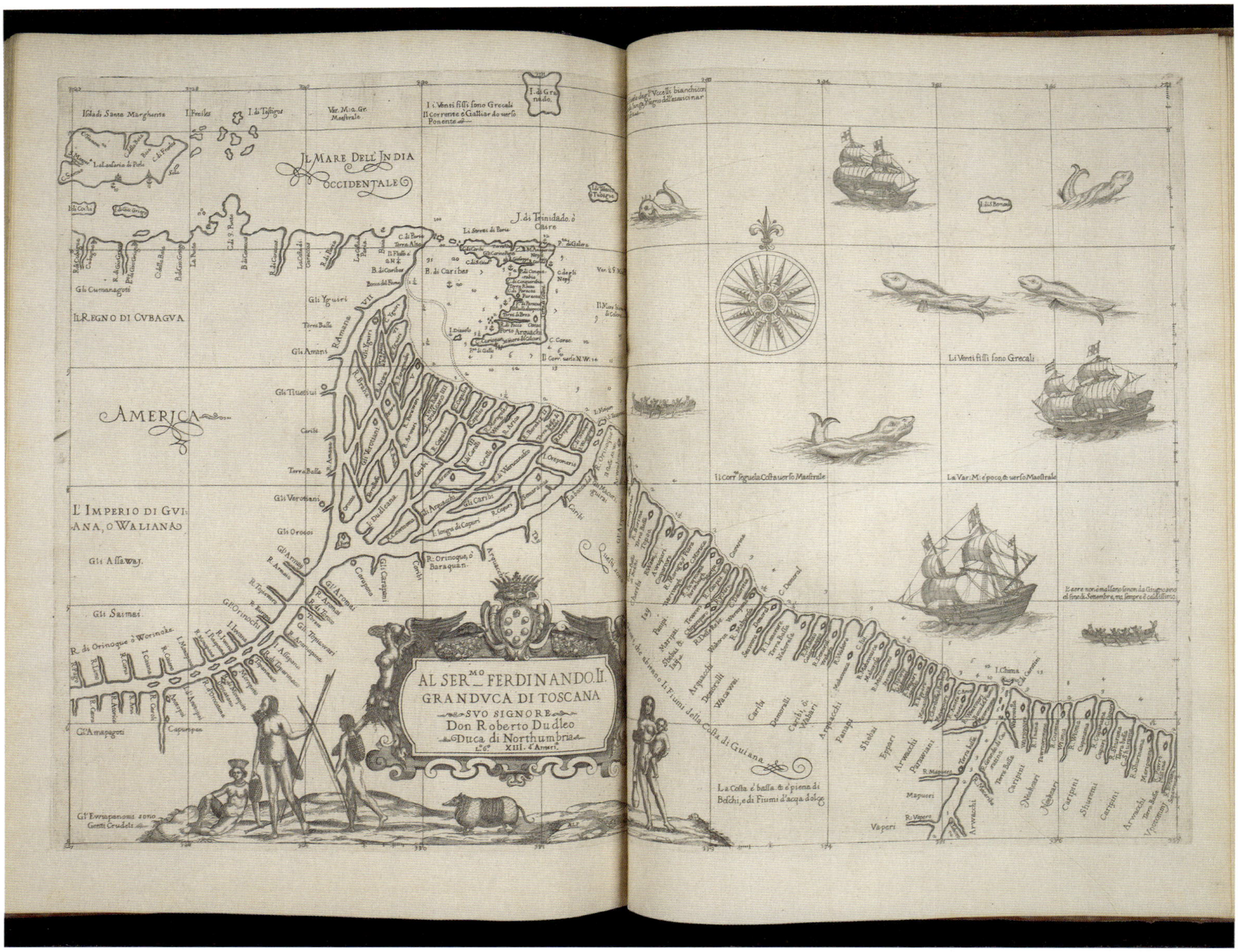

Arcano en six tomes incluait le premier atlas maritime comprenant des cartes recourant à la méthode de projection conçue par Gerhard Mercator, telle qu'expliquée par Edward Wright en 1599. Cela signifie que grâce aux mathématiques appliquées, les 130 cartes gravées sur plaques de cuivre des mers mondiales pouvaient être utilisées pour calculer précisément des itinéraires sur de longues distances, par exemple à travers l'océan Atlantique, sans les inexactitudes résultant de la représentation en deux dimensions d'une Terre sphérique. Cette carte représente les côtes de Guyane, de Trinidad et les rivages du fleuve Orénoque que Dudley avait abordés en 1594-95[8].

Le titre de l'*Arcano* est probablement inspiré par le traité de navigation intitulé *The Seaman's Secrets* ou *Les Secrets du marin*, daté de 1594 et écrit par le grand navigateur élisabéthain John Davis. Comme ce dernier, l'ouvrage de Dudley promouvait, en cette époque d'expansion européenne, l'usage des sciences et de la technologie dans de nombreux aspects de la sphère maritime. Les cartes, instruments et savoirs transmis par Dudley constituaient des « secrets de la mer », car ils étaient spéciaux et excitants, et grâce à eux, leur détenteur pouvait espérer

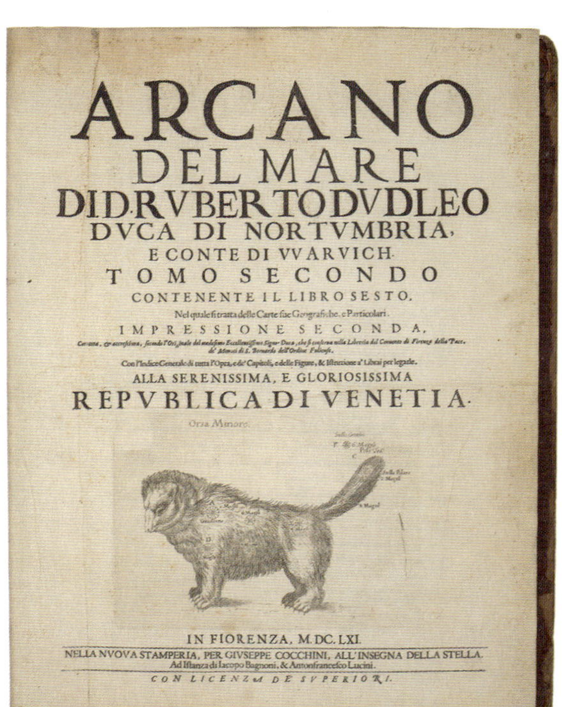

triompher des forces de la Nature, par exemple en se situant sur le vaste et sombre océan.

Les conceptions médiévales du secret ont exercé une influence remarquablement durable. Loin de reculer avec l'essor de la raison scientifique, la quête ésotérique des secrets de la Nature s'est renforcée à la Renaissance, à la faveur de la découverte de textes hermétiques supposément anciens, des philosophies ésotériques orientales et de l'accès à un « nouveau monde de secrets », celui des Amériques[9]. Cartes et schémas devinrent alors des représentations allégoriques de la quête d'une révélation. Ainsi, la « forteresse heptagonale », illustrant l'*Amphitheatrum Sapientiae*, ou *Amphithéâtre de la Sapience*, publié en 1609 par l'alchimiste Heinrich Khunrath, comparait les étapes de l'éveil spirituel à la prise d'un fort. L'ésotérisme et la spiritualité n'ont pas disparu dans le monde du XXIe siècle. De même, l'aura sacrée associée aux souverains médiévaux et reflétée par le caractère exclusif des *arcana imperii*, que Sissela Bok définit comme « l'argument ésotérique justifiant le contrôle du secret par les gouvernements », a continué de légitimer les gouvernements et les pratiques du secret d'État bien après le Moyen Âge[10].

(Ci-contre) Robert Dudley, [Carte de la côte de Guyane et de l'embouchure du fleuve Orénoque], et la page de titre, *Dell' Arcano del Mare* [« De l'arcane de la mer »] [Florence, 1646-1647]. Cartes 4.Tab.43.

(Ci-dessus) Heinrich Khunrath, *The Heptangular Fortress* [« La Forteresse heptagonale »] in *Amphitheatrum Sapientiæ æternæ solius veræ* [« Amphithéâtre de la Sapience »]. Hanovre, G. Antonius, 1609. 719.k.6.

Aethiopia
AFR
Jamaica
Bush
Grass Plains
Open Bush
Thick Bush
Thick
Kangalu
FESSA
BADOU
BIAFARA
LOANGO
BENGUE
Cape Musquash

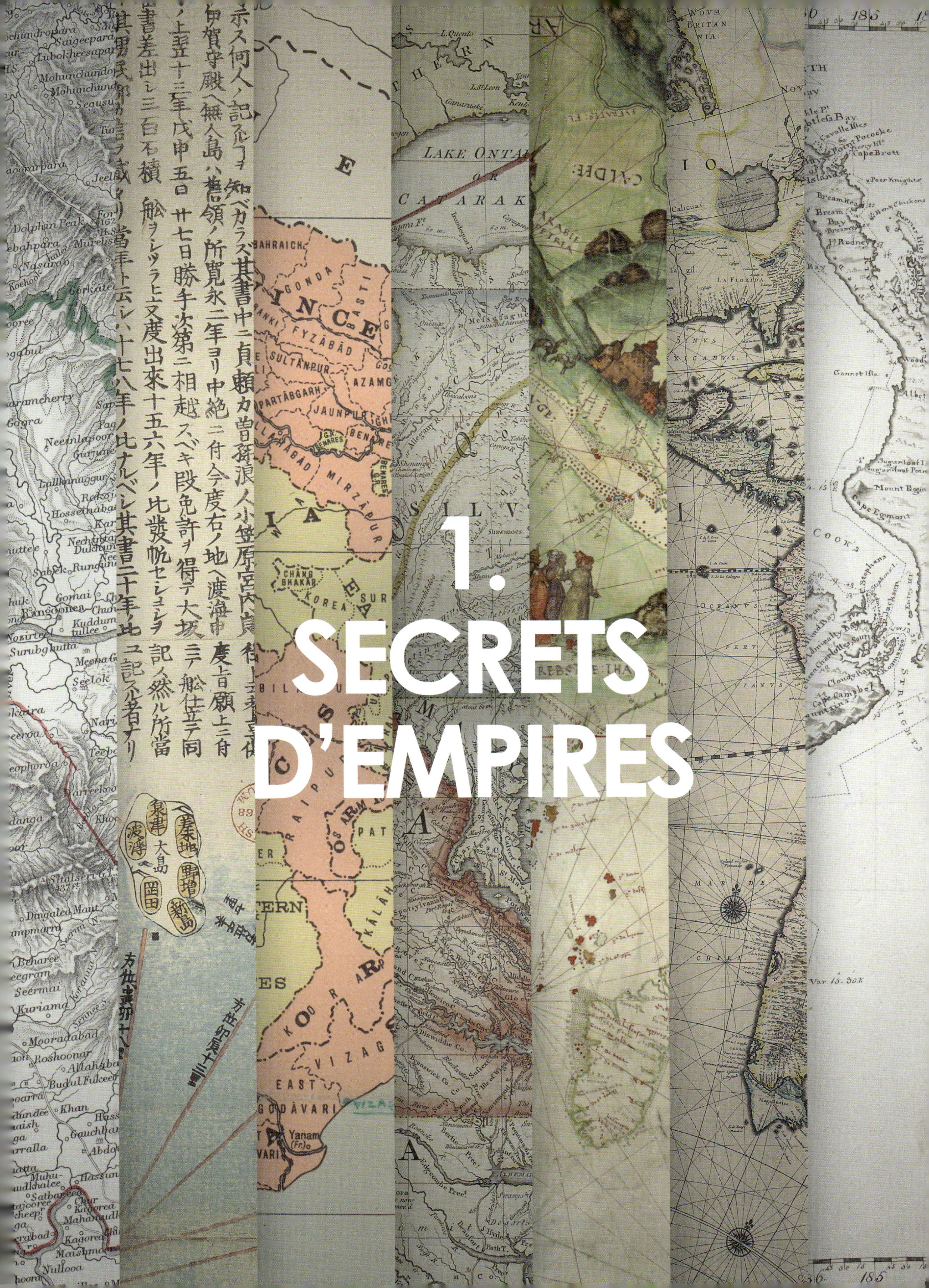

1. SECRETS D'EMPIRES

Secrets, dissimulation et cartographie se combinent souvent, et efficacement, dans la sphère officielle. Si les cartes sont devenues essentielles aux États et empires européens à partir du début de l'Époque moderne, le rôle du secret dans la préservation du pouvoir en place a néanmoins des origines antiques. Les *arcana imperii*, ou « secrets impériaux », désignant la méthode et les règles de conduite pour exercer un pouvoir effectif par le biais de connaissances secrètes et de moyens cachés, sont déjà mentionnés dans l'œuvre de l'historien romain Tacite, laquelle refit surface en Europe au XIVe siècle[1]. Ayant intégré ces leçons classiques sur le pouvoir, les États impériaux devaient, pour mener à bien leur centralisation et leur expansion, se préoccuper du territoire, et des cartes furent alors conçues comme instruments de gestion de ce dernier, à des fins politiques, économiques et religieuses. La croissance et l'extension de l'État à l'Époque moderne reposent largement sur les cartes et le secret, indissociables.

(Ci-contre) George Sproule, *Plan of the South west part of New Brunswick including the River Saint John...* [« Plan de la partie sud-ouest du Nouveau-Brunswick, y compris la rivière Saint-Jean... »], détail. Saint-Jean, 1786. Add. MS 31866 A.

La cartographie officielle se divise souvent en deux domaines d'intérêt distincts : d'une part, les cartes impériales, celles des lieux situés au-delà des frontières immédiates de l'État, et d'autre part, celles des espaces intérieurs. Ce chapitre examine le rôle des cartes secrètes dans le contexte impérial, en reconnaissant que la distinction est, à bien des égards, arbitraire. Après tout, les matières premières et profits en provenance des territoires extérieurs sous domination des empires affluaient vers les centres métropolitains de ces derniers, tandis que les biens de consommation et les personnes, y compris les cartographes, suivaient le chemin inverse. Ce que Matthew Edney a appelé le « glissement » entre cartes officielles de l'empire et cartes officielles de l'État fut fréquent et imperceptible[2].

Les exemples inclus dans ce chapitre documentent le rôle joué conjointement par le secret et les cartes dans l'histoire des empires européens hors des frontières de l'Europe, du XVe siècle au XXe siècle, commençant par le partage et l'appropriation du monde par les puissances ibériques à la fin du XVe siècle, pour se poursuivre avec les hégémonies néerlandaise, française, britannique et autres. Nous montrerons l'impact qu'eurent les secrets cartographiques sur le commerce et l'expansion des empires, la diplomatie, l'exploration, la rencontre des mondes, l'invasion et l'assujettissement des territoires colonisés, ainsi que sur la propagande et la culture jusqu'à l'apogée de l'impérialisme européen au XIXe siècle, et à son lent déclin après 1918.

Il existe deux types de secrets en matière de cartographie impériale : les informations secrètes et les significations secrètes. Pour ce qui concerne le premier type, une importance considérable était accordée aux informations géographiques, topographiques et maritimes nécessaires à l'entreprise d'expansion impérialiste européenne. Par conséquent, des efforts significatifs étaient fournis pour protéger ces informations, afin que l'empire puisse continuer d'en jouir exclusivement. Des efforts tout aussi importants étaient consacrés à la découverte des secrets des rivaux. Les politiques de dissimulation étaient monnaie courante, à commencer par la stricte censure imposée par la monarchie espagnole sur les connaissances maritimes contenues dans des textes ou représentées sur des cartes, ce qui impliquait d'en réserver l'accès à quelques privilégiés, à l'exclusion des étrangers. Ailleurs en Europe, on tenait également à l'abri des curieux les résultats des explorations et levés cartographiques effectués à grande échelle et à grands frais, conservés dans les archives centrales dont l'accès était tout aussi restreint.

Pourtant, les informations ne cessaient de fuiter, comme le constata, au XIXe siècle, le gouverneur général des Indes, Lord William Bentinck, auquel on montra, lors d'une visite, une carte confidentielle des mouvements de troupes britanniques, affichée au mur du ministère de la Guerre français[3]. Mais les failles de sécurité n'expliquaient pas à elles seules la divulgation des secrets. Un atlas confidentiel de l'Empire portugais en Afrique

BURTON
WICKHAM
GAGETOWN
COUNTY
SPRINGFIELD
HAMPSTEAD
BELLE ISLE BAY
SUSSEX
KINGSTON
HAMMOND
LONG REACH
COUNT
KENNEBECKACIS
Y
WESTFIELD
GRAND BAY
PORTLAND
Red Head
ENTRANCE OF SAINT JOHN'S HARBOUR AND RIVER
Cape Musquash
MUSQUASH COVE
Moose Creek
Dipper Harbour
POINT LE PROE
U
F

et en Asie, le *Livro do estado da India oriental*, daté de 1646 environ, passa ainsi aux mains des Anglais à la faveur du mariage de Catherine de Bragance avec Charles II d'Angleterre, en 1661 : il faisait partie de la dot de la mariée [ci-contre]. Les circonstances diplomatiques pouvaient autoriser une attitude étonnamment ouverte à l'égard du secret, comme le montre la comparaison entre le traitement réservé respectivement au planisphère Salviati produit vers 1525 (p. 30-31) et à la « carte au trait rouge » de 1783 (p. 52-53). Cela tient au fait qu'appliquer trop strictement des règles de secret aux cartes pouvait en réduire l'utilité, un thème que l'on rencontrera de façon récurrente dans ce chapitre comme dans les suivants.

L'équilibre entre préservation du secret et utilité des cartes se révélant délicat, on recourut à de nouvelles tactiques, dont la falsification des cartes, opérée en omettant des détails sensibles. Par exemple, la couverture du livre dans lequel George Best relatait, en 1578, son voyage en quête du Passage du Nord-Ouest annonçait « une carte particulière des parages de Meta Incognita, dans la mesure où les secrets du voyage le permettent[4] ». Cela suggère que des informations essentielles manquaient peut-être sur ladite carte. De récentes recherches avancent que la modification des méridiens portés sur les cartes de la Virginie à l'aquarelle réalisées par John White dans les années 1580, ou leur absence complète, avait pour but de ne pas révéler la localisation exacte de la colonie anglaise de Roanoke aux rivaux européens[5].

Avec le temps, d'anciens secrets d'empires ont été divulgués. Cela s'explique souvent par l'évolution des États démocratiques vers une plus grande transparence et la mise en application de lois sur l'accès aux archives nationales, en particulier dans la dernière partie du xxe siècle. Cette tendance générale a toutefois souffert des exceptions. Ainsi, lors d'un procès intenté en 2011 par des citoyens kényans contre le gouvernement britannique, a été révélée l'existence de milliers de documents de la période coloniale, subtilisés par la puissance britannique alors que le Kenya et d'autres pays s'acheminaient vers l'indépendance, après 1945. Ces documents, jusqu'alors stockés dans un bâtiment gouvernemental situé dans la campagne du Buckinghamshire, sont aujourd'hui conservés aux Archives nationales du Royaume-Uni[6].

Les cartes qui figuraient dans ces dossiers comportaient peu ou pas d'informations inédites[7]. Cet exemple de « dissimulation sans secret » semble précisément témoigner d'une inclination excessive des puissances coloniales et postcoloniales à la dissimulation. On pourrait ainsi faire un récit dans lequel la rétention d'informations dans les cartes serait symbolique de la paranoïa de l'administration coloniale. Toutefois, une telle politique a longtemps été considérée à la fois comme une manifestation et un gage de force. Ces interprétations opposées des politiques de dissimulation adoptées par les empires nous amènent à la deuxième façon dont les cartes et le secret se rencontrent.

Comme l'a écrit Norman Etherington, les cartes impériales européennes « ont effacé les conceptions autochtones de l'espace et du pouvoir, s'y sont substituées et les ont déplacées, de sorte qu'à la longue, la vision du monde du colonisateur a fini par prévaloir[8] ». Ce processus de dissimulation a opéré de diverses manières. Par exemple, il est aujourd'hui largement admis que la cartographie scientifique des puissances impérialistes a

Pedro Barreto de Resende, [Bardez, Goa], in *Livro do Estado da India Oriental*... [« Livre d'État de l'Inde orientale »] [Lisbonne [?], 1640-1646]. Sloane MS 197, ff. 242v–243.

remplacé les conceptions préexistantes des terres nouvellement colonisées par des quadrillages, des lignes et des noms étrangers. Elle a introduit une « impression générale de similitude[9] ». Ces lieux hors des frontières nationales et les territoires nationaux étaient cartographiés de façon homogène, ou les terres colonisées apparaissaient vides, ce qui en légitimait la conquête.

De plus, ces vues cartographiques « froides et déshumanisées » masquaient la réalité du processus de cartographie de territoires qui étaient, pour les cartographes, « inconnus, inaccessibles, hétérogènes... et changeants ». Se dessine là une image bien différente d'une entreprise couramment présentée comme inéluctable et dénuée de problèmes[10].

Un autre aspect de la dissimulation opérée par les cartes des empires réside dans l'effacement des peuples avec lesquels ces derniers entrèrent en contact. Initialement, les colons européens dépendirent pourtant beaucoup du savoir et du soutien des populations autochtones[11]. Pour les premières colonies anglaises en Amérique du Nord, une telle aide a sans doute été vitale[12]. Pour sa part, Walter Raleigh s'en remit à des sources amérindiennes lorsqu'il partit à la recherche d'El Dorado (p. 48-51), de même que la Compagnie britannique des Indes orientales avait besoin des autochtones pour voir au-delà de sa sphère d'influence immédiate [ci-dessus][13]. Toutefois, non seulement ce fait fut rarement reconnu, mais les cartes impériales furent également utilisées pour déposséder les peuples premiers de leurs terres ancestrales[14]. Néanmoins, les peuples et communautés autochtones ont su ensuite utiliser à leur tour ces cartes pour réaffirmer leurs droits (p. 160-163)[15].

Les cartes présentées dans les pages suivantes comprennent diverses dissimulations et omissions. Certaines exigent, par conséquent, d'être regardées d'un œil différent. Par exemple, jusqu'à récemment, le silence européen sur le plus grand secret des empires coloniaux, le commerce d'êtres humains réduits en esclavage, était assourdissant. Mais lorsqu'elle avait cours, la traite des esclaves n'était en rien secrète ; on en parlait ouvertement et des ouvrages étaient publiés sur le sujet, qui étaient souvent accompagnés de cartes indiquant les routes, les principaux ports et les établissements de ce commerce. Ces cartes produites en masse ont joué un rôle clé dans la normalisation de l'exploitation du continent africain. Des toponymes comme la Côte des esclaves (en anglais, *Slave Coast*), la Côte de l'or (*Gold Coast*), la Côte de l'ivoire (*Ivory Coast*) et la Côte du poivre (*Pepper Coast*) figurent sur les cartes européennes à partir de la moitié du XVIe siècle, attestant que l'intérêt des Européens pour ces régions était exclusivement économique ; l'Afrique était réduite à ses ressources, l'identité de ses peuples et ses cultures étant effacées.

La traite des esclaves apparaissait clairement sur les cartes, mais la souffrance et l'asservissement des êtres humains n'y sont visibles que si on lit entre les lignes et que l'on adopte un regard particulier[16]. Ainsi, lorsque s'acheva la guerre d'Indépendance américaine en 1783, environ 3 500 anciens

esclaves, surnommés « Black Loyalists », à qui l'on avait promis la liberté s'ils combattaient aux côtés de l'armée britannique, se virent attribuer des terres, pour certaines situées dans la colonie du Nouveau-Brunswick, au Canada. La carte de Saint-Jean (ou St John), produite par le cartographe militaire britannique George Sproule en 1786, indiquant les terres accordées, mentionne les noms de divers régiments, mais celui des Black Loyalists est absent [p. 25]. Pour savoir où se situaient leurs terres, il faut chercher les terrains rocheux, reculés, ingrats et sans intérêt économique, loin des côtes et des cours d'eau. En 1790, après des années très difficiles, nombre de ces anciens esclaves avaient abandonné leurs terres.

L'absence des Black Loyalists des cartes représentant les terres qui étaient les leurs offre un bon exemple à la fois du rôle secret tacitement joué par les cartes des empires et des récits qui ont défini ces derniers. Ce n'est que récemment que ces récits ont été remis en question. Comme David Veevers l'a montré, contrairement à la version traditionnelle, de nombreux empires ont été dominés par les pouvoirs qu'ils cherchaient à contrôler, comme dans le cas des Anglais qui échouèrent à obtenir des concessions commerciales significatives de la cour moghole au début du XVIIe siècle, puis de nouveau, de l'empereur chinois Qianlong en 1793. Pourtant, les cartes et descriptions commémoratives, telles celles de l'Inde, par William Baffin, en 1616, et de la Chine, par William Alexander, dans les années 1790, laissent penser, à travers la vision qui est présentée de la puissance politique et culturelle britannique qu'il en alla autrement[17]. Cela démontre que non seulement les cartes impériales dissimulaient ce qui existait avant l'arrivée des Européens sous des couches de papier, de quadrillages et de données, mais qu'elles cachaient également aux populations les réalités auxquels les puissances impérialistes étaient confrontées. Le rôle des cartes officielles secrètes dans le contexte intérieur est le sujet du prochain chapitre.

[Carte d'une partie du Tibet central, incluant Gyantsé et Yamdrok-Tso], v. 1858. Add. Or.3016, f. 3.

Une diplomatie pas si secrète : le planisphère Salviati, v. 1525

Le secret joua un rôle essentiel dans les opérations des empires espagnol et portugais au début de l'Époque moderne. À partir de 1500, les connaissances en matière de navigation, compilées sous la forme de guides de pilotage, de tables et de cartes permirent aux navires marchands de la péninsule Ibérique d'établir des routes maritimes à travers l'océan Atlantique, autour de l'Afrique et de là, vers l'Orient. La dissimulation régnait, chaque empire s'assurant l'exclusivité des informations détenues et protégeant ainsi son monopole naissant sur des biens comme les épices et l'argent de ses rivaux impérialistes. Cette carte du monde, ou planisphère, apporte un éclairage surprenant sur la politique de confidentialité et la valeur diplomatique associée à la divulgation des secrets.

À partir de 1503, la Casa de la Contratación de las Indias (ou « Maison des Indes »), établie à Séville, devint l'administration en charge du commerce outremer et le dépositaire des connaissances de l'Empire espagnol sur le monde. C'est là que les cosmographes – ainsi nommés pour leurs connaissances aussi bien du ciel que de la Terre – produisaient les cartes et les guides distribués aux pilotes et navigateurs afin de les aider à mener leurs navires dans les ports de pays comme le Mexique, le Pérou et les Philippines. Les informations collectées à la faveur de ces voyages servaient à mettre à jour et augmenter les données géographiques existantes et étaient ensuite intégrées aux nouvelles cartes, comme cette carte du monde appelée *padrón real* (littéralement « modèle royal », généralement dénommé « registre royal » en français). Cette dernière, que l'on peut décrire comme un « référentiel centralisé des données géographiques » était conservée, à un moment, dans un coffre verrouillé par trois clés et dont l'accès était strictement contrôlé[2].

On ne connaît aucun exemplaire original du *padrón real*, mais quelques copies officielles sont parvenues jusqu'à nous. Celle-ci, datée d'environ 1525 et appelée « planisphère Salviati » d'après son détenteur initial, aurait été dessinée par le cartographe royal espagnol (en charge de la mise à jour du *padrón real*) Nuño Garcia de Toreno. Ce planisphère représente les côtes mondiales telles qu'elles étaient connues dans les décennies suivant le débarquement de Christophe Colomb aux Bahamas, en 1492. La côte est des Amériques est remarquablement bien définie et marquée de caps, de baies et de bras de mer ayant été nommés, par opposition à la côte ouest, pour laquelle l'absence de connaissances a été masquée par des paysages. Le détroit de Magellan, qui coupe la pointe de l'Amérique du Sud, est également figuré, moins d'une décennie après que les Espagnols l'eurent emprunté. Les informations les plus récentes, et précieuses, sur la Chine et les îles aux épices des Indes orientales ont été réparties aux confins est et ouest de la carte.

Il est probable que le *padrón real* et les copies qui en furent établies étaient de conception assez sobre et utilitaire. L'ornementation et le fini du planisphère de Salviati confirment

EVROPA
MARE MAGNVM
MARE HIRCANVM
ASIA
SINVS PERSICVS
AFRICA
CIRCVLVS EQVINOCIALIS
TROPICVS CAPRICORNII

qu'il était destiné à être offert en présent. Le destinataire en était le cardinal Giovanni Salviati, nonce du pape, dont les armoiries ont été peintes deux fois dans la partie inférieure de la carte. Cette dernière fut sans doute offerte au diplomate de la papauté à l'occasion du mariage de l'empereur Charles Quint et d'Isabelle du Portugal, en 1526. Toutefois, la véritable raison qui motiva la divulgation du secret était diplomatique.

À l'époque, l'Espagne et le Portugal étaient enlisés dans un conflit portant sur les frontières de leurs empires respectifs. Un traité signé sous l'égide du pape en 1494 (le pape était souvent appelé à arbitrer les litiges internationaux) avait tracé une ligne hypothétique d'orientation nord-sud, soit un méridien, dite ligne du traité de Tordesillas, traversant l'Atlantique Ouest à 370 lieues (environ 1 100 milles) à l'ouest des îles du Cap-Vert. Cette ligne de partage est visible sur le planisphère Salviati. Elle conférait à l'Espagne l'accès exclusif aux Amériques, à l'exception d'une partie de l'est du Brésil, et attribuait la côte africaine et l'océan Indien au Portugal. Le problème, qui apparut dans les premières décennies du XVIe siècle, était qu'il n'y avait pas d'antiméridien correspondant de l'autre côté du monde. Cela entraîna un conflit concernant la possession des Moluques (aujourd'hui en Indonésie), archipel riche en épices, que les

Portugais atteignirent en 1512, huit ans avant l'Espagne. Ce litige ne fut réglé qu'en 1529 par le traité de Saragosse, sanctionné par le pape, qui traça une nouvelle ligne de partage dans le Pacifique. Lorsqu'on regarde le planisphère Salviati, qui n'indique aucun antiméridien, on peut voir que les îles Moluques, bien mises en évidence, sont situées aux confins ouest de la carte, c'est-à-dire dans la sphère d'influence espagnole.

La carte constituait donc une déclaration diplomatique de la couronne espagnole, qui affirmait ainsi son droit de propriété sur ces îles à l'intention d'un acteur potentiellement influent dans le processus de décision. Dans ce contexte, il était admissible de révéler les secrets de l'empire. En définitive toutefois, l'arbitrage concernant le précieux archipel des Moluques se fit en faveur du Portugal.

Nuño García de Toreno, *The Salviati Planisphere* [« Le planisphère Salviati »]. Séville, vers 1525. Biblioteca Medicea Laurenziana [Bibliothèque laurentienne], Florence, Med. Palat. 249.

Des secrets rentables : le planisphère de Joan Blaeu, 1648

La carte murale du monde de Joan (ou Johannes) Blaeu mesure trois mètres de large. On parle de « carte à double hémisphère », car le globe terrestre y est projeté à l'intérieur de deux cercles, l'un correspondant à l'hémisphère est, l'autre à l'hémisphère ouest. Pour ce Néerlandais, qui inventa le format dans les années 1590, le double hémisphère avait une visée de propagande, car il mettait en évidence les nouveaux et vastes territoires, ainsi que les immenses possibilités commerciales du « Nouveau Monde » et de l'« Ancien Monde ». Dans les années 1600, la Vereenigde Oostindische Compagnie (VOC, ou Compagnie néerlandaise des Indes orientales) étendait ses activités dans les deux hémisphères, suivant les routes établies par les Espagnols et les Portugais au siècle précédent.

La stupéfiante expansion de la République des Provinces-Unies tient en partie à l'acquisition, la gestion et le déploiement des connaissances en matière de géographie maritime. Un tel savoir pouvait être sensible commercialement à une époque de compétition entre les puissances coloniales, en particulier, mais pas exclusivement, en temps de conflit. Kees Zandvliet a signalé un décret adressé par les États généraux à la VOC en 1619, interdisant la publication ou la copie des cartes représentant certaines zones[1]. Toutefois, une législation aussi stricte était exceptionnelle, ce qui a beaucoup à voir avec les Blaeu.

La famille Blaeu, originaire d'Amsterdam, constituait une dynastie de cartographes puissante et influente, en activité de 1596 à 1682. Le fondateur, Willem Janszoon Blaeu, et son fils Joan qui lui succéda en 1638, étaient tout à la fois des éditeurs, des cartographes, des artistes, des hommes d'affaires et des scientifiques. S'ils s'élevaient au-dessus de leurs nombreux rivaux, cela était dû à leur statut de cartographes officiels de la VOC, alors la plus grande compagnie commerciale au monde. Sous le règne des Blaeu, la VOC développa un réseau de collecte d'informations sophistiqué, qui alimentait leur travail cartographique. Les informations, portant sur la géographie comme sur la navigation, étaient recueillies par les navires de la compagnie, rapportées puis collationnées à Amsterdam, où elles servaient à produire des cartes et des instructions de navigation.

L'importance de telles connaissances pour la réussite des empires maritimes européens explique qu'elles étaient en général confidentielles et seulement accessibles à quelques-uns. La politique des puissances ibériques contrôlant strictement l'accès aux cartes illustre bien combien le secret était essentiel pour préserver l'avantage commercial. Pourtant, dans les Provinces-Unies, il était moins bien gardé. Pour commencer, les Blaeu étaient des commerçants autant que des employés de la VOC. Bien qu'il eût signé un contrat en 1638 avec la VOC, exigeant de lui le respect d'une stricte confidentialité sur son travail, Joan Blaeu n'en incorporait pas moins les nouvelles informations maritimes, censément confidentielles, aux cartes qu'il publiait. Les territoires nouvellement cartographiés en Asie orientale et en Australasie apparaissaient rapidement sur les cartes commercialisées par les Blaeu. Ainsi, le détroit de Le Maire, situé sous la pointe orientale de l'Amérique du Sud, cartographié par un Néerlandais en 1616, prit place sur les globes de 15 cm conçus par les Blaeu dès 1621. Le planisphère de 1648 de Joan Blaeu fut l'une des premières cartes imprimées à indiquer les découvertes réalisées dans le Pacifique par Abel Tasman en 1642.

La famille Blaeu accordait vraiment peu d'importance au maintien du secret et, comme l'a suggéré Jerry Brotton, cela tenait au commerce cartographique. Rien ne semblait avoir plus d'importance pour les Blaeu que de s'enrichir, et les faramineux profits réalisés attestaient de la réussite de leur stratégie. Brotton résume la situation en écrivant que « les Portugais initièrent la science de la cartographie moderne, mais ce furent les Néerlandais qui en firent une industrie[2] ».

Les difficultés qu'éprouvait la VOC à garder ses secrets n'étaient toutefois pas exclusivement dues à la famille Blaeu. La compagnie acceptait tacitement le fait qu'il était compliqué d'imposer la confidentialité à ses employés. En effet, c'était une société par actions, dont les citoyens néerlandais étaient actionnaires et avaient, par conséquent, légitimement accès aux informations confidentielles, révélées pendant les assemblées d'actionnaires. La relation unique entre commerce et citoyens aux Pays-Bas était manifeste à l'hôtel de ville d'Amsterdam, bâtiment dû à Jacob van Campen et édifié en 1655 pour commémorer l'indépendance du pays, arrachée à l'Espagne : le sol y était orné d'une mosaïque représentant une carte à double hémisphère, inspirée de celle de Joan Blaeu. Contrastant fortement avec le

MAR
LA FLORIDA
SINUS MEXICANUS
Tagil
Cossa
Chillaco
Topira
Culia cana
HISPANIA
NOVA
CUBA
HISPANIOLA
Iamaica
HONDURA
NICARAGUA
Costa rica
Antillas sive Camercanae Vulgo Caribes Insulae
NOVA ANDALUSIA
Amapaia
GRANADA
Muchikery
Parime
Epuremei
DEL
I. de Cocos
I. de los Galoggos
270
280
300
310
UR.
OCEANUS
AME
Pacomores
PERU
VIANUS
Mama prov
R
XARAYES
Moras
Marquires
Cheriebonas
Xacoacs
MOXOS
MER
Paraguaes
Guebecusis
Surucusis
Batcherepos
Paiembos
CHICAS
Val de Xuxui
Val de Calchaqui
Carios
Quilozcas
Tenbues
Eyland va Ian Fernando
PACI
MAR DE
Mendoca
Chucuito
CUMAN
Diaguitas
Iuries
Quirandies
PATAGO
CVM.
CHILI

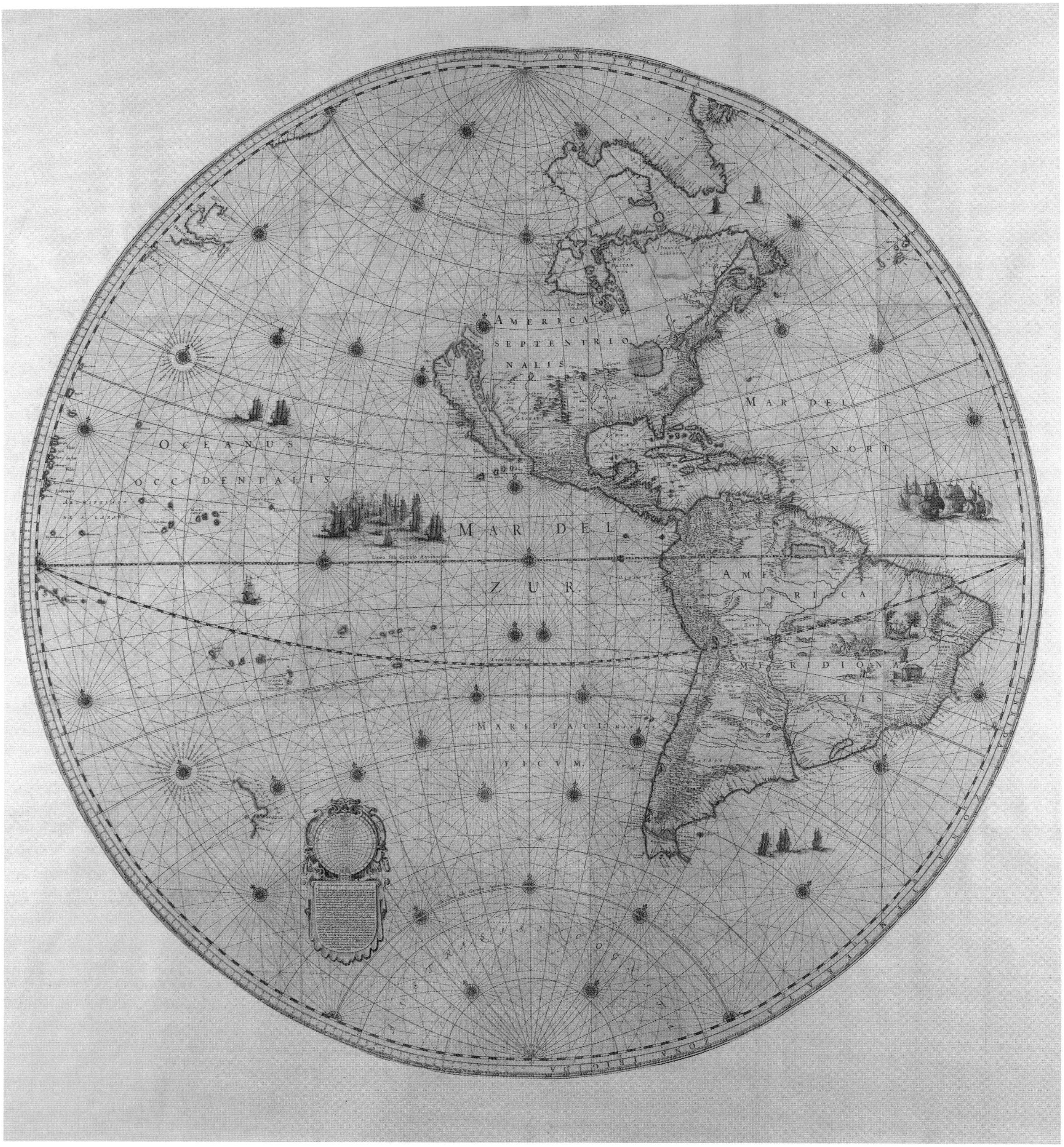

caractère secret de la cartographie impériale, les productions cartographiques des Blaeu, publiques, peuvent être vues comme une manifestation de fierté nationale et citoyenne.

La divulgation des secrets maritimes ne contraria d'ailleurs pas l'expansion néerlandaise, du moins à court et moyen terme. Au cours du XVIIe siècle, la VOC importa plus d'un million de tonnes de produits asiatiques en Europe[3]. Comme sa rivale émergente, la Compagnie britannique des Indes orientales, elle participa activement à la traite des esclaves. Joan Blaeu, personnellement impliqué dans ce trafic d'êtres humains[4], créa et vendit les cartes qui rendirent une telle expansion possible et en tira grand profit.

(Ci-contre et ci-dessus) Joan Blaeu,
[Nova Totius Terrarum Orbis Tabula].
Amsterdam, 1646. Cartes K.A.R. (1,2).

La révélation de l'Afrique, 1558-années 1850

Diego Homem, [« Carte de l'Atlantique sud montrant l'Afrique de l'Est »], extrait de l'*Atlas de la Reine Marie*, 1558. Add. MS 5415 A.

L'histoire des interactions entre l'Europe et l'Afrique est complexe et à multiples facettes, modelée par des siècles d'exploration, d'exploitation et de colonisation. Les explorations furent et sont rarement des entreprises purement scientifiques : elles ont souvent été motivées par d'autres desseins, économiques, religieux ou coloniaux notamment. Ce fut particulièrement vrai en Afrique, où la cartographie du continent fut intimement liée aux ambitions des puissances européennes en quête de ressources, de pouvoir et de territoires à contrôler. Les cartographes occidentaux s'en remettaient aux récits des voyageurs et aux rapports des marchands, remplissant souvent les régions encore inconnues de détails purement spéculatifs, combinant les informations confirmées et les éléments imaginaires. Des traits géographiques comme les cours d'eau, les chaînes montagneuses et les établissements humains étaient souvent représentés de façon erronée, voire fantaisiste, ce qui témoignait des limites des connaissances européennes autant que des mythes qui façonnaient les perceptions occidentales.

L'Afrique a souvent été décrite comme une terre tout à la fois immensément riche et barbare, qui avait besoin de la « civilisation » européenne. Ce récit-là a souvent servi à justifier son exploitation, y compris le commerce transatlantique des esclaves et la colonisation ultérieure de la plus grande partie du continent par les puissances européennes. Les cartes remplissaient une double fonction à cet égard : elles passaient sous silence la complexité des sociétés africaines tout en révélant les opportunités économiques, dessinant un portrait de l'Afrique qui oblitérait la richesse de son histoire, la diversité de ses cultures et de ses structures sociales, et réduisant le continent à un réseau de routes commerciales, de ports et de ressources naturelles. Cette représentation sélective a permis aux puissances européennes de présenter l'Afrique comme une terre sauvage n'attendant que l'intervention européenne, ce qui a renforcé les opinions et les comportements en faveur de l'expansion impéraliste.

L'ouvrage aujourd'hui connu comme l'*Atlas de la Reine Marie*, commandé par Marie Ire d'Angleterre pour l'offrir en cadeau à son époux, Philippe II d'Espagne, comporte plusieurs exemples de tels biais. Produit par Diogo Homem, cartographe ayant fui le Portugal en 1544 afin d'échapper à des accusations de meurtre, l'atlas reflète les intérêts géographiques de son destinataire[1]. Homem, membre d'une famille de cartographes réputée, avait probablement accès au très confidentiel *Padrón Real*, modèle des cartes de navigation du Portugal consignant les plus récentes données issues des voyages portugais et conservé à Lisbonne. Malgré ses origines, Homem n'éprouva aucune réticence à produire un atlas pour le monarque d'une nation rivale en lui donnant une vision du continent conforme aux intérêts anglais. Il mit en exergue les zones d'implication potentielle et fournit des descriptions détaillées des côtes de l'Afrique de l'Ouest, tirant parti de la progression des marins portugais qui, depuis le début du XVe siècle, les avaient suivies et cartographiées avec une grande précision. Cependant, si les Portugais avaient amassé de précieuses données empiriques sur les rivages de l'Afrique, l'intérieur des terres demeurait largement inconnu aux Européens.

Au lieu de se contenter de remplir ces territoires inexplorés d'images d'animaux sauvages et de plantes exotiques, comme c'était courant sur les cartes de l'époque, Homem préféra y reporter des images des dirigeants africains, présentés comme

garamātes ethiopes.
Aethiopia
Aethiopia sub egiptu.
R. nubie
Cambotu.p.
Regnū meli.
guinea
AFRICA
Aethiopicū mare
Manicogo.r.
TROPICVS CAPRICORNI
Bona spes.
Mare bone spei
ORIENS

George Webster, « Saint-Georges-de-la-Mine, une colonie néerlandaise sur la Côte-de-l'Or [aujourd'hui, le Ghana], en Afrique ». Londres, 1806. Cartes K.Top. 117.108.c.

des figures d'autorité et de potentiels alliés [p. 39]. Cela montre qu'il avait manifestement compris que les alliances et accords de commerce avec les dirigeants locaux étaient essentiels pour les puissances européennes avides d'étendre leur influence. La carte montrant l'Afrique de l'Est, territoire moins bien connu des Portugais, représente ainsi le légendaire roi chrétien, le prêtre Jean, associé ici à l'Éthiopie, assis sur un trône dominant une grande partie de l'intérieur du continent. Parmi les dirigeants représentés sur la carte de la partie occidentale de l'Afrique figurent l'empereur du Mali, le roi de Nubie et celui du Manicongo[2]. En comparaison avec ces personnages, le fort d'Elmina (Castelo de São Jorge da Mina) est reproduit à une échelle réduite, ce qui le fait apparaître comme une ville insignifiante plutôt que comme une place forte portugaise maîtresse sur la côte de Guinée[3]. Établi en 1482, ce fort servit initialement de comptoir marchand avant d'occuper une place centrale dans le commerce transatlantique des esclaves. Au fil des siècles, il changea de mains à de multiples reprises, tandis que les puissances européennes se disputaient le contrôle du lucratif système commercial présent sur les côtes africaines.

Au XVIIe siècle, la côte atlantique de l'Afrique de l'Ouest était devenue un carrefour majeur de l'exportation des Africains réduits en esclavage vers les Amériques. Anglais, Néerlandais, Français et Portugais y établirent des comptoirs puissamment fortifiés, qui jouèrent un rôle essentiel dans la capture, la détention et la déportation des esclaves [ci-dessus]. En 1664, les Anglais fondèrent Fort James sur le fleuve Gambie, étendant ainsi leur influence dans la région. La charte accordée en 1672 à la Royal African Company par Charles II institutionnalisa davantage la traite anglaise, la compagnie se voyant conférer l'autorité de construire des forts et de stationner des troupes[4]. Ce passage d'un commerce sporadique à une entreprise d'exploitation systématique se concentra sur les côtes des actuels Bénin et Togo, ainsi que d'une partie du Nigeria.

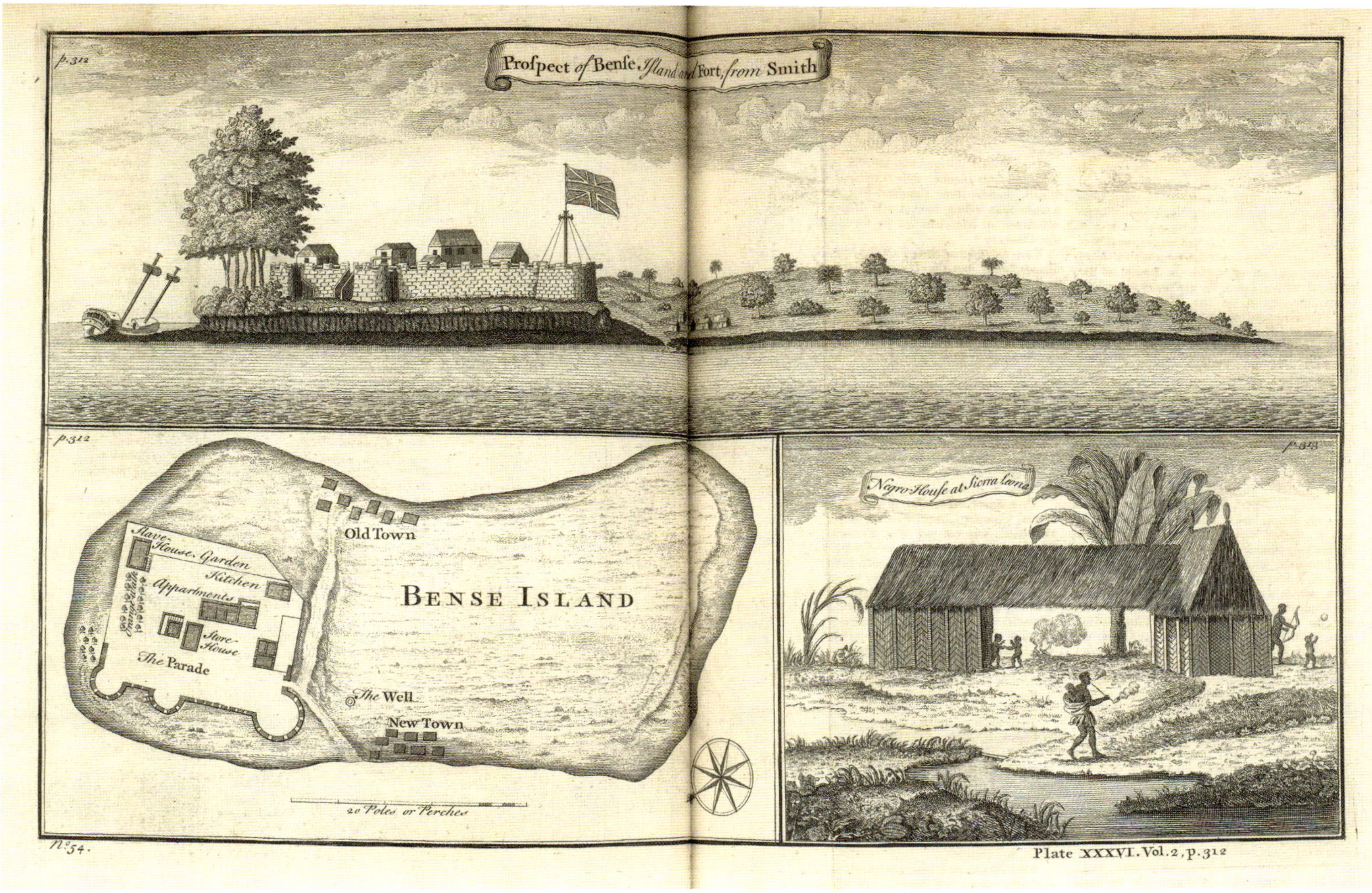

« Vue de l'île et du fort de Bunce. Tirée de Smith », in *A new general collection of voyages and travels* [« Une nouvelle collection générale de voyages et d'expéditions »]. Thomas Astley, Londres, 1745–7. 2354.h.8., vol. 2.

En 1771, la South Sea Company était créée pour gérer la dette nationale anglaise, mais elle fut bientôt partie prenante de l'Asiento de Negros, contrat par lequel l'Espagne autorisait le Royaume-Uni à approvisionner en esclaves africains les colonies espagnoles aux Amériques[5]. Cet accord renforça la domination anglaise sur la traite, la compagnie transportant des dizaines de milliers de personnes de l'autre côté de l'Atlantique. En dix ans, la spéculation boursière gonfla artificiellement le cours de ses actions, ce qui provoqua la « bulle des Mers du Sud » de 1720, dont l'éclatement entraîna un krach boursier dévastateur pour les investisseurs, parmi lesquels d'éminentes personnalités comme sir Isaac Newton[6]. En dépit de la crise économique, la traite transatlantique demeura un pilier du commerce anglais.
Les marchands européens s'appuyaient fortement sur les relations établies avec les dirigeants africains des régions côtières, qui leur fournissaient les captifs faits prisonniers lors de conflits locaux ou de raids organisés à l'intérieur du continent.

Loin d'être secrète, la géographie du trafic transatlantique d'esclaves était exposée ouvertement sur les cartes et dans les illustrations, quoique dans un style délibérément neutre. Ces représentations visuelles révélaient au grand jour l'infrastructure de l'esclavage et lui conféraient un caractère ordinaire. Les cartes et plans gravés pour des ouvrages populaires comme *A New General Collection of Voyages and Travels* [« Nouvelle série d'explorations et de voyages »], de Thomas Astley (publié entre 1745 et 1747) offraient des images simples et schématiques de comptoirs européens sur la côte ouest-africaine. Ces représentations contribuaient à la banalisation de l'esclavage en décrivant les lieux de traite d'une manière qui masquait leur fonction réelle. Des plans montraient la disposition des avant-postes, avec des bâtiments abritant les cuisines, les appartements et les quartiers généraux, voisinant avec des structures nommées « maisons des esclaves », sans autre distinction [ci-contre].

Cela suggérait que les conditions réservées aux personnes réduites en esclavage n'étaient pas différentes de celles accordées aux officiers européens et dissimulait la réalité du surpeuplement, des maladies et des traitements brutaux endurés par les captifs.
On estime que la traite transatlantique provoqua la déportation d'environ 12,5 millions d'Africaines et Africains[7].

Si les cartes en vinrent à incorporer des détails sur les structures politiques locales, y compris les noms des tribus, de leurs dirigeants et de leurs villages, ces informations étaient d'abord recueillies pour faciliter le commerce, plutôt que pour documenter les sociétés africaines elles-mêmes. La connaissance géographique européenne de l'intérieur du continent demeura limitée jusqu'à la fin du XIXe siècle et il n'était pas inhabituel que les cartographes insèrent des annotations le long de lignes indiquant qu'« au-delà de ce [point], le pays [était] inconnu des Européens ». La cartographie de l'intérieur de l'Afrique a accompagné et soutenu en grande partie l'essor des empires coloniaux. Il figurait sur les cartes comme un espace blanc ou peuplé d'éléments spéculatifs, renforçant l'idée d'une Afrique « inconnue » et « sauvage ».

Aux yeux des Européens, ces territoires de l'intérieur sont demeurés nimbés de mythes et de stéréotypes jusqu'à l'arrivée du missionnaire écossais David Livingstone, au milieu du XIXe siècle. Livingston avait été envoyé en Afrique par la Société missionnaire de Londres, mais au fil des décennies, son rôle devint celui d'un explorateur et d'un contempteur de l'esclavage. Ses expéditions révélèrent d'immenses régions encore non cartographiées et contribuèrent significativement à la compréhension de l'hydrographie du continent [ci-contre]. Livingstone fut le premier Européen à explorer et cartographier le cours moyen du fleuve Zambèze et à contempler Mosi-oa-Tunya, « la fumée qui gronde », qu'il baptisa « chutes Victoria » en l'honneur de la reine d'Angleterre[8]. Qu'il en ait eu conscience ou non, l'attribution de ce genre de noms légitimait de futures revendications territoriales. Livingstone joua un rôle crucial dans la révélation des secrets de l'Afrique : ses voyages dans le bassin du Congo et sur les rives des lacs Tanganyika et Bangweulu, apportèrent des connaissances substantielles sur la région. Cependant, sa vision demeurait façonnée par ses croyances de missionnaire : il voyait l'Afrique à travers la lorgnette du christianisme et de la notion européenne de progrès. Les détails qu'il a consignés dans son journal et sur ses cartes comprenaient des informations essentielles pour la compréhension du tissu social des communautés locales et de leurs relations, mais les relations de hiérarchie et de dépendance entre les tribus étaient expliquées par des termes comme « vassales » et « indépendantes[9] ». Ces éclairages furent ultérieurement utilisés par les militaires sur le terrain,

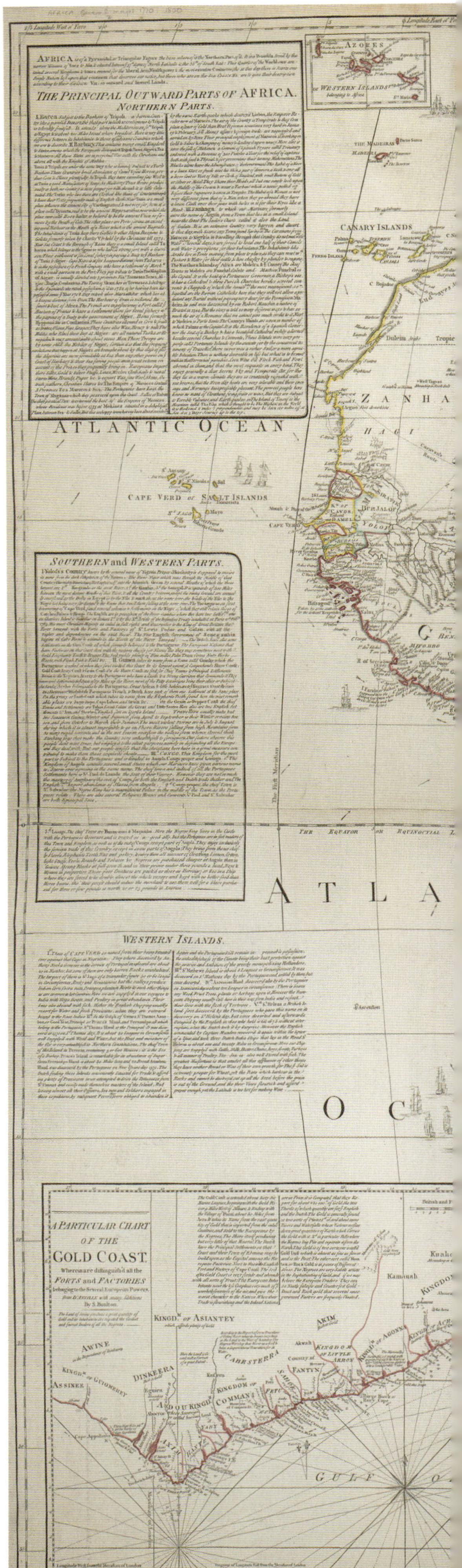

Solomon Boulton, *Africa, with all its States, Kingdoms, Republics, Regions, Islands, &ca.* [« L'Afrique, avec tous ses États, Royaumes, Républiques, Régions, Îles, etc. »], améliorée et agrandie à partir de la carte de D'Anville. Londres, 1800. Cartes 177.c.1.(1.).

AFRICA,
WITH ALL ITS STATES, KINGDOMS, REPUBLICS, REGIONS, ISLANDS, &c.
IMPROVED and INLARGED from D'ANVILLE's MAP; to which have been added the Discoveries of PARKE, VAILLANT, BROWN, &c.
Also A PARTICULAR CHART OF THE GOLD COAST, wherein are Distinguished all the European Forts and Factories.
By S. BOULTON
and also a SUMMARY DESCRIPTION relative to the Trade and Natural Produce, Manners and Customs of the AFRICAN CONTINENT and ISLANDS.
LONDON:
Published by LAURIE & WHITTLE
MEDITERRANEAN SEA
SPAIN
ALGIER
TRIPOLI
FESSAN
DESERT OF BARBARY
GIBADOU
HAYR
KINGDOM OF BORNOU
KAUGA
GORHAM
SOUDAN OR NIGRITIA
KINGDOM OF GREAT ACANIS
BIGHT OF BENIN
BIAFARA
GULF OF GUINEA
ETHIOPIA
ABYSSINIA
YEMEN
ARABIA FELIX
SOCOTRA
KINGDOM OF ADEL
ALABA
GINGIRO
KINGDOM OF MUJACO
ZENDERO BOMBA
ANZICO whose King is called MICOCO
SOUTHERN PARTS.
LOANGO
KINGDOM OF CONGO
MATAMBA
DONGO
BENGUELA
Kd. OF FUNGENO
KINGDOM OF NIMEAMY
MONOEMUGI
RUENGAS
MASSI
ZANGUEBAR
MONGALLO
MUMBOS
EMPIRE OF THE BOROROS
KINGDOM OF ABUTUA
TOROA
MANICA
MONOMOTAPA
SOFALA
INHAMBANE
MOZAMBIQUE CHANNEL
MADAGASCAR
COMORO ISLANDS
INDIAN OCEAN
SCALES
Advertisement
UNEXPLORED COUNTRY
SOUTH EAST ISLANDS and PARTS
EASTERN PARTS.

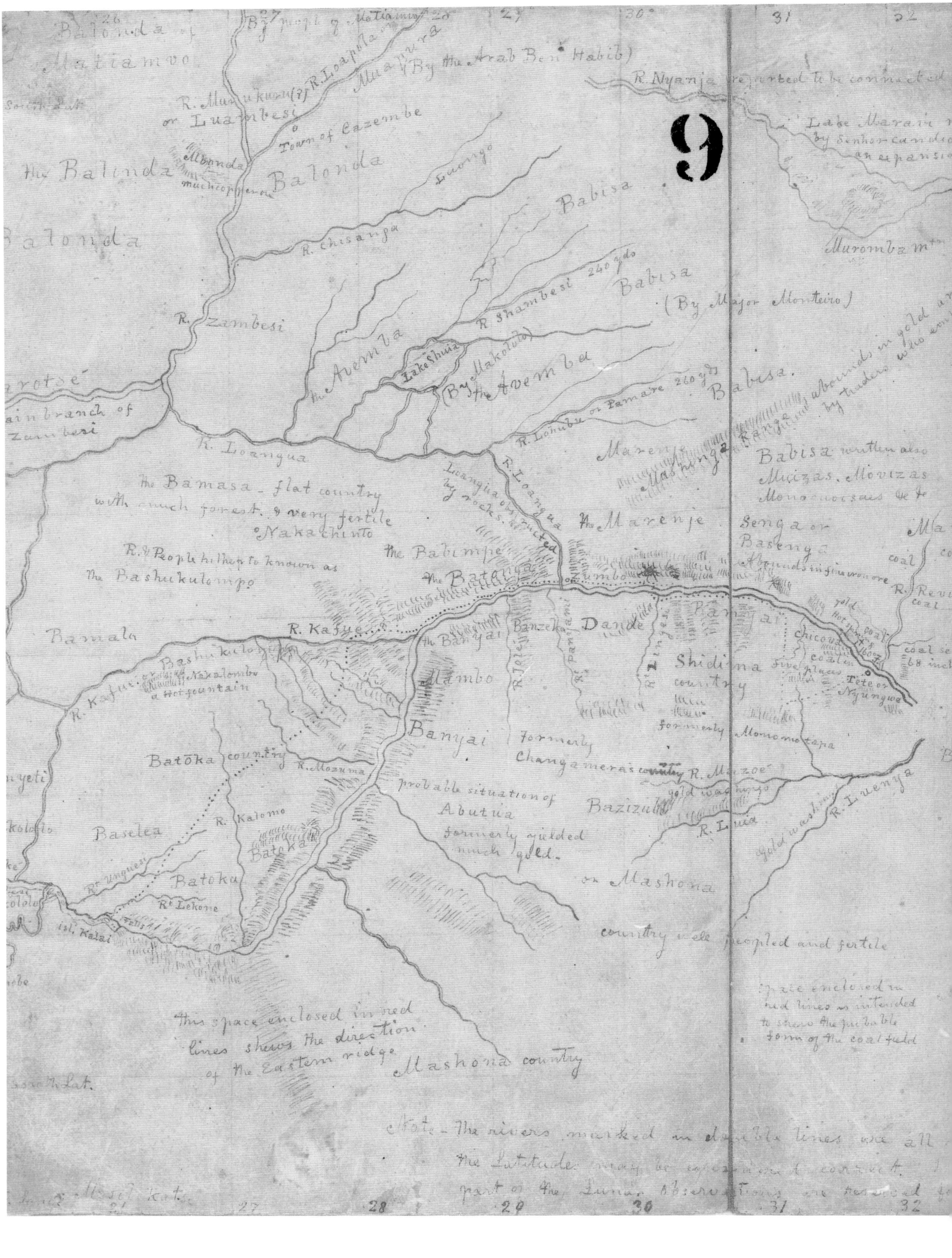
9
Balonda of Matiamvo
Town of Cazembe
the Balinda
Balonda
Balonda
R. Chisanga
R. Zambesi
Babisa
R. Shambesi 240 yds
Babisa
(By Major Monteiro)
the Avemba
Lake Shuia
(By Makololo)
the Avemba
Babisa
R. Loangua
the Bamasa - flat country with much forest & very fertile
Nakachinto
the Babimpe
the Batonga
R. Loangua
the Marenje
Senga or Basenga
Babisa written also Muizas, Movizas
Mono moisaes
coal
R. Kafue
Bamala
Banzeka
Dande
Shidima country
Tete or Nyungwe
the Banyai
Mambo
Banyai
formerly Changamera's country
R. Mazoe
Batoka country
R. Mozuma
R. Kalomo
probable situation of Abutua formerly yielded much gold
Bazizulu
R. Luia
R. Luenya
Baselea
Batoka
Batoka
Rt Lekone
Isl. Kalai
or Mashona
country well peopled and fertile
This space enclosed in red lines shews the direction of the Eastern ridge
Mashona country
to shew the probable form of the coal field
Note - The rivers marked in double lines are all
28
29
30
31
32

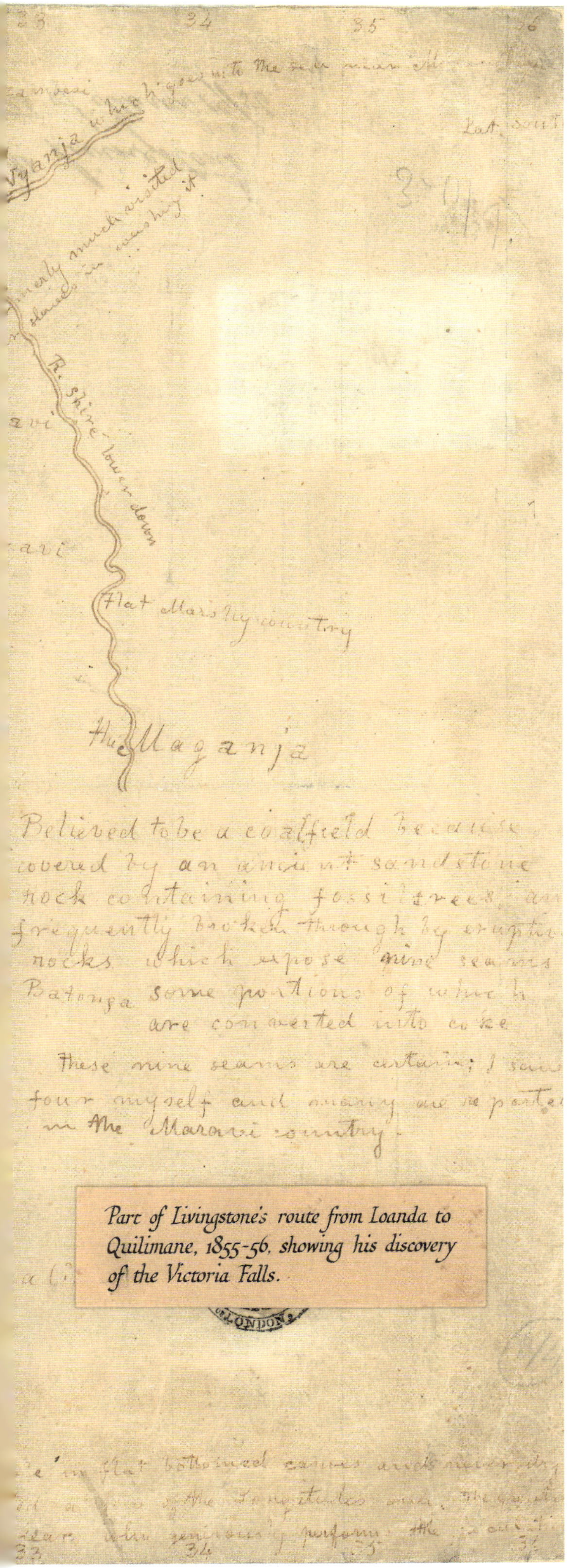

qui les combinèrent avec leurs propres renseignements sur le nombre des membres de telle ou telle communauté, les normes sociales – par exemple, la présence de femmes assumant des fonctions de commandement, et le type d'armes utilisées par les diverses tribus, y compris l'éventuelle détention d'armes à feu qui indiquait des contacts antérieurs avec les Européens (en particulier, les Portugais[10]). Ces connaissances permirent aux puissances européennes de comprendre et d'exploiter les dynamiques de pouvoir locales et de manipuler les alliances.

Dans sa quête d'alternatives au commerce des esclaves est-africain, Livingstone identifia des routes commerciales et encouragea le commerce de matières premières comme l'ivoire, le caoutchouc et les produits agricoles. Il compila des informations sur les ressources naturelles, indiquant sur ses cartes la localisation de terres fertiles et de cultures comme le café, ainsi que de minerais intéressants comme le fer et l'or. Ce faisant, il favorisa indirectement la colonisation européenne en mettant l'accent sur l'immense potentiel économique de l'Afrique. Ses journaux détaillés, ses indications d'orientation et ses estimations de distance enrichirent significativement la cartographie de l'Afrique et fournirent les données brutes nécessaires à la production de cartes assez exactes de régions jusqu'alors inconnues. Cela ouvrit de nouvelles possibilités aux marchands et missionnaires européens et permit l'expansion coloniale à l'intérieur de l'Afrique. Le rôle de Livingstone fut à ce point crucial dans la connaissance de ces régions que l'on trouve sur les cartes produites par l'armée britannique des références récurrentes à ses explorations, ce qui confirme que les informations détaillées qu'il réunit aidèrent à la prise de décision concernant les zones les plus intéressantes à acquérir. Ses comptes-rendus sur les ressources inexploitées de l'Afrique et son potentiel économique encouragèrent les ambitions impérialistes des Européens, influençant directement le « partage de l'Afrique », la compétition territoriale entre puissances coloniales à la fin du XIXe siècle. Des études récentes ont remis en cause le portrait dressé par Livingstone des sociétés africaines, jugé simplificateur, imprégné d'eurocentrisme et par conséquent, ignorant souvent la complexité et l'autonomie des cultures locales. Ses écrits ont souvent renforcé les stéréotypes mêmes qu'il s'efforçait de déconstruire, contribuant à un récit condescendant qui justifia les interventions coloniales déguisées en missions morales et civilisatrices[11].

David Livingstone, *Part of Livingstone's Route from Loanda to Quilimane, 1855–56, Showing His Discovery of the Victoria Falls*, [« Itinéraire partiel de Livingstone de Luanda à Quelimane, 1855–1856, indiquant sa découverte des chutes Victoria »]. Royal Geographical Society, Archives, mr Zambia S/S.2.

Les cartes des espions aztèques, années 1570

Des témoignages historiques sur les cartes des espions aztèques révèlent des méthodes avancées et nous éclairent sur la manière dont ces derniers collectaient, transmettaient et utilisaient des informations stratégiques durant leurs campagnes de conquête. Le *Codex de Florence*, un ouvrage encyclopédique compilé dans les années 1570 par le frère franciscain Bernardino de Sahagún avec l'aide d'un groupe d'aînés, d'écrivains et d'artistes nahuas, est considéré comme l'un des témoignages les plus fiables sur cette période et comme une source d'informations essentielle sur le peuple culhua-mexica, l'Empire aztèque et la conquête du Mexique. Les textes manuscrits bilingues, en nahuatl et en espagnol, auxquels s'ajoutent environ 2 500 illustrations, ouvrent une fenêtre exceptionnelle sur l'utilisation des cartes à des fins militaires par les Aztèques et mettent en évidence les rapports étroits entre guerre, espionnage et commerce[1]. Dans la culture aztèque, la guerre et le commerce constituaient en effet des stratégies complémentaires au service de l'expansion de l'empire. Un élément essentiel en était les *pochteca*, des commerçants au long cours qui jouaient également le rôle d'espions militaires. Vêtus en marchands, les *pochteca* séjournaient dans des villes échappant au contrôle des Aztèques, officiellement pour commercer – officieusement, pour recueillir des renseignements stratégiques. Ils pouvaient se rendre sur les marchés étrangers sans éveiller les soupçons, interagir avec les habitants, enregistrer le plan des villes et la configuration de leurs dispositifs de défense, pour ensuite fournir à l'armée aztèque des informations vitales de première main, permettant une planification détaillée des attaques.

Le chapitre 17 du *Codex de Florence* inclut une description de la planification entreprise par des dirigeants militaires avant de lancer un assaut. L'illustration qui accompagne ce texte montre une séquence en deux temps : à droite, un espion militaire déguisé en marchand explore une ville étrangère, représentée par cinq bâtiments groupés, auxquels mènent des chemins et des routes marquées d'empreintes de pas ; à gauche, l'espion en présente la carte à deux commandants, que l'on voit délibérer sur les renseignements ainsi recueillis. La carte, quoique simplifiée, atteste le recours par les Aztèques à l'espionnage et à la cartographie pour faciliter la planification militaire[2].

Les cartes jouaient un rôle essentiel dans cette stratégie duelle, deux types étant probablement utilisés : d'abord, celles offrant une vue large du territoire afin que le *pochteca* puisse trouver son chemin jusque dans les provinces distantes ; ensuite, des cartes plus détaillées de zones spécifiques, dessinées par ces mêmes espions à leur retour dans la capitale aztèque, Tenochtitlan, et qui servaient aux chefs militaires. Bien qu'aucune carte d'espionnage aztèque originale ne nous soit parvenue, les descriptions et illustrations présentes dans des documents postérieurs à la conquête espagnole, comme le *Codex de Florence*, nous donnent une idée de leur apparence et de leur fonction. Les documents cartographiques utilisés à des fins de planification militaire ressemblent souvent à des plans de ville, mettant en évidence des éléments essentiels comme les routes et les temples. Dans les guerres méso-américaines, le temple central et la zone qui l'entourait symbolisaient la résistance de la cité, aussi leur prise marquait-elle la défaite de cette dernière. D'après Barbara E. Mundy, ces cartes décrivaient aussi probablement les routes desservant la ville concernée et les cités voisines, des toponymes indiquant les sites importants[3].

La nature polyvalente des cartes des espions aztèques, qui servaient des fonctions à la fois commerciales et militaires, souligne les pratiques avancées de ce peuple en matière de cartographie et de stratégie. La combinaison du commerce et de l'espionnage, l'utilisation de cartes comme outils de conquête et l'intégration des traditions orales et visuelles attestent la sophistication des guerres aztèques. Ces cartes n'étaient pas seulement des représentations spatiales, mais également des instruments de l'expansion impériale qui ont permis aux Aztèques d'étendre leur influence en Mésoamérique.

Chapitre 17 du *Codex de Florence*, années 1570 (détail). Biblioteca Medicea Laurenziana [Bibliothèque laurentienne], Florence.

La quête de la Cité de l'or, v. 1595

Dans son livre, *The Discoverie of Large, Rich and Bewtiful Empyre of Guiana* [« La découverte du riche, vaste et magnifique empire de Guyane »], publié en 1596, un an après son retour d'Amérique du Sud, l'homme politique, soldat et colonisateur sir Walter Raleigh, promettait à son dédicataire, Lord Howard, « une grande carte, que je n'ai pas encore achevée, et que je prierai très humblement sa seigneurie de garder secrète, et de ne pas souffrir de la tenir autrement qu'entre vos mains, car un courant d'air suffirait pour que tout soit empêché par d'autres nations[1] ».

La carte devait révéler ce que l'expédition de Raleigh en Guyane espérait découvrir : la localisation de Manoa, la Cité de l'or, royaume de l'« homme doré », El Dorado, dont l'existence était mentionnée par des sources autochtones muiscas et des sources coloniales espagnoles. La découverte de l'Eldorado était, aux yeux de Raleigh, une promesse non seulement de richesse matérielle, de prestige pour l'Angleterre et d'accès aux secrets ésotériques de la Nature, mais également de réhabilitation personnelle à la cour d'Élisabeth Ire, où il était tombé en disgrâce après que ses tentatives de séduction secrètes avaient été révélées au grand jour.

Dans ce contexte, le plaidoyer de Raleigh pour qu'Howard garde la carte en sécurité, afin d'empêcher les puissances rivales d'en découvrir le précieux contenu, est compréhensible. Il est possible que ce dernier ait respecté le souhait de l'explorateur, car la carte présentée ici, qui pourrait être celle que Raleigh produisit en définitive, demeura inconnue pendant encore deux siècles et demi. Elle a été achetée par le British Museum en décembre 1849 à une personne privée du nom de T. W. Turner, en même temps que quelques cartes manuscrites des XVIIe et XVIIIe siècles. Représentant le nord-est de l'Amérique du Sud, dessinée à la main sur du parchemin et complétée de toponymes anglais, cette carte ne porte aucun titre ni ne mentionne aucun auteur ; elle fut initialement datée de 1660 env., soit plus de 40 ans après la mort de Raleigh. Elle a ensuite été attribuée à ce dernier, après authentification de son écriture sur la carte.

Rien n'est certain à propos de ce document. Le fait que Raleigh n'atteignit pas la Cité de l'or en est la meilleure illustration. Il n'y est pas parvenu, car celle-ci n'a jamais existé. Pourtant, la ville de Manoa figure bien sur le rivage d'un lac de forme singulière et tout aussi mythique, le lac Parime, représenté au centre de la carte, dans ce qui est aujourd'hui le Venezuela. La carte est orientée de telle manière que le sud est situé en haut et les côtes nord-est de l'Amérique du Sud bordent ainsi la partie inférieure, l'île de Trinidad apparaissant juste en dessous. C'est de là que Raleigh parti en avril 1595 puis, comme il le décrit dans *The discoverie of Guiana* [« La découverte de la Guyane »], s'enfonça à l'intérieur du continent en suivant le fleuve Orénoque et son affluent, le Caroni (tous deux représentés). L'expédition parcourut environ 640 kilomètres, harcelée par les Espagnols et aidée par le cacique orenoqueponi Topiawari, ennemi de ceux-ci. Avant de faire demi-tour quatre mois plus tard, Raleigh apprit l'existence d'une mine d'or et résolut de revenir.

Bien qu'il eût échoué dans sa quête de l'Eldorado, ce qu'il admet dans son livre, il espérait, en dessinant une carte

(Ci-dessus) Walter Raleigh attaquant Trinidad, 1595. Gravure de 1599.

of guiana
Tunia
Cakesios
Villa de Leon
Velis
Guatavi
Saturn

incluant la Cité de l'or, transformer cet échec en victoire et obtenir ainsi l'opportunité d'une nouvelle expédition (qu'il entreprit en 1617, épisode qui s'acheva par la mort de son fils et sa propre exécution).

Cette carte recèle d'autres secrets sous la forme de sens cachés. Par exemple, l'analogie entre l'édification d'un empire et la conquête sexuelle, les ressemblances entre masses et voies d'eau et l'anatomie humaine, étaient sans doute des procédés transparents aux yeux des contemporains de Raleigh. Ce ne sont peut-être des « secrets » qu'aux yeux d'un public non-initié cherchant à décrypter la carte, des siècles plus tard...

La notion d'initiation est également pertinente par rapport à celle d'un savoir « secret », d'informations ésotériques et révélatrices privilégiées recelées au sein de la Nature, ce qui pourrait avoir également été un but de la quête de Raleigh. Inspirés par les écrits de philosophes occultistes et de promoteurs de l'expansion impériale, tels Richard Eden et John Dee, des marins-soldats-explorateurs comme Raleigh – et les explorateurs espagnols avant lui – écumèrent l'Amérique centrale et du Sud à la recherche des « propriétés secrètes des richesses naturelles et minérales des lieux exotiques nouvellement découverts[2] ». Ainsi, la quête d'El Dorado, que reflète la carte de Raleigh, pourrait s'être confondue avec celle des secrets de la Nature.

En résumé, la carte de Raleigh renferme toute une série de secrets de différents types, et l'idée que, à l'image du Sphinx, elle dissimule ses réponses, exerce un fort attrait. L'historien D. Graham Burnett avance qu'elle a réduit « plusieurs générations de savants à jouer aux devinettes[3] ». Quelle que soit la vérité que cette carte recèle, son statut d'objet à la puissance secrète semble assuré.

Carte de l'expédition de Walter Raleigh en Guyane à la recherche de l'El Dorado, 1595. Add. MS 17940 A.

La carte au tracé rouge, une dissimulation impériale, 1783

Les négociations relatives aux frontières internationales sont l'un des nombreux domaines officiels impliquant fréquemment le secret. Cette clandestinité s'étend naturellement aux documents produits dans le cadre même du processus de négociation. La « carte au tracé rouge » de l'Amérique du Nord est l'un de ces documents : une grande carte imprimée réalisée vers 1755, présentant pléthore d'annotations manuscrites confidentielles ajoutées jusqu'en 1783, et aujourd'hui conservée à la British Library. De son nom officiel « Carte des territoires britanniques d'Amérique du Nord » ('A Map of the British Dominions of North America'), elle fut publiée pour la première fois en 1755, en pleine guerre de la Conquête – théâtre nord-américain de la guerre de Sept Ans (1754-1763) – à Londres, par John Mitchell.

Cet exemplaire est l'un des principaux documents cartographiques associés à la négociation et à la ratification des frontières des États-Unis d'Amérique lors du traité de Paris et qui mit fin à la guerre d'indépendance en 1783. Il s'agit de l'un des quelques exemplaires étudiés par les différentes parties, sur lequel des lignes rouges (mais aussi jaunes et bleues) délimitent les frontières réelles et hypothétiques entre les États-Unis d'Amérique et l'Empire britannique au Canada. Il aurait été utilisé par le diplomate Richard Oswald, représentant ou commissaire britannique lors des négociations du traité, dont le tracé rouge légendé « frontière décrite par Mr. Oswald » matérialise l'interprétation britannique.

Oswald était un riche homme d'affaires, propriétaire de terres et de plantations sur lesquelles travaillaient des esclaves ; ses affaires avaient été très affectées par la guerre[1]. Sa détermination à protéger le commerce expliquerait les conditions généreuses accordées aux États-Unis, dont l'abandon du contrôle des fortifications britanniques au sud des Grands Lacs. Ces conditions avaient été détaillées dans les « articles préliminaires de la paix » finalement acceptés en septembre 1783. Peut-être piqué au vif par les critiques visant sa gestion des négociations (il avait littéralement éclaté en sanglots après avoir été vilipendé par les marchands londoniens sur une concession précise), il refusa de poser pour le tableau commémoratif *Traité de Paris* de Benjamin West – raison pour laquelle cette toile devait rester inachevée[2].

Malgré la ratification, l'ambiguïté demeura quant à la signification exacte du traité de Paris en termes territoriaux, notamment en raison de l'imprécision de la carte de Mitchell sur certaines zones clés. La question fut soulevée au cours des négociations de paix qui suivirent la guerre d'Aroostook (1838-1839) qui opposa les États-Unis et la Grande-Bretagne au sujet d'une frontière contestée entre le Nouveau-Brunswick (Canada) et le Maine (États-Unis).

L'attention britannique se porta alors à nouveau sur cette fameuse carte, conservée au British Museum depuis 1824 au sein de la Collection topographique de George III et que le public pouvait consulter. Elle fut sans doute présentée au monarque par Oswald à l'issue des négociations du traité. Les officiels du gouvernement remarquèrent que la « ligne de Monsieur Oswald » autour de la zone frontalière en question correspondait fortement avec la position des États-Unis lors des négociations de 1839. Craignant que les Américains ne le découvrent, la carte fut exfiltrée du British Museum à la demande de Lord Palmerston, ministre des Affaires étrangères, et conservée au ministère à l'abri des regards jusqu'en 1850. Ironiquement, en 1838, le secrétaire d'État américain John Webster avait acheté un exemplaire de la carte de Mitchell annotée par les négociateurs

PART OF LABRADOR
OR
NEW BRITAIN
ANTICOSTI
RIVER ST. LAWRENCE
Little Mistassins
Papinachois
St. Johns Lake
Lady Mountains
Gaspesians
Bay Chaleur
Orphans Bank
NOVA SCOTIA
ACADIA
Miramichi Bay
Bay of Fundy
Annapolis Royal
Cape Sable
Sable Bank
Brown's Bank
Jeffery's Ledge
Quebec
Montreal
Prairie
Iroquois
Tadousac
CANADA
PROVINCE
SAGADAHOCK
Penobscot
Passamacadie
NEW ENGLAND
NEW HAMPSHIRE
MASSACHUSSETS BAY
Boundary Line of Nova Scotia
Cape Anne
Boston Harb.
Cape Codd
Barnstable Bay
Portsmouth
White Mountains
XIII
1746
Britain by the Treaty of Utrecht

N E W F R A N C E
O R
C A N A D A
LAKE SUPERIOR
HUDSONS BAY
LABRADOR OR NEW BRITAIN
PART OF HUDSONS JAMES'S BAY
EASTERN SIOUX
SIOUX OR NADOUESSIANS
WESTERN SIOUX
OUTAGAMIS
MASCOUTENS
LAKE HURON
LAKE ONTARIO
LAKE ERIE
PENSILVANIA
COUNTRY OF THE PADOUCAS
PANIS
Estensive Meadows full of Buffaloes
OSAGES
VIRGINIA
NORTH CAROLINA
CHERAKE
CHICASAWS
SOUTH CAROLINA
CREEK INDIANS
CHACTAWS
GEORGIA
AKANSAS
LOUISIANA
COUNTRY OF THE CENIS
COUNTRY OF THE APALACHES
FLORIDA
GULF OF MEXICO

(À gauche) John Mitchell, *A Map of the British colonies in North America…* [« Carte des colonies britanniques d'Amérique du Nord… »] [Londres], Jefferys & Faden, [vers 1775], annotations de Richard Oswald vers 1783. Cartes K.Top 118.49.b.

(Ci-dessus) Benjamin West, *Le Traité de Paris*, peinture à l'huile inachevée, 1783. Musée, Jardin et Bibliothèque Winterthur, Delaware (États-Unis).

américains lors du traité de Paris. Son interprétation du tracé de la frontière favorisait la position britannique[3]. Un compromis finit par être ratifié en 1842 par le traité Webster-Ashburton.

Depuis la fin du XVe siècle au moins, les cartes ont été amplement utilisées lors des négociations frontalières. Par exemple, il est probable qu'on ait eu recours à une carte pour tracer la ligne verticale du traité de Tordesillas (1494) divisant le monde en sphères portugaise et espagnole (voir p. 30-33). De même pour les négociations entre le Venezuela et la Guyane britannique à la fin du XIXe siècle, comme preuve à l'appui des revendications (la carte de l'El Dorado de Walter Raleigh en faisait partie)[4]. De nouvelles cartes furent annotées et marquées afin d'illustrer les bornages potentiels dans les litiges frontaliers. Ces cartes, dont fait partie la carte au tracé rouge, sont les plus intéressantes à bien des égards, car elles divulguent des « si » et des scénarios hypothétiques. Malheureusement pour les négociations concernées, ces cartes peuvent revenir hanter les esprits…

Terra Incognita, 1547-1793

Pour les Européens, la Nouvelle-Zélande, la Tasmanie et l'Australie sont souvent considérées comme ayant « émergé des brumes de l'incertitude cartographique », grâce aux cartes et aux récits des voyages du XVIIIe siècle dans le Pacifique[1]. Cette affirmation est essentiellement attribuée à deux expéditions britanniques emmenées par James Cook en 1768 et 1774, visant à prouver ou à réfuter l'existence, dans le Pacifique Sud, d'un vaste continent diversement nommé *Terra Incognita* (« terre inconnue »), *Terra Australis* «(« terre australe ») et Grand continent austral. La Grande-Bretagne et la France se livrèrent alors à une « course vers le sud » afin de s'établir et de récolter les bénéfices commerciaux qu'un tel continent – s'il existait bien – aurait à offrir, ainsi que la gloire associée au succès scientifique et impérial.

Leurs cartes et croquis *divulguèrent* la Nouvelle-Zélande, jusque-là essentiellement inconnue du grand public européen. Toutefois, dans le même temps, elles la *dissimulaient*. Les cartes produites dans le cadre de l'effort impérial européen imprimaient leur langage cartographique – et par extension, leurs idéologies et leurs cultures – sur les lieux qu'elles représentaient. La cartographie impériale ne se contentait pas de soutenir l'impérialisme par le biais de son utilité pratique, elle enracinait son idéologie en imposant une grille mathématique, une uniformité, une toponymie et un contrôle sur le territoire ainsi figuré. Cette image de rigueur et d'ordre camouflait également la réalité dangereuse, ténébreuse et souvent, brutale du processus qui la sous-tendait. Comme avec les cartes de l'Inde britannique, « les Britanniques eurent l'illusion que leur science leur permettait de connaître 'le réel'[2]. »

Depuis l'époque classique, la croyance en une *Terra Incognita* – un quatrième continent mystérieux aux confins méridionaux du globe – était vivace en Europe. Son existence était souvent extrapolée des récits des premières expéditions, à l'image de celles du néerlandais Abel Tasman qui toucha brièvement terre en Nouvelle-Zélande et en Tasmanie en 1642. Ces récits de débarquements sur des terres manifestement étendues entretinrent l'espoir qu'un continent attendait d'être découvert dans les océans méridionaux. Jusqu'au XVIIIe siècle, il figura sur les cartes du monde, souvent accompagné d'illustrations le décrivant comme un véritable paradis, ou un El Dorado foisonnant de ressources naturelles, de peuples et de créatures bizarres et merveilleuses.

Au XVIe siècle, les cartes dessinées à la main par l'École de Dieppe, au nord de la France, furent de celles qui firent connaître le mieux la *Terra Incognita*. L'une d'entre elles s'intitule la « Carte du monde du Dauphin » [p. 58-59]. Inachevée, sans auteur et non datée, elle fut sans doute réalisée vers 1547, car elle porte les armoiries – converties par la suite en armoiries royales – du Dauphin de France qui monta sur le trône cette année-là sous le nom d'Henri II. La carte montre la connaissance qu'ont alors les Européens des littoraux du monde, en mettant l'accent sur les expéditions françaises, en particulier dans le nord-est de l'Amérique, d'où était récemment rentré l'explorateur breton Jacques Cartier. Cependant, la vaste masse terrestre située dans le coin inférieur droit de la carte, nommée « Java la Grande », qui comprend l'île de Java et se prolonge jusqu'au bas de la carte, éveilla l'attention des géographes du XVIIIe siècle.

IAVE
IAVE LA GRANDE

CANADA
EVROPPE
AFFRICQVE
EQVINOCTIAL
LA TERRE DV BRESIL
LA MER PACIFICQVE
LA TERRE AVSTRALLE

« Carte du monde du Dauphin ou de la collection Harley ». Dieppe, vers 1544. Add. MS 5413.

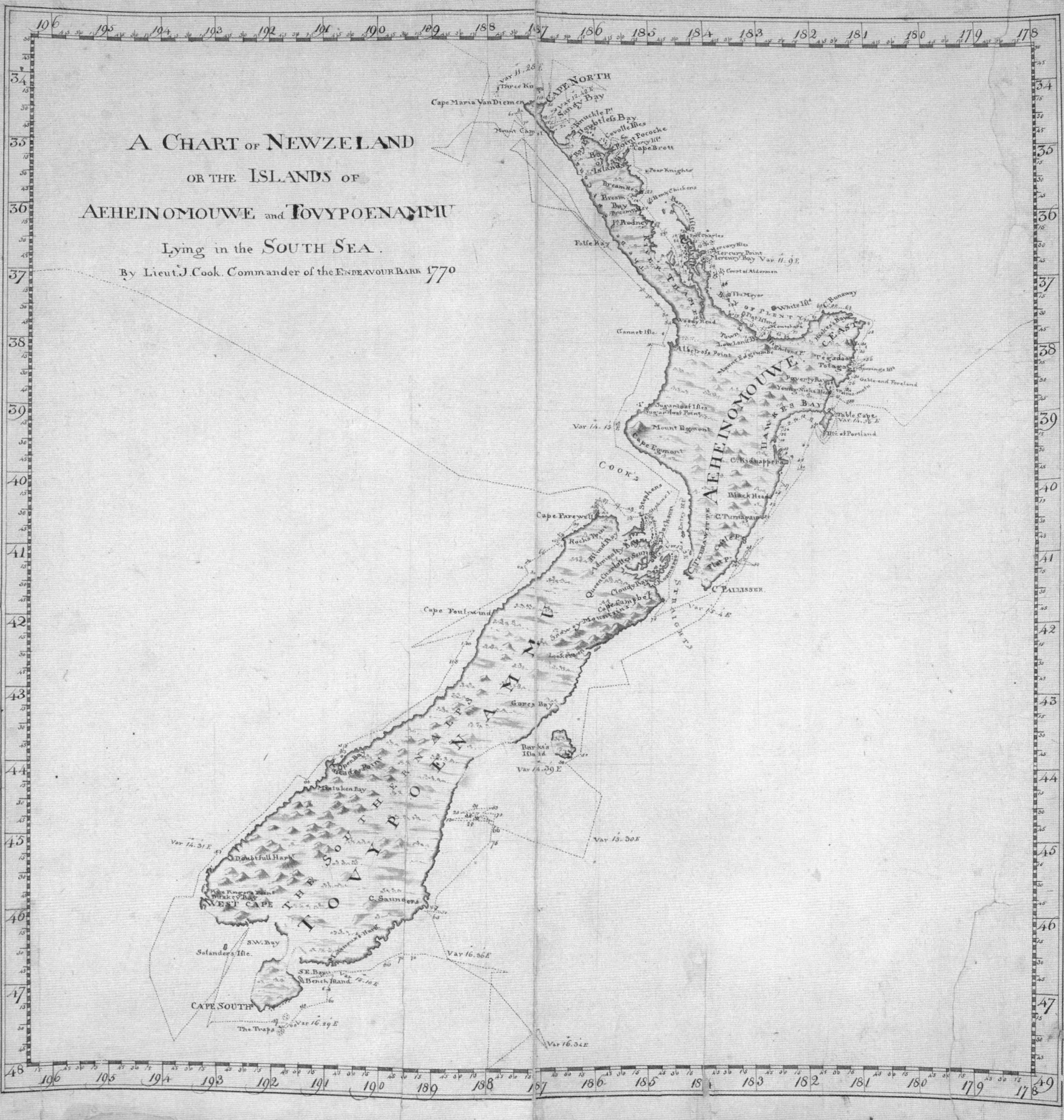
A CHART OF NEWZELAND
OR THE ISLANDS OF
AEHEINOMOUWE and TOVYPOENAMMU
Lying in the SOUTH SEA.
By Lieut.t J. Cook. Commander of the ENDEAVOUR BARK 1770
CAPE NORTH
Cape Maria Van Diemen
Sandy Bay
Doubtless Bay
Cavolle Isles
Point Pococke
Cape Brett
Bay of Islands
Poor Knights
Bream Bay
Hen & Chickens
Pt Rodney
Barrier Isles
Falso Bay
Mercury Isles
Mercury Bay
Court of Aldermen
The Mayor
BAY OF PLENTY
White Isle
C. Runaway
Gannet Isle
Albetross Point
Mount Edgcumbe
C. EAST
Tolaga
Poverty Bay
Young Nicks Head
Sugarloaf Isles
Sugarloaf Point
Mount Egmont
Cape Egmont
HAWKES BAY
Table Cape
Isle of Portland
AEHEINOMOUWE
C. Kidnapper
Black Head
C. Turnagain
COOKS STREIGHT
Cape Farewell
Rocks Point
Admiralty Bay
Queen Charlottes Sound
Cloudy Bay
Cape Campbel
C. PALLISSER
Cape Foulwind
Snowy Mountains
Lookers on
Gores Bay
Banks's Island
TOVYPOENAMMU
THE SOUTHERN ALPS
Doubtfull Harb.
WEST CAPE
C. Saunders
S.W. Bay
Solanders Isle
S.E. Bay
Bench Island
CAPE SOUTH
The Traps
Var 14.15 E
Var 15.30 E
Var 16.36 E
Var 16.29 E
Var 16.34 E
Var 14.39 E
Var 14.31 E

D'où venaient ces indications si caractéristiques et spécifiques ? Il n'existe aucune trace d'expéditions antérieures ayant pu repérer ces côtes. La source de Java la Grande était inconnue, cachée… secrète ! S'il est parfaitement probable que des navigateurs portugais aient été familiers avec les côtes du nord et de l'est de l'Australie au XVIe siècle, rien ne peut le confirmer encore de nos jours. Cependant, ce mystère a donné naissance à une série d'ouvrages sur le sujet aux titres tels que *Le Secret de la découverte de l'Australie*[3]. Dans les années 1760, les conseillers et les experts de la Royal Society et de l'Amirauté britannique virent dans ces anciennes cartes la preuve et la justification du voyage de Cook.

De 1768 à 1771, l'expédition de Cook se déroula dans le plus grand secret. Son objectif était, soi-disant, d'observer, pour le compte de la Royal Society, le passage de Vénus sur le Soleil depuis un lieu situé au sud (Tahiti) le 3 juin 1769 : un sujet aux retombées positives sur la question problématique de la mesure de la longitude. Toutefois, l'explorateur avait une autre mission, détaillée dans les « instructions secrètes » de l'Amirauté glissées dans un paquet scellé que Cook ne devait ouvrir qu'une fois parti de Tahiti[4]. Il devait « se diriger vers le sud afin de découvrir le continent susmentionné jusqu'à votre arrivée à la latitude de 40°, à moins que vous ne le rencontriez plus tôt ». Et il devait « avec le consentement des indigènes, prendre possession dans le pays de lieux appropriés au nom du roi de Grande-Bretagne ».

Comme l'a souligné James Beaglehole, le périple n'était « sans doute que conventionnellement secret, afin de repousser d'éventuelles demandes embarrassantes de l'Espagne », puisque ce voyage empiétait sur la sphère d'influence espagnole[5]. Bien plus importantes étaient les instructions de l'Amirauté qui précisaient qu'à la suite de toute découverte, « l'équipage ne devait pas divulguer l'endroit où il s'était rendu jusqu'à ce qu'il en ait la permission ». On peut légitimement penser qu'il y ait eu des secrets nécessaires concernant ces nouvelles terres. Si Cook ne découvrait pas la *Terra Incognita*, voilà les ordres qu'il avait reçus : « Après avoir abordé la Nouvelle-Zélande, observez avec attention la latitude et la longitude auxquelles cette Terre est située et explorez autant de Côtes que les Conditions du Navire, la santé de l'Équipage et l'État de vos Provisions le permettront. »

James Cook, « Carte de la Nouvelle-Zélande ou des îles Aeheinomouwe et Tovypoenammu situées dans la mer du Sud ». Par le lieutenant J. Cook, commandant du navire *Endeavour*, 1770. Add. MS 7085.17.

Sans preuve de l'existence de cette *Terra Incognita*, entre octobre 1769 et mars 1770, l'*Endeavour* obéit précisément à ces instructions et fit le tour des deux îles principales de la Nouvelle-Zélande, cartographiant l'ensemble de leur littoral en observant et mesurant les caractéristiques de la côte depuis le navire, tout en tenant compte de la vitesse et de la position de l'*Endeavour*. Les cartes de Cook – dont celle ci-contre, où la trajectoire de l'*Endeavour* est précisément indiquée autour des terres émergentes – furent dessinées dans sa cabine et rapportées en Grande-Bretagne, où elles servirent de base à des cartes gravées qui furent ensuite imprimées et diffusées à des milliers d'exemplaires.

L'assujettissement de la cartographie européenne aux populations indigènes, et la résistance de ces dernières, s'illustrent dans un épisode survenu 20 ans après la première expédition de Cook. En 1793, le chef maori Tuki Tahu fut capturé et présenté devant l'administrateur britannique sur l'île Norfolk, car l'on pensait – à tort – qu'il possédait des connaissances sur le traitement du lin, lesquelles intéressaient les Britanniques. Durant son incarcération, il dut enseigner à Philip Gidley King, gouverneur de l'île, la géographie de la Nouvelle-Zélande, et dessiner une carte – en contradiction avec la tradition cartographique orale des Maoris [p. 62]. Selon un témoin contemporain, pour le guider, on lui montra un exemplaire de la carte de Cook.

Cependant, la carte de Tuki révéla une conception de la Nouvelle-Zélande très différente de celle de Cook. Par exemple, l'île du Nord y est beaucoup plus vaste que l'île du Sud, illustrant le fait que Tuki habitait la première et connaissait donc comparativement moins bien la seconde. La représentation des côtes est secondaire : la carte reflète davantage les relations sociales et la géographie culturelle. La distance n'y est pas mesurée en miles ni en degrés, mais en jours de voyage, à pied ou en canoé. Le large sentier qui serpente à travers l'île du Sud représente *Te Ara Whanui*, la route légendaire empruntée par les morts maoris. Le motif circulaire dans l'île du Sud reproduit un lac qui est source de roches vertes *pounamu*. *Te Wai ponamu*, le nom maori de l'île du Sud, se traduit par « eaux de pierres vertes[6] ».

Les caractéristiques culturelles et spirituelles du lieu dont Tuki a essaimé sa carte « occidentalisée » étaient « invisibles, non mesurables et donc inexistantes » aux yeux des Européens[7]. De fait, elles ne figuraient pas dans les visions du monde portées par les cartes de James Cook. La carte de Tuki Tahu est un exemple de la façon dont les pratiques et les cultures cartographiques indigènes se sont adaptées pour demeurer visibles malgré les contraintes impériales.

Il existe deux compléments cartographiques à la quête de la *Terra Incognita* par Cook. L'année où la carte de Tuki fut dessinée, le 11 mars, un navire espagnol entrait dans Port Jackson (aujourd'hui le port de Sydney) dans ce qui était alors la colonie britannique de Nouvelle-Galles du Sud. Le navire était baptisé *Descubierta*, d'après *Discovery*, le vaisseau de la troisième expédition de Cook. Il était commandé par Alejandro Malaspina. Depuis son lancement en 1789, cette expédition scientifique financée par l'État avait déjà sillonné une grande partie de l'Empire espagnol avec à son bord des scientifiques, des botanistes, des artistes et des cartographes.

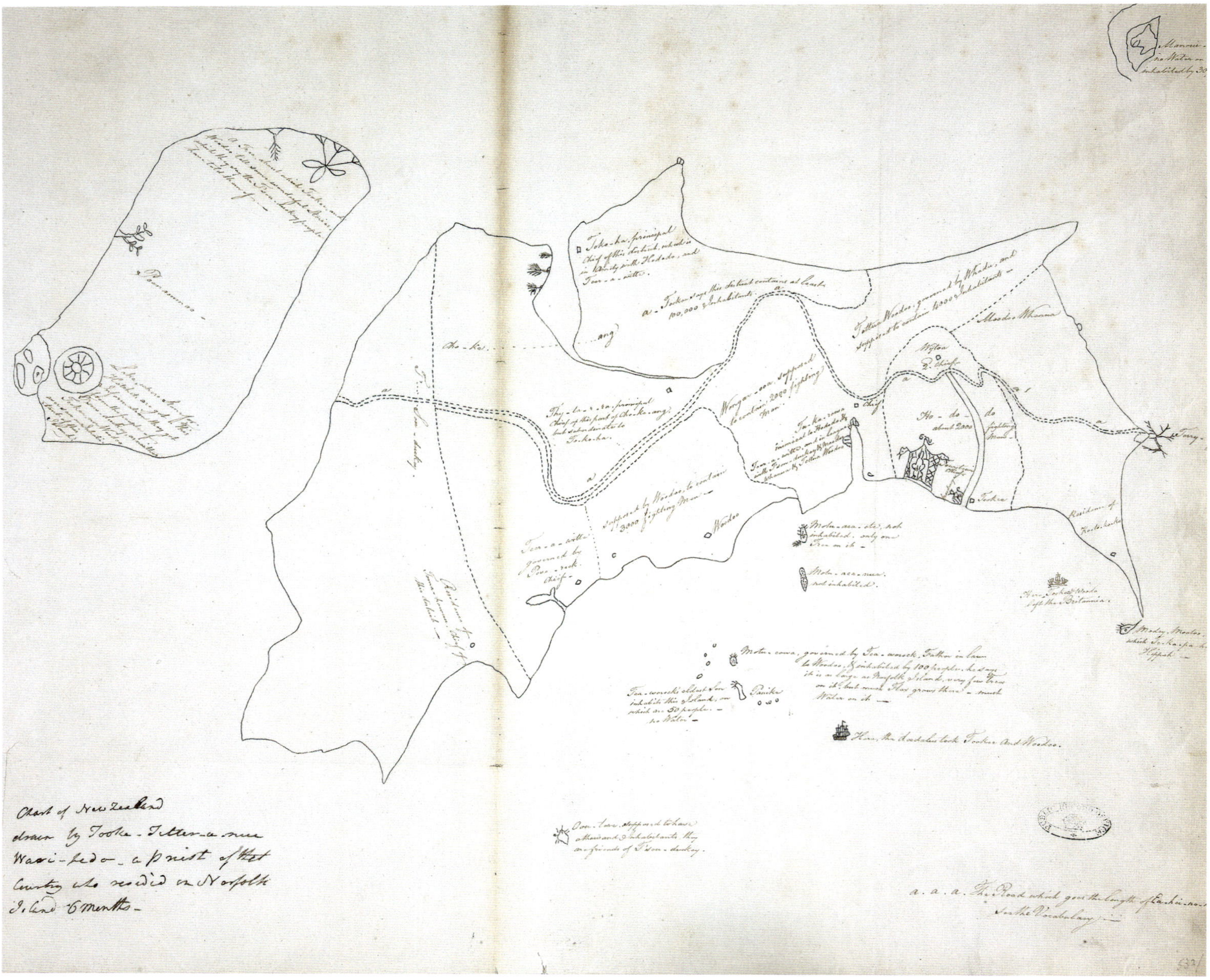

Tuki Te Terenui Whare Pirau,
[Carte d'Aotearoa]. [Île Norfolk, 1793].
Archives nationales du Royaume-Uni,
MPG 1/532/5.

Malaspina demeura deux mois en Nouvelle-Galles du Sud. Avant son départ, des aquarelles de l'artiste Ferdinand Brambila représentant Port Jackson et la colonie de Parramatta [p. 63] furent présentées au gouverneur Philip Grose. Elles seront par la suite offertes à George III.

Toutefois, ces cadeaux occultaient le fait que d'autres œuvres de Brambila n'étaient rien de moins que des croquis de renseignement de la colonie et du principal port d'une puissance rivale[8]. L'existence d'une copie de l'un des croquis de Port Jackson de Brambila au musée du Prado de Madrid confirme que l'information parvint jusqu'en Espagne. Tout comme le subterfuge de la découverte scientifique de l'Amirauté britannique en 1768, la science fournit une fois de plus un écran de fumée efficace pour la collecte de renseignements.

Le dernier mot revint à la Carte du monde du Dauphin de 1547. Alexander Dalrymple, hydrographe de la Compagnie britannique des Indes orientales, croyait fermement en l'existence de la *Terra Incognita*. Il estimait avoir été injustement

Fernando Brambila, [Vue de Parramatta depuis les environs de Rose Hill]. [Nouvelle-Galles du Sud, 1793]. Cartes K.Top 124. Supp, f.44.

écarté du commandement de l'expédition de 1768. En 1786, la carte du Dauphin lui fut remise par Daniel Solander, conservateur du British Museum et naturaliste lors du premier périple de Cook. Remarquant de façon acerbe « quelques curieuses correspondances » entre la côte nord-est de Java la Grande et la côte est de l'Australie cartographiée par Cook, Dalrymple suggéra que quelqu'un était passé par là avant lui, ajoutant « comme Salomon, nous pouvons dire qu'il n'y a "rien de nouveau sous le soleil"[9] ».

Malgré les cartes scientifiques de Cook qui nous ont fait connaître la Nouvelle-Zélande et la côte orientale de l'Australie avec une « exactitude et... une minutie de détails[10] », la carte du Dauphin et son contenu mystérieux continua d'exercer un attrait indéniable. La cartographie scientifique n'était que l'un des aspects de l'engagement européen dans le Pacifique à la fin du XVIIIe siècle, où les connaissances spatiales étaient simultanément dissimulées et divulguées, leur géométrie lisse camouflant des histoires tumultueuses.

La sphère mystérieuse, 1623

Ce globe terrestre du début du XVIIe siècle fut fabriqué à Pékin pour l'empereur de Chine Ming par les prêtres missionnaires catholiques Nicolo Longobardi et Manuel Dias le Jeune. Longobardi et Dias étaient des jésuites, des membres de la Compagnie de Jésus, un ordre clérical catholique romain fondé en 1540. Les missionnaires jésuites étaient envoyés pour répandre la foi catholique hors des frontières européennes, souvent dans le cadre des expéditions commerciales portugaises et espagnoles. Ils atteignirent pour la première fois le continent chinois dans les années 1580, via les colonies portugaises de Goa et Macao.

Afin de présenter les connaissances de la Renaissance européennes au public chinois, les Jésuites produisirent des livres, des textes, des schémas, des cartes, etc. Ces réalisations, généralement offertes en cadeau, présentaient souvent des caractères chinois et des analogies culturelles pour rendre leurs concepts plus familiers, dans l'espoir de convaincre les gens de se convertir au christianisme. Ce globe est l'un de ces objets. Son contenu géographique peint reprend les caractères chinois, tandis qu'une grande case de texte décrit la nature de la terre ronde. La position de la Terre au centre de l'univers est décrite à l'aide d'une analogie chinoise avec le jaune d'œuf[1].

Le contenu géographique du globe témoigne de la connaissance du monde des Européens dans le premier quart du XVIIe siècle. Ce savoir émane de diverses sources, dont une carte de 1602 réalisée par le jésuite italien Matteo Ricci ainsi que des informations sur les côtes plus contemporaines et détaillées provenant des cartes maritimes portugaises et espagnoles (pendant l'union des couronnes espagnole et portugaise de 1580 à 1640), disponibles à Macao, où Longobardi et Dias se rendaient régulièrement. Par exemple, sur le globe, la représentation de la Papouasie-Nouvelle-Guinée est issue des cartes espagnoles en circulation à Macao et dessinées à la suite de l'expédition de 1606 de Torres[2].

Rien d'étonnant à cela, compte tenu de la proximité entre l'Empire portugais et la mission jésuite. Le problème était qu'il régnait une suspicion et une animosité considérables entre la Chine Ming et le Portugal, suscitant régulièrement des agressions. Les Chinois qui collaboraient avec les Portugais étaient considérés comme des parias et souvent brutalisés, tandis que les Jésuites étaient fréquemment attaqués et soupçonnés[3]. Révéler trop clairement la source portugaise de leurs connaissances géographiques aurait éveillé les soupçons des autorités chinoises et était contraire à l'objectif jésuite de s'intégrer dans la société. Il est donc possible que, sur ce globe, la relative rareté du contenu géographique et le manque de toponymes s'expliquent par la volonté de dissimuler l'origine de l'information, tant pour la sécurité des personnes que pour la réussite de la mission.

Plus tard, le globe a malheureusement été abîmé. Par exemple, le symbole « Ming » au-dessus de la Chine a été endommagé (à dessein ?). Peut-être s'est-il agi de préserver le globe après 1644, quand toute référence aux Ming constituait une insulte à l'égard de la nouvelle dynastie Qing.

Nicolò Longobardo et Manuel Dias,
[Globe terrestre]. [Pékin, 1623].
Cartes G.35.

La collection clandestine des cartes interdites à l'époque d'Edo (Japon), 1848

La *Carte complète révisée des sept îles d'Izu* (*Izu Shichitō zenzu*) publiée en Kaei 1 (1848) témoigne de la façon dont l'information géographique fut censurée au cours de la période isolationniste du Japon, lorsque la politique du *sakoku* (« fermeture du pays ») de l'époque d'Edo (ou shogunat Tokugawa, 1603-1868) était strictement appliquée. La mention « Vente à des fins commerciales interdite/Vente interdite » (不許市売 (不許市売)) estampillée dans le coin inférieur gauche indique que cette carte contenait des informations classées secrètes. Un autre cachet souligne qu'il s'agit d'une « édition limitée à 500 exemplaires » – sans doute une tentative pour éviter les contrôles gouvernementaux sur l'impression et la publication. En signalant que la carte était destinée à une diffusion restreinte plutôt qu'à une vente en librairie, ses créateurs espéraient peut-être échapper à la curiosité et à la censure des autorités.

Cette carte est une version amendée de la controversée *Carte complète des sept îles d'Izu* (*Izu Shichishima Zenzu*) attribuée à l'érudit confucéen Tōjō Nobukou (également connu sous le nom de Tōjō Kotōtai). Tōjō Nobukou publia cette carte afin de promouvoir le développement des îles Ogasawara et la défense littorale. Les îles d'Izu forment un archipel volcanique s'étendant au sud de la péninsule d'Izu (près de Tokyo) et constituaient une porte d'accès naturelle vers le Pacifique. Plus au sud se trouvent les îles Ogasawara (ou « îles Bonin »), un archipel isolé occupant une position géographique stratégique sur la route de potentielles routes maritimes. Au début du XIXe siècle, ces îles étaient considérées comme des avant-postes importants pour la surveillance des navires étrangers et la défense des routes maritimes méridionales vers le Japon – face notamment à la présence occidentale croissante en Asie de l'Est. La première édition de la carte, publiée en Tempō 13 (1842), fut ensuite interdite par le Shogunat en raison de son contenu sensible, lequel soulignait l'importance stratégique des îles d'Izu dans le cadre de la défense et du développement. Tōjō Nobukou fut incarcéré pour son rôle dans la publication de la version révisée. Les exemplaires de la carte furent confisqués, bien que certains aient déjà circulé avant l'interdiction[1].

Cette version modifiée était enrichie d'une carte des îles Ogasawara, appelées alors *Muninshima* (« îles inhabitées »), ainsi que de représentations plus détaillées d'îles plus petites telles que Kojima et Aokejima. Les deux éditions de la carte évoquaient explicitement des stratégies de défense sensibles, telles que l'attribution de zones côtières à des clans spécifiques à des fins de défense. Elles soulignaient la menace potentielle de voir des puissances étrangères coloniser les îles inhabitées, un point qui enrageait le Shogunat, car il défiait son autorité et son pouvoir de décision[2]. En Kaei 6 (1853), un libraire d'Osaka tenta de diffuser cette édition révisée, ce qui conduisit à une nouvelle interdiction. Les cartes mentionnaient des idées antérieures prônant le développement de l'archipel et la sécurité nationale. Une fois interdites, leur importance persista, influençant les efforts à venir dans le développement des îles Ogasawara.

Il est intéressant de noter que cette carte finit par tomber entre les mains de Franz von Siebold, médecin allemand au service de la Compagnie néerlandaise des Indes orientales. Durant la période du *sakoku*, la présence des étrangers sur le sol nippon était extrêmement limitée, les confinant à la petite île artificielle de Dejima, dans le port de Nagasaki. Siebold tint un rôle tout à fait unique dans le Japon de l'époque[3]. Bien qu'il soit strictement interdit aux étrangers de se procurer des documents géographiques, Siebold était très intéressé par les cartes du Japon, estimant qu'elles lui étaient nécessaires pour mener à bien ses recherches scientifiques sur la flore et la faune. Ceci l'amena donc à se procurer des documents géographiques sensibles, le plus souvent par des moyens clandestins.

Siebold parvint à établir des contacts avec des intellectuels et des érudits japonais, ce qui lui permit de réunir d'importantes connaissances, à la fois géographiques et culturelles. Nombre de ses contacts avaient accès à des cartes privées ou détenues par le gouvernement. Takahashi Kageyasu, par exemple, travaillait pour le bureau d'astronomie du Shogunat. Il donna à Siebold un exemplaire d'une carte gouvernementale confidentielle établie à partir de relevés officiels réalisés entre 1800 et 1816

伊豆七島全圖

相武房總海岸圖

アトヨリ増入テ年々ニ補フ者之

無人島一名小笠原島在八丈島辰巳方位一百八十里文禄中信濃深志領主小笠原民部少輔貞頼遊伊豆下田始到于此島故云爾兼葭中有紀伊商船載橘子而運漕江戸者坐遠江洋為颶風所飄亦到于此後得便風而歸事白于　官官將檢巡之命長崎尹牛込陰鎮監造唐製之巨船募衆精通天文地理能熟航海之術者島谷市左衛門男太郎左衛門中尾莊左衛門皆長崎人喜而應之率江戸小網街大工頭八兵衛等三十八名厚資給賜記章延寶三年乙卯閏四月五日發帆下田大浦港經過三宅八丈諸島以五月五日遂到于此觀天之度數察地之形勢量比隣之長短度山川之紆曲特捜獲奇木異草珍禽怪鱗内地未曽有者之物數十種悉自載之六月五日觀察既畢取歸路於海上以六月廿二日御碇下田以聞云是為按視之初焉繼之則享保五年庚子正月遠江荒井商估五兵衛船長左太夫及水手甚八等十八名元文元年丙辰正月江戸塩街艚戸普助等七名四年己未三月江戸堀江街纏ノ普八船長富藏等十名天明五年乙巳三月土佐赤浦商估儀七等九名七年丁未十二月大坂北越江米商龜次郎船長儀三郎等九名寛政元年己酉三右衛門船長榮右衛門等八名洋中遭颶皆到于此淹留五六年或七八年或十一二年或二十年特得便風而歸焉處司縣令奉　旨訪問詳飭其狀皆各以稟帖聞世間傳之其人所言大同小異前北島周廻十五六里東西長南北短南島周廻十里餘東西短南北長又周廻七里許島一五里許島町許島六其他小島七十有餘今謹按島地巖嶼盤屈圻堨攢錯雖似幽斤磽壞開拓有法則可以經分宅民庶而後聚落漸殖戸口自殖十年之後足以入貢收稅土著可得而成矣假令處置無所施設拔擢有才幹之人使之到于此捜索其所有之動植運漕内地興利洵不尠矣高松平賀國倫仙臺林七友日出大藏永常田原渡邉定靜相和之於十年前其説不行及于今近時西洋諸夷屢遣船偵互市過朝鮮緝索貨物又入我崎嶴到津輕松前蝦夷隱見出沒頗似有陸梁之狀者遐方殊俗之豈能拒之…以為禦夷之地則七島經營不可勝言七島有警其害不可計矣嗚呼未陰雨之

余作斯圖脚未曽踐土壌記其疆域盡獲之先修之成書固不保必無錯置何足以盡其遠近廣狹之形哉雖然之長短上程啓行者不為無裨益矣嗚乎善言天者必有有徵于今善言地者必有徵于時觀者勿咎疎漏可作也

壬寅之春

凡例

國界……　郡界 ▭　城下 ◎　陣屋 ▯　驛市 ○　村名

廿関所 ▫ 臺場ナリ見合テ知ベシ

斯圖遊記ニ非ハ名勝ヲ詳ニスルコヲ主トセズ伊豆全國

路ノ遠近ヲ一目ニ瞭然タルコヲ主トシ併テ相武房總ノ海

盡ク根據スル所有テ敢一事ヲ杜撰ニセズ

先修地圖ヲ著ス者方位ニ至テハ皆異同アリ蓋コレハ其

圖モ山川村落位置ニ依テ盡ク方位ニ適當スルコ能ハ

是正スルコ是祈ル長赤水海内輿地全圖ヲ著テ云後人

能自ラ全備スベシト知言ナル哉此圖モ復亦シカリ

七島及無人島ヲ記載スル者島谷見立カ七島略誌

カ伊豆志伊藤長胤カ輶軒小録等ヲ始トシ近時

華記高閔愼カ七島風土記土谷高暢カ南島雜志

廿種ニ近シ其他猶有ベシ高暢カ雜志ハ文政ノ末

スル僊ヲ記スル者ナレバ多ハ此ニ依ル

東條　村　國　人　人　其　誌　時　志　末　六　有　後　一　埋　不　支　伺　萬　網

– ceci était absolument interdit par le gouvernement nippon. Bien que Siebold ait été ouvertement impliqué dans des missions scientifiques, ses activités suscitèrent la méfiance du gouvernement quant à un éventuel espionnage, notamment parce qu'il travaillait pour une société contrôlant l'unique commerce extérieur autorisé par le Japon. Son intérêt pour la géographie japonaise et sa collecte d'informations constituaient une violation de la politique du *sakoku* et soulevaient des inquiétudes quant à l'éventuelle révélation d'informations géographiques à des puissances étrangères.

Le commandant en chef de Nagasaki reçut l'ordre de faire suivre Siebold dans le plus grand secret, mais heureusement pour ce dernier, son interprète japonais l'en informa, ce qui lui donna le temps de cacher les cartes et d'autres documents compromettants... apparemment dans le double fond de sa cage à singes. La maison de Siebold fut fouillée à plusieurs reprises, puis il fut assigné à résidence et interrogé. Kageyasu fut sévèrement puni pour lui avoir remis ces cartes – incarcéré et interrogé, il mourut en prison. Cette tragédie montre la rigueur avec laquelle le gouvernement contrôlait les publications non approuvées et protégeait ses informations géographiques, notamment lorsque des étrangers étaient impliqués. Si certaines cartes furent confisquées par les autorités, Siebold s'arrangea pour qu'une grande partie de sa collection de livres, de cartes et d'échantillons botaniques puisse sortir du Japon à bord du *Cornelis Houtman*, le navire de la Compagnie néerlandaise des Indes orientales qui devait le ramener à Batavia[4].

En 1829, Siebold fut officiellement accusé d'espionnage et chassé du Japon. Son expulsion marqua un tournant dans l'histoire des relations nipponnes avec les puissances étrangères et consolida la politique de *sakoku* de l'époque d'Edo. Les documents finalement rapportés en Europe par Siebold devinrent une source essentielle à la compréhension occidentale de la géographie du Japon et de son paysage politique durant cette période.

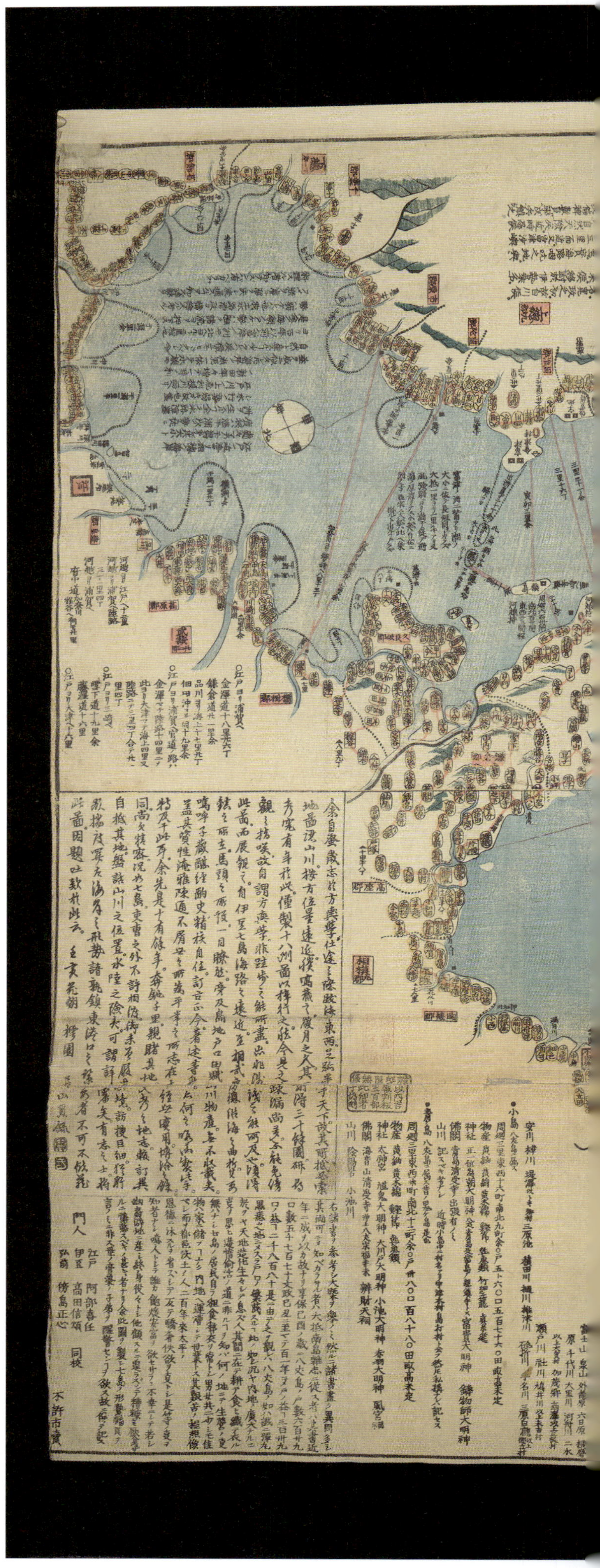

Version révisée et augmentée de Tōjō Nobukou, *Complete Map of the Seven Izu Islands* [« Carte complète des sept îles d'Izu »], 1853. Cartes 149.e.2.(22).

伊豆七島全圖
附 無人島八十嶋圖
相武房總海岸圖

Cartographie de Chittagong par la Compagnie des Indes orientales : quand le secret limite l'utilité, 1815-1816

La cartographie a joué un rôle clé dans la création, la consolidation et la croissance territoriale de l'Inde britannique. Toutefois, en raison des restrictions et des contraintes du secret cartographique, l'administration coloniale n'a pas souvent exploité le plein potentiel des cartes.

La cartographie joua un rôle croissant dans l'acquisition, l'administration et l'exploitation territoriales de la Compagnie britannique des Indes orientales après 1757, lorsque celle-ci prit *de facto* contrôle du Bengale. L'État, y compris Chittagong, sa province la plus à l'est (aujourd'hui une division administrative du Bangladesh), fut cartographié par des géomètres et des hydrographes travaillant pour le géographe James Rennell de 1761 à 1773, puis 40 ans plus tard, à plus grande échelle, par l'écossais John Cheape. Le relevé de 1815-1816 reprend l'essentiel du travail de Rennell et utilise le même processus de collecte de renseignements. Beaucoup de données intéressantes furent relevées au cours de marches en colonnes de troupes, lesquelles permettaient de consigner, tout en progressant, les distances, les orientations et les établissements. Toutes ces indications sont reprises sur la carte. Les cours d'eau pénétrant à l'intérieur des terres ont également été partiellement répertoriés, tandis que les données hydrographiques et littorales ont été tirées des cartes et des instructions écrites du Capitaine John Ritchie, qui avait également contribué à la carte de Rennell des décennies plus tôt.

Le travail de Cheape à Chittagong était motivé par les projets expansionnistes de la Compagnie vers le sud et l'est au cours de la décennie précédant la première guerre anglo-birmane de 1824. Toutefois, le contenu de la carte souligne également la politique économique de la Compagnie dans la région au cours des décennies suivantes. Des informations sur l'exploitation des terres, ainsi qu'un intérêt marqué pour les différents types de villages et donc, de propriétés, préfigurent les investigations sur les revenus fonciers réalisées dans la région au cours des années 1830 et 1840 à des fins fiscales – principale source de revenus de la Compagnie.

Une fois achevée, la carte de Cheape fut remise à Colin Mackenzie, arpenteur général, qui la signa. Un exemplaire plus lisible fut réalisé en 1818 (des grilles légèrement crayonnées sur les deux cartes montrent comment les informations furent copiées de l'une à l'autre). Les deux cartes furent envoyées aux directeurs de la Compagnie des Indes orientales à Londres. Ce faisant, Cheape se conformait au règlement régissant la gestion des cartes établi par le département d'arpentage du Bengale en 1779, et qui stipulait que les cartes et tout document associé devaient être envoyés à l'arpenteur général et aux directeurs de la Compagnie à Londres. Selon Matthew Edney, cela empêchait les géomètres de considérer le travail comme le leur et non celui de la Compagnie qui l'avait pourtant lourdement financé et était en droit de l'exiger[1] – bien souvent en effet, ces relevés coûteux ne revenaient jamais à la Compagnie. Certains géomètres avaient même cherché à publier leurs cartes et à en tirer profit à titre privé, comme le fit Rennell avec son « Atlas du Bengale » [*A Bengal Atlas*] en 1781.

Cependant, même une fois les cartes en possession de la Compagnie, le prétexte du secret limitait leur utilité. À partir de la fin des années 1780 et jusqu'en 1815 – période au cours de laquelle la Grande-Bretagne était essentiellement en guerre contre la France – la circulation de cartes à grande échelle fut drastiquement restreinte afin d'éviter qu'elles ne tombent entre des mains ennemies. L'un des principaux moyens de garder le secret consistait à conserver les cartes sous leur forme manuscrite plutôt que de les imprimer. Toutefois, étant donné que seuls quelques exemplaires d'une carte laborieusement dessinée pouvaient être ainsi produits (contrairement à des centaines d'exemplaires imprimés), ces cartes n'étaient finalement pas si utiles que cela pour des activités clés telles que la collecte de l'impôt ou les campagnes militaires.

Cet excès de secret prit fin après la défaite de Napoléon à Waterloo, en 1815. À cette époque, la demande d'exemplaires manuscrits de cartes dépassait largement l'offre. La solution apparut en 1823 sous la forme de l'Atlas de l'Inde, qui contenait des versions gravées et imprimées de cartes manuscrites et était vendu au grand public. Pourtant, ce changement n'était pas seulement le reflet d'un niveau de sécurité moindre, mais comme le nota Edney, « issu de la reconnaissance du fait que les adversaires de la Grande-Bretagne étaient beaucoup plus capables d'acquérir des informations sensibles qu'on ne l'avait cru jusqu'alors, et que les arpenteurs généraux étaient bien moins capables de garder secrètes des informations géographiques qu'on ne l'avait cru jusqu'alors[1] ».

Par conséquent, ce changement fut probablement dû à la fois à la reconnaissance des limites du secret qu'à celle de la valeur des cartes mises à jour pour une grande variété de travaux réalisés pour la Compagnie. La carte manuscrite de John Cheape ne fut pas publiée dans l'« Atlas de l'Inde » avant les années 1870. Ce délai doit sans doute être imputable aux problèmes sensibles persistant dans la région, notamment à la frontière avec la Birmanie. Les première et deuxième guerres anglo-birmanes, au cours desquelles le territoire fut annexé par la Grande-Bretagne, se déroulèrent en 1824-1826 et 1852-1853. En 1855, un troisième conflit, emmené par le Lieutenant général Sir John Cheape, alors vice-commandant des forces britanniques, s'acheva par l'incorporation de la Birmanie au Raj britannique.

Kootoobdea I.
Matarbaree I.
Mascal I.
Low Jungle
Mascal Channel
Red Crab Island
Cox's Bazar
White Cliffs

BAY of BENGAL
MAP of the Province of CHITTAGONG
ARRACAN

(Ci-contre) John Cheape, « Carte de la province de Chittagong ». Chittagong (?), 1816. IOR/X/1085/2.

Indian atlas: quarter sheet 127 N.E / 127 S.E / 128 N.E [« Atlas indien : quart de feuille 127 N.E / 127 S.E / 128 N.E. »] [Londres], publié sur ordre du secrétaire d'État pour l'Inde, en conseil, 1874 et 1875, ajouts jusqu'en 1904. IOR/X/327/127.

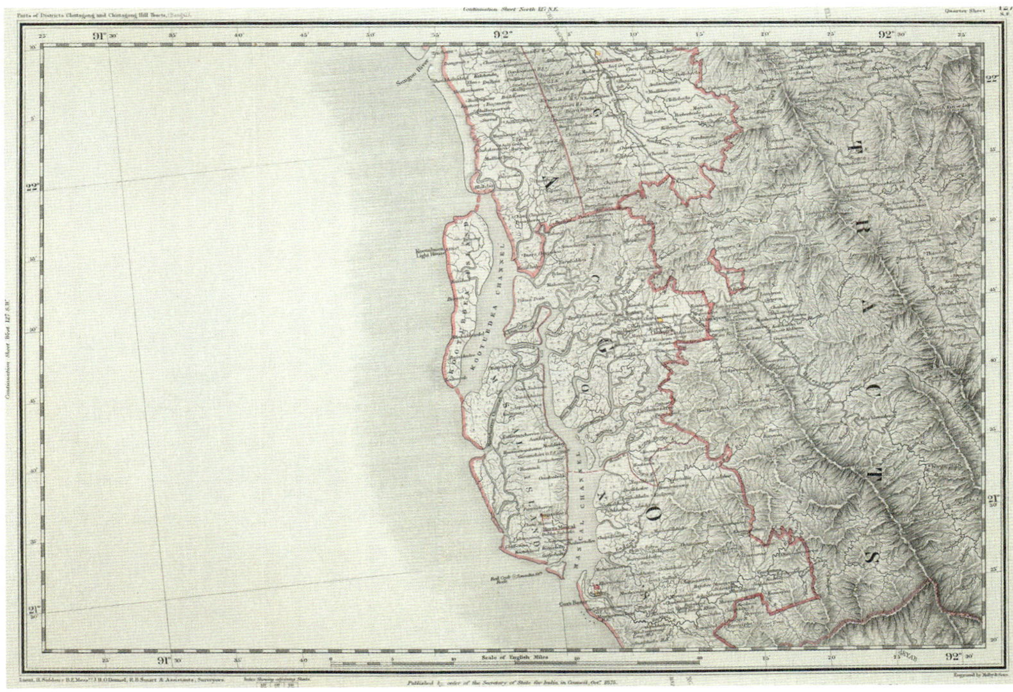

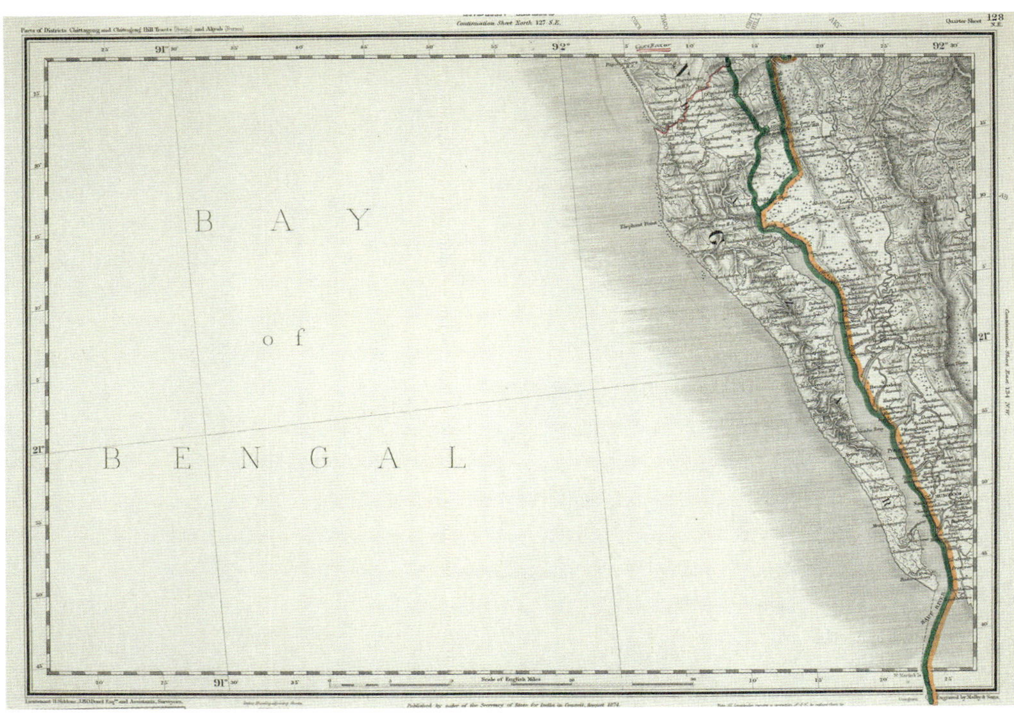

La planification de la partition des Indes, 1946

En 1947, la partition des Indes provoqua des déplacements de population et des pertes humaines à grande échelle. L'Inde britannique fut divisée en deux nouvelles nations – l'Inde et le Pakistan – séparées par la ligne Radcliffe, du nom du président des deux commissions frontalières, Sir Cyril Radcliffe. Un an auparavant, les hautes instances du gouvernement britannique avaient voulu anticiper en secret les conséquences de la partition. Cette carte, classée défense, montre leur tentative de comprendre les éventuels impacts économiques et miliaires de la partition sur un Pakistan nouvellement créé.

Cette carte a été extraite d'un dossier rassemblant des correspondances, documents et rapports officiels top secret produits en 1946 par l'état-major de guerre du Bureau de l'Inde. La carte accompagne un rapport intitulé : « Implications militaires [biffé et remplacé à la main par "défense"] d'une partition des Indes en Hindoustan et Pakistan ». Ce rapport avait été commandé par le vice-roi et gouverneur général des Indes, Earl Wavell, en janvier 1946. Il était destiné à informer la mission du Cabinet de 1946, une délégation de membres du Cabinet, dont faisait partie le secrétaire d'État pour les Indes qui s'était rendu en Inde afin de négocier le transfert du pouvoir de la Grande-Bretagne.

Le document envisageait deux frontières différentes et étudiait les impacts potentiels de chacune d'elles sous divers angles, notamment la capacité industrielle, les ressources minérales, les ports et les structures militaires. Comme l'explique le rapport :

Tout au long de ce document, nous avons d'abord étudié chaque élément dans l'hypothèse où le Pakistan serait constitué uniquement des zones à majorité musulmane (décrit comme le Cas A sur la carte)... puisque nous considérons qu'il s'agirait de la partition la plus probable. Nous avons ensuite considéré comment la situation serait modifiée si le Grand Pakistan voyait le jour.

Les frontières alternatives sont tracées à la main sur la carte accompagnant le document – une carte administrative standard, imprimée (*Inde, Divisions civiles*, publiée par le Département géographique, état-major de l'Inde, janvier 1946). À l'époque, l'Inde était un patchwork complexe de quatre types d'administrations politiques. La légende de la carte attribue une couleur à chacune d'elles : « British India » (Inde britannique), « Indian States » (États d'Inde), « Leased Areas under British Administration » (Zones louées sous administration britannique) et « Tribal Areas » (Zones tribales). Les frontières internationales existantes sont représentées en pointillés et en tirets afin de distinguer celles qui ont été délimitées sur le terrain de celles qui ne l'ont pas été. En cas d'absence d'accord officiel sur ces frontières – par exemple entre le Jammu-et-Cachemire et le Tibet – les couleurs imprimées s'estompent, sans bord net.

Une main inconnue a ajouté des frontières potentielles à l'encre noire : une légende, également ajoutée à la main, distingue « les frontières du Pakistan dans le Cas A » (*Boundaries of Pakistan in Case A*) des « Modifications pour le Cas B » (*Modifications for Case B*). Des lignes ont été tracées au crayon pour guider l'écriture du texte et la mention « Top Secret » est inscrite, à l'encre rouge et d'une écriture irrégulière, en haut de la page.

Le rapport explique les différences entre les deux scénarios :

La différence la plus importante entre les deux cas est que, dans le Cas A, Calcutta et la très importante zone industrielle et minière à proximité d'Asansol se trouvent en Hindoustan, alors que dans le Cas B, elles se trouveraient au Pakistan.

Moins important, mais notable : dans le Cas A, les zones à prédominance sikh du Pendjab se trouveront en Hindoustan, mais au Pakistan dans le Cas B.

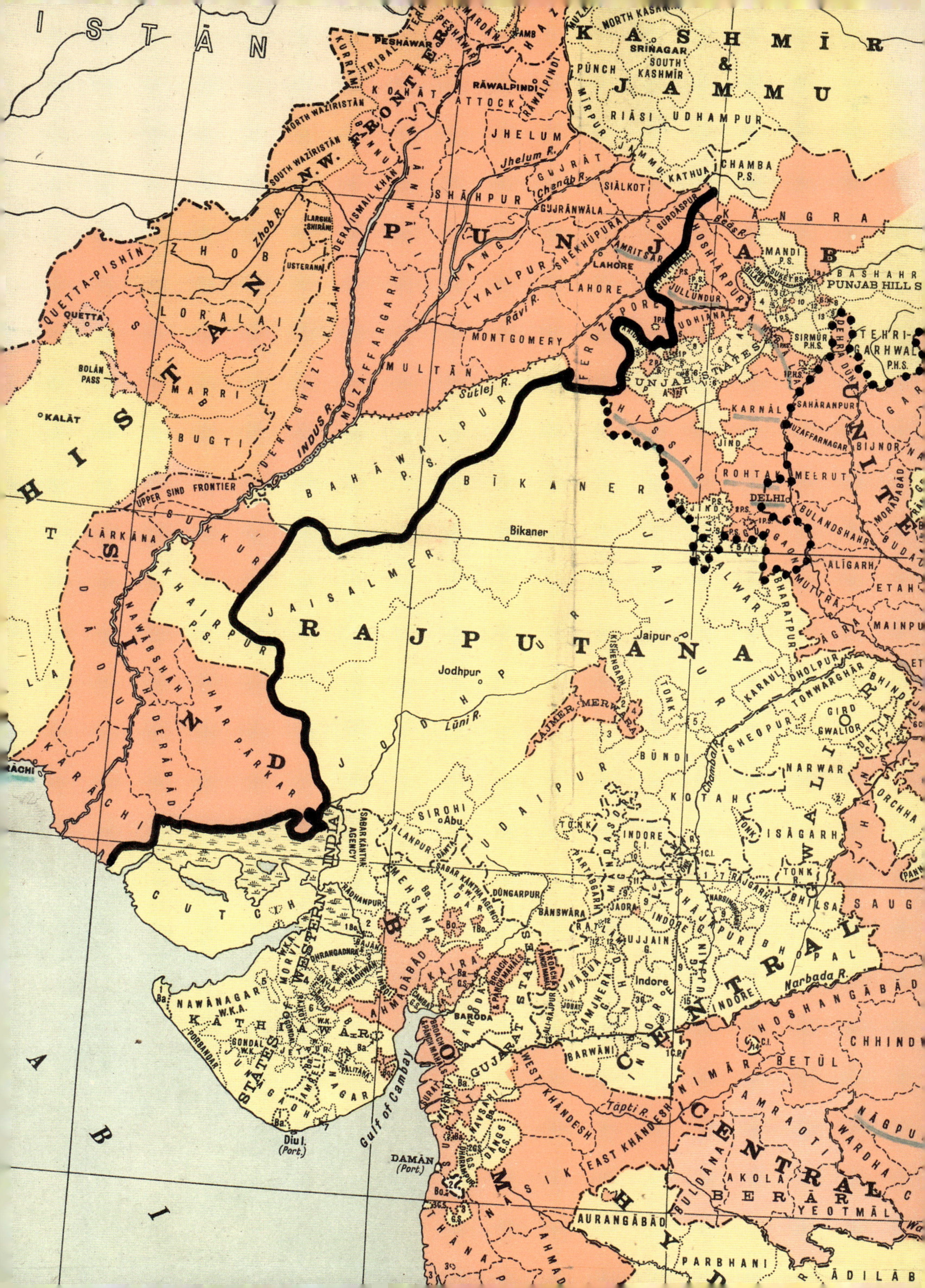

KASHMĪR & JAMMU
SRĪNAGAR
PŪNCH
RIĀSI
UDHAMPUR
MĪRPUR
JAMMU
KATHUA
CHAMBA P.S.
KĀNGRA
MANDI P.S.
BASHAHR
PUNJAB HILLS
SIRMŪR P.H.S.
TEHRI-GARHWAL P.H.S.
N.W. FRONTIER
PESHĀWAR
KURRAM
KOHĀT
MARDĀN
HAZĀRA
NORTH WAZĪRISTĀN
SOUTH WAZĪRISTĀN
BANNU
DERA ISMAIL KHĀN
RĀWALPINDI
ATTOCK
JHELUM
Jhelum R.
GUJRĀT
Chenāb R.
SIĀLKOT
GUJRĀNWĀLA
SHĀHPUR
MIĀNWĀLI
JHANG
SHEKHŪPURA
AMRITSAR
GURDĀSPUR
HOSHIĀRPUR
Beās R.
JULLUNDUR
LAHORE
LYALLPUR
Rāvi R.
MONTGOMERY
MULTĀN
MUZAFFARGARH
DERA GHĀZI KHĀN
FEROZEPORE
LUDHIĀNA
PUNJAB STATES
PUNJAB
HISSĀR
KARNĀL
JĪND
ROHTAK
DELHI
DEHRA DŪN
SAHĀRANPUR
MUZAFFARNAGAR
MEERUT
BIJNOR
MORĀDĀBĀD
BULANDSHAHR
BUDAUN
ALĪGARH
ETAH
MAINPURI
MUTTRA
AGRA
UNITED
BALŪCHISTĀN
ZHOB
Zhob R.
LORALAI
QUETTA-PISHĪN
QUETTA
BOLĀN PASS
KALĀT
MARRI
BUGTI
UPPER SIND FRONTIER
INDUS R.
Sutlej R.
BAHĀWALPUR P.S.
BĪKANER
Bikaner
SUKKUR
LĀRKĀNA
KHAIRPUR P.S.
NAWĀBSHĀH
HYDERĀBĀD
THAR PĀRKAR
DĀDU
KARĀCHI
SIND
JAISALMER
RAJPUTANA
JODHPUR
Jodhpur
Lūni R.
JAIPUR
Jaipur
ALWAR
BHARATPUR
KISHENGARH
AJMER-MERWĀRA
TONK
KARAULI
DHOLPUR
BHIND
TONWARGHĀR
GIRD
GWALIOR
SHEOPUR
BŪNDI
KOTAH
Chambal R.
NARWAR
ORCHHA
ISĀGARH
SIROHI
Abu
PĀLANPUR
UDAIPUR
SABAR KĀNTHA AGENCY
DŪNGARPUR
BĀNSWĀRA
INDORE
JAORA
UJJAIN
RĀJGARH
NARSINGHGARH
BHILSA
SAUGOR
BHOPĀL
Indore
JHĀBUA
AMJHERA
CENTRAL INDIA
Narbada R.
HOSHANGĀBĀD
CHHINDWĀRA
BETŪL
NIMĀR
BARWĀNI
CUTCH
WESTERN INDIA STATES
MEHSĀNA
AHMADĀBĀD
KAIRA
PANCH MAHĀLS
DHRANGADHRA
NAWĀNAGAR
KĀTHIĀWĀR
PORBANDAR
GONDAL
JUNĀGADH
BHĀVNAGAR
PĀLITĀNA
BARODA
GUJARAT STATES
BROACH
SURAT
Gulf of Cambay
Diu I. (Port.)
DAMĀN (Port.)
DANGS
WEST KHĀNDESH
EAST KHĀNDESH
Tāpti R.
NĀSIK
THĀNA
AHMADNAGAR
AURANGĀBĀD
PARBHANI
BULDĀNA
AKOLA
AMRAOTI
BERĀR
YEOTMĀL
WARDHA
NĀGPUR
CENTRAL
HYDERĀBĀD
ĀDILĀBĀD
ARABIA

Après six pages d'analyses détaillées, le rapport présente un résumé des conclusions. Du point de vue de la capacité portuaire, « le Pakistan, même dans le Cas A, en a presque suffisamment pour répondre à ses besoins », pourtant en termes de capacité industrielle, « dans le Cas B, le Pakistan pourrait éventuellement devenir autonome, ce qui serait impossible dans le Cas A » et financièrement, « le Pakistan, dans les deux cas, sera beaucoup plus pauvre que l'Hindoustan ».

À l'époque, le rapport partageait les doutes de la plupart des autorités britanniques quant à la faisabilité d'un État du Pakistan[1]. Cependant, les propositions de la Délégation du Cabinet visant à maintenir l'unité de l'Inde impliquaient pour le pays une structure politique complexe à trois niveaux sur laquelle les deux principaux partis politiques indiens n'ont pu s'accorder. En juillet de la même année, le Congrès national indien et la Ligue musulmane rejetèrent le plan de mission.

En vertu du plan annoncé par le nouveau vice-roi, Lord Mountbatten, le 3 juin 1947, le principe de la partition fut accepté par le gouvernement britannique et les commissions frontalières du Pendjab et du Bengale de Radcliffe furent désignées pour recommencer le processus d'attribution des frontières.
Le 15 août 1947, l'Acte d'indépendance de l'Inde et la partition des Indes entrèrent en vigueur.

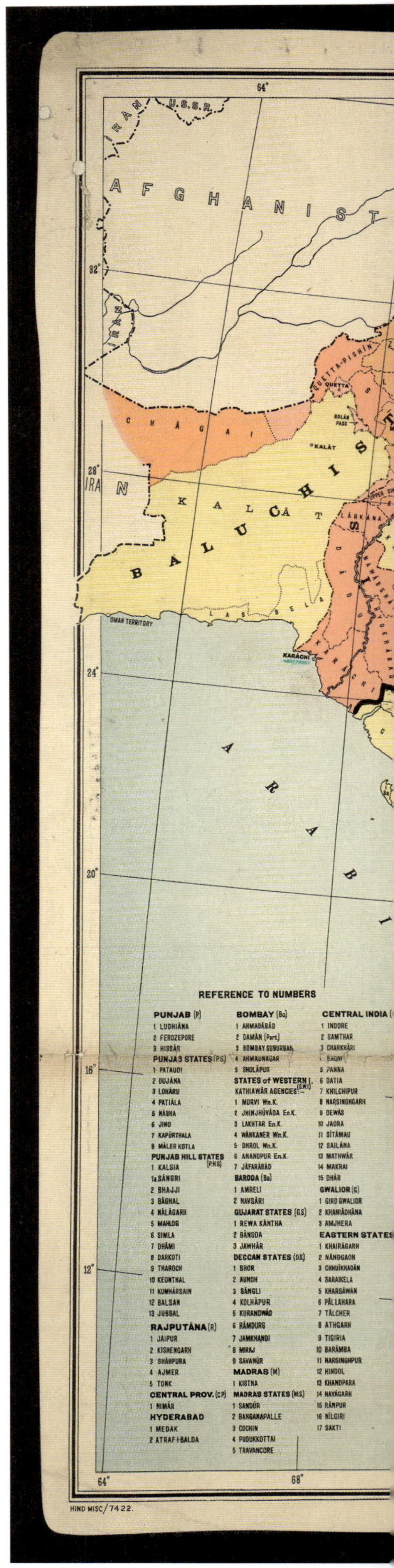

(À gauche) Couverture du dossier « WS » du War Staff [« État-major de guerre »]. Série de dossiers : dossier WS 17055/1, Bureau de l'Inde, 1946. IOR/L/WS/1/1029/

(À droite) Plan de répartition réalisé par le Bureau de l'Inde. Annexe « A » à JPC(46)3, Bureau de l'Inde, 1946. IOR/W/L/WS/1/1029 (iii).

ANNEXURE 'A' TO JPC(46)3

W/LWS/1/1029 (iii) TOP SECRET

Neu Grube
Athletic field
Rifle range
Kuhfort
WILD
Park
Bahnhof
Caputh-Geltow
Beacon
CONTROL
Bideford
A
Exeter
Plymouth
Landernau
Dolas
Chateaulin
B
Quimper
Bernières
sur-Mer
Basly
Colomby
sur-Thaon
les Buissons
Vieux Cairon
Buron
Authie
Ardenne
St Germain
Carpiquet
Bella

2. SECRETS D'ÉTAT

Au sein du pouvoir officiel, à l'intérieur comme au-delà des frontières nationales, le secret et les cartes ont toujours cohabité. En Europe, à partir de 1500, les cartes ont gagné en importance en contribuant à définir, protéger et élargir les frontières nationales par le conflit et la coercition, consolider l'autorité, exploiter les ressources, surveiller les sujets et, par conséquent, façonner la réalité politique. Associées aux technologies – en développant et en tirant parti de celles-ci – les cartes sont devenues les outils coutumiers de la planification, de la gestion et de la conceptualisation de l'activité géographique. Dans ce domaine, et selon le cardinal de Richelieu, homme d'État des XVIe et XVIIe siècles, le secret est « l'âme des affaires[1] », corroborant ainsi le point de vue de son contemporain Francis Bacon, considérant « tous les gouvernements comme obscurs et invisibles[2] ». À la fin des années 1990, un spécialiste du gouvernement britannique constatait encore l'existence d'une « culture du secret, puissante et pérenne[3] ».

Les cartes présentées dans ce chapitre soulignent l'ampleur de leur rôle et de leur impact dans la gestion d'affaires d'État tenues secrètes, dans un contexte essentiellement européen et entre les XVIe et XXIe siècles. Elles permettent de comprendre que « les cartes secrètes sont aussi anciennes que l'État-nation lui-même[4] ». Couvrant un large éventail de situations, notamment liées à des conflits, elles reflètent la réalité sociopolitique, économique et technologique de leur temps. L'accent mis sur la sphère européenne ne réfute toutefois pas le rôle infiniment plus complexe du secret et de la cartographie à l'échelle mondiale et à travers l'histoire : d'ailleurs, des comparaisons sont établies avec le Japon du shogunat Tokugawa (p. 66). Il ne faut pas non plus faire abstraction, à la même époque, des politiques impérialistes intereuropéennes – notamment celle de l'Angleterre à l'égard de l'Irlande et de l'Écosse – qui ont souvent servi de tremplin à une expansion agressive.

La confidentialité d'une carte officielle est toujours difficile à cerner, car sa valeur peut être réelle ou potentielle – il peut s'agir par exemple de routes, de distances, d'entités physiques et politiques, de gisements de matières premières, de sites industriels, de fortifications et positions de défense, d'installations et d'infrastructures, de côtes et de ports, de personnes, d'événements... La sécurité de l'État repose alors largement sur l'accès exclusif à ces secrets – ce que l'on appelle le « renseignement » – et qui serait refusé aux ennemis, aux espions et aux citoyens.

Les instruments étatiques de la collecte de renseignements géographiques par le biais de la cartographie sont apparus au cours des années de formation des États-nations. Les services secrets de la reine Élisabeth Ire, par exemple, sous la direction de Lord Burghley et Francis Walsingham, ont collecté et produit des cartes à des fins de surveillance ; en Italie, au XVIe siècle, des plans d'urbanisme furent établis avec des vues défensives[5] et un projet de cartographie administrative provinciale fut entrepris par Nicolas Sanson sur ordre de la Couronne française dans les années 1660[6]. Aux XIXe et XXe siècles, les entités gouvernementales de collecte de renseignements furent officialisées et professionnalisées, souvent en étroite collaboration avec les agences de production de cartes[7].

Comme le montrent les pages suivantes, les méthodes utilisées pour protéger les cartes estampillées « secret d'État » furent à la fois variées et inventives. Ainsi existe-t-il de nombreux exemples de cartes soumises à des restrictions physiques – recluses et dissimulées. Certaines ont circulé en petit nombre ou en partie. La carte ultra-secrète de l'Empire Habsbourg (*Josephinische Landesaufnahme* – « Relevé topographique joséphinien » en français) par exemple, produite entre 1763 et 1787 sur ordre de Marie-Thérèse, impératrice du Saint-Empire romain, fut volontairement conservée sous sa forme manuscrite ; toutefois, certaines parties furent copiées à des fins spécifiques lorsque le besoin s'en faisait sentir.

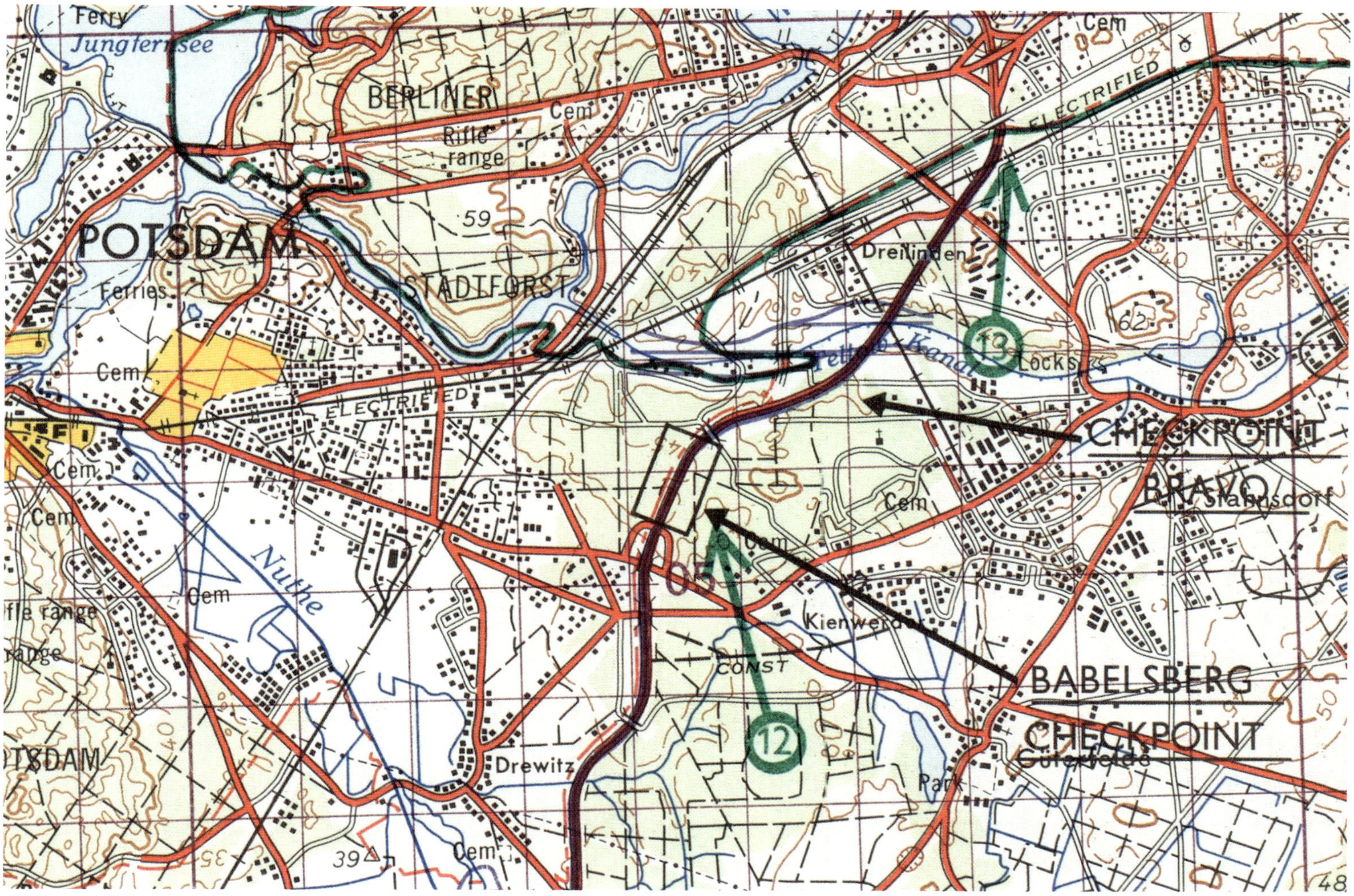

L'accès aux cartes secrètes était géré par des niveaux d'habilitation fluides et susceptibles d'être modifiés. Par exemple, les tampons figurant sur les cartes du ministère de la Guerre britannique du milieu du XXe siècle se déclinaient ainsi (dans l'ordre) : top secret, secret, confidentiel, restreint et non classifié. Cette carte en quatre feuilles du principal axe routier reliant la République fédérale d'Allemagne à Berlin-Ouest et passant par la République démocratique allemande, réalisée en septembre 1971 au cours de la période de tension de la guerre froide, est classée « top secret » [p. 82-83]. Cependant, si elle se trouve séparée des instructions qui l'accompagnent – détaillant l'objectif spécifique de la carte – son niveau de protection est réduit à « restreint ». Ces désignations ne figurent généralement pas sur les cartes sensibles des époques antérieures.

La falsification permettait également de garantir le secret. Le plus souvent, les éléments clés tels que les défenses militaires, les tours de guet, les fournisseurs d'énergie ou, dans le cas de Gibraltar, des sites militaires entiers étaient tout simplement omis des cartes. De vastes zones blanches au beau milieu d'une ville indiquaient sans doute un site secret… sans toutefois en révéler la nature ! Compte tenu des innombrables étendues blanches apparaissant sur les cartes publiques (des années 1960 aux années 1980, Berlin-Ouest ne figurait pas sur la carte de Berlin-Est pour ne pas aider ceux qui fuyaient l'État), ces zones semblaient si courantes qu'elles finissaient par passer inaperçues ou étaient taxées de « secrets de Polichinelle ». D'autres maquillages plus élaborés, à l'image des manipulations géodésiques de la *Carta Mira* soviétique des années 1930 aux années 1960, ont contribué à camoufler des sites secrets. Sur les cartes, les informations étaient déplacées, renommées et parfaitement reconstituées afin de préserver la sécurité et donner l'impression qu'aucune donnée n'était perdue – au prix cependant d'un manque de précision[8]. En 1917, les problèmes de clarté et de lisibilité ont sans doute conduit l'armée britannique à abandonner ses tentatives d'introduction d'une « grille de schématisation » des tranchées du front occidental afin de les crypter efficacement[9]. Vers la fin des années 1940, les cartographes officiels britanniques peignaient de faux champs par-dessus les aéroports sur les prises de vue aériennes publiées.

Le dernier rempart pour protéger le secret fut, selon les mots de J. B. Harley, la « cape de la sécurité nationale[10] », les États allant jusqu'à nier l'existence même de cartes secrètes, en refusant l'accès à la cartographie sur la base de l'intérêt national, en jugeant non pertinent d'expliquer aux citoyens ces zones blanches apparaissant sur les cartes ou, tout simplement, en refusant de répondre aux demandes d'information. Dès le début du XXe siècle, dans de nombreux pays, la révélation de secrets officiels fut explicitement définie par la loi comme un délit pénal. Dès lors, à nous de réfléchir au sacro-saint silence des *arcana imperii* et de nous poser la question : qui décide du secret ?[11]

Purple numbered lines indicate the 1000 meter Universal Transverse Mercator Grid ZONE 33U International Spheroid. The last three digits of the grid numbers are omitted.

Scale 1:100,000

1 0 1 2 3 4 5 6 7 8 9 10 Kilometres

HELMSTEDT–DREIL

Wh
In

52°28'00"N
12°39'00"E

GENTHIN 35 KM.
BRANDENBURG 8 KM.

MAGDEBURG 82 KM.
4.8 KM. TO ROUTE 102

GOLZOW 4.2 KM.

GOLZOW 5.6 KM.

Gi N
Ma N
Ge N

1971
GRID MAGNETIC ANGLE
0°34' (10 Mils) WEST
Annual Magnetic Change
2' (1 Mil) EAST
GRID CONVERGENCE
1°39' (29 Mils) WEST
FOR CENTRE OF SHEET

Published by AD Svy HQ BAOR 1971

Compiled by 14 FD SVY SQN RE in 1971 from Series M642 Sheet 4945. Overprint information supplied by G Ops and Trg in June 1971.

This map is not an authority on boundaries

BAOR (misc) 607/4
SEPTEMBER 1971 EDITION

TAKE RIGHT FORK MARKED

BERLIN

See Reverse

TAKE LEFT FORK MARKED

BERLIN FRANKFURT/ODER

See Reverse

W

SECRET
arated from the
n this page is
RICTED

Copy of

Appendix 2 to Annex H
to HQ BAOR Op Instr 9
dated......................................

EN AUTOBAHN ROUTE MAP

HEIGHTS IN METRES CONTOUR INTERVAL 10 METRES

TAKE RIGHT FORK MARKED

BERLIN HAUPTSTADT DER DDR FRANKFURT/O ↑	WEST BERLIN GRENZ ÜBERGANG POTSDAM →

See Reverse

SECRET
arated from the
n this page is
RICTED

52°15'30"N
13°15'30"E

Printed by 14 Fd Svy Sqn RE
1407/500/9/71

INDEX TO ADJOINING SHEETS

Sheet 1 Sheet 2 Sheet 3 Sheet 4

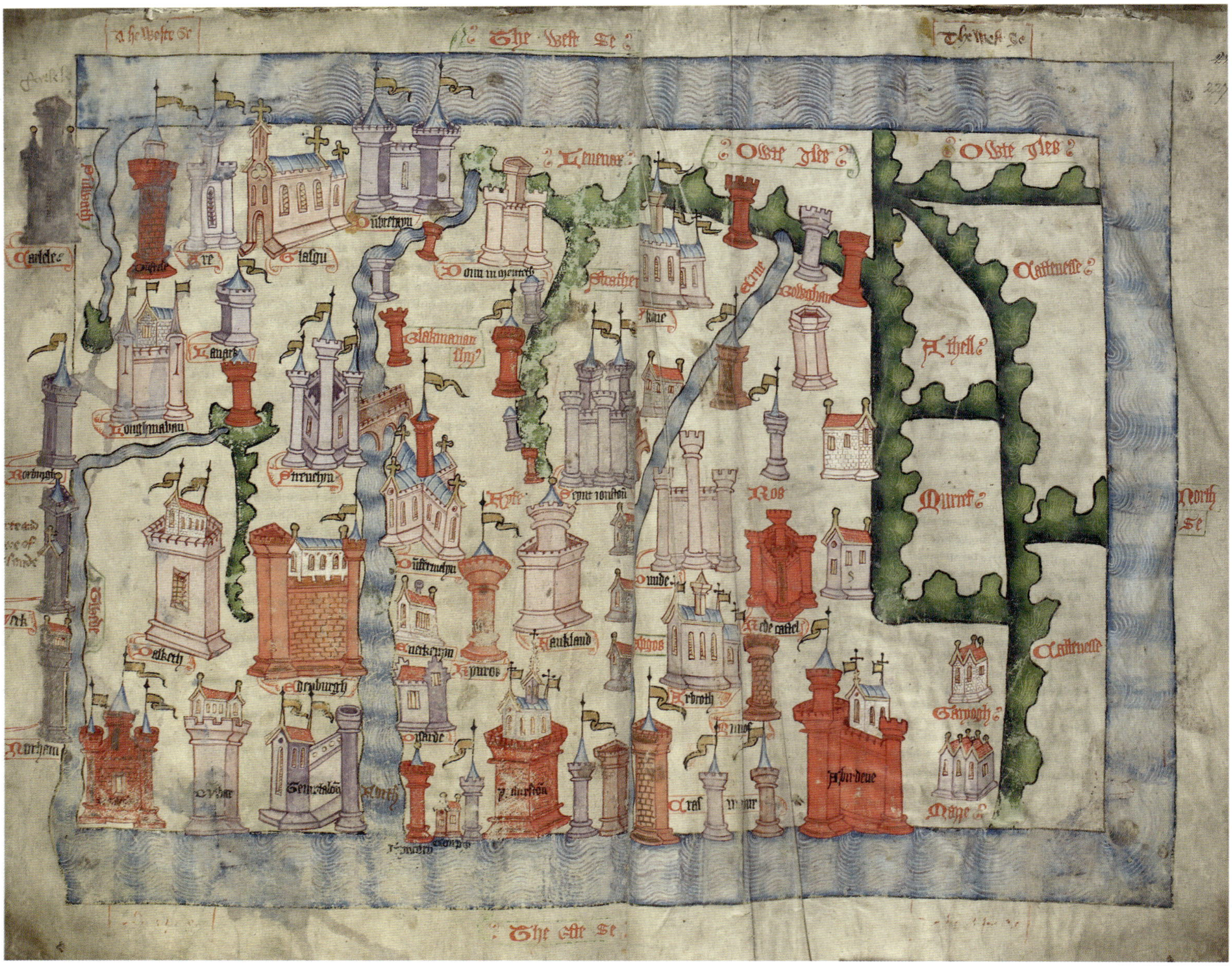

Les secrets tiennent tout autant à leur divulgation qu'à leur dissimulation. S'il est acquis que de nombreux secrets d'État ont été camouflés et détruits[12], les lois de transparence (à l'image du *Federal Records Act* de 1950 aux États-Unis et des *Public Records Acts* de Grande-Bretagne dès 1838) témoignent que de nombreuses cartes, autrefois secrètes, sont désormais accessibles au grand public – et alors que les trois quarts seulement des États membres des Nations Unies disposent aujourd'hui d'une telle législation en la matière. Pour les époques antérieures, ainsi sommes-nous en mesure d'identifier « qui ». « Ne divulguez aucune carte au public », intima Henry Phipps, maître-général du Board of Ordnance britannique en 1811, en plein dans les guerres napoléoniennes, dans des dossiers aujourd'hui consultables aux Archives nationales britanniques[13].

La malchance, les fuites et l'opportunisme ne doivent pas être confondus avec la transparence. Autrefois, les secrets d'État circulaient essentiellement entre les gouvernements grâce au travail des espions et des informateurs.
Les renseignements étaient transmis par le biais de cartes volées, conformes et réalisées dans la clandestinité, ainsi que par des cartes issues des fruits de l'espionnage. Une carte de l'Écosse fut mise au point en 1457 par John Hardyng, espion anglais à la cour d'Écosse, qui réunit des documents et des données topographiques dans le but d'étayer une éventuelle invasion anglaise [ci-dessus]. Dans les années 1590, Sir Thomas Bodley, fondateur de la Bibliothèque bodléienne d'Oxford, envoya vers le continent, dans des colis discrets, les croquis d'installations ennemies[14]. Les plans soviétiques à grande échelle des villes européennes, révélées à l'Occident après la chute du communisme en 1991, contenaient des détails secrets sur les infrastructures que les agences de cartographie n'avaient jamais fait figurer sur leurs propres cartes[15]. Les cartes acquises illégalement demeuraient le plus souvent dissimulées, mais elles pouvaient également être utilisées à des fins de propagande, comme le fut la carte des « objectifs de guerre secrets des Nazis » de 1937, publiée dans la presse britannique en 1940.

Ce type de révélations effectuées sous la houlette des gouvernements, présenté comme une « rhétorique de l'ouverture », s'est avéré une technique étatique bien utile à une

(Double-page précédente) *Helmstedt-Dreilinden Autobahn Route Map* [« Carte routière de l'autoroute Helmstedt-Dreilinden »]. Directeur adjoint du quartier général des levés topographiques, BAOR, [1971]. Cartes MOD BAOR Misc 607/1- 607/4.

(Ci-contre) John Hardyng, [Carte de l'Écosse] in *Chronicle*. 1457. Lansdowne MS 204.

(À gauche) David Moore, *MoD Conference Room* [« Salle de conférence du ministère de la Défense » in *The Last Things* [« Les Dernières choses »] 2007.

époque où l'opinion publique compte énormément[16]. C'est ce que montre le projet de 2007 du photographe David Moore, *The Last Things*, qui dévoila pour la première fois les images du bunker PINDAR du ministère de la Défense britannique (ou « Centre de gestion de crise de la Défense ») situé sous Whitehall, dans le centre de Londres [ci-dessus]. Moore bénéficia d'un accès et d'une autorisation sans précédent afin de photographier ces sites souterrains (une carte de l'Iran est visible sur l'un des murs). En regardant de plus près chaque cliché, on constate pourtant que l'on y apprend peu de choses. Néanmoins, ces images d'une grande qualité donnent un aperçu réel des pratiques du gouvernement et de ses sites secrets[17].

Tout comme la guerre et la préparation à la guerre ont fourni l'impulsion décisive au développement technologique confidentiel de la cartographie, la paix a constitué la plus grande poussée historique derrière la divulgation de ces cartes : ceci fut manifeste dans l'Angleterre des Tudor à la suite de la défaite de l'Invincible Armada de 1588, ainsi que dans la levée des restrictions sur la cartographie à grande échelle en Grande-Bretagne et en France après 1815. Les avancées technologiques du XXe siècle – la photographie aérienne, par exemple – ont fini par développer et informer les sociétés après les armistices. En 2000, Bill Clinton, président des États-Unis, autorisa la suppression de la disponibilité sélective des signaux GPS, une technologie de navigation par missile, permettant ainsi son utilisation par le grand public. En 1995, à l'issue de la guerre froide, Clinton avait déjà déclassifié les photos satellites prises par le programme Top Secret Corona de 1959 à 1972 (p. 136-138).

L'évolution ne s'est pas faite à sens unique. De nombreuses cartes et technologies ont été à nouveau escamotées : ce fut le cas de cartes retirées du domaine public après les attentats du 11 septembre 2001, tandis que le contrôle ultime du GPS demeure aux mains des militaires américains[18]. Malgré cela, l'impact de la paix a sans aucun doute incité à l'ouverture, mais aussi à introduire les cartes secrètes dans les technologies de cartographie de la société civile. Une fois dans la sphère publique, elles se sont à nouveau mêlées aux secrets et aux révélations de nos vies quotidiennes.

Le « ventre mou » de l'Angleterre : cartographie de la côte sud, 1539–1762

Au fil des siècles, l'attitude des gouvernements à l'égard de la sécurité de la côte sud de l'Angleterre a oscillé entre confiance et vulnérabilité, la considérant tour à tour comme un site solide ou un ventre mou vulnérable. L'idée de l'importance et de la sécurité des cartes de cette côte a donc varié en conséquence. D'un point de vue historique et britannique, la Manche et ses courants imprévisibles garantissaient une sécurité face aux invasions des voisins européens hostiles. Dès la période Tudor, cette mer protectrice de la nation insulaire fut célébrée par la propagande britannique dans les gravures et dans les cartes. La plus tapageuse fut sans aucun doute celle de James Gillray, *L'Invasion française, ou John Bull bombardant les bateaux des pouilleux* (The French invasion, or John Bull Bombarding the bum boats) en 1793, représentant la côte méridionale déféquant sur le nord de la France. Pourtant, à de multiples reprises, la Manche avait été traversée avec succès par l'envahisseur, en commençant par Jules César en 55 av. J.-C. – un événement repris sur les cartes ennemies jusqu'en 1940.

La crainte d'une invasion émerge par intermittence sous le règne d'Henri VIII. L'anxiété suscitée par la vulnérabilité d'une côte longue de 650 kilomètres, située à plus d'une semaine de cheval du centre du pouvoir à Londres et jalonnée de potentiels sites de débarquement, fut exacerbée au cours des périodes de tension politique entre l'Angleterre et ses rivaux continentaux : la France et l'Espagne des Habsbourg. En 1538, l'inquiétude provoquée par la probabilité d'une invasion espagnole à la suite du divorce d'Henri VIII et de Catherine d'Aragon motiva différentes entreprises.

En février 1539, Thomas Cromwell, principal conseiller du roi, ordonna en urgence la mise en œuvre d'un programme de défense et de fortifications. Avec les fonds acquis grâce à la dissolution des monastères, un décret, appelé « dispositions du roi », lança un projet d'étude et de construction sans précédent pour les côtes de Grande-Bretagne. Dans les années qui suivirent, des forts et des blockhaus furent planifiés, construits sur des sites clés (y compris l'estuaire de la Tamise, Rye dans le Kent, Southampton et Weymouth sur la côte sud), puis l'on y installa des garnisons, selon les études et les cartes réalisées par des administrateurs locaux. Des géomètres professionnels venus du continent collaborèrent également et le souverain s'intéressa particulièrement au projet[1].

L'une des plus grandes réalisations cartographiques de ce programme est la « Vue longue » (Long View) de la côte sud de l'Angleterre. Dessinée à Greenwich pour le roi entre 1539 et 1540, cette vue panoramique de deux mètres de long détaille le littoral depuis Land's End, dans les Cornouailles, jusqu'à Exeter dans le Devon. Elle est réalisée selon la perspective d'une personne arrivant par le sud – le point de vue de l'envahisseur. Son échelle est suffisamment grande pour faire figurer tous les ports (dont la taille a été exagérée), les villes côtières et leurs défenses.

ffrom gyllyng wase to gyllyng downe a myle &
good landyng. ffrom gyllyng downe to pendynnas
a myle & deny & good landyng & fayr way
to penryn
The entre of falmouth haven
not made
half made

Une chaîne de protection est visible en travers du fleuve à Plymouth. Des annotations indiquent, entre autres, les fortifications achevées et celles restant à terminer. Les plages – des sites possibles de débarquement – ressortent, colorées en rose.

Cette « Vue longue » est probablement un amalgame de plusieurs cartes locales de taille plus réduite et de vues préexistantes des villes, intégrées à ce panorama par les artisans de la cour à Greenwich[2]. Compte tenu de l'intérêt porté aux cartes par le souverain, celle-ci aura sans doute été très appréciée. Son mauvais état prouve qu'elle a été montrée et utilisée – bien qu'elle n'ait sans doute pas été divulguée au grand public. Si les ambassadeurs d'Espagne furent renvoyés d'Angleterre entre 1539 et 1540, les soupçons concernant la présence d'éventuels agents ennemis persistèrent.

L'investissement colossal d'Henri VIII dans la défense militaire contribua à apaiser durablement les craintes d'une invasion, notamment sous la menace espagnole des années 1580. Malgré les mesures de sécurité instaurées autour des cartes militaires, les ennemis de l'Angleterre parvinrent à recueillir des informations, comme l'attestent plusieurs schémas des ports anglais réalisés en Angleterre par un espion catholique, et conservés aujourd'hui à Madrid[3]. Après la défaite de l'Invincible Armada espagnole en 1588, le contrôle sur les cartes fut assoupli – au point que certains plans des littoraux furent ouvertement utilisés à des fins de propagande pour célébrer la victoire.

Deux siècles plus tard, au cours de la guerre de Sept Ans (1756-1763), la Grande-Bretagne et la France s'affrontèrent sur de multiples champs de bataille en Amérique du Nord, en Inde, en Europe continentale et sur la Manche afin d'asseoir leur suprématie. Un plan d'invasion de la Grande-Bretagne fut réalisé pour le ministère de la Marine française. Très complet et dessiné à la main, ce document détaille la stratégie française.

[Vue panoramique de la côte sud de l'Angleterre depuis Land's End jusqu'à Exmouth, connue sous le nom de « Vue longue »]. Greenwich, 1539 ou 1540. Cotton MS Augustus I.ii.35–6, 38–9.

Des navires de guerre, des barges de débarquement et des marins devaient être rassemblés dans les ports de France, prêts à lancer une attaque depuis Brest, en Bretagne, ainsi que d'autres bases bretonnes et normandes. Trois cartes illustrent ce plan en détaillant les assauts français sur Plymouth, Portsmouth et la « côte d'invasion » du Kent ; la progression sur Londres, ainsi qu'une avancée espagnole sur l'est, probablement dans l'espoir d'obtenir le soutien de l'Écosse.

Parmi ces cartes, celle à grande échelle du littoral du Kent est la plus remarquable. Elle montre en détail les côtes, l'emplacement des localités, le type de terrain et, surtout, les routes. À une échelle d'un pouce au mile, voilà le genre de détails indispensables aux forces en présence. Dans les années 1750, il n'était pas courant de disposer de cartes aussi précises. Les exemplaires imprimés à cette échelle des comtés anglais et gallois destinés au grand public n'apparaîtront que dix ans plus tard, et il faudra attendre encore 50 ans pour celles de l'Ordnance Survey (Service cartographique du Royaume-Uni). Il est donc possible que la carte ait été copiée par un espion français, à partir des cartes à grande échelle manuscrites produites par les géomètres du service et conservées à la tour de Londres[4].

L'invasion française n'aura pas lieu, mais 30 ans plus tard, la Grande-Bretagne déplora de nouveau l'existence de son « ventre mou » face à la menace d'une invasion napoléonienne. La cartographie de la défense de la côte sud de la Grande-Bretagne par l'Ordnance Survey nouvellement créé en 1791 était fortement restreinte, tandis que la France limitait la diffusion de sa propre cartographie militaire (p. 130-133). Ce cycle « dissimulation/divulgation » était destiné à se poursuivre : les deux séries de cartes furent dévoilées au grand public à la fin des hostilités, à partir de 1815.

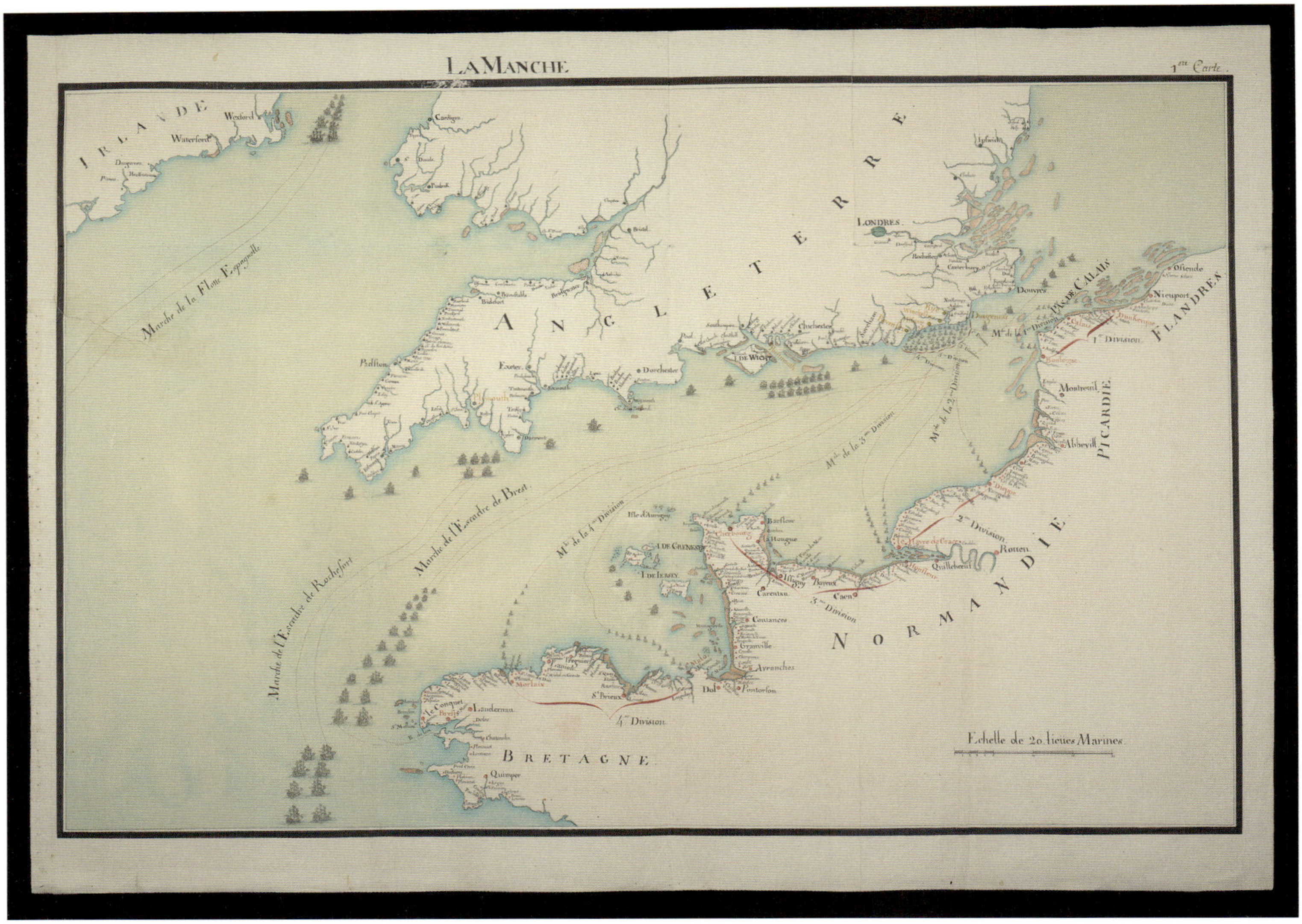

« La Manche », in *Cartes relatives à un projet de descente sur les côtes d'Angleterre...* [Paris], ministère de la Marine, [*vers* 1762]. Add. MS 74751 A.

« Partie de la Côte Méridionale de l'Angleterre depuis le Sud-Foreland jusqu'à Beach-Head » in *Cartes relatives à un projet de descente sur les côtes d'Angleterre...*

Débarquement et Decca : navigation top secrète, 1944

Cette carte maritime confidentielle [p. 94-95] fut réalisée par l'Amirauté britannique pour le débarquement de Normandie. Elle montre la portion de la côte nord de la France comprenant les plages du Débarquement : Gold, Juno et Sword. Cette carte fut utilisée en association avec un nouveau système de radionavigation d'une valeur telle qu'il était absolument primordial de le garder secret. Il fallait à tout prix éviter qu'il ne soit découvert par l'ennemi, c'est pourquoi il fut mis en service uniquement le Jour J pour être désactivé dès le lendemain.

Pendant la Seconde Guerre mondiale, les Alliés, tout comme l'Allemagne, développèrent des systèmes de radionavigation de technologie avancée permettant aux navires et aux avions de déterminer précisément leur position grâce aux signaux émis par des balises radio fixes. Au début, les deux camps tentèrent de brouiller les systèmes de l'ennemi ou de détruire les infrastructures sous-jacentes des pylônes radio les soutenant. Cependant, au fil des mois, chacun dut reconnaître que la technologie de l'adversaire, malgré la menace qu'elle représentait, pouvait aussi constituer un avantage stratégique, et mit dès lors au point des récepteurs destinés à exploiter à ses propres fins les systèmes ennemis.

Le plus secret des systèmes alliés portait pour nom de code « Admiralty Outfit QM », avant d'être rebaptisé « Decca Navigator ». L'Amirauté commença à s'intéresser à cette technologie en 1941, après que son inventeur américain eut échoué à obtenir le soutien de l'armée américaine et que le ministère de l'Air britannique l'eut refusé, de peur qu'on puisse trop aisément la brouiller et préférant donc poursuivre le développement de Gee, son propre système.

Après des essais au large d'Anglesey et dans le Moray Firth, Decca se révéla plus précis et plus facile d'utilisation que Gee. Début 1944, la technologie fut alors officiellement adoptée par l'Amirauté pour être déployée au cours du débarquement de Normandie.

Quatre balises radio furent installées dans le plus grand secret à des points stratégiques de la côte sud-britannique : trois d'entre elles couvraient les eaux s'étirant de la côte méridionale de l'Angleterre jusqu'aux plages normandes ; la quatrième, située à Sheerness, était un leurre destiné à faire croire aux Allemands que l'invasion se déroulerait dans la région du Pas-de-Calais.

Cette carte fut imprimée pour le débarquement de Normandie. Elle se base sur la carte F.1016 couvrant la partie de la côte normande du Cap Manvieux à Dives. Contrairement aux cartes de l'Amirauté standard – diffusées au grand public – celle-ci était exclusivement destinée à la Royal Navy, à l'image d'un catalogue de cartes marines imprimé en 1915 qui portait la mention : « Cartes réservées à des fins militaires. Il convient de veiller à ce que listes et cartes mentionnées ici ne tombent pas entre les mains de personnes non autorisées[1]. »

En haut et en bas, la carte est estampillée « Secret » en majuscules rouges – classification ultérieurement rétrogradée en « Confidentiel » puis finalement en « Déclassifié », afin de permettre son transfert à la British Library en 2000.

La carte est recouverte d'un maillage de lignes rouges et vertes – le « Decca Lattice » ou grille électronique. Ces lignes représentent un motif d'interférence, semblable aux ondulations à la surface d'un plan d'eau, créé par le chevauchement des émissions des émetteurs radio installés le long de la côte britannique. Les lettres AB et AC qui apparaissent en rouge et en vert dans le coin inférieur gauche font référence aux différentes balises radio. Le Lieutenant-commandant Oliver Dawkins, officier de navigation à la tête d'une flottille de dragueurs de mines pendant le Débarquement, explique comment fonctionne ce système :

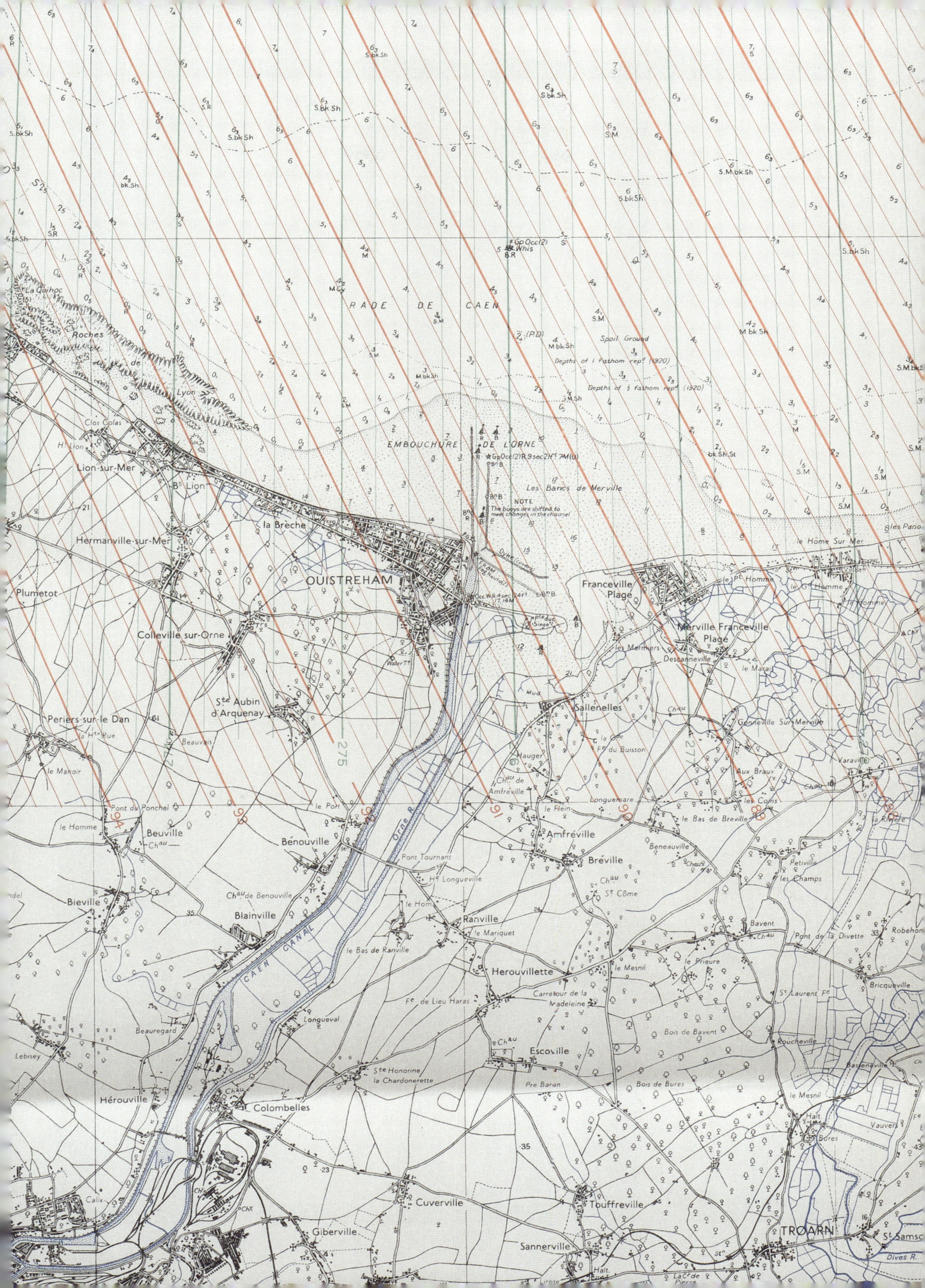

RADE DE CAEN
EMBOUCHURE DE L'ORNE
Les Bancs de Merville
Spoil Ground
Depths of 1 fathom repᵈ (1920)
NOTE
The buoys are shifted to meet changes in the channel
Roches de Lyon
Clos Colas
Lion-sur-Mer
Bᵍ Lion
Hermanville-sur-Mer
la Breche
OUISTREHAM
Plumetot
Colleville sur-Orne
Sᵗᵉ Aubin d'Arquenay
Periers-sur-le Dan
le Manoir
Beauvais
Franceville Plage
Merville Franceville Plage
le Home Sur Mer
les Marmiers
Descanneville
le Marais
Sallenelles
Gonneville Sur Merville
Fᵐ du Buisson
Hauger
Aux Braux
Varaville
Amfreville
Longuemare
les Coins
le Bas de Breville
la Rivière
le Homme
Beuville
Bénouville
Pont Tournant
Orne R.
Amfréville
Bréville
Beneauville
Petiville
les Champs
Sᵗ Côme
Bieville
Blainville
Ranville
le Mariquet
le Bas de Ranville
Bavent
Pont de la Divette
Robehomme
Bricqueville
CAEN CANAL
Herouvillette
le Prieure
le Mesnil
Sᵗ Laurent Fᵉ
Carrefour de la Madeleine
Fᵉ de Lieu Haras
Longueval
Beauregard
Bois de Bavent
Rouchevile
Lebisey
Escoville
Sᵗᵉ Honorine la Chardonerette
Pre Baron
Bois de Bures
Bassenevile
Hérouville
Colombelles
le Mesnil
Bures
Vauvers
Cuverville
Touffreville
Giberville
Sannerville
TROARN
Sᵗ Samson
Dives R.
Calix
275
94
93
92
91
90
89
88

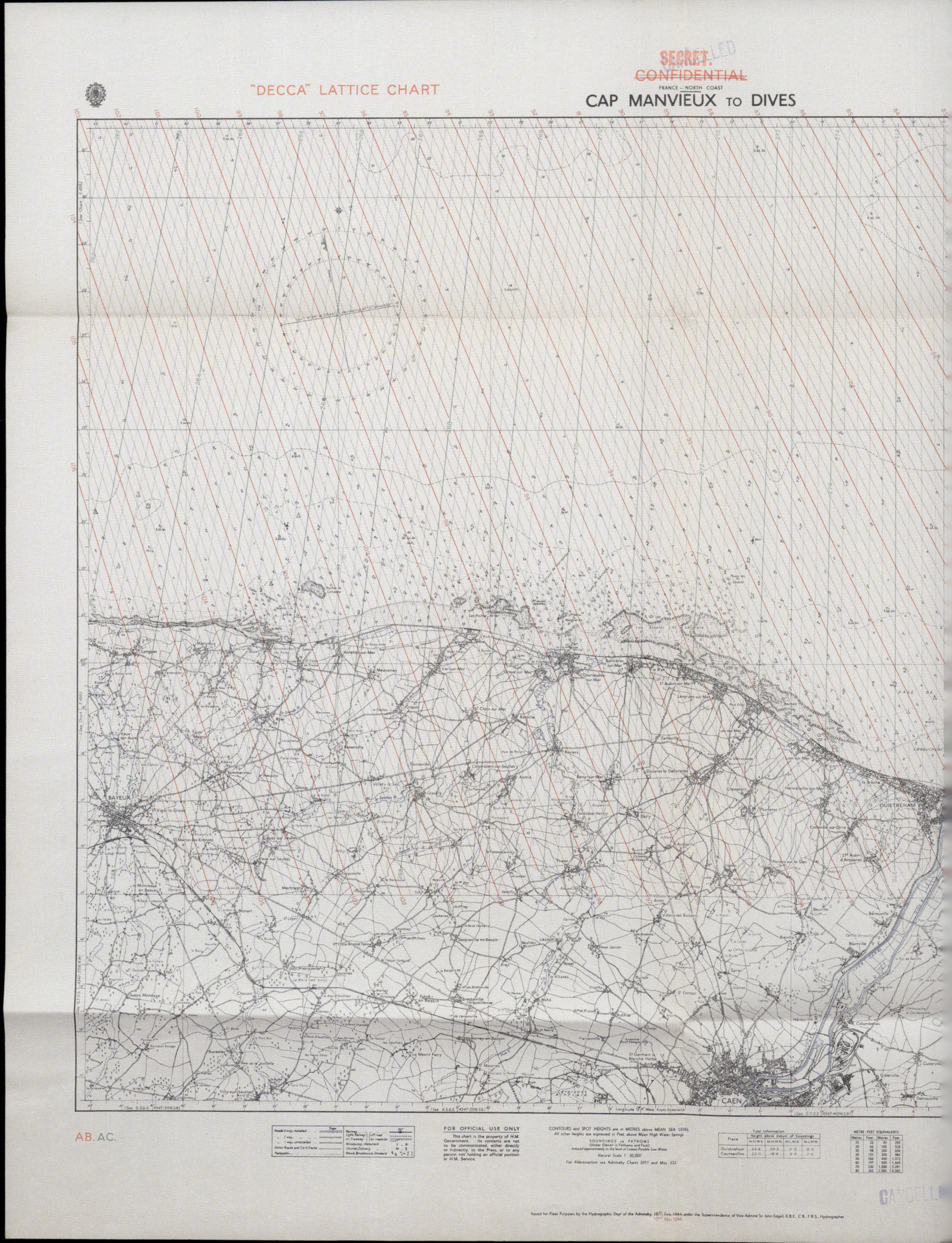
SECRET.
CANCELLED
CONFIDENTIAL
"DECCA" LATTICE CHART
FRANCE — NORTH COAST
CAP MANVIEUX TO DIVES
BAYEUX
OUISTREHAM
CAEN
Tilly-sur-Seulles
Le Mesnil Patry
St Germain la Blanche Herbe
Giberville
Cuverville
Demouville
Longitude 0° 25' West from Greenwich
AB. AC.
FOR OFFICIAL USE ONLY
This chart is the property of H.M. Government. Its contents are not to be communicated, either directly or indirectly, to the Press, or to any person not holding an official position in H.M. Service.
CONTOURS and SPOT HEIGHTS are in METRES above MEAN SEA LEVEL
All other heights are expressed in Feet above Mean High Water Springs
SOUNDINGS in FATHOMS
(Under Eleven in Fathoms and Feet)
reduced approximately to the level of Lowest Possible Low Water
Natural Scale 1 : 50,000
For Abbreviations see Admiralty Charts 5011 and Misc. 225
Tidal Information
Height above datum of Soundings
Place
M.H.W.S.
M.H.W.N.
M.L.W.S.
M.L.W.N.
Ouistreham
24·6
20·3
3·0
8·5
Courseulles
23·0
18·4
3·0
7·5
METRE - FEET EQUIVALENTS
Metres
Feet
10
33
90
295
20
66
100
328
30
98
200
656
40
131
300
984
50
164
400
1,312
60
197
500
1,640
70
230
1,000
3,281
80
262
2,000
6,562
Issued for Fleet Purposes by the Hydrographic Dept of the Admiralty, 18th Feb. 1944 under the Superintendence of Vice-Admiral Sr John Edgell, K.B.E., C.B., F.R.S., Hydrographer.
12th May 1944.

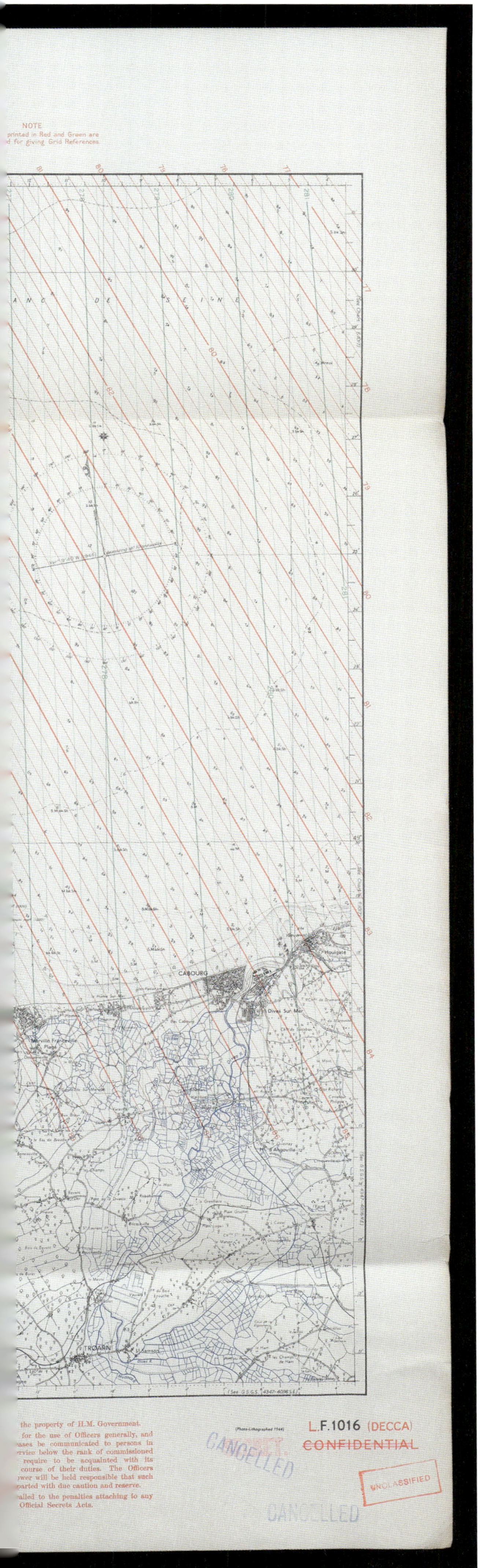

Il a été révélé par la suite que la principale station, appelée « A », était située à proximité de Chichester. La station occidentale, « B » (rouge) près de Swanage, dans le Dorset et « C » (verte) à 1,5 kilomètre à l'intérieur des terres de Beachy Head. Sur l'île de Sheppey, un émetteur avait été construit pour servir de « leurre » si les Allemands découvraient une partie de ce plan[2].

Ces surimpressions fournissaient une référence de navigation aux navires équipés de récepteurs affichant les coordonnées Decca, c'est-à-dire les valeurs rouges et vertes, à mesure que ces mêmes navires progressaient sur la grille. Le système était si secret que les marins connaissaient les récepteurs électroniques uniquement sous le nom de code « Blue Gasmeter Job ».

La surimpression est datée du 12 mai 1944, moins d'un mois avant le débarquement – ultime délai autorisé pour d'éventuelles modifications avant que les cartes ne soient scellées et expédiées.

Aux premières heures du Débarquement, 17 dragueurs de mines équipés de récepteurs Decca dégagèrent des chenaux à travers les champs de mines allemands, à l'avant de la flotte d'invasion principale. La technologie fonctionna à merveille. Le Lieutenant-commandant Dawkins se souvient : « C'était incroyable. C'était comme si nous avions une sorte de câble aérien nous indiquant non seulement la direction, mais aussi notre vitesse. »

Decca était un système si secret qu'il fut désactivé le lendemain du Débarquement afin d'éviter qu'il ne soit découvert par l'ennemi, le préservant ainsi pour d'éventuelles futures opérations. Rien n'indique que les Allemands aient eu connaissance de son existence.

Après le conflit, la technologie Decca fut déclassifiée et développée commercialement par la Decca Company, entreprise britannique fabriquant également des disques gramophones. Au fil du temps, le système fut étendu à la navigation mondiale, notamment dans les domaines de la topographie, de la marine et de l'aviation. Sa capacité à localiser des points précis sur des terrains dépourvus de reliefs ou de vastes étendues maritimes a conduit au développement de systèmes similaires – Electronic Position Indicator, Sea-Fix, Hyper-Fix... Ces technologies ont été utilisées dans une variété de secteurs, dont la cartographie, les relevés frontaliers et la prospection de ressources. Le Decca Navigator est resté en service jusqu'en 2000, date à laquelle il fut supplanté par la technologie GPS.

Carte DECCA de la côte normande, y compris les plages du Débarquement Sword, Juno et Gold, 12 mai 1944. Carte Flotte AC L.F.1016.

Préparation du débarquement de Normandie : élaboration des cartes pour l'invasion, 1942-1944

La plus grande invasion amphibie de l'histoire militaire se déroula le mardi 6 juin 1944. Au cours du débarquement de Normandie, près de 160 000 troupes alliées déferlèrent sur 80 km de côte normande, marquant le début de la fin de l'occupation nazie de l'Europe de l'Ouest.

Le secret fut un élément crucial de la préparation opérationnelle du « D-Day ». La production de cartes a donné lieu à une succession d'actes d'espionnage, de dissimulations et de falsifications. L'obligation du secret et le besoin de diffuser des informations indispensables générèrent inévitablement de la tension.

Le processus de planification cartographique de l'opération débuta en 1942, avec le travail de relevés destiné à produire une série de cartes topographiques détaillées couvrant l'ensemble de la côte septentrionale de la France. Ces cartes furent réalisées à partir de photographies aériennes de reconnaissance prises à haute altitude par des avions Spitfire et Mosquito stationnés à la base Benson de la Royal Air Force, dans l'Oxfordshire – ce qui leur valut leur nom de code : la série « Benson » (désignée GSGS 4347) [p. 103, en haut]. La photographie aérienne permettait de mettre à jour des informations issues des cartes françaises de la Première Guerre mondiale – le seul matériel cartographique de la région disponible alors.

Des cartes plus détaillées, surnommées les « Baby Benson », montraient des zones de débarquement spécifiques sur le littoral normand. Voici le feuillet 86 [p. 98] d'une série de cartes produite par la Section géographique de l'état-major sous la désignation GSGS 4490. La carte zoome sur une zone de la côte française autour du port d'Ouistreham et à l'intérieur des terres jusqu'au sud, le long des berges du canal de Caen. Elle présente une surimpression opérationnelle, mise à jour avec les « informations du 12 mai 1944 », c'est-à-dire les renseignements les plus complets disponibles sur les défenses ennemies et les obstacles présents sur les plages.

Ces données ont été recueillies à partir de différentes sources, dont des missions de reconnaissance aérienne à basse altitude, des agents des forces spéciales et la Résistance française. Au dos de la feuille, une légende explique les nombreux symboles utilisés, classant les multiples éléments par groupe, du type ouvrages défensifs, emplacement d'armes, obstacles et champs de mines.

La feuille couvre la moitié orientale de l'une des plages de débarquement – nom de code : Sword. Cette zone fut envahie par la 8e brigade de la 3e Division britannique. La carte révèle à la fois la difficulté du terrain et la nature intraitable des obstacles et des autres défenses allemandes. De courts blocs de texte, en lettres rouges, décrivent les principales caractéristiques naturelles, du type « dunes de sable de 90 m de large... face vers la mer de 2,5 à 3,5 m de haut et inclinées à 40 degrés », tandis que sur toute la longueur de la côte, une forêt dense de textes et de symboles indique l'emplacement des barbelés, des fossés, des pieux, des « hérissons » (obstacles antichars), des mitrailleuses et des lance-flammes. Cette carte fut imprimée en peu d'exemplaires – vraisemblablement quelques centaines de copies – et comporte des instructions de sécurité spécifiques. Une mention bien visible indique que « Cette carte ne doit PAS être transportée dans les avions opérationnels » (pour éviter de tomber entre les mains allemandes si l'avion devait être abattu par l'ennemi). La carte est classée « Top secret » jusqu'à sa diffusion aux troupes au sol, ensuite : « Secret ». Cette rétrogradation de « Top secret » à « Secret » illustre la nature fluctuante de la classification en fonction des circonstances, quand il devient essentiel de diffuser l'information à un nombre croissant de personnes.

À l'exception d'une poignée d'exemplaires consultés quelques jours avant le débarquement de Normandie par le haut commandement, la plupart des copies de ce feuillet furent descellées la veille de l'opération. En préparation du « Jour J », les cartes d'opérations et de planification étaient conservées dans des paquets scellés dans des dépôts ultra-sécurisés situés le long de la côte méridionale de l'Angleterre. L'accès à ces installations était très contrôlé. Une étude préparée peu de temps après le débarquement par l'armée américaine documente les protocoles stricts mis en place afin d'empêcher un accès non autorisé à ces cartes. Voici quelques-unes de ces instructions :

> *Le commandant du sous-dépôt sera armé d'une mitraillette. Toutes les portes de sous-dépôts seront scellées, sauf une. Les fenêtres seront hermétiquement fermées. Toutes les fenêtres seront équipées d'écrans occultants en permanence lorsque des cartes descellées sont présentes dans le dépôt.*

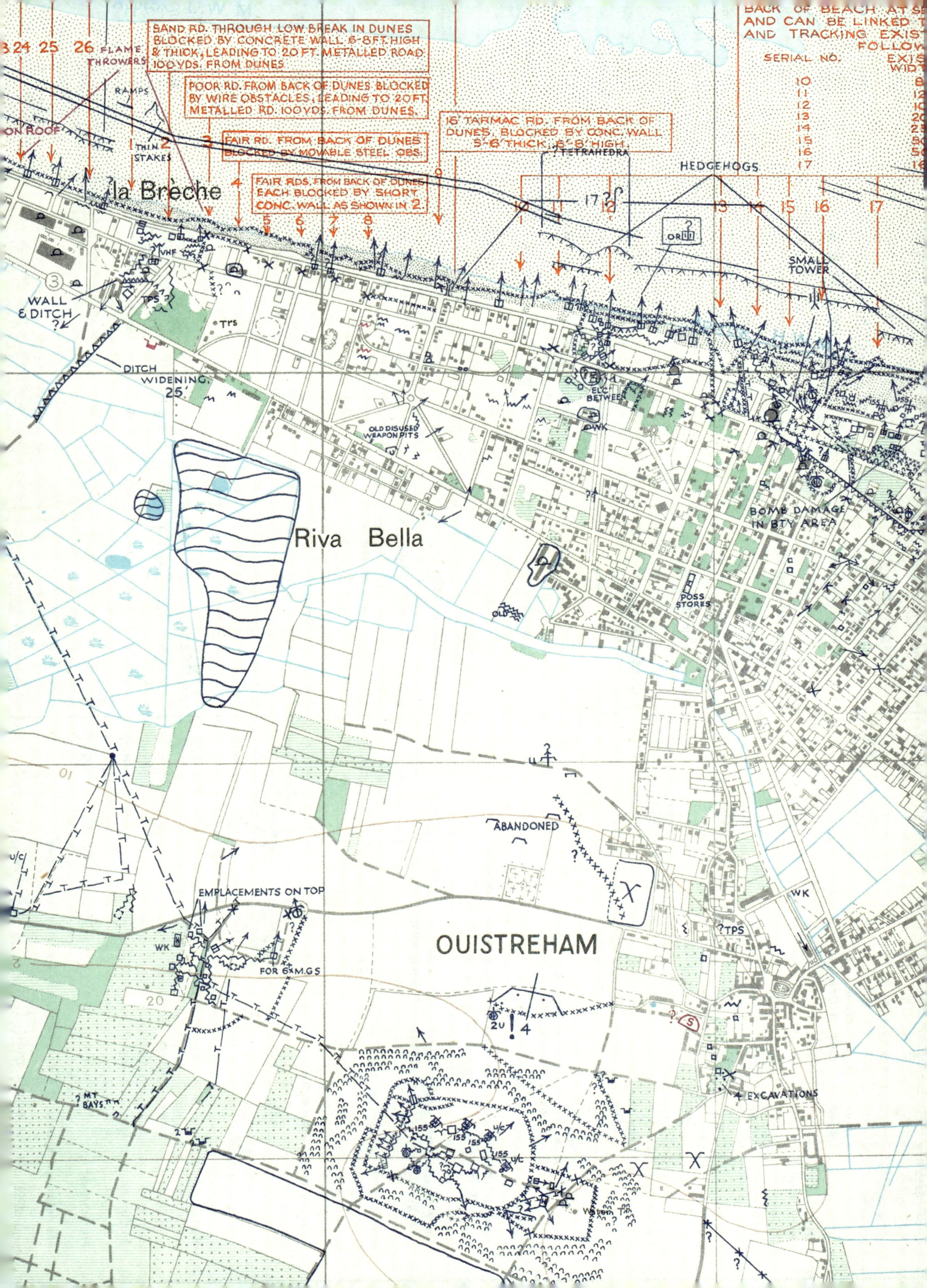

SAND RD. THROUGH LOW BREAK IN DUNES BLOCKED BY CONCRETE WALL 6-8FT. HIGH & THICK, LEADING TO 20 FT. METALLED ROAD 100 YDS. FROM DUNES
POOR RD. FROM BACK OF DUNES BLOCKED BY WIRE OBSTACLES, LEADING TO 20 FT. METALLED RD. 100 YDS. FROM DUNES.
FAIR RD. FROM BACK OF DUNES BLOCKED BY MOVABLE STEEL OBS.
FAIR RDS. FROM BACK OF DUNES EACH BLOCKED BY SHORT CONC. WALL AS SHOWN IN 2.
16' TARMAC RD. FROM BACK OF DUNES. BLOCKED BY CONC. WALL 5'-6' THICK, 6'-8' HIGH.
AND CAN BE LINKED
AND TRACKING
SERIAL NO.
10
11
12
13
14
15
16
17
FLAME THROWERS
ON ROOF
RAMPS
THIN STAKES
?TETRAHEDRA
HEDGEHOGS
SMALL TOWER
la Brèche
WALL & DITCH
DITCH WIDENING 25'
VHF
TPS
OLD DISUSED WEAPON PITS
ELC BETWEEN
WK
BOMB DAMAGE IN BTY AREA
POSS STORES
Riva Bella
ABANDONED
EMPLACEMENTS ON TOP
FOR 6 M.G.S
OUISTREHAM
?TPS
EXCAVATIONS
MT BAYS

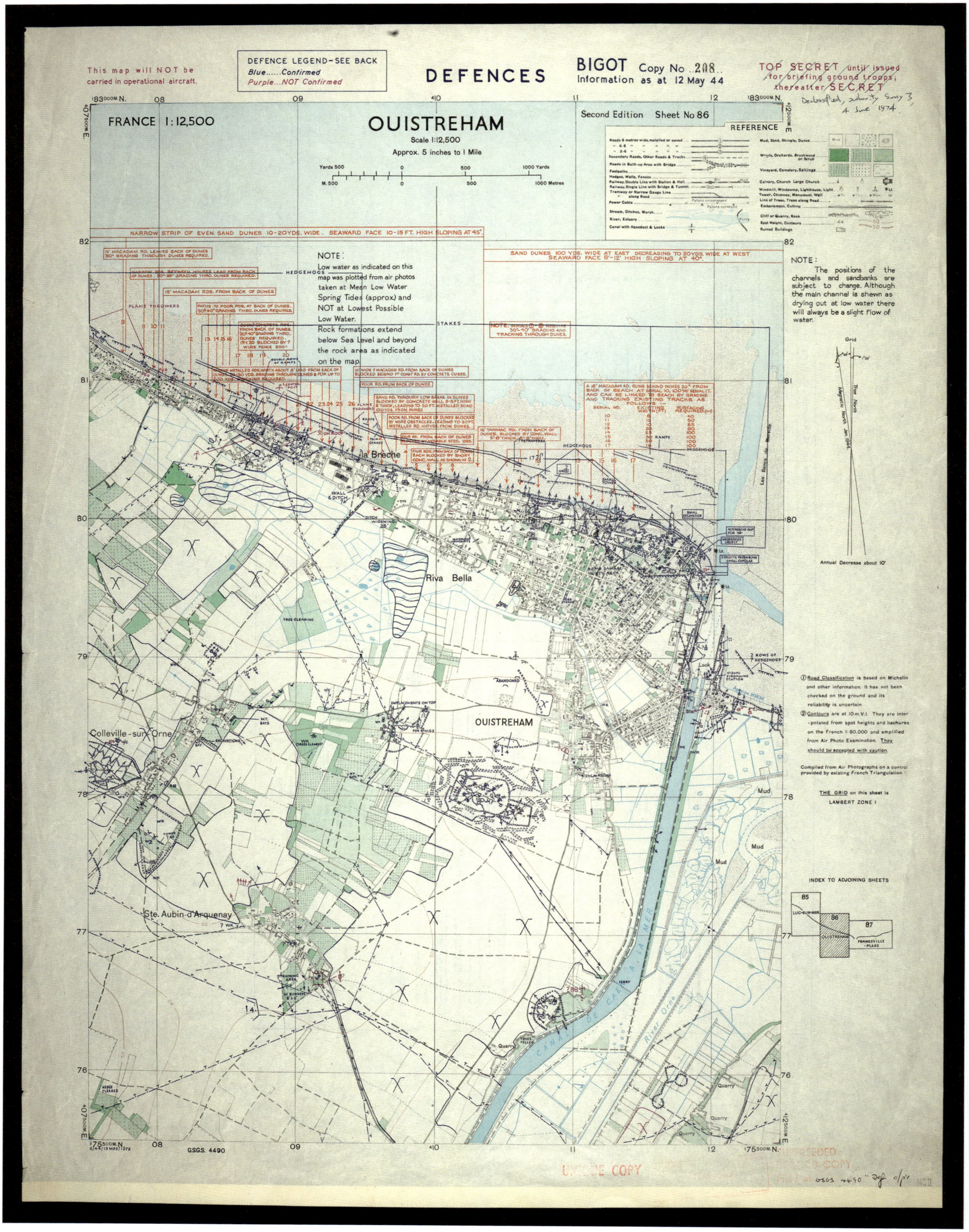
This map will NOT be carried in operational aircraft.
DEFENCE LEGEND–SEE BACK
Blue......Confirmed
Purple...NOT Confirmed
DEFENCES
BIGOT Copy No 208
Information as at 12 May 44
TOP SECRET until issued for briefing ground troops; thereafter SECRET
FRANCE 1:12,500
OUISTREHAM
Scale 1:12,500
Approx. 5 inches to 1 Mile
Second Edition Sheet No 86
REFERENCE
NARROW STRIP OF EVEN SAND DUNES 10-20YDS. WIDE. SEAWARD FACE 10-15 FT. HIGH SLOPING AT 45°
SAND DUNES 100 YDS. WIDE AT EAST DECREASING TO 20YDS. WIDE AT WEST SEAWARD FACE 8'-12' HIGH SLOPING AT 40°
NOTE:
Low water as indicated on this map was plotted from air photos taken at Mean Low Water Spring Tides (approx) and NOT at Lowest Possible Low Water.
Rock formations extend below Sea Level and beyond the rock area as indicated on the map.
NOTE:
The positions of the channels and sandbanks are subject to change. Although the main channel is shewn as drying out at low water there will always be a slight flow of water.
HEDGEHOGS
STAKES
FLAME THROWERS
La Brèche
Riva Bella
OUISTREHAM
Colleville-sur-Orne
Ste. Aubin-d'Arquenay
CANAL DE CAEN A LA MER
River Orne
Mud
Quarry
Annual Decrease about 10'
① Road Classification is based on Michelin and other information. It has not been checked on the ground and its reliability is uncertain.
② Contours are at 10 m.V.I. They are interpolated from spot heights and hachures on the French 1:80,000 and amplified from Air Photo Examination. They should be accepted with caution.
Compiled from Air Photographs on a control provided by existing French Triangulation.
THE GRID on this sheet is LAMBERT ZONE I
INDEX TO ADJOINING SHEETS
85
86
87
OUISTREHAM
GSGS. 4490
UNIQUE COPY

À l'extérieur, les gardes interdiront à toute personne non autorisée de s'approcher à moins de 25 mètres du dépôt et ne permettront aucun contact, verbal ou écrit, entre le personnel non autorisé et les personnes travaillant dans le dépôt... À l'intérieur, un garde sera posté en permanence à l'entrée du bâtiment pour ne permettre à aucune personne non autorisée d'y pénétrer ou d'en sortir, et seul le commandant du dépôt sera autorisé à adresser la parole à quiconque se trouvant à l'extérieur du dépôt. En cas de bombardement ennemi, personne ne quittera le dépôt[1].

Le débarquement de Normandie marquait le début de l'Opération Neptune, la composante navale de l'invasion alliée du nord-ouest de l'Europe – nom de code : Opération Overlord. Les ordres furent donnés le 24 avril 1944 dans des enveloppes scellées qui ne devaient être ouvertes qu'après réception d'une autorisation explicite. La sécurité autour de l'opération était si stricte qu'un faux document aurait circulé parmi le personnel administratif de la Force expéditionnaire américaine, se moquant de la terminologie officielle des systèmes de classification britannique et américaine : « Ordres navals Opération OVERBOARD [par-dessus bord]. Stupide américain équivaut à très stupide britannique. Ces ordres sont si secrets qu'ils doivent être brûlés avant d'être lus[2]. »

Malgré ces mesures de sécurité rigoureuses, des fuites furent à déplorer. Par exemple, des cartes opérationnelles des zones d'atterrissage furent diffusées par inadvertance à certains capitaines de remorqueurs le 31 mai, provoquant une distribution urgente de cartes supplémentaires de la région de Boulogne (également estampillées « Top secret ») afin de dissimuler le véritable site du Débarquement[3].

Lors d'un autre incroyable incident, plusieurs des noms de code utilisés dans le cadre de l'opération Overlord apparurent comme réponse dans le mot croisé du *Daily Telegraph* dans les semaines précédant le débarquement de Normandie[4]. Une enquête urgente, menée par les services de renseignement de la marine britannique, conclut à une coïncidence, mais il s'avéra que le verbicruciste – un maître d'école – avait chargé ses élèves de remplir des grilles vierges. Les écoliers avaient involontairement enfreint les mesures de sécurité en incluant les noms de code qu'ils avaient entendu dans les conversations des troupes américaines et canadiennes stationnées à proximité.

(Ci-contre) Carte des défenses de Ouistreham, mai 1944. France, 1:12 500, série GSGS 4490, 13 Map Reproduction Section, SHAEF. Cartes MOD GSGS 4490, feuille 86.

En plus des cartes opérationnelles distribuées aux troupes au sol, d'autres cartes et graphiques furent produits afin de fournir des renseignements complémentaires sur les capacités militaires allemandes. Ce graphique fournit une analyse détaillée de la puissance de feu des batteries d'artillerie allemandes positionnées le long de la côte normande, depuis Cherbourg, à l'ouest, jusqu'au Havre, à l'est. Intégrant des informations mises à jour le 5 mars 1944, ce graphique fournit des coordonnées précises sur la position de chaque batterie d'artillerie, tandis qu'un code couleur classe les canons par calibre, de 75 à 250 mm.

Des lignes de couleurs vives, qui dessinent de larges arcs vers la mer, représentent la portée maximale estimée de chacun de ces canons. Elles montrent une ligne d'approche centrale relativement plus sûre pour la flotte d'invasion, là où le risque de tirs ennemis est le plus faible. Dans le même temps, elles soulignent les dangers imprévus auxquels pourrait être confrontée la force d'invasion face à la couverture étendue et à la portée considérable des défenses côtières.

La feuille est classée « Most Secret BIGOT » [Le plus secret BIGOT]. « Most secret » était généralement le degré de sécurité le plus élevé de l'armée britannique, mais BIGOT a été rajouté au-dessous, soulignant l'importance aiguë de l'information. Ce mot apparaît sur d'autres documents associés aux débarquements alliés, non seulement en Normandie, mais également en Sicile l'année précédente et en Provence deux mois après le D-Day. Après la guerre, on a cru à un moment que BIGOT signifiait « British Invasion of German-Occupied Territory » [Invasion britannique du territoire occupé par l'Allemagne] (bien que la Sicile n'ait pas été techniquement occupée par l'Allemagne). Il a même été suggéré qu'il puisse s'agir un acronyme inversé de « To Gibraltar » [vers Gibraltar]. Cependant, ces deux théories souffrent d'un manque de preuves et semblent improbables, puisque les noms de code étaient généralement choisis au hasard, piochés dans une liste de mots et non parmi des acronymes susceptibles d'être décodés.

« Most secret » fut remplacé par « Top secret » à cette époque, dans le cadre d'un changement de politique visant à harmoniser les systèmes britannique et américain. Les cartes produites fin 1943 et début 1944 fournissent des exemples des deux classifications, puisque le changement eut lieu à cette période. Une édition plus tardive de cette carte, incluse dans les Ordres de l'opération Overlord avec des informations mises à jour en avril 1944, est classée « Top secret ».

La carte ne comporte aucune information sur sa publication, mais sa conception navale (l'échelle est renseignée en milles nautiques) et son incorporation tardive aux ordres navals indiquent qu'elle fut produite par les cartographes de l'Amirauté. Une annotation manuscrite spécifie qu'elle fut reçue « du Commandant Roger Wellby, OD House Rm 24 N1 ». En mars 1944, Wellby avait été nommé directeur adjoint de la Division des plans de l'Amirauté et était stationné à Old Devonport House, à Plymouth. Également connue sous le nom d'Admiralty House, cette installation servit de centre de renseignement et de communication indispensable à la Royal Navy et à la Royal Air Force au cours de la préparation du débarquement de Normandie.

On ignore toutefois où cette feuille fut conservée après que Wellby l'eut reçue. Un cachet indiquant le nom de son propriétaire atteste qu'elle a ensuite rejoint la collection

BATTERY POSITION OFF CHART GR 125248
254287. RADAR C.W.
304273
4×75
265267
4×240 or 280
246264
?4×?170
254257
RADAR. ARS.
354281
3×150
392277
6×155
357204 RADAR C.W.
370203 RADAR C.W.
365200
?3×170
?TEMPORARY
398204
U/C 4
378204
4×155 H
259222
6×88
358186
?4×150H
362174
?4×150GH
341174
?4×150H
413160
3×75
354139
6×155
339138
4×?105 G.H.
355132
U.P. 4.
342102
4×105GH
343057
?4×105G.H.
368044
6×155
359023
4×105GH
405980
4×155 H
533918
4×155H
586938
6×155
625934 RADAR C.W.
848853
4×105 G.H.
846848
?4×105 GH
854865 RADAR C.W.
860865
2×75
782831
4×105 G.H.
914844
?4×150H
924837
U.P. ?×P.D.T.P.
972808
?4×105 GH
LEGEND
CALIBRE
ESTIMATED MAXIMUM RANGES
75 mm (2·9 in) 13,000 yds
88 mm (3·46 in) 16,200 yds
105 mm GH (4·14 in) 13,000 yds
105 mm (4·14 in) 19,000 yds
150 mm H (5·91 in) 14,600 yds
150 mm (5·91 in) 25,000 yds
155 mm H (6·1 in) 14,600 yds
155 mm (6·1 in) 25,000 yds
170 mm (6·7 in) 32,370 yds
240 mm (9·4 in) 40,000 yds
280 mm (11·0 in) 40,000 yds
ABBREVIATIONS
O = UNOCCUPIED POSN.
GH = GUN HOWITZER
H = HOWITZER
= RANGE IN DOUBT
+ = RADAR COAST WATCHER
⊕ = RADAR A/C REPORTING
= CASEMATE
? = CASEMATE OR UNDER CONST
= TURRET
NOTE
1. Arcs show estimated maximum seaward ranges
2. This must be read in conjunction with the current list of defences of Chart 2613 which contains fuller particulars of all positions & to which the grid references refer
From Cdr Welby
OD Home
Rec 24 N. 1

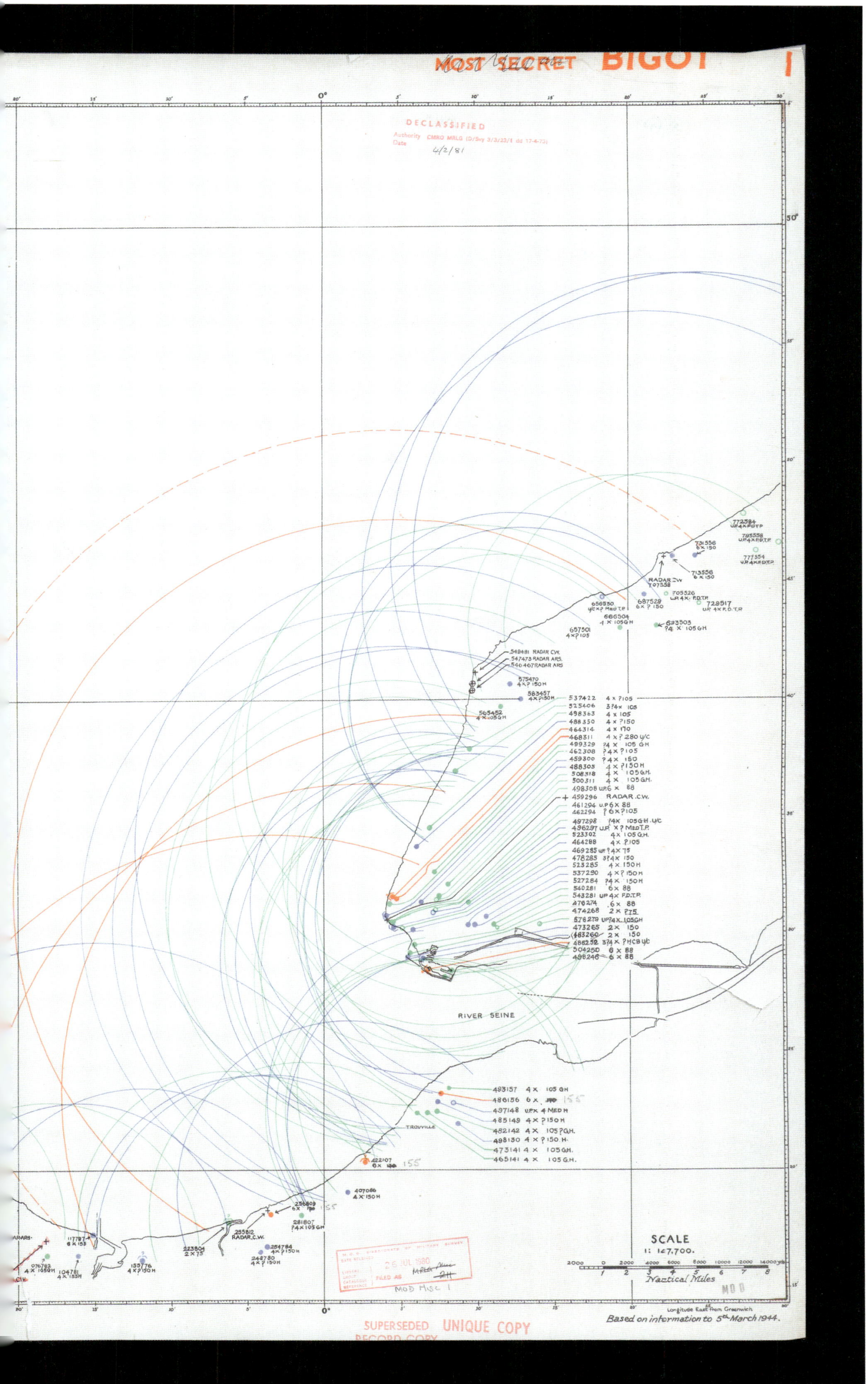

[Champs de tir d'artillerie, côte normande], [Amirauté], Londres, 1944. Cartes MOD Misc 1.

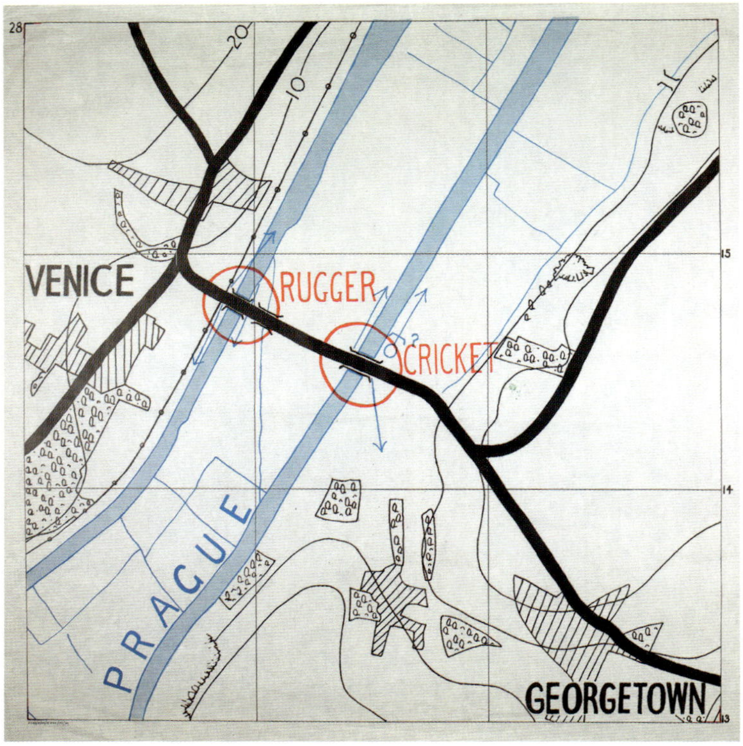

(À gauche) Carte « bogus » [factice] des ponts reliant les sites « Venise » et « Georgetown », avril 1944. Cartes MOD Misc 2.

(Ci-contre, en haut) France 1:25 000, Série GSGS 4347, Section géographique, état-major général, Londres, 1944. Cartes MOD GSGS 4347, feuille 31/22/SW.

(Ci-contre, en bas) Carte factice montrant la disposition du BMA [*Beach Maintenance Area*, « Secteur de maintenance des plages »], Neptune, 2e Armée, 21e Groupe d'armées, 1944. Cartes MOD SA Misc 302.

de la Direction topographique militaire en 1980, avant d'être transférée à la British Library en 2000, mais nous ne disposons d'aucune information concernant la période antérieure. La feuille aurait pu être conservée dans les Cabinet War Rooms, le centre névralgique des activités militaires situé sous le bâtiment du Trésor à Whitehall. Après tout, nous savons que Wellby s'y est rendu, comme en témoigne sa nécrologie :

> *On raconte que, alors qu'il participait à la planification au centre de commandement souterrain de Churchill, le Second Sea Lord demanda à [Wellby] la date exacte du Débarquement. Ignorant s'il s'agissait d'un test de sécurité, il refusa de répondre*[5].

Tandis que les préparatifs du D-Day se poursuivaient, les troupes alliées étaient briefées et entraînées en travaillant avec des cartes portant des noms fictifs. Ces cartes « Bogus » [bidons], comme on les surnommait, permettaient aux soldats de se familiariser avec le terrain sans en connaître le véritable emplacement. Les sites étaient ainsi plus difficiles à identifier si les cartes tombaient entre des mains ennemies.

Sans titre et sans échelle ni légende, cette carte « bidon » [ci-dessus] représente deux ponts (« Rugger » et « Cricket ») reliant des localités baptisées « Venice » et « Georgetown ». En avril 1944, 2 000 exemplaires de cette carte furent imprimés et distribués aux troupes.

En réalité, la carte décrit la zone autour du pont Pégasus (Rugger), une structure enjambant le canal de Caen qui fut prise par les forces britanniques dans les minutes qui suivirent le début du débarquement de Normandie. Cet assaut nocturne audacieux réalisé en planeur contribua à limiter l'efficacité des répliques allemandes et à sécuriser l'unique route vers l'est pour les troupes britanniques progressant à partir de Sword Beach. Le véritable nom de ces structures était le pont de Bénouville et celui de Ranville, mais ils furent ensuite renommés Pegasus en l'honneur de l'emblème des Forces britanniques aéroportées et Horsa, d'après le modèle de planeur qui réalisa l'assaut.

Malgré l'utilisation de ces noms fictifs, d'autres cartes « bidons » furent classifiées de la manière habituelle. Cette feuille de la série SA Misc 302 [ci-contre, en bas] décrivant Sword Beach par exemple, est estampillée « Top Secret Neptune BIGOT » (bien que le mot BIGOT ait été découpé, selon une pratique instaurée dans les années qui suivirent la guerre, afin de faciliter la manipulation des feuilles une fois que les cartes avaient perdu leur caractère sensible, mais avant qu'elles ne soient officiellement déclassifiées).

En revanche, la feuille Pegasus ne porte aucune classification de sécurité. Cependant, son tracé approximatif aurait rendu difficile pour l'ennemi toute utilisation, en comparaison avec une carte imprimée conventionnelle – tâche rendue plus ardue encore par la grande échelle de la carte et, par conséquent, la petite taille de la zone représentée. L'absence de toute classification de sécurité témoigne peut-être d'une grande confiance placée dans cette association de facteurs.

Au fur et à mesure du déroulement de l'opération, un stock initial de plus de 1250 tonnes de cartes américaine et britannique fut transporté vers la Normandie[6]. Descellées dans les entrepôts et déballées, les cartes furent au cœur de ce qui fut le secret le mieux gardé de l'histoire militaire.

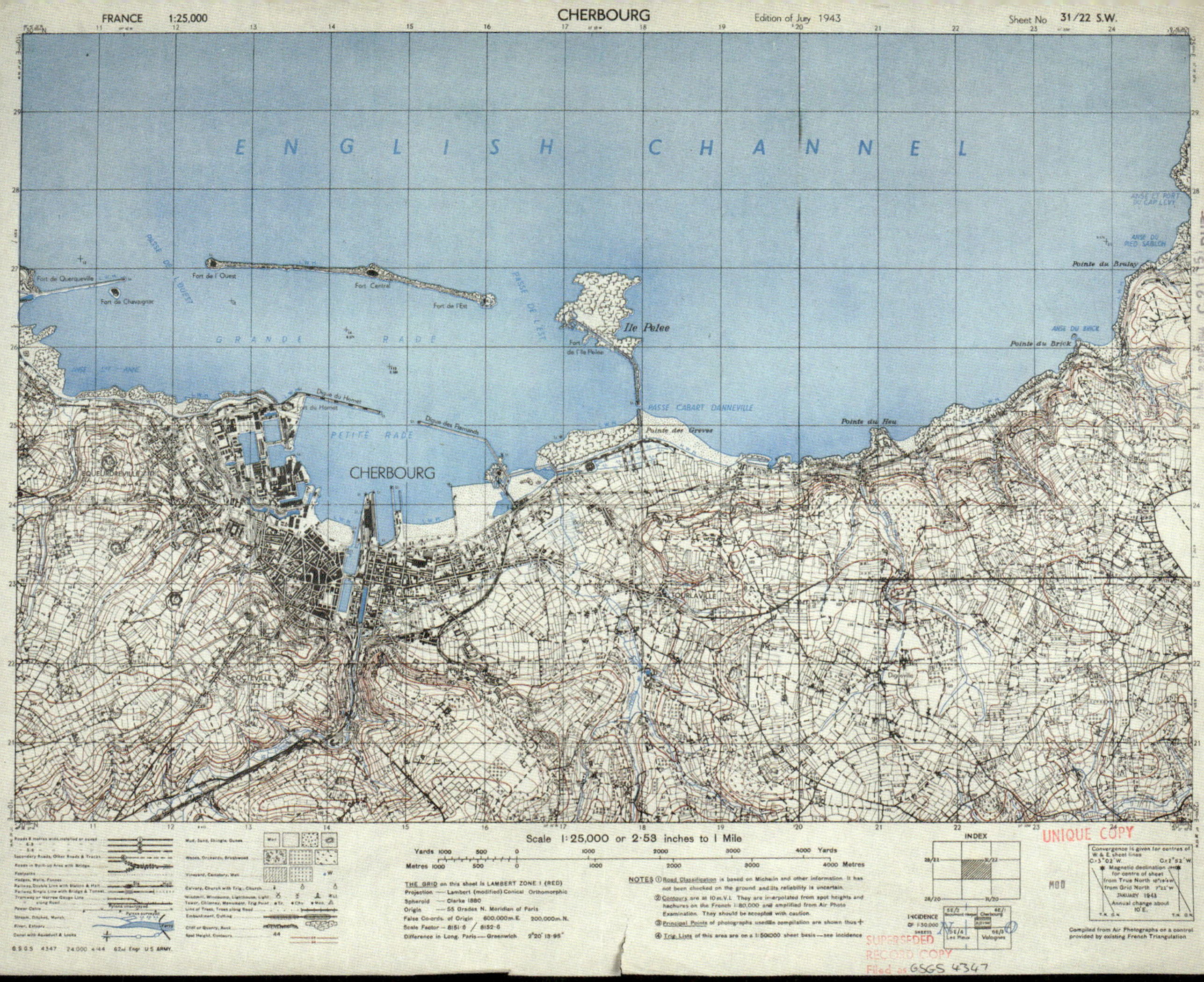
FRANCE 1:25,000
CHERBOURG
Edition of July 1943
Sheet No 31/22 S.W.
ENGLISH CHANNEL
Fort de Querqueville
Fort de Chavagnac
Fort de l'Ouest
Fort Central
Fort de l'Est
GRANDE RADE
PETITE RADE
Ile Pelee
Fort de l'Ile Pelee
PASSE CABART DANNEVILLE
Pointe des Greves
Pointe du Heu
Pointe du Brick
Pointe du Brulay
CHERBOURG
Scale 1:25,000 or 2·53 inches to 1 Mile
INDEX
UNIQUE COPY
SUPERSEDED
RECORD COPY
Filed as GSGS 4347

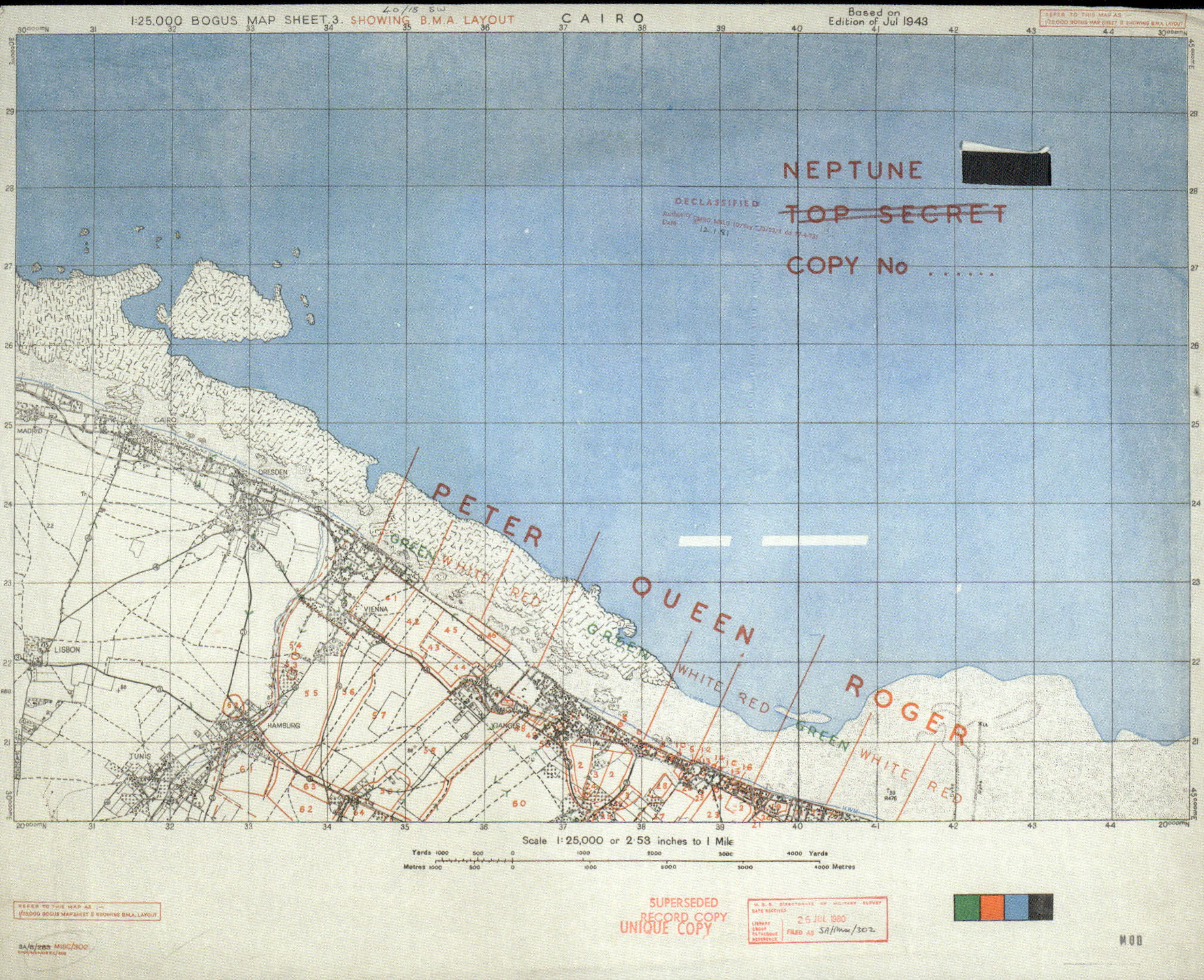
1:25,000 BOGUS MAP SHEET 3. SHOWING B.M.A. LAYOUT
CAIRO
Based on
Edition of Jul 1943
NEPTUNE [redacted]
TOP SECRET
COPY No ......
DECLASSIFIED
PETER
QUEEN
ROGER
GREEN WHITE RED
CAIRO
DRESDEN
VIENNA
LISBON
HAMBURG
TUNIS
MADRID
Scale 1:25,000 or 2·53 inches to 1 Mile
SUPERSEDED
RECORD COPY
UNIQUE COPY

Plans de fortification, espions et fuites, 1682-1747

Entre les XVIe et XVIIIe siècles, à l'époque des guerres territoriales et des sièges, la connaissance des fortifications ennemies était le renseignement militaire le plus crucial. Posséder des détails précis sur les défenses de l'adversaire – leur agencement, leurs dimensions et leurs méthodes de communication – multipliait les chances de réussites. Ces informations étaient consignées dans des plans de fortifications, des dessins, des diagrammes et des cartes réalisés à l'intention des défenseurs. Toutefois, elles étaient également soumises aux tentatives de vol et de copie de la part d'agents ennemis, capables de les reproduire « sur le terrain ». La collection Cotton de la British Library réunit de nombreux croquis de fortifications européennes du XVIe siècle réalisés par les espions anglais de la Couronne. Parmi ces documents figure un ensemble de plans représentant les fortifications de la ville de Rouen, au nord de la France, mis au point par Edmund Yorke dans le cadre du siège du 1591. Dans le coin inférieur droit, trois silhouettes observent subrepticement la ville.

Ce type de plans figurait parmi les productions les plus importantes des dessinateurs militaires du XVIIIe siècle. Ils changèrent souvent de mains durant la période de l'expansion territoriale française sous Louis XIV[1]. L'un d'entre eux parvint jusqu'à François Michel Le Tellier, marquis de Louvois, ministre de la Guerre, au début des années 1680. Connu sous le nom de « Plans de Places Estrangeres », il constitue un ensemble de plus de 240 cartes et de plans manuscrits de forts et de villes présentant un intérêt pour la couronne de France et situés en territoire étranger – Allemagne, Autriche, Suisse, Italie, Espagne, Scandinavie, Pologne, Hongrie, Algérie et Crète. Ces documents furent réalisés entre 1658 et 1688 (mais une majorité entre 1683 et 1684) par une kyrielle de cartographes, dont les ingénieurs militaires Formentin et Beretta. Ces dates coïncident avec la période au cours de laquelle les armées de Louis XIV remportèrent des gains territoriaux aux dépens de leurs voisins néerlandais, allemands, habsbourgeois et savoyards.

Nombre de ces plans aidèrent Louvois et ses généraux à planifier leurs offensives au cours de la guerre de la Ligue d'Augsbourg et de la guerre des Réunions (1683-1684) qui virent se dérouler des campagnes dans les Pays-Bas espagnols, en Méditerranée et dans le nord de l'Italie. Ces cartes furent probablement mises au point par des espions qui, en secret, réalisaient leurs propres croquis « sur le terrain » ou alors, dérobaient ou recopiaient d'autres cartes. La plupart présentent des marques de piqûres au verso, résultant de la technique de transfert « au poncif » consistant à tracer les contours d'une carte à l'aide d'une pointe ou d'une aiguille, puis à parsemer le document de poudre afin de faire apparaître les contours sur une feuille de papier placée en dessous.

Beaucoup de forts répertoriés dans cet atlas apparaissent sur différents plans, dans une version à chaque fois un peu différente. Cette anomalie fut remarquée au cours de la guerre de Succession d'Espagne, lorsqu'en 1701 la France occupa des villes du nord de l'Italie – dont Milan et Crémone, deux forts figurant dans l'atlas et sous le contrôle *de facto* des Habsbourg d'Espagne. L'atlas, alors en possession de Michel Chamillart, successeur de Louvois au ministère de la Guerre, contient des remarques en français sur l'inexactitude et la médiocrité des plans : les espions n'avaient pas fait un bon travail. Compte tenu de l'extrême importance accordée aux renseignements lors d'un siège, ces cartes ne valaient rien. Ceci explique peut-être la présence dans cet atlas de différentes versions d'un même fort que l'on aurait incluses, selon une théorie, « dans l'espoir que l'une d'entre elles s'avérerait correcte[2] ».

Les « Plans de Places Estrangeres » de Louvois rassemblent à la fois des plans de forts ennemis et alliés. Ceci n'est guère surprenant, puisque dans l'Europe des XVIIe et XVIIIe siècles, les alliances diplomatiques subissaient des évolutions constantes. Par ailleurs, tout comme la France convoitait des informations à la fois sur ses amis et sur ses adversaires, d'autres pays souhaitaient en apprendre davantage sur la France. Dans le contexte de la centralisation administrative et de l'expansion territoriale du royaume, « l'Instruction » de Louis XIV de 1661 ordonna aux provinces de compiler et de fournir des cartes des fortifications, des cartes administratives et cadastrales (pour la taxation foncière), des cartes ecclésiastiques et des cartes des littoraux. Louvois et Jean-Baptiste Colbert, Premier ministre, firent recopier les plans des fortifications des villes frontalières du royaume ainsi reçues sur de superbes cartes dignes d'être présentées au roi. Ces exemplaires furent conservés au château de Versailles, mais on déplora de nombreuses fuites de ces documents confidentiels.

Les espions anglais recherchaient également activement des cartes des défenses françaises, dont ce plan d'Huningue, ville frontalière de l'est de la France et dont les fortifications, conçues

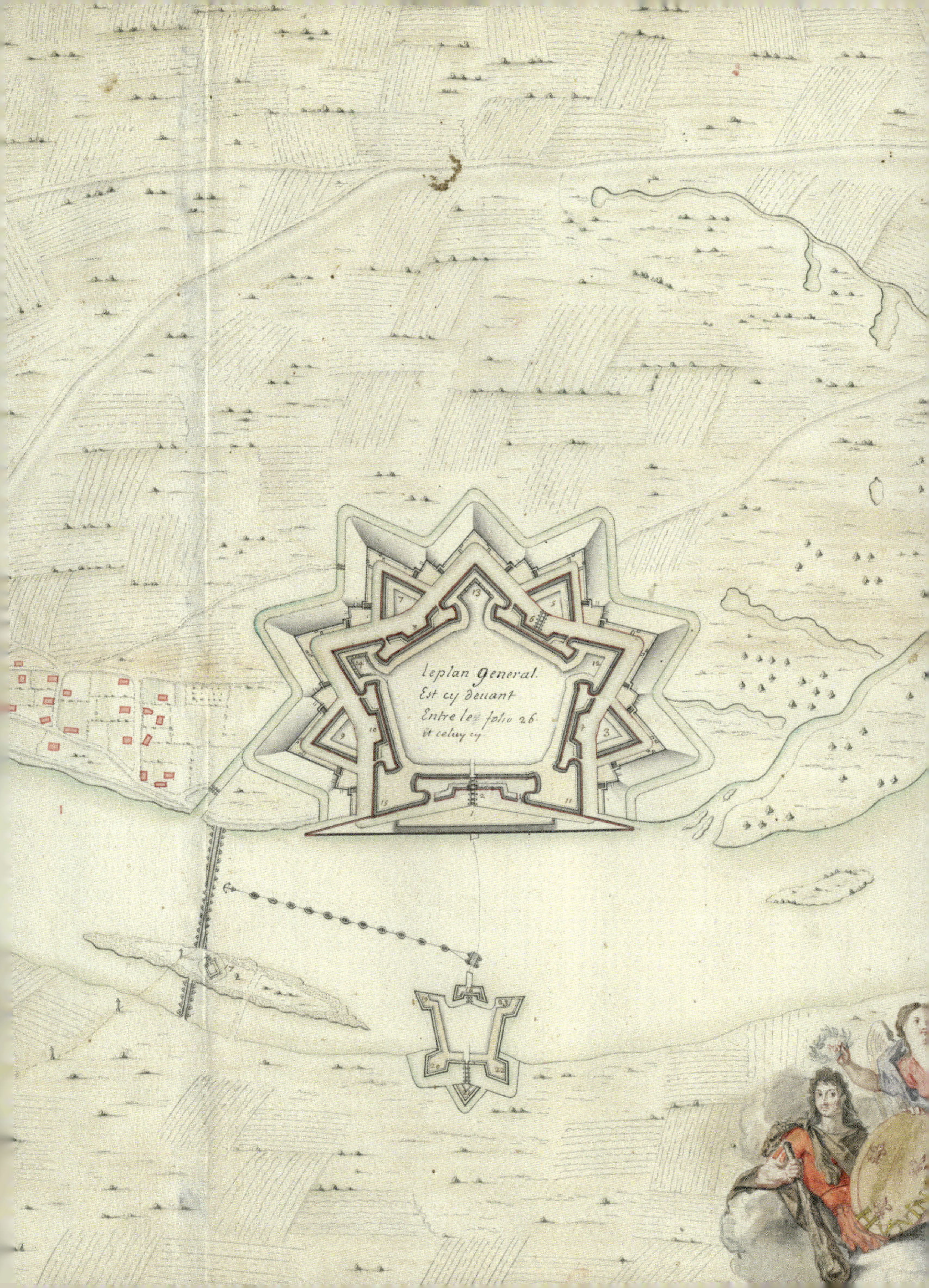
leplan General
Est cy deuant
Entre le folio 26.
et celuy cy.

Eschelle de 600 pas
CREMONE
1682

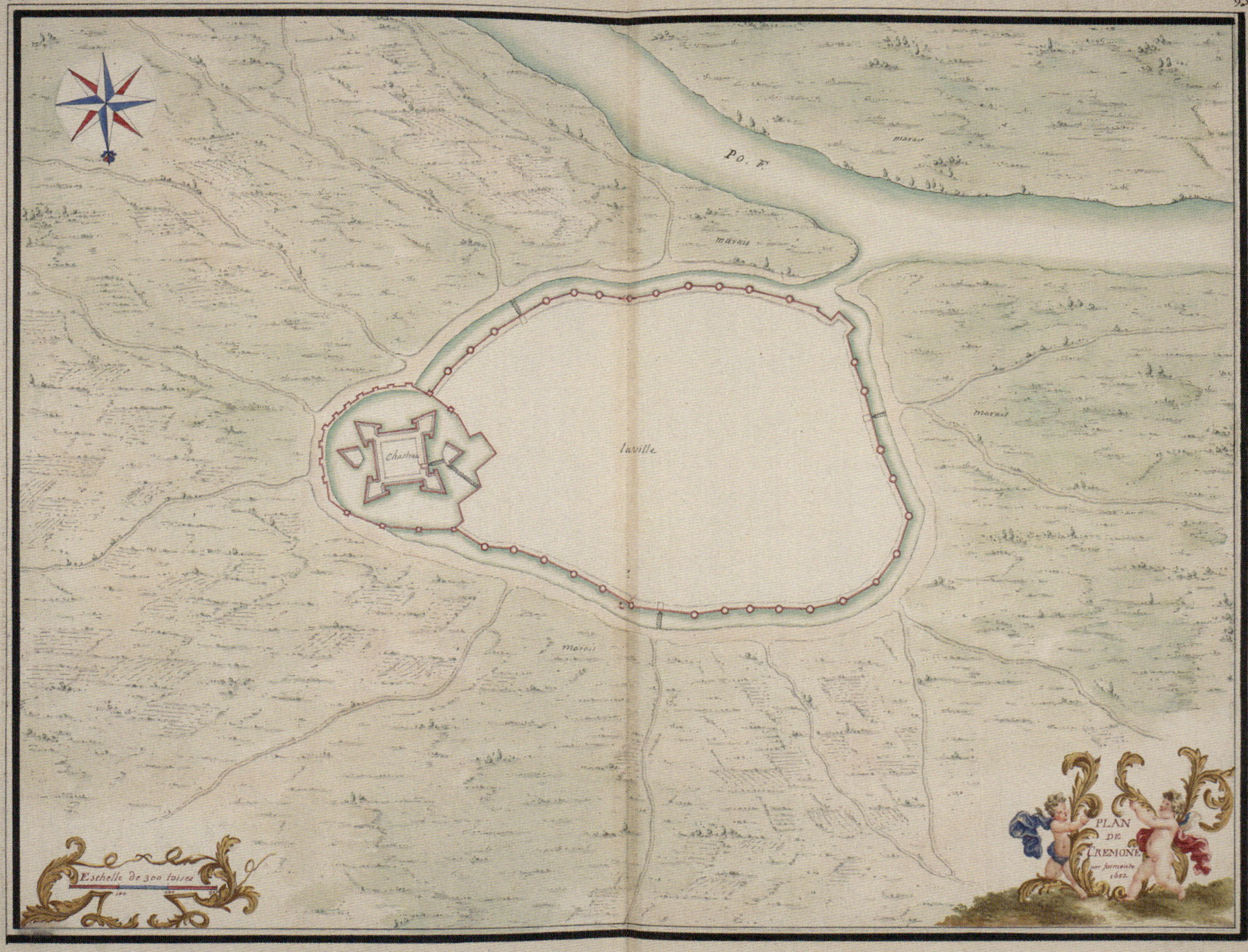
PO F.
marais
marais
Chasteau
la ville
marais
marais
Eschelle de 300 toises
PLAN
DE
CREMONE
par formento
1682

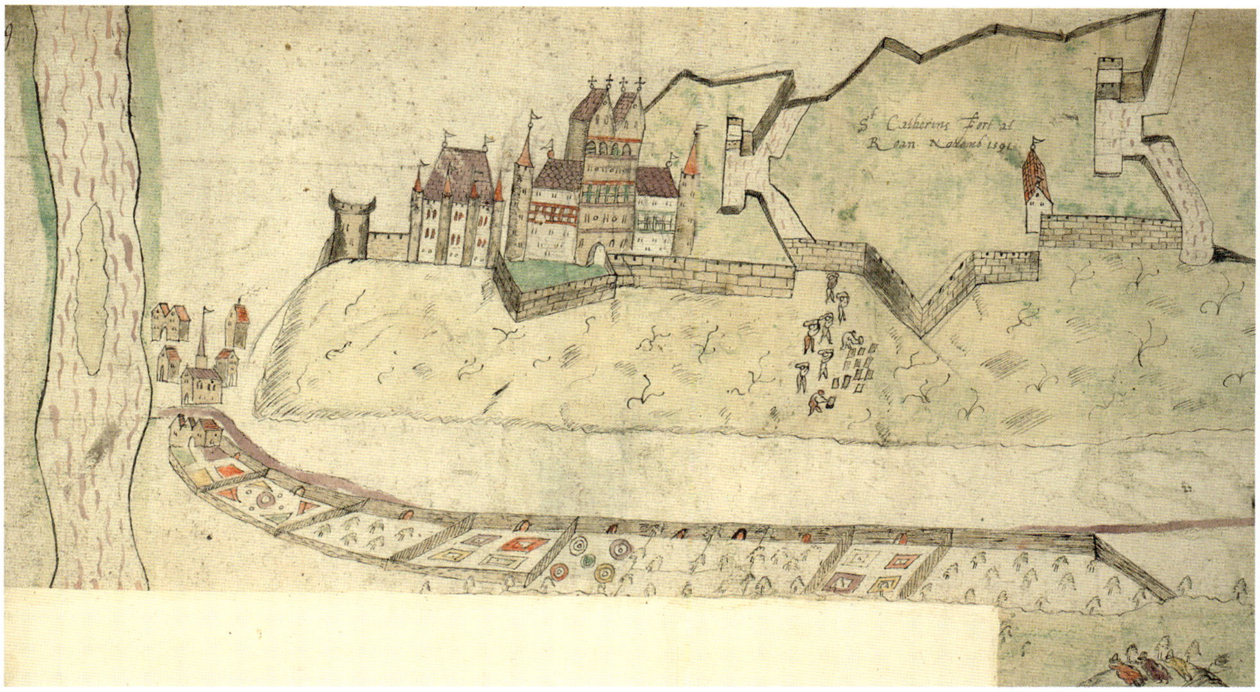

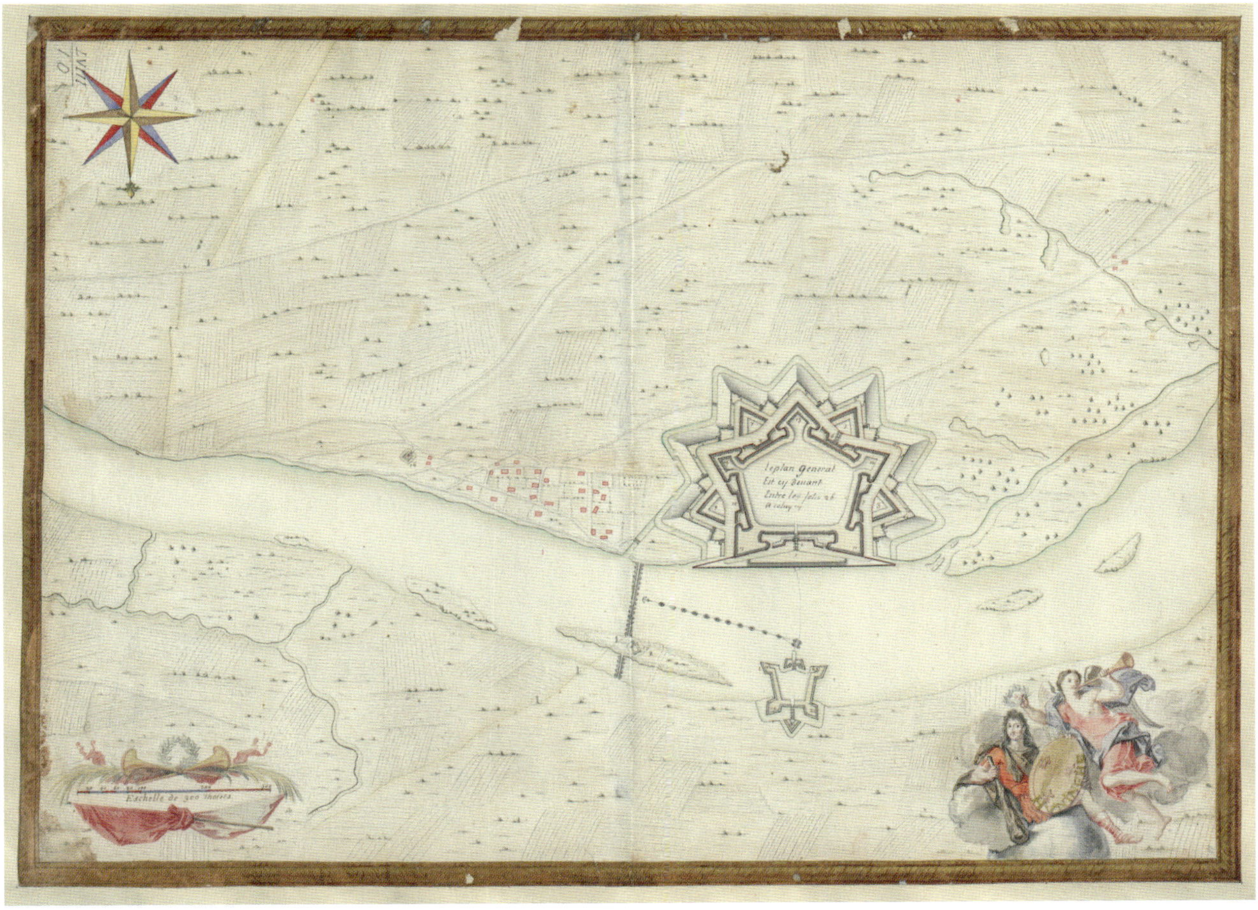

(Ci-contre, en haut) « Crémone 1682 » in *Plans de places estrangeres* [« Atlas de Louvois »]. [Paris ?, 1658-1688]. Add. MS 64109, ff. 163v–164r.

(Ci-contre, en bas) « Plan de Crémone par Formento 1682 » in *Plans de places estrangeres* [« Atlas de Louvois »], ff. 164v–165r.

(En haut) « Fort de Ste Catherine à Roan, novembre 1591 ». Collection Cotton MS Augustus I.ii.89.

(Ci-dessus) « Huningue », Paris, vers 1720. Cartes K.Top 58.10.

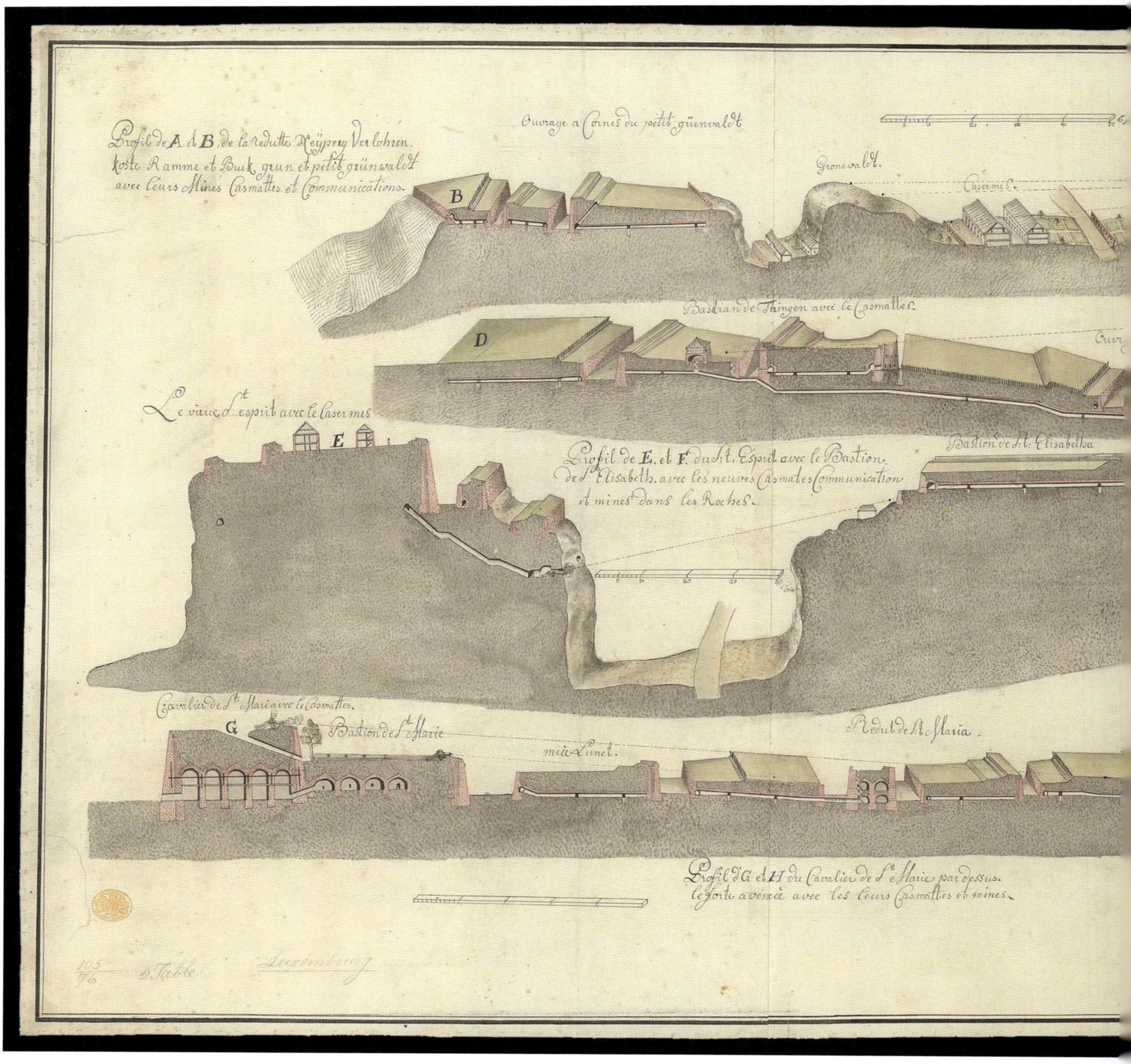

par le grand ingénieur militaire Sébastien Le Prestre, marquis de Vauban, avaient été achevées en 1681. Très détaillé et coloré, ce plan montre assez précisément la fortification installée sur les rives du Rhin, dans son environnement immédiat. Dans le coin inférieur droit, Louis XIV est représenté sous les traits du héros légendaire Hercule[3].

Ce plan avait été obtenu frauduleusement par l'intermédiaire de Lord Preston, envoyé de Charles II d'Angleterre à Paris, qui avait également promis d'envoyer « d'autres croquis de toutes les autres fortifications de France, dans peu de temps[4] ». Bien que ce plan, comme la plupart de ceux de l'atlas de Louvois, ne fut jamais utilisé en temps de guerre, il constituait une source d'information potentiellement précieuse sur un rival européen avec lequel Charles II était alors allié. La carte d'Huningue est aujourd'hui conservée dans la collection cartographique du souverain du Royaume-Uni George III, parmi d'autres plans sensibles de forts européens présentant un intérêt direct ou indirect pour la Grande-Bretagne et la France. Il en va de même pour cette feuille présentant des coupes transversales de l'impressionnante

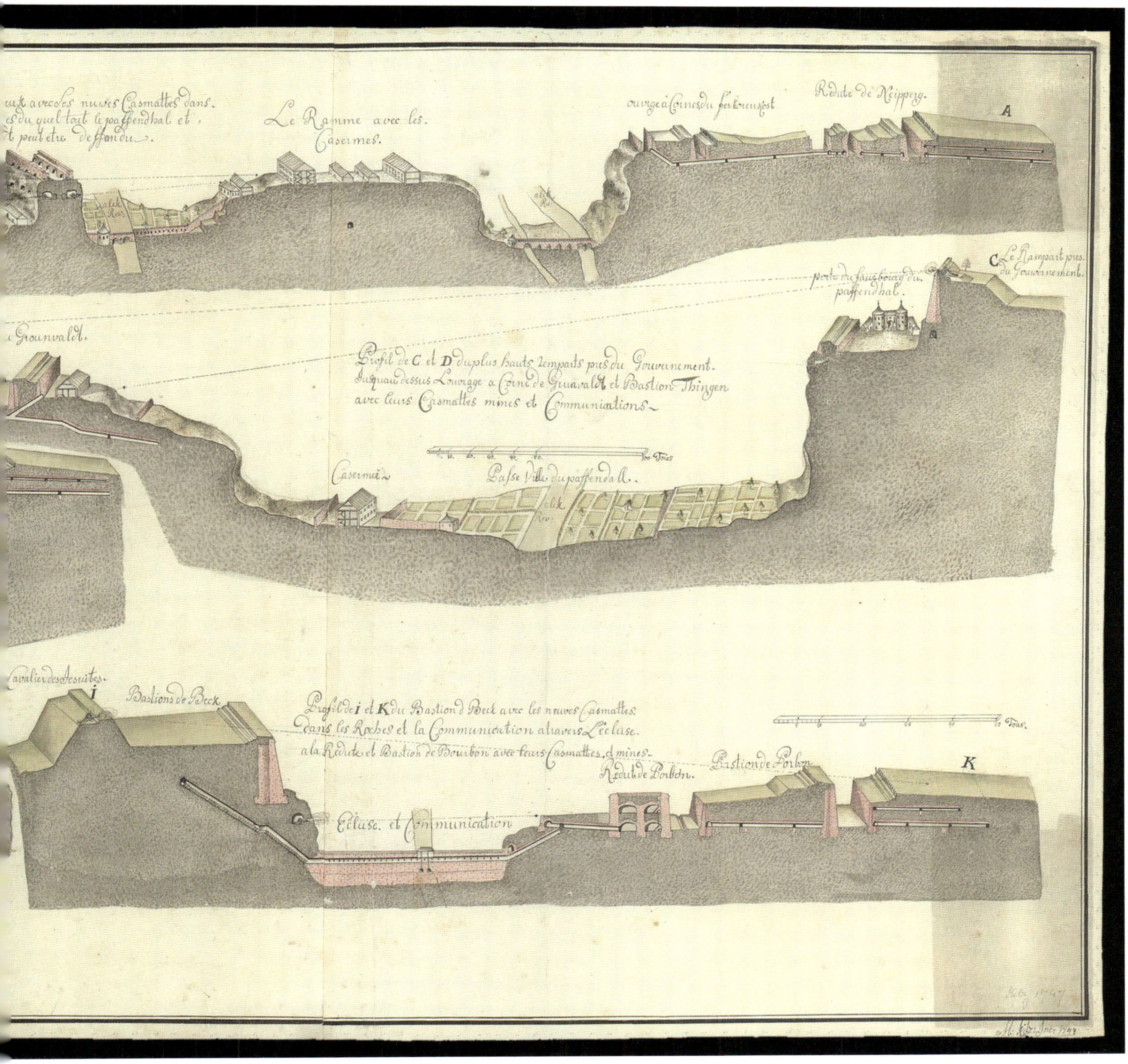

forteresse de Luxembourg, réalisée en 1747 et conçue pour être lue en reliant la fin d'une ligne au début de la suivante.

Le Luxembourg avait été conquis par la France en 1684 et ses défenses renforcées par Vauban. En 1715, le territoire était aux mains des Pays-Bas autrichiens, qui le fortifièrent encore davantage. Les Français connaissaient parfaitement les défenses luxembourgeoises et la ville finit par être prise par la France révolutionnaire à l'issue du siège de 1794-1795. Probablement également récupéré à Versailles, le dessin illustre la nature intrinsèquement poreuse des renseignements concernant les fortifications, qu'il valait mieux avoir que ne pas avoir dans ce monde obscur de l'espionnage d'où les bévues n'étaient pas absentes.

[Cinq profils colorés de différentes parties des fortifications de Luxembourg], 1747. Cartes K.Top 105.76.

Reconnaissance en temps de guerre : les cartes de Lawrence d'Arabie, 1916-1917

Cette carte schématique fut dessinée par l'officier de renseignements T. E. Lawrence en 1916, au dos d'une feuille de papier à en-tête du Bureau arabe installé à l'hôtel Savoy du Caire (Égypte). Réalisée au crayon et à l'encre noire, elle décrit une région en territoire ennemi gouverné par l'Empire ottoman, que Lawrence avait traversé peu de temps auparavant. Elle s'étend vers l'est, depuis Yanbu, sur la côte arabe de la mer Rouge, jusqu'aux montagnes du Hedjaz. Cette carte ainsi que les autres croquis topographiques de la région dessinés par Lawrence fournissent de précieuses indications sur les activités cartographiques secrètes des Britanniques entreprises à l'époque dans ces zones largement inexplorées.

Archéologue, soldat, diplomate et espion, Thomas Edward Lawrence, mieux connu sous le nom de Lawrence d'Arabie, est célèbre pour le rôle qu'il joua dans la révolte arabe contre l'Empire ottoman au cours de la Première Guerre mondiale. Lorsque le conflit éclata en 1914, Lawrence fut d'abord affecté à la Section géographique de l'état-major (GSGS) du ministère de la Guerre de Londres, avant d'être transféré au ministère des Affaires étrangères et envoyé au Caire en qualité de responsable de la collecte de renseignements et de la préparation des cartes. Peu de temps après, il fut de nouveau transféré au Bureau arabe, petite unité militaire britannique de renseignements établie en Égypte en janvier 1916 et chargée de la surveillance des activités ottomanes et allemandes au Moyen-Orient, et de la diffusion de propagande visant à saper la mainmise de l'Empire ottoman sur la région.

Alors employé par le Bureau arabe, Lawrence traversa la région du Hedjaz avec le prince Fayçal, membre de la famille régnante du royaume du Hedjaz. En dépit des postes prestigieux qu'ils occupaient au sein du gouvernement ottoman, les membres de la famille de Fayçal étaient déçus de la façon dont le gouvernement traitait la population arabe. Plus tard, Fayçal jouera un rôle déterminant dans la révolte arabe.

La petite carte de Lawrence, datée du 5 décembre 1916, documente leurs voyages et met à jour les renseignements britanniques sur une région souffrant d'un manque cruel de données topographiques fiables.

Les lignes tracées au crayon suivent les contours du paysage, tandis que des lignes pleines ou en pointillés indiquent les itinéraires empruntés. Les lieux d'importance sont indiqués à l'encre noire, par-dessus la marque au crayon d'origine. À certains endroits, les inscriptions sont confuses et difficiles à déchiffrer, mais Lawrence a scrupuleusement noté le nom des lieux importants en créant des listes annexes pour chacune des quatre sources de Sueig et des cinq sources de Sueiga.

En créant cette carte, l'objectif principal de Lawrence était de corriger la carte du ministère de la Guerre publiée (dans une édition monochrome qualifiée de « provisoire ») par le service topographique d'Égypte pour le Bureau arabe un mois seulement auparavant. Il s'agissait de la feuille Médine-La Mecque de la série à l'échelle 1:500 000 de l'Empire ottoman (GSGS 4011) – un ensemble de cartes couvrant la zone depuis Alep au nord jusqu'à La Mecque au sud, réalisé à des fins strictement militaires.

La note figurant dans la marge inférieure de la feuille donne une indication sur les méthodes de collecte des renseignements topographiques dans cette région et les défis inhérents : « Cette carte est une compilation de croquis réalisés par les responsables égyptiens du pèlerinage ; et par les membres des forces du chérif. Nous avons tenté de la vérifier à l'aide d'informations fournies par les autochtones, en vain. »

Cette phrase montre que les Britanniques avaient sollicité des informations géographiques auprès des Égyptiens chargés de coordonner les flux de pèlerins entre l'Égypte et La Mecque lors du pèlerinage annuel du hajj, ainsi qu'auprès des membres des forces armées locales placés sous l'autorité du chérif de La Mecque, Hussein ben Ali (le père de Fayçal). Cependant, les tentatives destinées à vérifier ces informations avaient échoué.

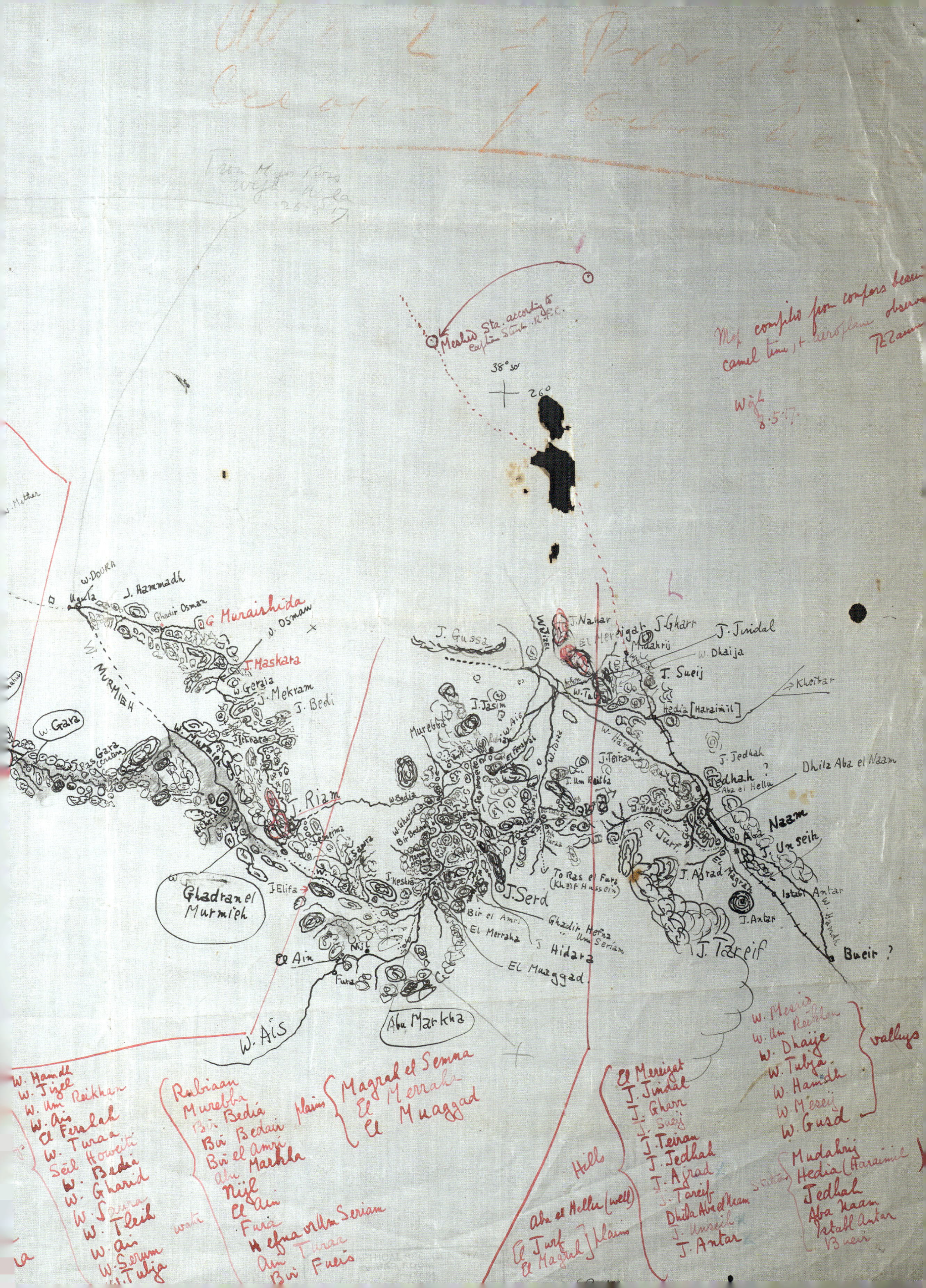

Meshed Sta. according to Capt. Stark R.F.C.
38° 30'
26°
Map compiled from compass bearings, camel time, & aeroplane observations
T.E.Lawrence
8.5.17.
W. Doura
J. Hammadh
Ghadir Osman
G. Muraishida
W. Osman
J. Maskara
W. Gerzia
J. Mekram
J. Bedi
Murmieh
W. Gara
Gara
J. Riam
Gladran el Murmieh
J. Elifa
El Ain
W. Ais
Fura
Abu Markha
J. Gussa
J. Jasim
Murebba
W. Ais
J. Serd
Bir el Amri
El Merraha
J. Hidara
El Muaggad
Ghadir Hefna
Um Seriam
To Ras el Fura (Khaif Hussein)
J. Teiran
J. Um Reikha
J. Nahar
El Mereigat
J. Ghârr
J. Jindal
Midahrij
W. Dhaija
J. Sueij
Kheibar
Hedia [Haraimil]
J. Jedhah
Dhila Aba el Naam
Jedhah
Aba el Hellu
Aba Naam
J. Unseih
El Jurf
J. Ajrad
El Magrah
Istabl Antar
J. Antar
J. Tareif
Bueir ?
W. Hamdh
W. Hamdh
W. Jizel
W. Um Reikhan
W. Ais
El Ferahah
W. Turaa
Seil Howeiti
W. Badia
W. Gharid
W. Suwra
W. Tleih
W. Ais
W. Serum
W. Tulja
Rubiaan
Murebba
Bir Bedia
Bir Bedain
Bir el Amri
Abu Markha
Nejl
El Ain
Fura
Hefna or Um Seriam
Um Turaa
Bir Fueis
wells
plains
Magrah el Semna
El Merraha
El Muaggad
Hills
El Mereigat
J. Jindal
J. Ghârr
J. Sueij
J. Teiran
J. Jedhah
J. Ajrad
J. Tareif
Dhila Aba el Naam
J. Unseih
J. Antar
Aba el Hellu (well)
El Jurf
El Magrah
plains
W. Mesris
W. Um Reikhan
W. Dhaija
W. Tulja
W. Hamdh
W. Meseij
W. Gusd
vallys
stations
Mudahrij
Hedia (Haraimil)
Jedhah
Aba Naam
Istabl Antar
Bueir

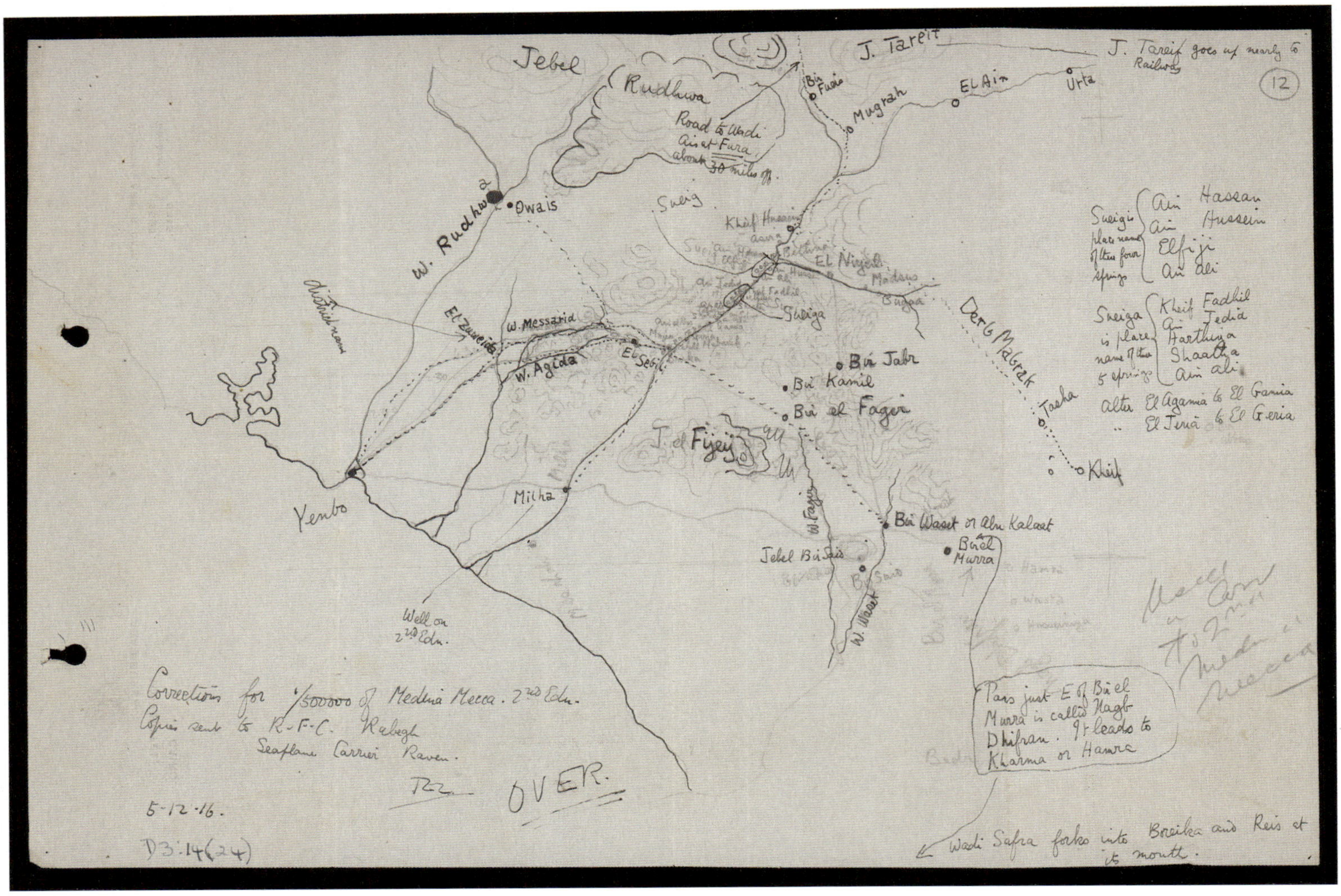

(Ci-dessus) Croquis cartographique de T.E. Lawrence de la région située à l'intérieur des terres depuis Yanbu, 5 décembre 1916. Cartes WOMAT/RAS/ARA/29b.

(Ci-contre) Feuille Médine-La Mecque intégrant les corrections de Lawrence. GSGS 4011, Survey of Egypt [« Enquête sur l'Égypte»], 1917.

Trois mois plus tard, les modifications de Lawrence furent incorporées à une nouvelle feuille, monochrome et plus petite, intitulée « Corrections à Médine-La Mecque (deuxième feuille provisoire) » [ci-contre].

Au printemps 1917, Lawrence collabora avec Fayçal afin de coordonner une série d'assauts contre le chemin de fer du Hedjaz, une voie ferrée construite par les Ottomans et reliant Damas au nord à Médine au sud. L'objectif était de perturber les routes d'approvisionnement turques et de limiter la mobilité des forces ottomanes stationnées à Médine.

C'est à cette époque que Lawrence réalisa une autre carte [p. 114], cette fois de la région accidentée et aride située entre la localité littorale de Al Wajh et la voie ferrée. Lawrence avait traversé cette région à pied et à dos de chameau avant de lancer les attaques de abou-el-Naam et Madahrij. Un récit très prenant de ces assauts figure dans *Les Sept piliers de la sagesse* (1926), narration autobiographique des expériences de Lawrence au Moyen-Orient.

Lawrence signa et data cette carte du 8 mai 1917 – un mois après les attaques. Le lendemain, il entama la célèbre marche dans le désert qui devait conduire à la prise inattendue d'Aqaba, aux mains des Turcs, depuis l'intérieur des terres.

Cette carte à l'encre rouge et noire est dessinée sur de la toile. Comme sur les précédentes, les détails topographiques sont parfois difficiles à déchiffrer et la représentation du paysage témoigne d'une estimation rudimentaire. Dans le coin supérieur gauche, une courte note précise : « Carte compilée à partir de relevés au compas, temps de trajets à dos de chameau et observation aérienne ».

La carte est remarquable en cela qu'elle constitue l'un des premiers travaux issus de la reconnaissance aérienne effectués par les membres de la Royal Flying Corp (RFC), qui faisait alors partie de l'armée britannique (la Royal Air Force ne fut créée qu'en 1918). Lawrence semble avoir saisi l'immense potentiel de cette nouvelle technologie, qu'il exploita sans tarder. L'année précédente, alors qu'il travaillait au Bureau arabe, il avait

CORRECTIONS TO

MEDINA-MECCA

(SECOND PROVISIONAL SHEET)

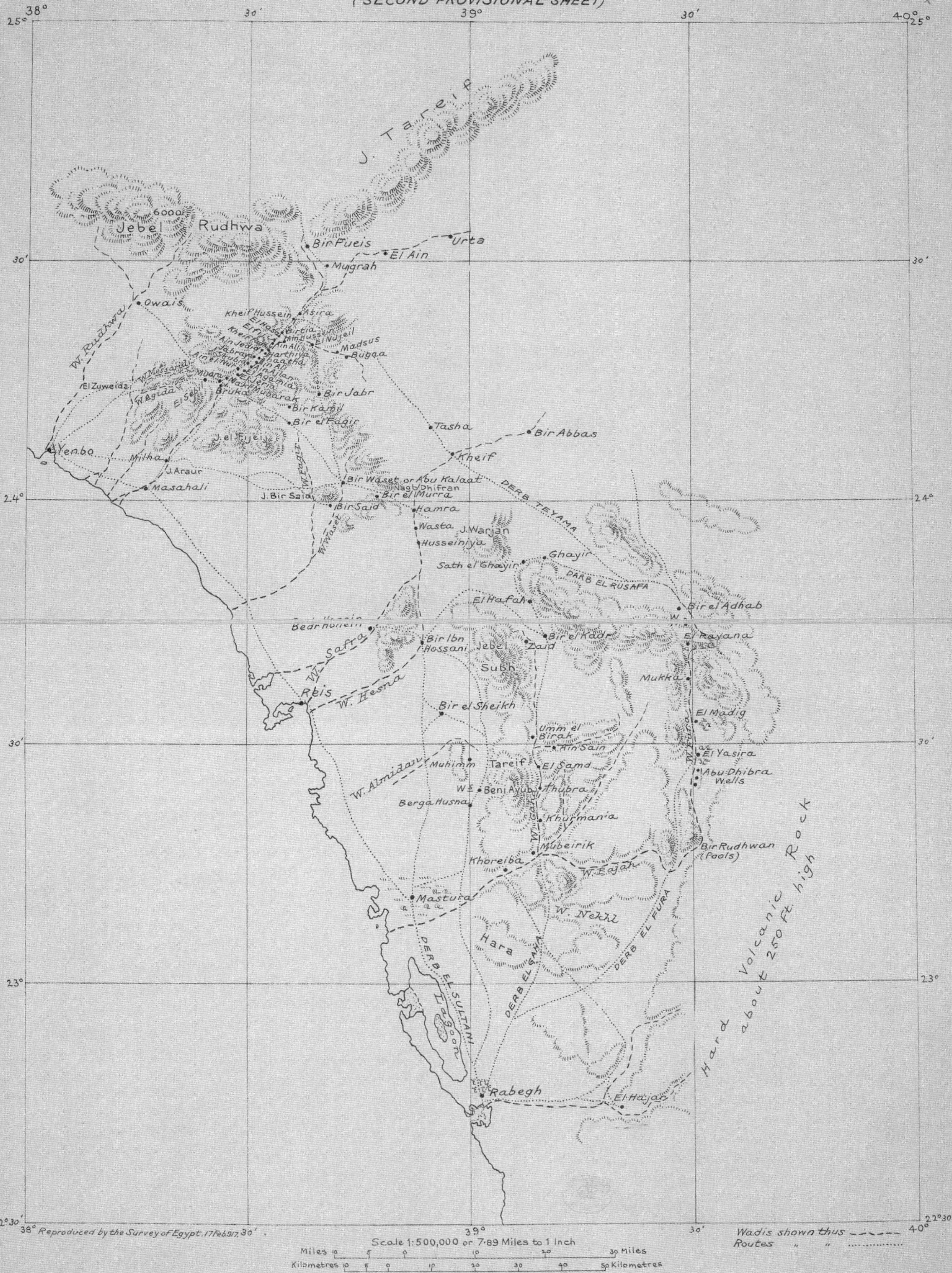

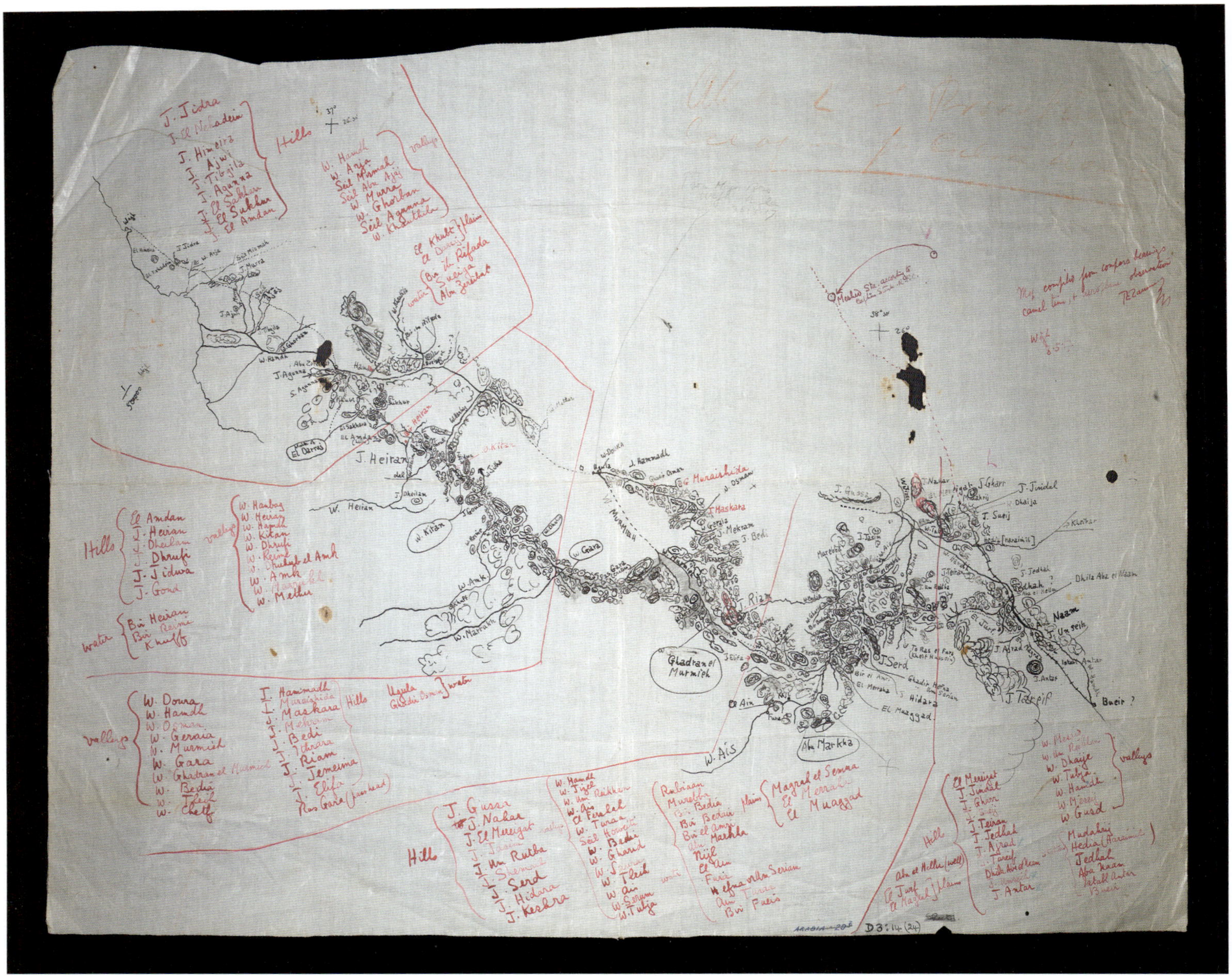

Croquis cartographique de T.E. Lawrence de la région entre Al Wajh et la voie ferrée du Hedjaz, 1916. Cartes WOMAT/RAS/ARA/29.

minutieusement étudié des photos aériennes d'Aqaba. Plus tard, au cours de la campagne, il dirigea un escadron aérien secret – nom de code : « X Flight » – qui assista les forces terrestres en effectuant des missions de reconnaissance et en bombardant et en mitraillant l'ennemi.

Malgré les limites topographiques, Lawrence a divisé cette carte en cinq régions, à l'encre rouge, et répertorié les noms de lieux de chaque zone par catégories – collines, vallées, points d'eau et gares ferroviaires – établissant ainsi une liste de pointage à l'attention du cartographe, lequel pouvait alors vérifier et intégrer ces données.

Comme précédemment, les informations recueillies par Lawrence permirent de mettre à jour une feuille de la série de cartes GSGS 4011. Ses corrections furent transférées sur une deuxième édition provisoire de la feuille Al Wajh de la série, datée du 24 juin 1917. Cette nouvelle carte ne crédite pas directement la contribution de Lawrence ni celle de la RFC. En revanche, elle stipule : « Cette carte a été compilée à partir d'une collection de croquis réalisés par les forces de Son Altesse le roi du Hedjaz ».

La main sûre du dessinateur officiel confère au travail de Lawrence l'aspect soigné qui faisait défaut aux croquis originaux. Cependant, les cartes de Lawrence avaient été réalisées dans des conditions difficiles : ainsi reflétaient-elles à la fois l'absence d'un relevé topographique de la région et le recours à la navigation à l'estime (calcul d'une position en estimant la direction et la distance

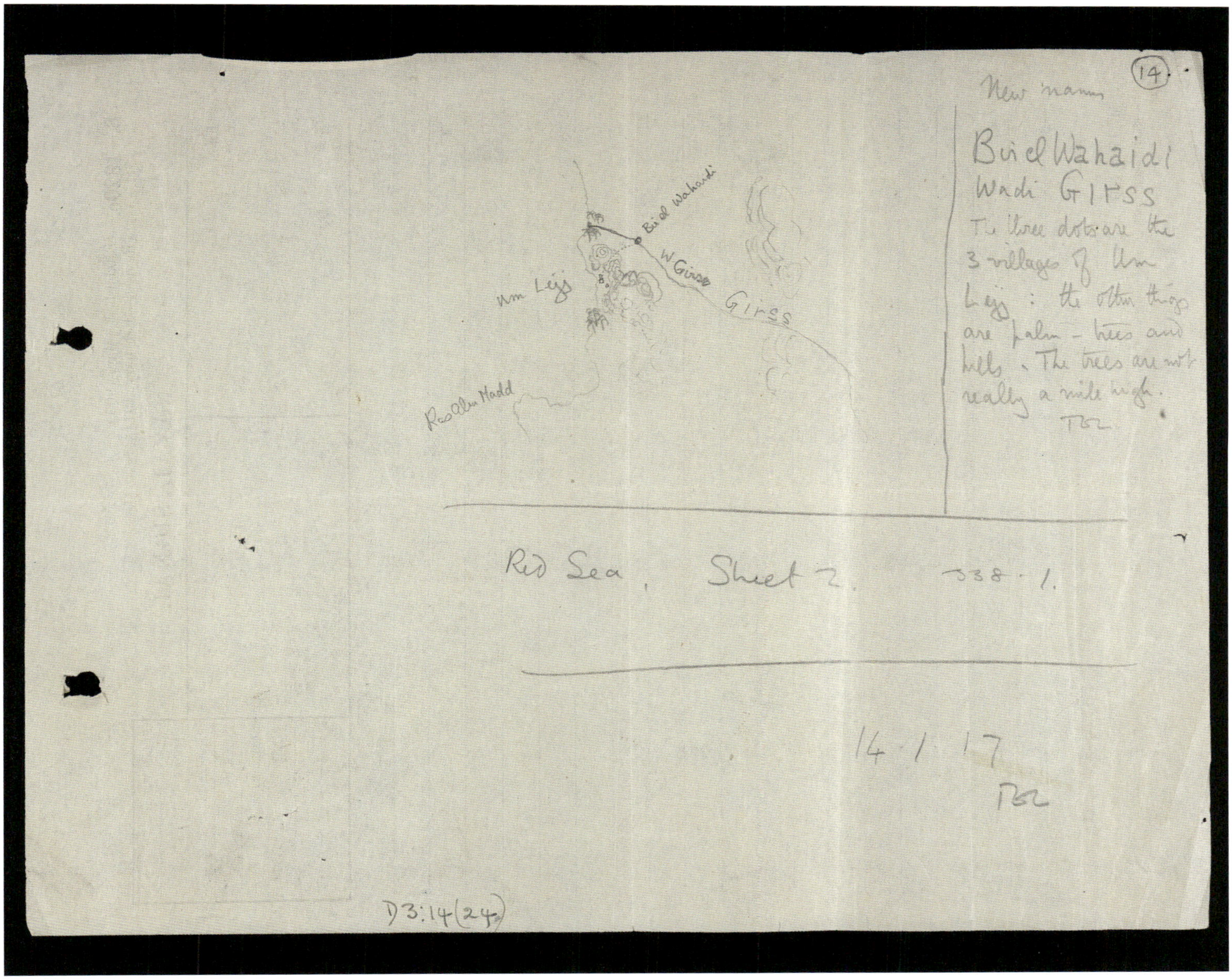

Verso du croquis cartographique ci-contre.
Cartes WOMAT/RAS/ARA/29.

parcourues) comme technique de navigation et de cartographie.

Malgré cela, il est tentant de croire que l'aspect « brouillon » des croquis traduit une part du caractère, que l'on peut qualifier de particulier, de Lawrence. D'autres relevés y contribuent. Par exemple, au dos de la feuille Yanbu, à côté d'autres cartes complémentaires de zones plus proches de Médine, Lawrence n'a pas décrit le cours de l'Oued Aïssi par le biais d'un relevé au compas comme l'on aurait pu s'y attendre, mais de la façon suivante : « sur les 20 ou 30 premiers miles, son cours va vers l'e[st] avec une légère déviation vers le sud ».

De même, à côté du croquis réalisé en janvier 1917 d'une zone des environs de Um Lejj, petite localité côtière située entre Yanbu et Al Wajh, Lawrence explique ainsi les symboles utilisés : « Les trois points représentent les trois villages de Um Lejj : les autres symboles sont des palmiers et des collines. Les arbres ne mesurent pas vraiment un mile de haut. »

Après la guerre, les cartes de Lawrence furent conservées pour un usage ultérieur par le renseignement militaire britannique. Selon la note qui les accompagne, elles furent envoyées en septembre 1920 par le géomètre général par intérim d'Égypte au Lieutenant-colonel Newcombe, au Royal Services Club de Londres. Newcombe les confia au ministère de la Guerre en novembre 1921, où elles furent versées à la bibliothèque matérielle – zone d'archives restreintes de renseignements topographiques. Elles furent ensuite transférées à la British Library en 1989.

Surimpressions confidentielles : les cartes des tranchées du front occidental, 1914-1918

De 1914 à 1918, la cartographie militaire du front occidental est un fleuron d'ingéniosité technologique qui répond à de multiples exigences et réclame la production d'une quantité considérable de cartes. Du seul côté britannique, on estime à 34 millions le nombre d'exemplaires de cartes imprimées ! Si l'on comprend l'importance du caractère confidentiel de ces cartes, il est également aisé d'imaginer les difficultés liées à leur diffusion.

Ces cartes étaient secrètes, car elles servaient à transmettre des données de localisation sensibles aux commandants et aux officiers du front. Ces données comprenaient des informations relatives aux positions, aux défenses et aux objectifs de l'ennemi, et bien souvent aussi, la source de ces renseignements. De même, elles contenaient des informations équivalentes – positions, défenses et objectifs – relatives à l'armée britannique. Il était donc essentiel de transmettre ces informations de manière sûre afin qu'elles ne tombent pas entre les mains de l'adversaire.

Ces cartes décrivaient en particulier le système de tranchées : ce vaste réseau de positions défensives fut instauré à la fin de 1914 – à l'issue de la période initiale de guerre mobile, quand les deux camps se « retranchèrent » littéralement. Les tranchées s'étendaient à travers les champs de la Belgique et du nord-est de la France, ainsi que vers le sud jusqu'en Suisse, d'une manière à la fois organisée et labyrinthique, au rythme de noms de lieux rappelant souvent les localités d'origine de leurs occupants. En raison d'un enlisement lent – et épuisant – du conflit, elles étaient rarement modifiées – sinon uniquement dans des endroits isolés et à la suite d'offensives majeures. Généralement, les informations les concernant étaient surimprimées sur des cartes topographiques mises au point à partir de cartes existantes et de nouveaux relevés. Sur les cartes britanniques, les tranchées alliées étaient signalées en bleu, les tranchées allemandes en rouge, mais ces couleurs furent interverties en 1917 afin de s'aligner sur les conventions françaises qui utilisaient le rouge pour les Alliés.

Différentes techniques de surveillance furent employées par les deux camps afin de cartographier les positions des uns et des autres. La photographie aérienne fut une innovation majeure, effectuée d'abord avec des avions (mais aussi parfois à l'aide de cerfs-volants, de ballons et de pigeons), utilisés pour la première fois dans le contexte d'un conflit. « L'appareil photo aérien est devenu l'arme la plus puissante des agents du renseignement et des topographes », écrivait en 1919 Malcolm MacLeod, ingénieur royal et plus tard, directeur de l'Ordnance Survey[1].

Cependant, la photographie aérienne n'était pas la seule source potentielle de renseignement. Se procurer des cartes ennemies permettait également de recueillir des informations. C'est pourquoi il fut rapidement convenu que seule la ligne de front britannique figurerait sur les cartes des tranchées britanniques : les tranchées de soutien et de communication n'y paraîtraient pas, afin de réduire l'impact dans le cas où ces plans rentreraient en possession des Allemands. Malheureusement, cette convention restreignait leur utilité quand l'infanterie tentait de se repérer dans ses propres tranchées. Peter Chasseaud fit remarquer qu'il était « très gênant pour eux de devoir attaquer des tranchées ennemies afin d'obtenir une carte de leur propre camp[2] ». Les cartes détaillant le système de tranchées britanniques dans son intégralité – en particulier des informations souterraines qui ne pouvaient être obtenues grâce aux prises de vue aériennes – furent produites en petit nombre, classées « Secret » et interdites aux positions avancées.

Cette carte, une édition confidentielle de 1916, montre une section des tranchées dans la région de la Somme. Portant la mention « Secret », elle est accompagnée d'une note stipulant qu'elle « ne doit pas être emportée au-delà du quartier général de la brigade ». Chaque exemplaire a été numéroté afin de pouvoir être localisé. Sur les éditions « standard » de la carte mises à disposition des troupes en position avancée figure uniquement la ligne de front britannique. Sur cette carte mise à jour le 11 juin, les tranchées britanniques sont visibles, tout comme les noms

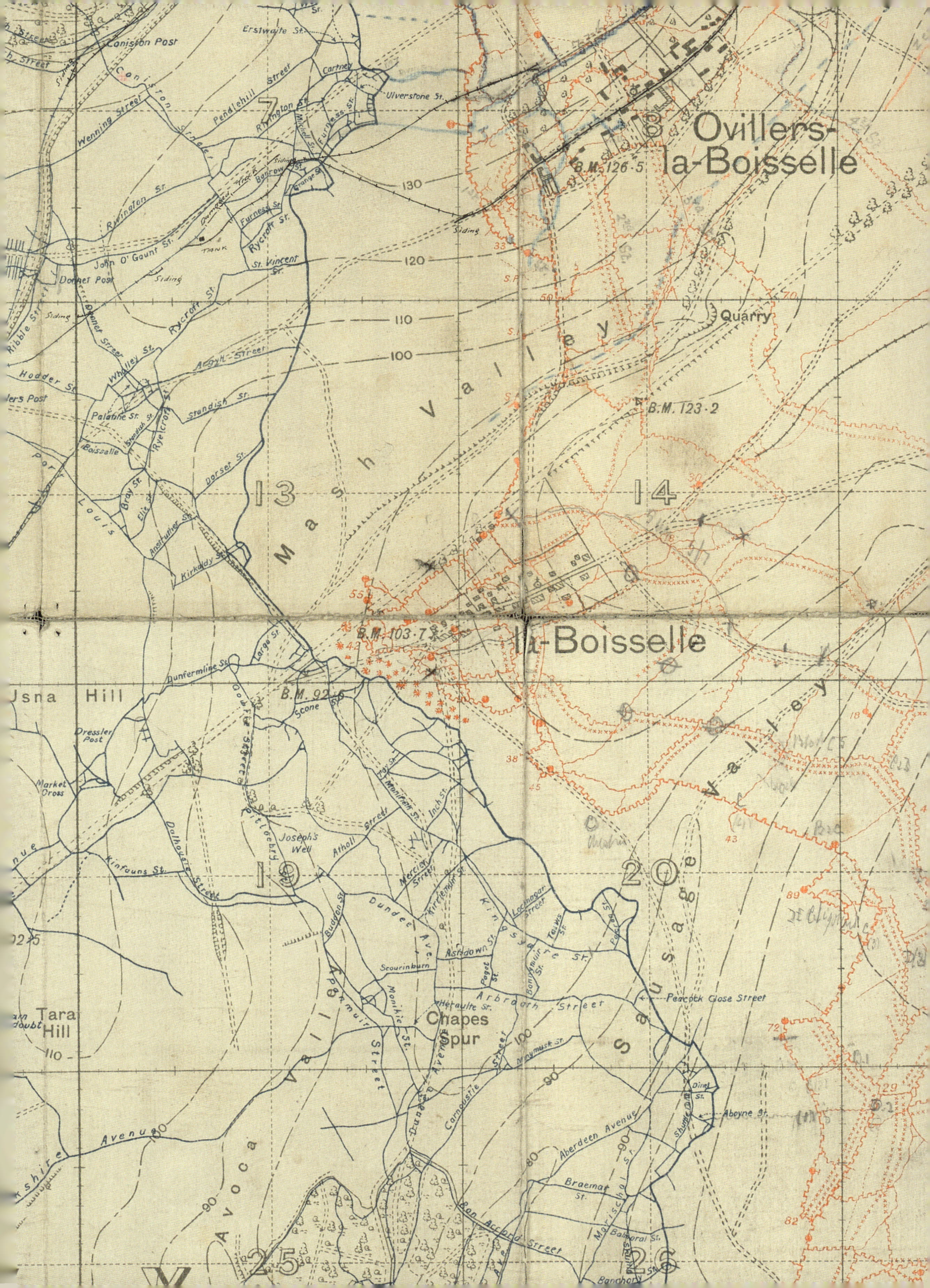

Ovillers-la-Boisselle
la-Boisselle
Mash Valley
Sausage Valley
Avoca Valley
Chapes Spur
Usna Hill
Tara Hill
Quarry
B.M. 126·5
B.M. 123·2
B.M. 103·7
B.M. 92·6
Coniston Post
Coniston Street
Erstwaite St.
Ulverstone St.
Cartney
Wenning Street
Pendlehill Street
Rivington St.
Barrow
Furness St.
Rycroft St.
St. Vincent St.
John O' Gaunt St.
Dorset Post
Siding
Tank
Ribble St.
Hodder St.
Dorset Street
Whalley St.
Argyll Street
Standish St.
Palatine St.
Boisselle
Ryecroft St.
Dorset St.
Port Louis
Bray St.
Elle St.
Anstruther St.
Kirkaldy St.
Large St.
Dunfermline St.
Scone St.
Dressler Post
Market Cross
Joseph's Well
Atholl Street
Inch St.
Monifieth St.
Dalhousie Street
Kinfauns St.
Pitlochry St.
Mercier Street
Dundee Ave.
Kirriemuir St.
Budton St.
Kingsgate St.
Lochnagar Street
Tay St.
Ashdown St.
Scourinburn
Perth St.
Bonnymuir St.
Arbroath Street
Heraulte St.
Peacock Close Street
Montrose St.
Arbroath Street
Carnoustie Street
Dundee Avenue
Maymusk St.
Dinet St.
Aboyne St.
Aberdeen Avenue
Braemar St.
Balmoral St.
Bon Accord Street
Marischal St.
Banchory St.
Avenue
130
120
110
100
90
80
7
8
13
14
19
20
25
26

donnés aux tranchées – « Dundee Ave et Arbroath Street » pour rappeler l'héritage écossais des troupes qui les occupaient. Les tranchées allemandes connues sont indiquées en rouge, selon leur emplacement au 27 avril.

L'offensive de la Somme, qui débuta le 1er juillet 1916, fut l'une des plus importantes batailles rangées du conflit et une tentative d'influencer de manière décisive le cours de celui-ci. À cette époque, l'armée française enregistrait de lourdes pertes face à l'offensive allemande à Verdun et la bataille visait en partie à alléger la pression pesant sur les Français. Une force commune britannique et française attaqua sur un front de 25 kilomètres, avec pour objectif de percer les défenses allemandes et avancer au-delà, en terrain découvert. Malgré deux semaines de bombardements préalables et l'explosion d'une série d'énormes mines sous les tranchées allemandes, la tentative échoua.

Voici le secteur du front attaqué le 1er juillet par la 34e division, qui rassemblait la 103e brigade irlandaise de Tyneside et la 102e brigade écossaise de Tyneside. Ici, le *no man's land* – l'espace entre les tranchées ennemies – ne mesurait que 15 mètres, une zone sombrement surnommée « Le trou de la gloire » par les Britanniques. L'objectif du premier jour – prendre le village fortifié de La Boisselle, puis avancer – ne fut pas atteint et les pertes humaines furent considérables.
Sur les 70 000 victimes alliées du premier jour, un peu moins de 60 000 étaient britanniques. Les pertes allemandes s'élevaient à environ 6 000[3]. L'offensive s'acheva en novembre avec des gains territoriaux limités.

Les mesures prises par le renseignement – dissimulation et falsification des cartes – se sont rapidement avérées contre-productives. En 1916, après les tentatives infructueuses de falsifier les cartes du système de tranchées françaises par schématisation, les 180 premiers mètres des réseaux de tranchées britanniques furent finalement autorisés à figurer sur les éditions standard. Cette décision fut étendue à l'ensemble du réseau en 1918. Si les Alliés et les Allemands connaissaient aussi bien le réseau de tranchées du camp opposé, cela ne prouve pas tant l'échec des mesures de confidentialités que la courbe de l'apprentissage technologique qui a permis l'amélioration de la collecte d'informations, parallèlement à d'autres aspects du théâtre des opérations du front occidental. La reconnaissance aérienne a permis de cartographier les réseaux des tranchées ennemies, ainsi que d'autres éléments militaires, avec une qualité qui n'a cessé de progresser à mesure que le conflit touchait à sa fin (voir p. 134).

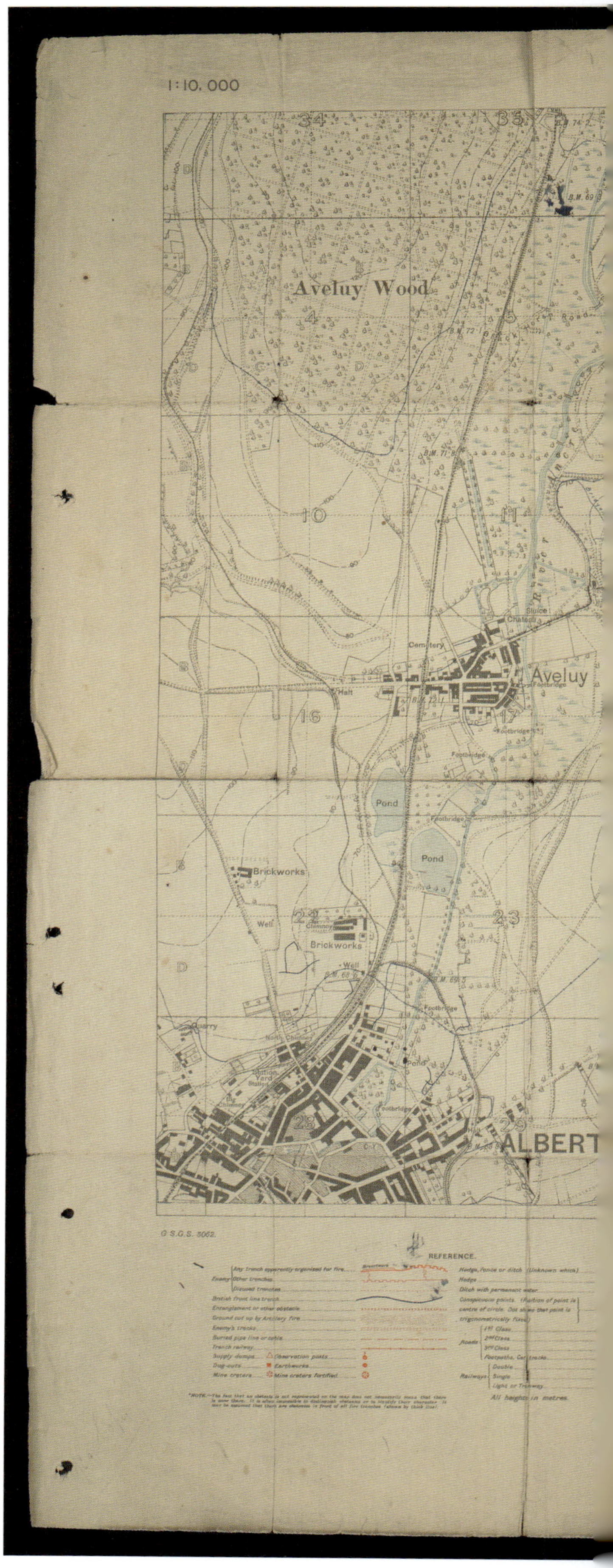

Service cartographique, 10:000. Ovilliers, G.S.G.S 3062. Feuille 57D S.E.4, édition 2.B. Southampton, 1916. Cartes C.14.l–n.

OVILLERS
EDITION 2. B
TRENCHES CORRECTED TO 11-6-16.
TRENCHES CORRECTED TO 27-4-16.
57D S.E. 4.
Pozières
Ovillers-la-Boisselle
Contalmaison
La Boisselle
Mametz Wood
Bottom Wood
Fricourt Farm
Fricourt Wood
Usna Hill
Tara Hill
Bécourt
Authuille Wood
Scale 1:10000
SECRET. Number 429
NOT TO BE TAKEN BEYOND BRIGADE HEADQUARTERS.
Minor corrections to detail made 28-4-16.
Ordnance Survey, 1916
MAPS.C.14.h

Falsification d'une carte touristique soviétique, 1981

Cette carte touristique de l'époque soviétique [ci-contre], publiée à Moscou en octobre 1981, prétend offrir une représentation précise de la ville de Magnitogorsk, située dans l'oblast de Tcheliabinsk, ex-Union soviétique[1]. Pourtant, en la comparant avec une image de satellite-espion américain prise deux années plus tôt, il est possible de discerner un certain nombre de stratégies employées par le cartographe afin de modifier et déformer des informations clés.

Au cours des années 1930, une gigantesque aciérie – fleuron des réalisations soviétiques de l'époque – fut construite à Magnitogorsk. Dans les années qui suivirent, la ville fut aménagée selon un plan centralisé afin de loger la main-d'œuvre. Nombre d'ouvriers étaient en fait des « déplacés spéciaux », euphémisme soviétique désignant les paysans dépossédés de leurs terres durant la collectivisation forcée de l'agriculture sous Staline. Ils étaient détenus à proximité du site de l'aciérie, dans des baraquements faisant partie intégrante du goulag – le système de camps de travail forcé soviétiques[2]. À partir de cette époque et jusqu'au milieu des années 1980, Magnitogorsk fut déclarée « ville fermée » et son accès interdit aux étrangers, bien que la publication de cette carte suggère une volonté de présenter l'agglomération et son aciérie aux visiteurs nationaux. Il existe peu d'informations fiables sur les événements s'étant déroulés dans la localité à cette période.

La carte présente un réseau de rues traversant des zones urbaines des deux côtés du lac. Des parcs et des espaces de loisirs sont indiqués en vert et des symboles marquent les sites d'intérêt à l'attention des touristes et des vacanciers – musées, théâtres, restaurants et hôtels. L'utilisation de couleurs vives donne au document un côté lumineux et attrayant.

Toutefois, les images de satellites-espions américains [p. 123] apportent une vision différente de cette ville en révélant plusieurs différences entre la carte et la réalité. Sur la rive orientale du lac, de vastes zones ont été falsifiées afin de dissimuler l'emplacement de l'aciérie d'où s'échappent, sur la photo satellite, d'impressionnants panaches de fumée. Par ailleurs, un examen attentif du réseau de routes secondaires montre une mosaïque confuse de détails grossièrement cartographiés.

Dans de nombreux pays, pour des motifs de sécurité nationale, il est courant de supprimer les installations militaires sensibles des cartes officielles accessibles au public. En Union soviétique, cette pratique était poussée à son paroxysme. Pendant la guerre froide, l'Union soviétique institua un programme systématique visant à supprimer ou à modifier sur les cartes publiques un éventail beaucoup plus large d'informations et interdisant également la vente de cartes géographiques détaillées. Dans un rapport confidentiel rédigé en 1969, la CIA conclut que « les modifications cartographiques furent imposées par les services de renseignements soviétiques dans le cadre d'une pratique généralisée de tromperie et de rétention d'informations susceptibles d'intéresser les analystes et planificateurs étrangers[3] ».

Pendant la majeure partie de cette période, la production de cartes fut strictement divisée entre les agences cartographiques civiles et militaires. La Direction générale de la géodésie et de la cartographie (GUGK), l'agence cartographique de l'État soviétique, était chargée de réaliser des cartes à destination du public, tandis que des cartes secrètes étaient produites à des fins militaires par l'état-major soviétique.

Des règles strictes régissaient les processus de production du GUGK[4]. Des mesures entrées en vigueur en 1966 stipulaient que toute carte d'une échelle supérieure à 1:2 500 000 devait être classifiée. Par conséquent, les cartes régionales à plus grande échelle, plus détaillées, étaient réalisées en agrandissant une carte à plus petite échelle. Concrètement, cela reviendrait à établir la distance entre Londres et Bristol à 7 cm, ce qui offre peu de possibilités de détails.

Магнитогорск. Туристическая схема [Carte touristique de la ville de Magnitogorsk] en URSS. GUGK, Moscou, 1981. Collection de Daniel Wilkinson.

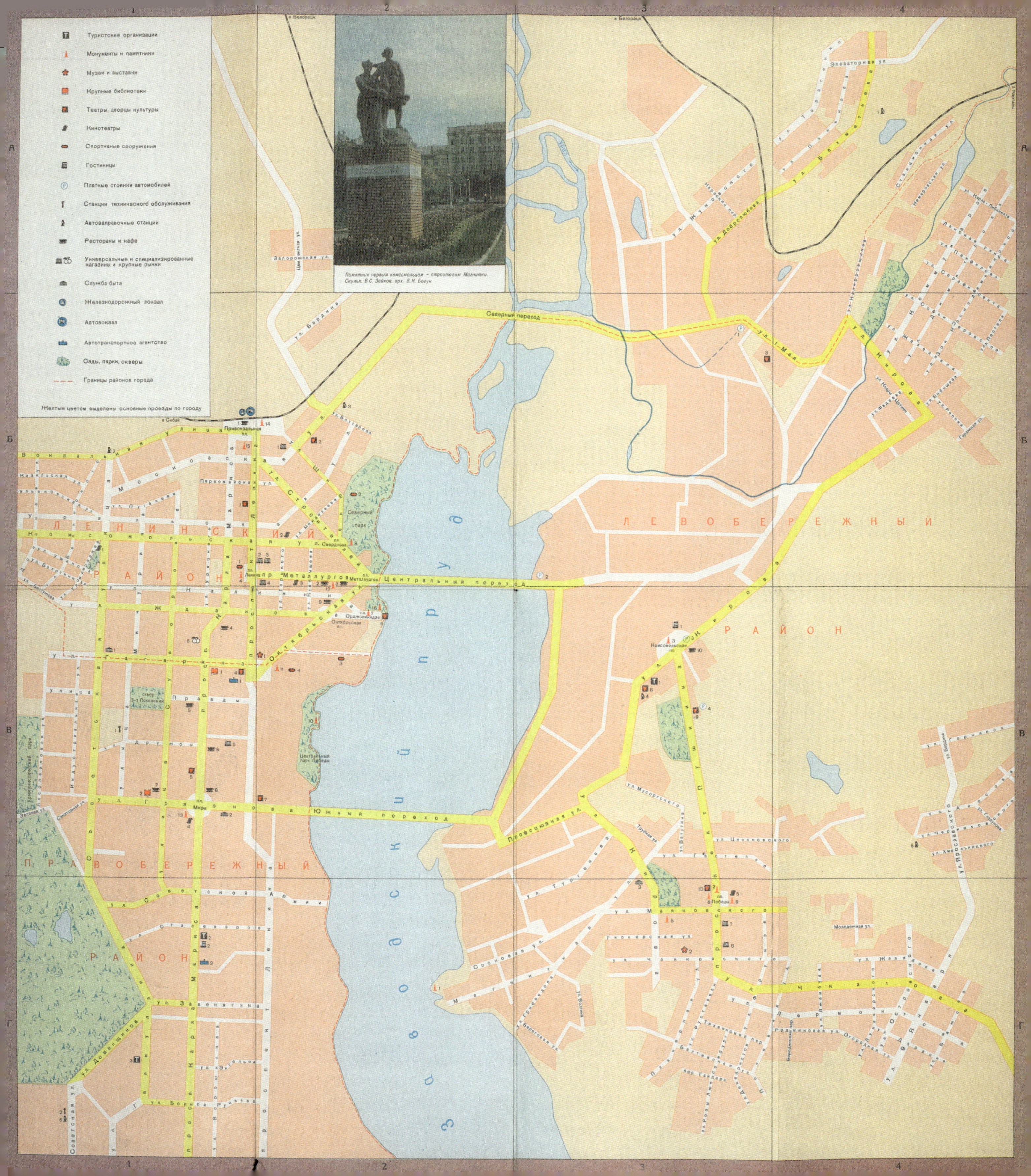

Памятник первым комсомольцам – строителям Магнитки. Скульп. В.С. Зайков, арх. В.Н. Богун

(Ci-contre) Verso de la carte touristique de Magnitogorsk en page précédente.

À partir des années 1970, de nouvelles consignes décrivent ainsi les procédures circonstanciées à suivre lors de la production de cartes touristiques à grande échelle : une carte militaire secrète était copiée ; la copie était découpée en petits morceaux de 5 à 8 cm. Ces morceaux étaient ensuite disposés de manière irrégulière, puis collés sur une planche de façon à ce que, lorsqu'ils étaient reproduits pour réaliser l'ébauche de la carte finale, l'échelle et les orientations soient aléatoirement déformées. De plus, l'orientation nord-sud de la carte était décalée de plusieurs degrés par rapport à son axe initial. Les éléments considérés comme « sensibles » – installations militaires, complexes industriels et toutes les voies ferrées autres que les voies principales – étaient supprimés. La représentation du paysage était également réduite à un schéma, avec seulement quatre couleurs attribuées aux cours d'eau, aux jardins publics, aux édifices urbains et aux zones non-développées.

En comparant ce plan à l'image satellite, il apparaît clairement que ces consignes ont été suivies à la lettre. Une falsification à grande échelle est clairement visible sur la rive orientale du lac. On peut voir des routes aux angles improbables complètement déconnectées du réseau alentour, tandis que l'emplacement de l'aciérie est dissimulé par un réseau fictif de rues d'un quartier résidentiel. La forme naturelle et fluide de la rive du lac telle qu'elle figure sur la carte masque un vaste développement sur le terrain. Enfin, d'imposants complexes de structures industrielles, de dépendances et de hangars sont camouflés sous une couche de la couleur attribuée aux zones non-développées.

Toutefois, certains éléments importants n'ont pas été falsifiés. Le réseau de routes principales, en jaune, semble correspondre, sans distorsion apparente en termes d'échelle ni d'orientation.

Cette carte illustre la discordance inévitable de deux exigences contradictoires : dissimuler des informations tout en les partageant (au verso de la feuille, les détails de la publication indiquent que 84 000 exemplaires de cette carte furent imprimés). Reflétant le désir de présenter la ville aux citoyens soviétiques à l'époque où le pays est fermé aux étrangers, cette carte est prise entre deux mondes. Par nécessité, elle divulgue *et* dissimule à la fois.

(Ci-dessus) Photographie déclassifiée prise par un satellite espion américain de Magnitogorsk, URSS, 1979. US Geological Survey D3C1215-401319A016.

Les cartes et l'État sécuritaire élisabéthain, années 1570

Réalisé par le cartographe Christopher Saxton et publié à la fin des années 1570, le premier atlas d'Angleterre et du Pays de Galles fut d'abord conçu comme un outil confidentiel de sécurité nationale à une époque où l'Angleterre élisabéthaine connaissait bouleversements politiques et menaces extérieures. Cette situation n'avait rien d'inhabituel en soi. Comme nous l'avons vu par ailleurs dans cet ouvrage, les nécessités de défense et d'attaque conduisaient à investir dans des technologies telles que la cartographie. Dans les années de paix succédant aux conflits, ces technologies s'instillaient souvent dans la société civile. Deux siècles après leur réalisation, les cartes de Saxton étaient encore réimprimées à l'intention du grand public.

La demande, pressante et officielle, pour une nouvelle carte scientifique de l'Angleterre et du Pays de Galles à des fins administratives et de défense émergea dans les années 1540. Malgré divers projets infructueux au cours des règnes d'Henri VIII, Édouard VI et Marie Ire (qui laissèrent une quantité prodigieuse de relevés et de cartes locales inachevées), aucune carte précise ne fut menée à son terme. Dans les années 1570, la menace d'une guerre avec la France, l'Espagne et l'Écosse, ainsi que des conflits religieux internes, mirent en péril le règne d'Élisabeth. Pour mettre fin à cette menace existentielle, les conseillers de la reine, Francis Walsingham et William Cecil – Lord Burghley – mirent en place les fondements de l'État sécuritaire Tudor. Walsingham instaura un service de renseignement, tandis que Burghley, entre autres missions, supervisa la création d'un système de cartographie défensive.

La mise au point, la production et la publication de l'atlas de Christopher Saxton furent réalisées en seulement six années, même si Saxton a sans doute largement repris des cartes antérieures inachevées dont il disposait au palais de Whitehall. L'atlas comporte 33 cartes de comtés, le principal niveau administratif principal reconnu par le gouvernement, et fournit une représentation concise et indispensable des frontières septentrionales de l'Angleterre, ses côtes menacées et sa configuration intérieure.

Peter Barber a qualifié cet atlas « d'instrument de défense nationale avant tout[1] ». La série de cartes préliminaires de Lord Burghley, datant d'environ 1576, devint un outil essentiel qu'il utilisa pour assurer la sécurité du royaume. Cet ensemble de cartes pourrait être la version que Saxton envoya à la cour pour vérification et approbation. Burghley y avait ajouté des informations qu'il jugeait pertinentes pour la sécurité de l'État, et y inséra de nombreuses cartes supplémentaires de sites particulièrement vulnérables – les frontières écossaises, les baies isolées de la côte sud de l'Angleterre et le littoral du Kent. Burghley avait également couvert ces cartes de notes et de listes – des noms des juges de paix à contacter en cas d'insurrection, avec les distances, les listes de forts et de châteaux et les emplacements des maisons des gentilshommes. On y trouvait

NORTHVMBRIÆ COMITATVS (Scotiæ contiguæ) Noua Veraq; descriptio.
INDVSTRIA NATVRAM ORNAT.
ORIENS.
OCEANVS.
Scala Miliarium
1 2 3 4 5 6 7 8 9 10
DVNELMENSIS EPISCOPATVS PARS.
Dunstaburgh cast.
Bowmer
Seaton house
Aylmouthe
Wooden
The spitle
Birlinge
Anbell
Wark cast.
Glou cester hill
Coket Iland
Morrik
Haukeslaw
Toges don
Druridge
Witherington cast.
Chewinton
E. Chewinton
Stobes wood
Carswell
Lynton
Lyne flu.
Woodhorne
Cunnyngarth
Hurst
Newbiggin
Asshinton
Seaton
Bothle cast.
Shepewasshe
The new chap.
Cammas
Heppescote
Slekbornes
Netherton
Bedlinton
Blithes newke
Cowpon
Horton
Harforde
Plassie
Newsham
Shoton
Cramlinton
Seton dalawell
Hartley
Brinkley
Sighill
Hallowell
Munk seton
Dunnyngton
Blakworth
Weteslades
Erisden
Whitlathe
Prestik
Barrodon
Morton
Tinmouthe cast.
Killinworthe
Chirtons
Tinmouth hauen
N. Gosford
Benthm mag.
Willinton
Sheales
S. Gosford
Oltheron
Wawson
Weston
Kenton
Newcastl
Walsend
Jerro
Denton
Hebborne
Bonwell
Biker
Fellin
Necherheworth
Redhugh
Gatesend
Whitborne
Whickhm
Weremouthe

Magna crosbie chappel
Blundale de crosbie
Rob. Blundall de Jnce
Formby chap.
Anker chap.
Seston p.
Tokestath park and towre
Lederpoole chappel
Garston chap.
Chiltnall p.
Edward Noris de Speak Ar.
west darby chappel
Heaton p.
Georg Ireland de Hut
John Harington de Harington heye ar.
Edward Torboke de Torboke
Henry erle of Darby
Knowsley
Knowsley park.
Raimford chappell
Hay parke
Latham Henry Erl of Darby
Latham pk.
Peter Stanley de Birkerstaffe Ar.
West Darby Hundreth
Preston
Henry Ecclston
Holland p.
Farnworth p.
Leighe chap.
Penkforth
Wiggon
Ashton chap.
newton chap.
Thomas Gerard de Jnce
Warmington p.
Leigh p.
Tilesley de morleyes ar.
John Atherton de Atherton ar.
Gerard de Astley ar.
Salforth Hundred
Barton
Flixton p.
Mersey
Irwell water
Rounk horne w.
Alt fl.
Alt wat.
Ormschurch p.
Halsaule
Aighton p.
Henry starling de Aighton ar.
Birkdale chap.
Meyls
Leatham p.
Ripill fl.
Ribill fl.
Hesket
Banester de Bank ar.
Ostande
Lad Hundred
Edward standish de standish
standish p.
Lay=
Ashall
Charley p.
Leyland p.
Rivington p.
dugils water
dugils fl.
Anderton de Euxton
Brindill parish
Penwartham
Preston p.
Cuthbert Clifton de westbe ar.
Kirham p.
melton p.
Plumpton p.
Broughton p.
John Singilton de Singilton tow.
The whitingam de whitingam
John Shirburn de Ribilton ar.
Brookhall
Lonrid
Robchest p.
John Talbot de Salsbury ar.
Salsbury pke.
The Houghton de Tower Ingalish
Tho. Bradley of Bradley ar.
Chip
Deane p.
Hilton de Park ar.
Alen Hilton de farnworth ar.
Turton water
Blagburne Hundred
Blagburne p.
Willm Farington de Handley ar.
Harwood p.
church
Altham p.
Irk wat.
Robt Holden de Sunifeild ar.
Haslingden
Salforth hundred
Birrie p.
Ratchdall p.
Manchester p.
Middleton
Oldam p.
Ashton under lyne p.
Medlok
Mideton wat.
Ritch wat.
Holt de Stubley
Charles Ratclif de todmarden ar.
newchurch Rossindall
Padiam p.
Brunley p.
John Towneley de Towneley
Penell beacon
new church in Pendill
whallay p.
milton
Colne p.
Colne water
Clethero castell
Richard Sherburne
Holme de Ashilholme ar.
Barlow de Barlow ar.
Longforde de Howspark ar.
Edmond trafford de Traford ar.
Richard Holland de Denton

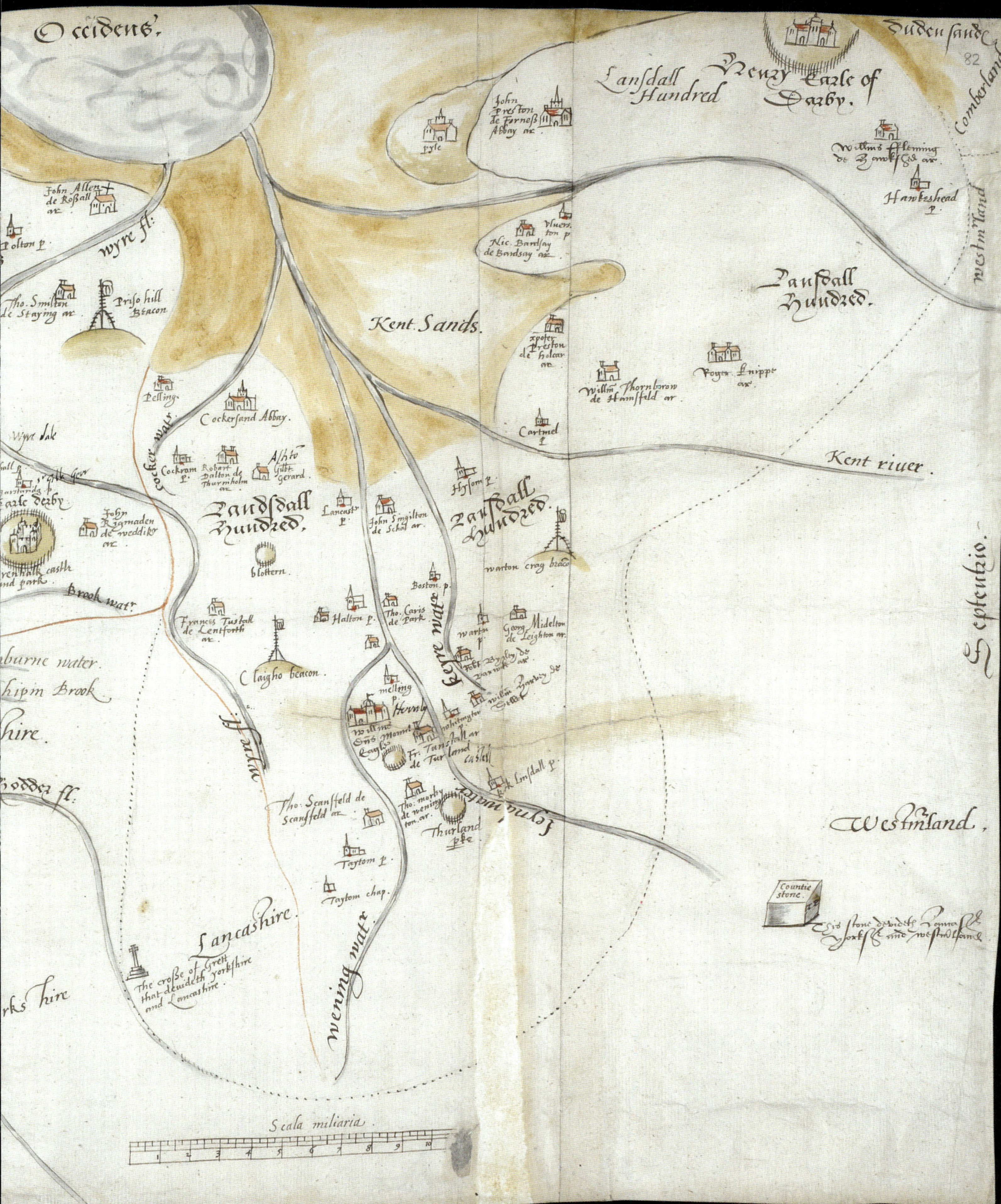
Occidens.
Lansdall Hundred
Henry Earle of Darby.
Duden sand
Cumberland
John Preston de Farneß Abbay ar.
pyle
Willms Fleming de Hawkeshead ar.
Hawkeshead p.
Westmland
John Allen de Roßall ar.
wyre fl.
Polton p.
Tho. Smilton de Staying ar.
Priso hill Beacon
Nic. Bardsay de Bardsay ar.
Lansdall Hundred.
Kent Sands.
Xpofer Preston de holcar ar.
Roger Knippe ar.
Willm Thornborow de Hamsfeld ar.
Pelling
Cockersand Abbay.
Cartmel p.
Kent river.
Cocker watr
Cockram p.
Robert Dalton de Thurmholm ar.
Ashto Gilbt Gerard
Landsdall Hundred.
Lancastr p.
John Smilton de Schol ar.
Hysom p.
Lansdall Hundred.
John Rigmaden de weddiker ar.
Septentrio.
warton cray beacon
blottern
Boston p.
Brook watr.
Francis Tustall de Lentforth ar.
Halton p.
Tho. Caris de Park
warton p.
Georg Midelton de Leighton ar.
Claigho beacon
melling p.
Hornby
Fr. Tunstall ar de Turland
Castell
Kirk Lonsdall p.
Tho. Scansfeld de Scansfeld ar.
Tho. Morly de weningt ton ar.
Thurland
Westmland.
Countie stone.
This stone devides Lancashire Yorkshire and Westmland
Taytom p.
Taytom chap.
Lancashire.
The crosse of Grett that devideth Yorkshire and Lancashire.
wening watr
Hodder fl.
Yorks hire
Scala miliaria
1 2 3 4 5 6 7 8 9 10

SEPTENTRIO.
SCOT
IAE
PARS
OCCIDENS.
REDES DALE
TYN DALE
CVMBERLAN
DIAE
PARS.
DV
MEN
EPISC
TVS
MERIDIES.
Barwick
Carliste

aussi une carte manuscrite du Lancashire, comté occupé par plusieurs familles catholiques notables. Cette carte avait été dessinée par le cryptologue Thomas Phelippes, l'espion qui contribua à déjouer le complot de Babington visant à assassiner Élisabeth et à restaurer le catholicisme en tant que religion officielle de l'Angleterre.

L'atlas Burghley-Saxton, ainsi que la carte murale des îles britanniques de Saxton (1583) est l'équivalent, à l'époque Tudor, de l'avènement moderne de la cartographie militaire. Cependant, l'atlas de Saxton constitue une anomalie dans le domaine de la cartographie secrète de sécurité d'État, surtout si l'on considère les projets cartographiques similaires contemporains développés sur le continent. L'atlas fut imprimé et non conservé sous sa forme manuscrite – ce qui aurait obligé Burghley et consorts à en restreindre la diffusion. Saxton se vit offrir en 1577 un privilège d'impression de dix ans pour cet atlas, la Couronne lui octroyant ainsi le droit de le reproduire et de le vendre à son propre profit. À l'époque, une guerre contre l'Espagne semblait hautement probable.

L'atlas de Saxton était peut-être avant tout un instrument de défense nationale, mais ce n'était pas là son unique objectif. Cet ensemble de cartes délicatement gravées était clairement destiné à jouer un rôle public et idéologique, illustrant la puissance du pays tant à l'extérieur qu'au niveau national, grâce à la diffusion d'exemplaires imprimés célébrant l'unité, le patriotisme et la confiance de l'Angleterre dans la connaissance de son propre territoire. Là encore, les conseillers de la reine ont fait preuve de clairvoyance en reconnaissant que le rôle des cartes allait au-delà de la seule défense.

(Double-page précédente) Thomas Phelippes, [Carte manuscrite du comté de Lancashire], vers 1576. Royal MS 18.D.III, f. 82r.

(À gauche) Christopher Saxton, *Northumbriae Comitatus. (Scotiae continguae) Nova Veraq.descriptio.* [Londres], 1576. Royal MS 18.D.III, f. 72r.

Publiée, puis secrète : la Carte de France, années 1790

Au fil du temps, on observe une tendance manifeste à divulguer publiquement des cartes autrefois secrètes. À l'inverse, dans des périodes de tension militaire, des cartes ont pu être retirées du domaine public, mises au secret et parfois même détruites. L'un des exemples les plus notables d'un tel revirement est celui de la Révolution française. En septembre 1793, la Carte de France – une carte nationale, célèbre et importante, en plusieurs feuilles, mise au point par quatre générations de Cassini, une famille d'astronomes – fut confisquée à ses propriétaires privés et conservée au Dépôt de la Guerre (bureau d'archives du ministère de la Guerre). Bien que motivée par différents facteurs, notamment politiques et idéologiques, la mise sous séquestre de cette carte témoigne de la vive discordance entre l'existence de cartes à grande échelle diffusées au public et l'exigence de confidentialité et de contrôle de la part de l'État.

La genèse de cette carte nationale à grande échelle remonte au XVIIe siècle lorsque Jean-Baptiste Colbert, Premier ministre de Louis XIV, exigea une carte afin de mettre au point son programme de centralisation administrative. Le moteur du projet se trouvait être la géodésie, domaine scientifique émergeant, une branche des mathématiques s'intéressant à la mesure de la forme et de la superficie de la Terre. Entrepris en collaboration avec l'Académie des Sciences, le relevé géodésique général de la France impliquait la création d'un système de mesure composé de 800 triangles à travers le pays, en commençant par le méridien de Paris et en suivant des points correspondant à des éléments clés du paysage (les clochers des églises, par exemple). Bien qu'il fût indépendant de ceux de la carte de Cassini, ce relevé en constitua la base. La production des 182 feuilles de la carte débuta en 1756.

La carte n'était pas une réalisation militaire, contrairement aux cartes militaires secrètes postérieures, à l'image de la carte de Ferraris des Pays-Bas autrichiens et l'Ordnance Survey britannique, toutes deux fortement influencées par la carte de Cassini. Toutefois, l'exactitude du relevé trigonométrique se prêtait parfaitement à des fins militaires. De fait, Jerry Brotton a d'ailleurs noté qu'en 1814, Napoléon en personne constata que son escorte transportait des exemplaires de la carte de Cassini. Plus encore, le contenu de la carte, particulièrement les descriptions des zones frontalières telles que les Pyrénées, représentait un risque compte tenu du conflit imminent avec l'Espagne, comme l'en avait averti le général français Jean Le Michaud d'Arçon en 1790[1].

Une fois que le Dépôt de la Guerre eût confisqué l'ensemble des archives, y compris les feuilles imprimées, les plaques d'impression en cuivre et les relevés des dernières feuilles incomplètes, il se mit au travail afin de les compléter et de mettre à jour tous les éléments utiles sur le plan militaire (les réseaux routiers par exemple). Différentes unités de mesure à l'échelle furent également ajoutées. Le Dépôt de la Guerre compléta la carte à l'aide de toutes les autres cartes qu'il put trouver. Cette carte fait partie d'une version réduite de la carte de Cassini, produite par Louis Capitaine à parti de 1790 et également « acquise » par le Dépôt[2]. La zone imprimée montre le nord et l'est de la France ; en mai et juin 1815, les ingénieurs militaires la complétèrent à la main en y incluant la Belgique, le Luxembourg et certaines parties de l'Allemagne et des Pays-Bas. Ainsi couvre-t-elle toute la région où se déroulèrent cette année-là les ultimes batailles de la campagne de Waterloo. Autant la carte de Cassini avait été mise sous clé afin qu'elle ne tombe pas entre des mains ennemies, autant les Français avaient eux-mêmes bénéficié de la disponibilité de cartes à grande échelle de terres situées au-delà de leurs frontières.

Le 18 juin 1815, lors de la bataille de Waterloo, au sud de Bruxelles, les forces napoléoniennes furent vaincues par une armée composée de Britanniques, de Néerlandais et de Prussiens. Cette carte appartenait à Honoré, comte Reille, maréchal de France, un général français qui a combattu à Waterloo. L'embargo pesant sur la distribution publique de la carte de Cassini fut levé dans les années qui suivirent.

DEP DES FORETS
DES

Louis Capitaine, « Carte de la Belgique et des quatre départemens réunis de la rive gauche du Rhin… Dressée au Depot gl de la Guerre dans les mois de Mai et Juin 1815 ». Add. MS 63585 A.

Carte
de la Belgique
et des quatre départemens réunis
de la rive gauche du Rhin,
dressée
au Dépôt gl de la Guerre
dans les mois de Mai et Juin
1815.

Imagerie aérienne et spatiale : un siècle d'espionnage, 1903-2003

À peine plus d'une décennie après le premier vol motorisé des frères Wright en 1903, l'éclatement de la Première Guerre mondiale conduisit les forces armées d'Europe et des États-Unis à exploiter le potentiel inédit que l'aviation représentait pour la collecte de renseignements militaires et topographiques. Au cours du conflit, les techniques de reconnaissance aérienne prirent une importance croissante pour la cartographie des réseaux de tranchées (voir p. 116-119), des défenses et autres infrastructures militaires ennemies.

Aussitôt que la technologie le permit, l'analyse et l'interprétation des photographies aériennes devinrent un champ d'études en soi. En février 1918, le commandement suprême de l'armée britannique publia un manuel d'entraînement militaire classifié, intitulé *Illustrations to Accompany Notes on the Interpretation of Aeroplane Photographs* [« Manuel illustré en complément des notes sur l'interprétation des photographies aériennes »]. La couverture de l'ouvrage portait la mention de classification suivante :

> *À usage officiel exclusif. Ce document est la propriété du gouvernement britannique et les informations qu'il contient ne doivent pas être communiquées, directement ou indirectement, à la presse ou à quiconque n'occupe pas une position officielle au service de Sa Majesté.*

Le niveau de classification relativement faible reflétait à la fois l'exigence pratique qu'il y avait à partager ce manuel avec une grande partie du personnel militaire britannique et la nécessité d'attirer l'attention de celui-ci sur le caractère sensible de son contenu, qui conjuguait expertise technique et renseignements militaires. La mention particulière à la presse soulignait les préoccupations du commandement militaire concernant la capacité de cette dernière à diffuser largement de telles informations.

Les premières pages de l'ouvrage présentent une légende des symboles conventionnels figurant sur les photographies et indiquant diverses armes et structures militaires, des barrières de barbelés, des batteries et des voies de chemin de fer. Vient ensuite une introduction donnant des instructions pratiques, un accent particulier étant mis sur l'interprétation correcte des ombres. Le texte insiste sur le fait que l'apparence du relief au sol peut changer du tout au tout, selon la hauteur à laquelle on tient la photographie : par exemple, une tranchée peut ressembler à un talus et vice-versa.

Les pages restantes sont remplies de photographies aériennes représentant toutes sortes d'éléments naturels et artificiels, dont des formations topographiques, différents types de tranchées, des emplacements de mitrailleuses et des postes d'observation et d'écoute. La plupart des images sont annotées, des lettres ou du texte y situant les types d'éléments décrits dans le texte en regard.

Vers la fin de l'ouvrage, un chapitre intitulé « Divers » offre un cas d'étude détaillé, titré « Interprétation d'une photographie aérienne montrant une station de radiotélégraphie allemande, près de Lepelham » [ci-contre]. La photo est accompagnée d'un croquis et de notes complètes, qui listent tous les indices complexes utilisés pour identifier la station.

Ces derniers comprennent la position du soleil, l'ombre qu'il projette sur le mât et le bâtiment situé à sa base ; la présence de deux tas de gravats disposés régulièrement à 90°, indiquant des fosses creusées dans le sol calcaire pour ancrer les haubans soutenant le mât ; le pont et l'allée menant à la station, apparemment peu utilisés ; et l'herbe intacte dans les parages de la structure, exceptée au voisinage immédiat du bâtiment.

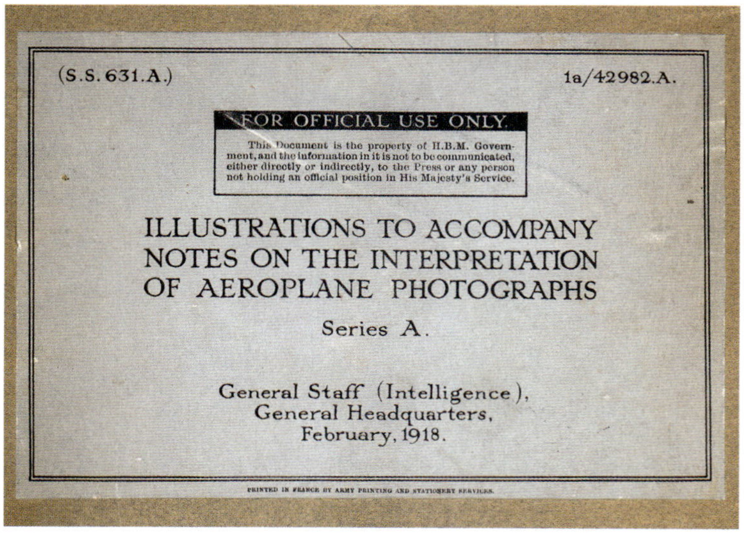

(Ci-dessus) Couverture d'un manuel d'entraînement militaire, 1918. Cartes 2025.b.10.

(Ci-contre) Photographie de reconnaissance aérienne tirée du manuel d'entraînement militaire, 1918. Planche 59.

MISCELLANEOUS (contd.)

GERMAN FIELD WIRELESS STATION,

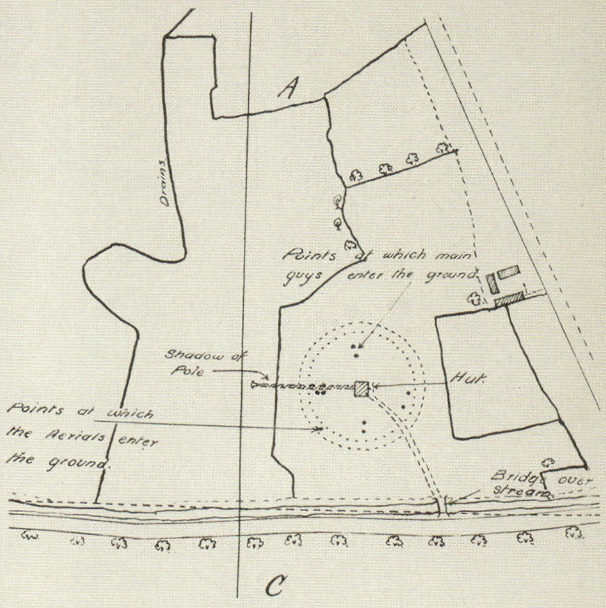

INTERPRETATION OF AIR PHOTOGRAPH, SHOWING GERMAN FIELD WIRELESS STATION, NEAR LEPELHEM (Sheet 12, F. 19a).

1. Air Photograph No. 48 N62, dated 17th July, and taken at 8 a.m., shows a German Field Wireless Station. The reasons for arriving at this conclusion from the examination of the Photograph are as follows :—

(*a*) The shadows cast by a pole protruding from, or in the vicinity of, a hut.

(*b*) Double heaps of spoil at regular intervals of 90°, suggesting the pits made in chalky ground for anchoring the guy ropes supporting the pole.

(*c*) A double circumference of pits, enclosing the Station, which is of the "Umbrella" type, *i.e.*, composed of a series of wires forming a cone.

(*d*) Bridge and Track used by only a small personnel, as shown ; also by the undisturbed grass, except in the immediate vicinity of the hut.

2. The height of the pole has been calculated at 120 feet to 125 feet. The height of the sun at 8 a.m., on the 17th July, was 24°. The necessary corrections have been made for summer and local time, etc.

Photographs reproduced by No. 2 Advanced Section, A.P. & S.S.

Photo déclassifiée de Vladivostok, prise par un satellite espion américain, URSS, 1963. US Geological Survey [Institut d'études géologiques des États-Unis].

On a même calculé la hauteur du mât, ce qui atteste la précision des renseignements qui pouvaient être ainsi obtenus : « D'après les calculs, la hauteur du mât est comprise entre 36,5 et 38 mètres. L'inclinaison du soleil à 8 h, le 17 juillet, était de 24 degrés. Les corrections nécessaires ont été effectuées pour tenir compte de la saison estivale et de l'heure locale, etc. »

L'avènement de la surveillance spatiale augmenta considérablement les capacités de la photographie à fournir des renseignements militaires et topographiques sur des superficies bien plus grandes. Dans la « course à l'espace » menée par les adversaires de la guerre froide, les États-Unis répondirent au lancement du *Spoutnik* soviétique, en 1957, en instaurant leur propre programme de satellites. Ce fut durant cette période que les États-Unis initièrent un programme de surveillance satellitaire baptisé CORONA. Le projet visait à atténuer les risques associés au programme existant de vols de reconnaissance à haute altitude effectués par des avions U-2 (pilotés par des hommes), une nécessité devenue d'autant plus pressante après qu'un U-2 eut été abattu au-dessus de l'Union soviétique le 1er mai 1960.

Entre 1959 et 1972, six modèles de satellites CORONA furent successivement lancés, principalement pour observer de potentielles infrastructures nucléaires et autres sites stratégiques en URSS et en Chine, mais aussi pour surveiller d'autres points chauds politiques du globe. Les satellites conçus au fil du temps furent désignés comme appartenant à la série « Keyhole » (« trou de serrure »), un nom révélateur, suggérant que les satellites observaient leurs cibles comme on espionnerait par le trou d'une serrure.

Pour maintenir le secret, on recourut à la désinformation lors des premiers lancements, décrits à l'intention du public comme des missions scientifiques et technologiques relevant d'une série baptisée *Discoverer*. Mais, comme la communauté scientifique s'y intéressait de plus en plus, cette couverture devint bientôt intenable. À partir de 1962, les missions devinrent purement et simplement secrètes ; il était désormais fait référence aux « lancements de satellites du département de la Défense ». Le secret persista jusqu'à la déclassification officielle du programme en 1992 ; en février 1995, le président Clinton autorisa la diffusion publique par le US Geological Survey des images collectées.

Sur l'ensemble de la durée du programme CORONA, plus de 800 000 images furent produites. Elles furent utilisées à diverses fins, y compris l'espionnage et la reconnaissance, mais aussi, au-delà des applications militaires, pour des initiatives civiles comme la mise à jour des cartes à l'échelle 1:24 000 des États-Unis.

Les images étaient capturées par les satellites CORONA au moyen d'appareils photo argentiques embarqués à bord. Dès lors qu'un rouleau de pellicule était terminé, il était éjecté du satellite dans une boîte à film, conçue pour résister au retour dans l'atmosphère terrestre. Cette boîte était récupérée lors

Gros plan sur la photo présentée ci-contre.

de sa descente au-dessus de l'océan Pacifique, près d'Hawaii, par un avion militaire équipé d'une pince qui saisissait le parachute auquel elle était suspendue. Dans l'éventualité d'un échec de l'opération de récupération, la boîte pouvait flotter temporairement sur l'océan. Néanmoins, un bouchon de sel inséré dans cette dernière se dissolvait peu à peu de telle sorte qu'elle coule, avec son contenu classifié, si elle n'était pas récupérée au bout de deux jours, afin que ces informations sensibles ne tombent pas dans des mains non autorisées.

La seule brèche de sécurité constatée au cours du programme CORONA survint en juin 1964 lorsqu'une boîte à film s'écrasa sur des terres agricoles à la frontière entre le Venezuela et la Colombie. Suite à cet incident dont il fut fait une grande publicité, les boîtes ne furent plus marquées « Secret », leur classification patente étant considérée comme susceptible d'attirer l'attention sur elles. Au lieu de cela, elles furent accompagnées d'une notice traduite en huit langues, qui promettait une récompense à quiconque les remettrait, après un échouage, aux autorités des États-Unis.

Après une série de tests de lancement, la première mission opérationnelle réussie eut lieu en 1960. Elle permit de récupérer environ 900 mètres et plus de 9 kg de pellicule. Les images couvraient plus de 4 millions de kilomètres carrés du territoire de l'Union soviétique – soit une superficie plus vaste que la couverture totale du programme de vols U-2.

Ce remarquable négatif du programme CORONA [ci-contre et ci-dessus] a été produit par un satellite-espion volant à un peu plus de 190 km au-dessus de la surface terrestre. Il montre un rectangle de terre et de mer large d'environ 280 km, à cheval sur la Chine, la Corée du Nord et la Russie soviétique. Y figure notamment le port de Vladivostok, qui abritait alors la flotte soviétique du Pacifique. Des marques de bobine et des chiffres identifiant l'image et sa date apparaissent sur les bordures supérieure et inférieure du négatif.

Le satellite en question avait été lancé la veille de la base de Vandenberg, opérée par l'armée de l'air en Californie. C'était un modèle du type KeyHole-4, qui embarquait pour la première fois un système constitué de deux appareils photo permettant de créer des paires d'images, un appareil s'inclinant de 15° vers l'avant, l'autre de 15° vers l'arrière, tandis que le satellite survolait la Terre. Composant une paire, les deux images pouvaient être combinées pour donner une seule image stéréoscopique, donnant à l'observateur l'illusion d'une plus grande profondeur et d'une perspective plus large. Ce cliché provient de la caméra orientée vers l'avant.

Site de grande importance stratégique, Vladivostok avait été déclarée « ville fermée » par les autorités soviétiques en 1952. L'accès en était restreint aux citoyens soviétiques munis d'un permis spécial, toute visite étant purement et simplement interdite aux étrangers. Pourtant, la haute résolution de la

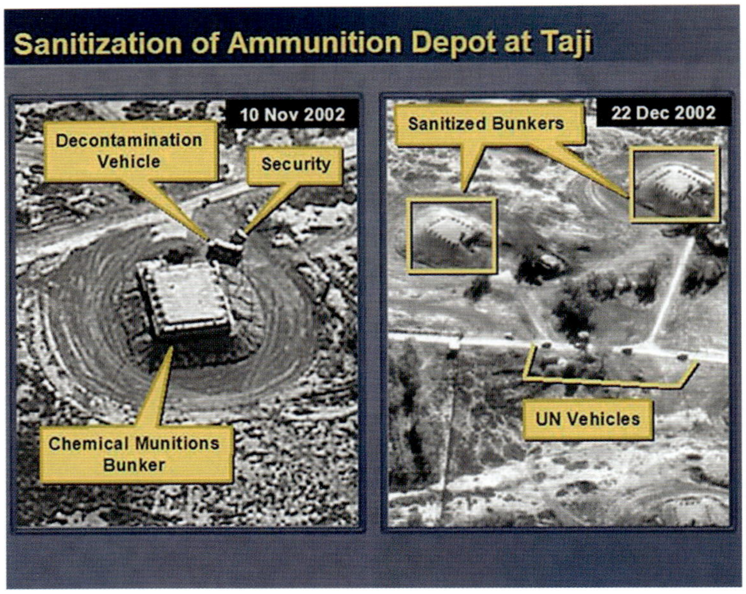

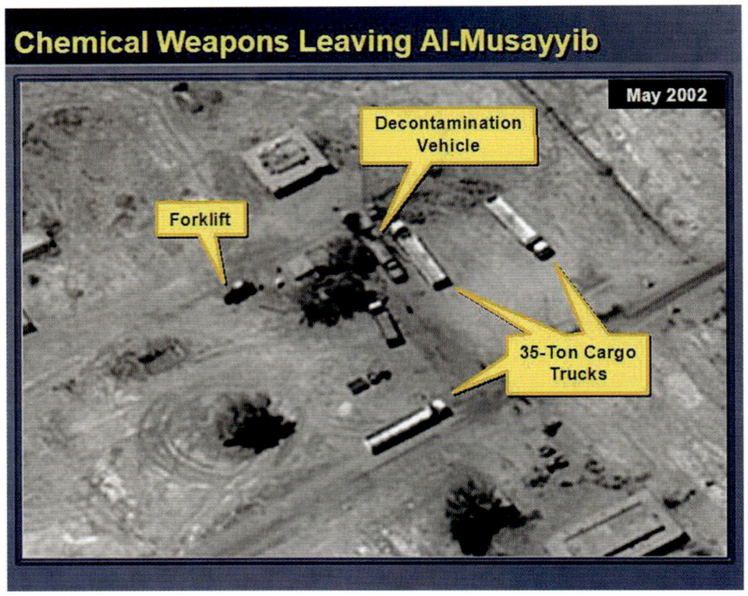

photographie permet d'avoir une vue détaillée de la ville et du port. On y voit clairement au niveau des quais aménagés le long de la côte des grappes de navires russes. Les experts en interprétation étaient capables d'identifier le type et le nombre de navires présents, ce qui permettait une évaluation presque en temps réel des capacités navales soviétiques.

La photographie confirme également une importante décision politique prise en 1960 par le Conseil des ministres soviétique pour accélérer le développement de Vladivostok. Au nord et à l'est de la ville, des parcelles de terrain plus claires révèlent des complexes résidentiels de construction récente, tandis qu'une grande usine, également neuve, est repérable à la trace venant rejoindre le réseau de voies ferrées existant.

Le programme CORONA eut un impact profond sur la collecte de renseignements en fournissant une vue inédite des évolutions stratégiques des puissances étrangères et du développement de leurs infrastructures, comme observées en temps réel et directement en surplomb. Toutefois, cette immédiateté peut être trompeuse. Le réalisme inhérent aux photographies, tout comme l'autorité attribuée aux cartes, peut conférer aux interprétations qui en sont faites une autorité abusive – ce que résume l'expression bien connue, mais pas toujours vraie : « La caméra ne ment jamais ».

Nous l'avons vu, les analystes d'images de la Première Guerre mondiale étaient avertis du rôle crucial joué par l'interprétation. Celle-ci a encore gagné en complexité avec l'imagerie satellitaire moderne. À la différence des photographies traditionnelles, les images satellitaires contemporaines sont des visuels obtenus à l'aide de multiples capteurs opérant à diverses longueurs d'onde du spectre électromagnétique, dont certaines invisibles à l'œil nu. L'apparence d'un objet peut donc varier significativement, selon le domaine spectral dans lequel il est observé, et un même ensemble de données peut être rendu de diverses façons pour mettre en valeur différentes caractéristiques.

L'une des erreurs d'interprétation les plus marquantes concerne les images satellitaires présentées par Colin Powell, alors secrétaire d'État des États-Unis, lors de son discours aux Nations unies, le 5 février 2003. Lors de son intervention, il s'appuya sur ces images pour apporter la preuve que l'Irak était en possession d'armes de destruction massive. Il souligna d'ailleurs les défis posés par l'interprétation de l'imagerie spatiale, déclarant :

> *Permettez-moi de dire un mot sur les images satellitaires avant que je vous en montre quelques-unes. Les photos que je vais vous présenter sont parfois difficiles à interpréter pour une personne ordinaire, elles le sont pour moi. L'analyse photographique est un travail ardu, exigeant des experts ayant de nombreuses années d'expérience, qui passent des heures et des heures penchés sur une table lumineuse. Mais, en vous montrant ces photos, je m'efforcerai d'expliquer ce qu'elles signifient pour l'essentiel, ce qu'elles indiquent aux yeux de nos spécialistes en imagerie spatiale*[1].

Powell avait inclus plusieurs images satellitaires dans son exposé, dont ces trois-ci, qui se succédèrent à l'écran [ci-dessus], et dont il affirma qu'elles démontraient que du matériel prohibé avait été récemment déplacé de plusieurs sites irakiens associés à la production d'armes de destruction massive. Le secrétaire d'État américain mit l'accent sur différents indices contenus dans ces images, jugés être des « signes certains » ou des « éléments distinctifs », constituant, selon lui, des preuves manifestes que les bunkers concernés étaient utilisés pour stocker des armes chimiques. Powell poursuivit :

> *Comment est-ce que je le sais ? (...) À gauche, vous voyez une vue rapprochée d'un des quatre bunkers. Les deux flèches indiquent*

Images satellite montrant prétendument des sites associés aux armes de destruction massive en Irak, présentées par Colin Powell devant les Nations Unies, 2003.

la présence de signes certains que ces bunkers abritent des armes chimiques. La flèche au-dessus s'accompagnant de la mention « sécurité » signale une structure qui est un élément distinctif de ce type de bunker. À l'intérieur se trouvent des gardes spécialisés disposant d'un équipement spécial conçu pour détecter toute fuite en provenance du bunker. Le camion que vous voyez également est lui aussi un élément distinctif. C'est un véhicule de décontamination, en cas d'accident.

La dernière image montre deux bunkers similaires, environ un mois plus tard. L'absence d'éléments distinctifs a été interprétée comme preuve que les militaires irakiens avaient nettoyé ces infrastructures avant l'arrivée des inspecteurs des Nations unies. Sur l'image apparaissent les véhicules de ces derniers, approchant du site.

Lors de l'invasion de l'Irak par une coalition dirigée par les États-Unis, le 19 mars 2003, aucune arme de destruction massive ne fut découverte. En réponse à cette faillite du renseignement, le président George W. Bush commandita un audit indépendant des pratiques du renseignement américain en 2004. Le rapport établi par la Commission d'enquête sur les capacités de renseignement des États-Unis concernant les armes de destruction massive s'accompagnait d'une lettre résumant les constatations et conclusions de l'enquête, dont celle-ci : « Nous concluons que la quasi-totalité des jugements émis par la communauté du renseignement sur les armes de destruction massive de l'Irak avant le conflit étaient complètement erronés. »

La lettre poursuivait ainsi :

Cela a été un manquement majeur du renseignement. Les causes principales en sont l'incapacité de la communauté du renseignement à recueillir des informations valables sur les programmes d'armes de destruction massive de l'Irak, les graves erreurs commises dans l'analyse des informations qui avaient pu être réunies, et l'absence de clarté quant à la part de l'analyse fondée sur des hypothèses plutôt que sur des preuves solides[2]*.*

Le rapport de la Commission fut publié sous deux formats : une version complète, classifiée, et une version abrégée, accessible au public. Dans cette dernière, les auteurs indiquaient que les images utilisées lors de l'exposé de Powell avaient été ensuite « réévaluées ». Concernant les images des baraquements d'Al-Musayyib, ils déclaraient : « Contrairement aux évaluations antérieures à la guerre, la NGA (National Geospatial-Intelligence Agency, ou Agence du renseignement géospatial) a conclu que l'activité observée correspondait à « un entretien conventionnel et une activité logistique, plutôt qu'à la présence d'armes chimiques. »

Le rapport mettait également en lumière les défis présents et futurs auxquels était confronté le renseignement fondé sur l'imagerie spatiale, soulignant en particulier la capacité des adversaires à développer de nouvelles méthodes pour dissimuler leurs activités en réponse aux avancées des technologies de surveillance. Aucun détail n'était toutefois partagé avec le public :

Les systèmes de collecte d'images qui ont été largement conçus pour contrer l'armée de l'Union soviétique n'ont pas bien fonctionné concernant le programme d'armement non conventionnel de l'Irak, et notre audit a établi qu'ils ne fonctionnent pas bien non plus pour d'autres cibles prioritaires. Cela s'explique par le fait que nos adversaires s'améliorent en matière de déni et de duperie, ainsi que par le changement de nature de la menace. Là encore, nous détaillons les défis posés au renseignement par l'imagerie spatiale dans notre rapport classifié, ce que nous ne pouvons pas faire ici.

CUBA
COLOMBIA
NEWBURY
Whitchurch
Bullington
WINCHESTER
A 343
A 34
B3048
B3420
A 31
A 335
45
from the head of Ieam
ers, which necesarily
nd joye of all true E
falls
N I
Payankatank R.
Bay of
Fets Iland
T I
O C E A N U
U C A L E D O N
Schetland
Orcades
G E R M
D E
Minorca
Mabopane
Rosslyn
DASPOORTRAND
ATTERIDGEVILLE
Randburg
Sandton
ALEXANDRA
JOHANNESBURG
Bedfordview
Alberton
KATLEHONG
TOKOZA
VOSLOO
Meyerton
Henley-on-Klip
Deneysville
HUTERSKOP
Skeerpoort
SPIOENKOP
Sterkfontein
Randfont
estonaria
Klein Rietspruit
Rietspruit
Vanderbijlp

3.
LE SECRET AU SEIN DES SOCIÉTÉS

Si le secret et les cartes s'allient si bien au service des États et des empires, leur histoire conjointe dépasse le cadre officiel. Ce chapitre examine le rôle des cartes secrètes dans d'autres contextes. Ce dernier forme, notamment, un contrepoint au contexte officiel, dans le cas, par exemple, où des cartes officielles sont versées aux archives publiques (voir p.154) et où des personnes cantonnées à des espaces « silencieux » sur les cartes des empires se font entendre (voir l'illustration due à l'artiste amérindien Bobby C. Martin p.163). Sous un autre aspect, les cartes peuvent donner à voir des lieux qui sont ou ont été secrets, comme l'emplacement d'un trésor caché (p.184) et un continent submergé (p.194). La cartographie elle-même a ses secrets. Parmi eux figurent la contrefaçon (voir p.150-153) et le rôle des femmes dans le commerce des cartes (p.146), que l'on a oubliés avec le temps et, notamment pour le dernier sujet, largement ignorés du fait des présupposés des publics ultérieurs.

Les cartes colportent également des secrets en raison de leur nature sélective, au travers des dissimulations délibérées ou involontaires dues à leurs créateurs. Par exemple, les cartes touristiques de Rio de Janeiro datant des années 1980 ne révèlent rien, ou très peu, des favelas pauvres et surpeuplées comme Rocinha[1], tandis que les atlas routiers de l'Afrique du Sud, sous le régime de l'apartheid, n'indiquent pas les *townships* noirs. Ces exemples, et d'autres encore présentés dans ce chapitre, démontrent que les cartes sont des prolongements de la réalité qu'elles représentent, et qu'elles taisent pourtant. Elles relaient les secrets de Polichinelle et les préjugés des sociétés, du racisme aux inégalités de richesse. Même des cartes ostensiblement neutres peinent à accorder une même considération à tous, dès lors que certains possèdent plus de terres que d'autres et occupent, par conséquent, plus d'espace.

Certaines cartes ont été expressément confectionnées pour attirer l'attention sur ces inégalités sociales. Ainsi, la célèbre carte du monde d'Arno Peters donnait, en 1972, la prééminence spatiale aux régions équatoriales, rejetant explicitement la projection de Mercator qui, d'après Peters, a marginalisé les parties les plus pauvres du monde et exagéré l'importance des zones septentrionales plus riches [ci-contre]. Des réorientations similaires de la carte de l'Italie par Luciano Fabro (1971) et du Royaume-Uni par Tony Cragg (1981) ont révélé les inégalités socio-économiques « cachées » de ces pays. Les cartes mettent également au grand jour des secrets sociétaux en ramenant les choses à l'échelle humaine, à l'exemple de la cartographie des centres-villes états-uniens à partir des années 1960, réalisée par William Bunge, illustrant les inégalités sociales dissimulées au sein des statistiques[2], et du projet « Queering the Map » de Lucas LaRochelle, invitant les contributeurs à partager ouvertement leurs expériences queer sur une carte interactive, ce qui aurait été impensable jusqu'à une époque récente. Ces secrets concernent les gens,

Map of the world: Peters projection
[« Carte du monde : projection de Peters »]. Oxford : Oxfam, v.1989.
Cartes X.1199.

le lien intangible entre les êtres humains et les lieux, et ont trait à la manière dont les cartes dissimulent, révèlent ou créent des mythes, par ce qu'elles incluent ou laissent de côté.

La relation entre cartes et lieux est notoirement épineuse (le pacte cartographique, évoqué p. 13, en donne une petite idée). Lorsqu'on examine comment les cartes sont associées à des lieux *secrets*, il convient de préciser deux choses : d'une part, les sociétés abritent une grande diversité de lieux secrets, qui ne sont pas tous « cachés » au sens conventionnel du terme ; d'autre part, de la même façon que les cartes coloniales européennes cartographiaient des territoires étrangers en recourant à des mesures et des grilles exprimant des principes mathématiques abstraits, sans rien dire des caractéristiques culturelles ou spirituelles préexistantes, l'idée conventionnelle selon laquelle les cartes, en cartographiant des lieux, les révèlent, n'est pas toujours satisfaisante. Les exemples ci-après approfondissent ces deux aspects.

Pour appréhender la diversité des lieux secrets, on peut envisager une échelle mouvante. À une extrémité se situeraient des lieux en apparence secrets, tels des hôtels de charme réservés aux privilégiés, des « rues pièges » (voir p. 150) ou encore, des espaces artificialisés tels que les jardins paysagers. À l'autre extrémité, on pourrait placer des lieux antiques, sacrés, mystiques, magiques ou inconnus comme les pyramides égyptiennes ou mayas, Delphes, Stonehenge, Rosslyn [p. 144], l'Hyperborée, l'Atlantide ou même, la Zone 51, autant d'endroits auxquels sont souvent prêtées des significations ésotériques et cachées. Au milieu de l'échelle se trouveraient les lieux intentionnellement dissimulés, ceux dont traite essentiellement cet ouvrage, comme les emplacements de trésors cachés, les carrières égyptiennes de Tourah ou une salle de bain du Vatican (voir respectivement p. 184-187, 8 et 188-193).

Quels liens les cartes entretiennent-elles avec de tels lieux ? D'abord, en les cartographiant, elles peuvent souvent divulguer

William de la Cour, « Perspective de la chapelle et du château de Roslin depuis le nord-ouest », 1761. Cartes K.Top 49.79.a.

leur secret. Par exemple, la « McCoy's Motorway Massage Map » [« Carte des salons de massage autoroutiers de McCoy »], de 1997, a dévoilé l'existence et l'emplacement d'établissements illicites aux noms évocateurs de « Top to Toe » (« des pieds à la tête ») ou de « Foxy's » (terme d'argot désignant une femme sexuellement attractive). Les premières images de la face cachée de la Lune, en 1959, ont révélé au monde cette face qu'on n'avait jamais pu voir, car constamment opposée à la Terre, ce qui la rendait d'autant plus fascinante (voir p. 180). Les cartes successives de la ville de Pompéi ont livré une image de plus en plus lisible d'une ville enfouie parfaitement préservée.

Pour autant, la relation entre lieux et secrets, carte et territoire, procédés de révélation et de dissimulation, est bien plus complexe que ne le laisse penser l'idée simple selon laquelle les cartes cartographient et, par conséquent, révèlent. Les cartes dissimulent également. Par exemple, divers commentateurs ont décrit la transformation, au XVIIIe siècle, du paysage rural anglais, à travers la progression des enclosures, des routes à péage et des canaux, ce qu'encourageaient les relevés cartographiques et les cartes qui en étaient tirées. Ce phénomène dissimulait en contrepartie les voies et les terres incultivables préexistantes, non cartographiées, qui ne survécurent que dans le folklore et les savoirs locaux, ou réapparurent plus tard sous la forme de motifs fantomatiques sur les photographies aériennes[5] [ci-contre], quand elles ne furent pas mises au jour encore plus tard par des pratiques géographiques exploratoires alternatives, telle la psychogéographie[4].

Cartographier des endroits secrets ne signifie pas nécessairement livrer leurs secrets. Certains lieux historiques cartographiés *in extenso* depuis un millénaire continuent d'exhaler un parfum de secret, bien que les cartes en aient été

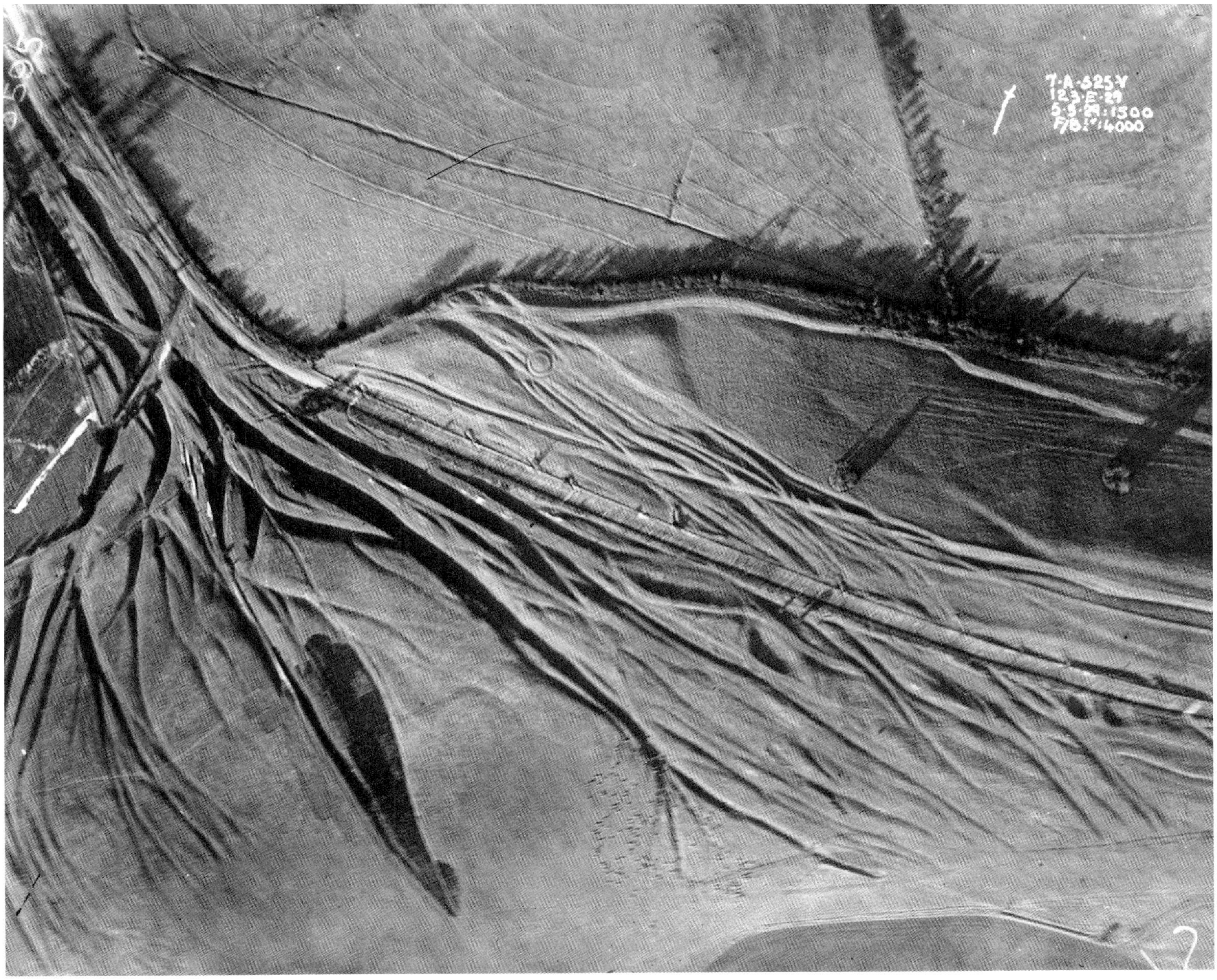

Photographie aérienne de Twyford Down, Hampshire (Royaume-Uni), montrant les sentiers creusés médiévaux.

abondamment interrogées. Comme Tom Conley, Lucia Nuti et d'autres l'ont montré, les cartes européennes des XVIe et XVIIe siècles célébraient un monde constitué de localités pleines de secrets[5]. La culture de la Renaissance acceptait l'existence de secrets cachés, ce qui reflète l'association qui était alors faite entre l'inconnu et les « secrets impénétrables dissimulés au cœur même de la vie[6] ».

Les cartes ont également été utilisées pour prouver l'existence supposée de lieux secrets. Ainsi, les cartes d'endroits cachés et hypothétiques comme le royaume insulaire de l'Atlantide et les mystiques lignes telluriques (*ley lines* en anglais) les révèlent avec une clarté supposément scientifique et, ce faisant, tendent à valider leur existence, tout en préservant leurs secrets plutôt que de les démythifier. Les cartes peuvent se faire plus complices encore du mystère, sinon du complot. Par exemple, les mesures précises de la grande pyramide de Gizeh, reportées sur des plans de coupe, furent utilisées au XIXe siècle par des adeptes de la pyramodologie pour attester de dates prophétiques et secrètes. On peut également citer l'utilisation de la carte du monde vue du nord, ou projection stéréographique polaire nord, pour étayer la théorie selon laquelle la Terre est plate[7], et celle d'une carte du XVIe siècle représentant le mythique grand continent austral pour avancer que la zone antarctique fut cartographiée dans un passé lointain, alors qu'elle était libre de glace[8]. Pour paraphraser Clare Bichall : à quel moment découvrir les secrets d'une carte revient à inventer les secrets d'une carte ?[9]

Cela nous dit que les cartes possèdent un formidable pouvoir d'influence sur la vision du monde qu'ont les sociétés et qui va bien au-delà des intentions de leurs créateurs. Les cartes peuvent affecter la conception sociale des lieux par ce qu'elles en révèlent et ce qu'elles en dissimulent. Hors du contexte officiel, les cartes abondent en secrets, du plus inoffensif au plus lourd de conséquences, comme l'attestent les exemples qui suivent.

Secrets de Polichinelle : les femmes cartographes, 1648-années 1960

La cartographie est traditionnellement considérée comme une activité dominée par les hommes, et bien que de récentes études aient révélé l'importance historique du rôle joué par les femmes dans la production de cartes, on présume encore souvent que leur apport fut moins significatif que celui de leurs homologues masculins. La marginalisation des femmes cartographes ne reflète pas seulement un préjugé de genre perpétué pendant des siècles, mais elle atteste aussi des silences et des secrets de Polichinelle entretenus pour dissimuler l'implication des femmes dans la production cartographique. Pendant des siècles, cette activité fut de celles qui exigeaient de nombreuses heures de travail humain, ainsi que des compétences et une expérience artistiques et techniques spécifiques. Les femmes y contribuèrent de diverses manières, souvent en coulisses, en tant que parentes d'hommes cartographes et éditeurs. Cette contribution fut essentielle, quoique leur travail fût rarement reconnu.

Le cas de Virginia Farrer, dont la famille était liée à la London Virginia Company, est particulièrement intéressant. Formée par son père, John Farrer, elle joua un rôle actif dans la confection de la carte de la Virginie, intitulée *A Mapp of Virginia, discovered to ye hills* (...) [« Carte de la Virginie, découverte de ses collines (...) »], incorporée dans l'ouvrage d'Edward William, *Virgo Triumphans: or Virginia Richly and Truly Valued* [« Vierge triomphante : ou la Virginie richement et véritablement estimée »], publié à Londres, en 1651, par John Stephenson[1]. Virginia intervint à un stade avancé de la carte, sur sa troisième version, assumant la responsabilité des révisions et des ajouts, ce qui demandait une expertise en matière de composition et de compilation des informations. Son nom figure en bas à gauche de la plaque d'impression et le fait que sa signature s'y substitue à celle de son père témoigne du rôle essentiel qu'elle a joué dans la création de cette carte, mais aussi de la valeur de sa contribution. Cela n'a pas empêché que son nom n'ait même pas été mentionné, jusqu'à récemment, dans les catalogues ou les descriptions érudites de cette carte.

En plus d'assumer des tâches comme la gravure, la mise en couleur et la compilation des données géographiques, les femmes s'impliquaient également dans le fonctionnement

« Leo Belgicus », page de titre tirée de Famianus Strada, *De Bello Belgico Decas Secanda*, 1648.

The Sea of China and the Indies.
Sir Francis Drake was on this sea and landed An.o 1577 in 37. deg. where hee tooke Possession in the name of Q: Eliza: Calling it new Albion.
Whose happy shoers, (in ten dayes march with 50 foote and 30 hors-men from the head of I
and through the rich adiacent Vallyes beautyfied with as proffitable rivers, which neces-a
Indian sea) may be discoverd. to the exceeding benefit of Great Brittain, and joye of all tru
ye Mangoacke C.
ye Manikes C.
VIRGINI
Carolana
The falls
Head of James river
Charl citty
Henrico Citty
Southampton hundred
James Towne
Payankatank R.
Chawan oke river
Waxisquok
Nansamond river
James River
Martins hundred
Elizabeth Citty
Lin haven
Dazamoncak
Roli passa
Secotan
Sassafras tree
The Bay of
Cape Henry
Cape Charles
Col. Littletons Plantation
The Easterne shore or Acco
land Squire Yearleys planta
Smiths Ile
Roanok Ile
C Hatturas
ARE ATLAN TI
Fets Ilan

des affaires familiales. Comme pour d'autres types d'édition, elles pouvaient diriger le commerce de cartes, après la mort de leur mari – un aspect souvent méconnu. Ainsi, les veuves continuaient souvent à fabriquer des cartes sous le nom de leur époux ou restaient associées d'une manière ou d'une autre à la cartographie. Ce fut le cas de la veuve de Joannes Cnobbaert, qui prépara la carte *Leo Belgicus* (ou « lion de Belgique », représentation des Pays-Bas qui visait à promouvoir l'identité néerlandaise), illustrant la couverture de *De Bello Belgico Decas Secanda (…)* de Famianus Strada, publié à Anvers en 1648. La carte est signée « Weduwe Joannis Cnobbaert », ou « veuve de Joannis Cnobbaert », sans mention du prénom de cette dernière[2]. Lorsqu'elles poursuivaient l'œuvre de leur mari, les veuves choisissaient souvent de rester anonymes, signaient seulement de leurs initiales ou adoptaient l'identité d'un parent masculin afin de ne pas mettre en péril leur entreprise. Sans doute craignaient-elles que les affaires ne pâtissent de la présence d'une femme à leur tête ou redoutaient-elles de ne pas être justement rémunérées pour les cartes qu'elles publiaient. Elles se conformaient ainsi aux normes sociales en vigueur, lesquelles présupposaient que le commerce de cartes était une affaire d'hommes.

Mary Ann Rocque reprit l'entreprise de son défunt époux John Rocques en 1762 et continua à produire des cartes pendant plusieurs années. Ces dernières furent souvent attribuées à son mari, même lorsqu'elles étaient publiées sous ses initiales à elle. Cette histoire met en lumière les difficultés rencontrées par les femmes pour faire reconnaître leur travail dans un domaine dominé par les hommes. Mary Ann Rocque fit pourtant la preuve de sa détermination en développant l'affaire familiale et de sa capacité à produire des cartes de grande qualité : elle obtint même des documents d'accès restreint qui lui permirent de

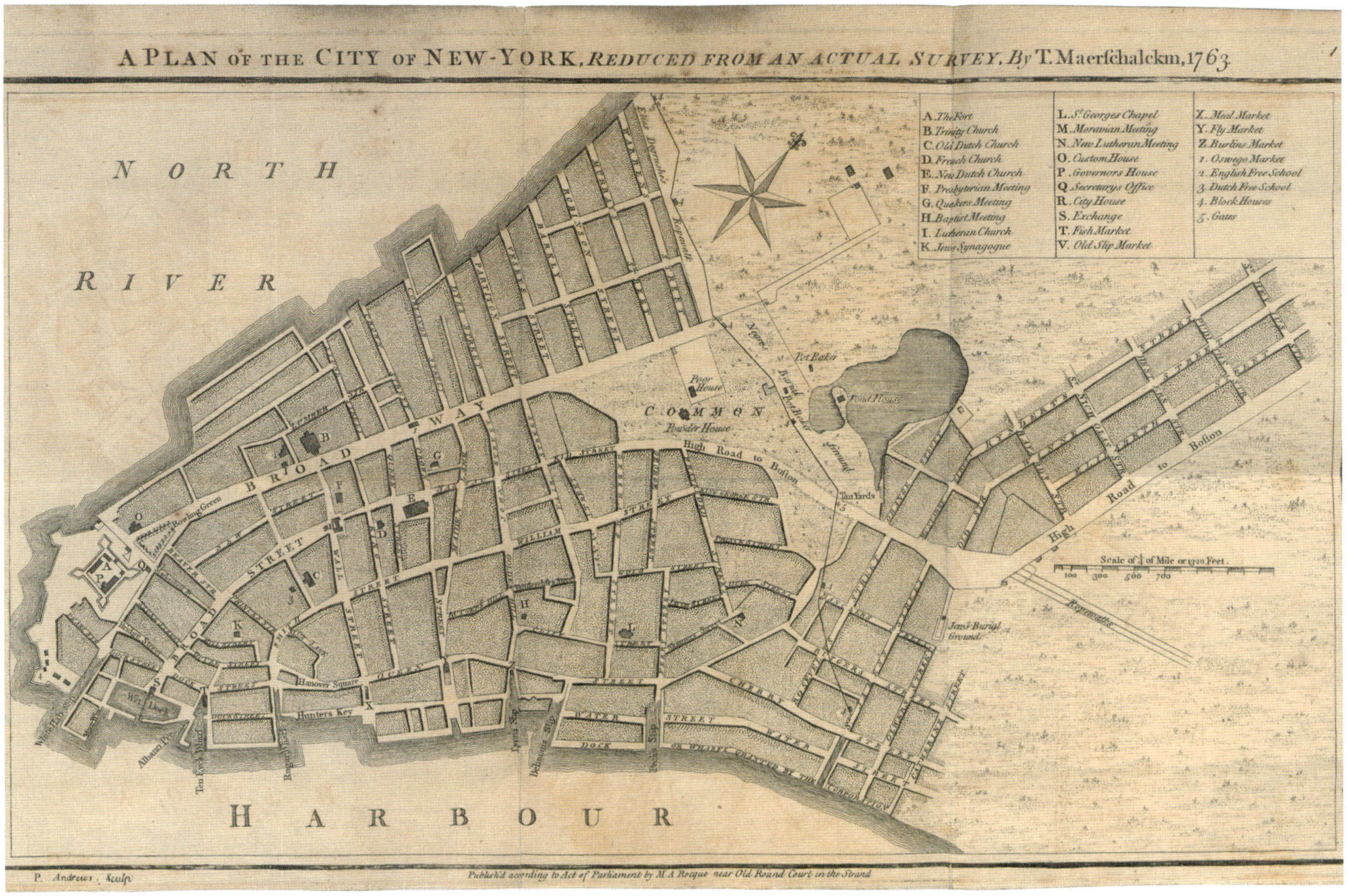

(Ci-contre) « Une carte de Virginie, découverte dans les collines… », in *Virgo Triumphans*. Londres, John Stephenson, 1651. B.626.(6.).

(Ci-dessus) « Plan de la ville de New York », tiré de *L'Atlas des forts américains* de Mary Ann Rocque, 1765. Cartes K.Top. 118.a.22.

confectionner le célèbre *A Set of Plans and Forts in America* [« Atlas des forts américains »], publié sous son nom propre en 1765.

Malheureusement, il n'était pas courant que les femmes cartographes jouissent d'une reconnaissance publique. Ainsi, Selina Hall, qui succéda à son mari Sidney à la tête de l'entreprise d'Édimbourg, après la mort de ce dernier en 1831, vit elle aussi son travail être souvent attribué à son mari Sidney parce qu'elle signait ses cartes de l'initiale « S »[3]. Cela reflète un schéma plus large d'effacement de l'apport des femmes à la cartographie, rejetées dans l'ombre des figures masculines auxquelles elles étaient associées[4].

Le silence entourant la contribution des femmes à la cartographie ne relève pas que de l'histoire ancienne. Dans les années 1960, la géologue et cartographe Marie Tharp vit son travail de cartographie des fonds océaniques rejeté et qualifié d'« élucubration de fille[5] ». Ses calculs détaillés et ses cartes, qui exprimaient visuellement des données scientifiques, ne furent tout simplement pas pris au sérieux. Et lorsqu'ils le furent enfin, le crédit en fut accordé à son collègue Bruce Heezen. Il fallut que Marie Tharp déploie des efforts considérables et que ceux qui reconnaissaient l'importance de son apport insistent beaucoup pour qu'enfin, le mérite lui en soit attribué.

L'histoire des silences et des secrets autour des femmes cartographes demeure largement inexplorée. L'apport des nombreuses femmes qui ont participé à la production de cartes à travers les siècles a été très souvent oblitéré par le récit dominant de l'époque, qui les a reléguées dans les marges. Lorsqu'on se penche sur le rôle des femmes cartographes et sur les défis auxquelles elles ont été confrontées, on découvre peu à peu un pan caché, longtemps négligé, de l'histoire de la cartographie, au sein de laquelle elles peuvent enfin retrouver leur juste place.

Escroqueries dans le commerce de cartes, 1559 et 1680

Si le rôle des femmes dans la production cartographique a longtemps été ignoré du fait des préjugés de ceux qui étudiaient ou répertoriaient les cartes, les circonstances dans lesquelles certaines cartes furent confectionnées ont été délibérément cachées ou oblitérées. Comme le montrent les exemples qui suivent, la recherche du profit en fut souvent la raison.

En 1795, des blocs de bois sculptés ayant servi à l'impression d'une grande carte du monde datée de 1559 ou 1560 firent surface à Venise. On procéda alors à des tirages qui révélèrent que les inscriptions portées sur ladite carte étaient toutes rédigées dans l'alphabet turc ottoman. Le texte relatait les mésaventures du cartographe, un Tunisien musulman du nom de Hâci Ahmed. Celui-ci décrivait comment il avait été capturé par des infidèles et contraint, pour retrouver sa liberté, de fabriquer cette carte en y incluant les secrets ottomans. Qui était cet homme ? Il s'avéra plus tard qu'il n'avait sans doute jamais existé et que l'histoire avait été entièrement forgée par des cartographes vénitiens du XVIe siècle, à des fins commerciales. Ces derniers espéraient attirer les acheteurs ottomans grâce à un récit aux allures authentiques créé sur mesure pour eux. Hélas, cela ne fonctionna pas. La carte n'échappa peut-être pas aux censeurs qui veillaient à appliquer les strictes règles de publication édictées par le Conseil des Dix de Venise, et le conflit ouvert qui éclata en 1571 entre la République vénitienne et l'Empire ottoman conduisit probablement à reléguer la carte contrefaite dans les oubliettes de l'Histoire, qu'elle ait été imprimée ou non, jusqu'à ce que les blocs soient redécouverts deux siècles plus tard[1].

Le plagiat représente sans doute l'escroquerie la mieux dissimulée en matière de production de cartes. Parmi les exemples connus figure le cas de la British Automobile Association qui, en 2001, fut reconnue coupable d'avoir plagié les cartes de l'Ordnance Survey et condamnée à payer une amende substantielle. L'Ordnance Survey admit à cette occasion qu'elle disposait de « moyens subtils et secrets pour détecter les plagiaires[2] ». Un autre moyen subtil et secret consiste à inclure des « rues pièges » : des erreurs délibérées glissées dans leurs cartes par des cartographes comme Phyllis Pearsall, auteur d'atlas des rues de Londres et inventeur de mythiques culs de sacs n'ayant d'autre raison d'être que de démasquer les plagiaires. Parfois, le plagiat est ouvertement assumé. En 1611, le cartographe John Speed admettait ainsi : « J'ai fauché le blé d'autres hommes et édifié ma maison sur les fondations élevées par d'autres hommes[3] ». Jusqu'à la promulgation, en 1709, du *Copyright Act*, la loi britannique sur le droit d'auteur – et même encore après –, les parties lésées n'avaient guère d'autre alternative que de dénoncer haut et fort leurs imitateurs.

Un surprenant plagiat a été mis au jour en 2010 : des cartes gravées sur cuivre attribuées au grand cartographe néerlandais du XVIIe siècle, Frederik de Wit, avaient été identifiées dans un atlas « composite » daté de 1680 environ, acquis ultérieurement par la British Library. Du moins ressemblaient-elles à des cartes de De Wit, mais le travail de détective mené par le vendeur de l'atlas révéla qu'elles différaient étrangement d'autres impressions qui en avaient été tirées. Ici, la gravure des inscriptions ornementales, des détails topographiques et des navires figurant par exemple sur la carte de l'Europe n'était pas aussi délicate, sans compter que les angelots étaient décidément difformes. On pouvait en conclure que, si cette carte se rapprochait beaucoup des autres exemplaires tirés du travail de De Wit, elle n'en reproduisait pas les détails infimes, ce qui aurait dû être le cas si elle avait été imprimée à partir de la même plaque de cuivre.

Il s'agissait là d'imitations, anciennes qui plus est. Ces cartes furent probablement fabriquées par l'Anglais John Overton, plutôt que par de Wit, vers 1680. Si le nom du cartographe avait été gardé secret, c'est que, à l'époque, la production de cartes anglaise, bien que forte d'une expérience d'un siècle, ne pouvait rivaliser avec les cartes imprimées en provenance des Pays-Bas. Face à la qualité artistique, l'élégance et la précision des cartes néerlandaises, comme celles de De Wit, les fabricants anglais comme Overton n'avaient aucune chance. Il est probable que ce dernier décida, par conséquent, de copier aussi fidèlement que possible les cartes de De Wit : les contours et les ombres, les traits de côte, l'ornementation, les toponymes et le texte, le tout complété par la signature du cartographe d'Amsterdam. Personne ne le saurait jamais.

Il paraît douteux que le plan d'Overton ait pu réussir en 1680. Néanmoins, le temps recouvrit de son voile l'incident, au point que le secret de l'Anglais ne fut éventé que trois siècles plus tard. Parfois, dans les affaires, tout est permis...

دائرهٔ سرطان
محیط مغرب
دایره اعتدال
اقلیم
محیط قبله

John Overton, *Nova et Accurata totius Europae Descriptio authore Frederico de Wit Amstelodami* [Londres, *vers* 1680]. Cartes C.49.e.74.

Frederik de Wit, *Nova et Accurata totius Europae Descriptio authore Frederico de Wit Amstelodami* [1680]. Cartes C.45.f.2.

Hâci Ahmed (Giacomo Gastaldi ?), Kemâl ile Naks Olinmis Cümle-I Cihãn Nemunesi. [Venise, 1559-1560 (1795)]. Cartes STW.97.

Une brigade indienne à Gallipoli, 1915

Jusqu'à récemment, la participation de troupes indiennes à la Première Guerre mondiale a relativement peu retenu l'attention en Inde et au Royaume-Uni. Cela s'explique par diverses raisons, dont le biais occidental et un manque de connaissance des détails de cet engagement. Les régiments indiens ne représentaient, de fait, qu'un faible pourcentage des troupes impliquées.

En 1918, de nombreux Indiens espéraient que l'indépendance leur serait accordée en contrepartie de leur soutien militaire et financier au Royaume-Uni. Mais lorsque la loi martiale fut imposée en Inde par le *Rowlatt Act* de 1919, et que les manifestations pacifiques furent violemment réprimées, les Indiens éduqués eurent le sentiment d'avoir été trahis et l'impression que les sacrifices consentis pendant la guerre avaient été vains[1].

Au cœur même de la guerre, le silence recouvrit l'engagement d'une brigade indienne à Gallipoli, comme en atteste cette petite carte de la péninsule de Gallipoli, peinte par l'illustrateur George F. Morrell, ici présentée dans sa version imprimée. L'invasion surprise de la péninsule de Gallipoli par les Alliés, le 25 avril 1915, fut le premier acte de la campagne des Dardanelles, dont le but était d'ouvrir un nouveau front alors que la guerre s'enlisait en Europe. Datée d'août 1915, la carte indique les positions des divisions françaises, britanniques, australiennes et néo-zélandaises (ces dernières formant l'Anzac), au moment de la bataille de Sari Bair, dernière offensive majeure contre les défenses ottomanes. Les flèches indiquent les attaques menées jusqu'au 10 août, date à laquelle l'absence de tête de pont signa la défaite alliée. Ce que la carte ne mentionne pas, c'est que la 29ᵉ brigade britannique d'infanterie indienne était également présente à Gallipoli. Elle ne dit pas non plus que la 6ᵉ brigade de fusiliers gurkhas conduisit l'assaut, atteignit son objectif sur la colline 60, mais dut battre en retraite en raison d'un manque de renforts, et qu'elle subit de lourdes pertes.

La présence de la brigade indienne a été ajoutée à l'encre rouge sur la carte par E.S Earle, commandant de compagnie du 14ᵉ régiment de l'infanterie du Bengale, également connu sous le nom de régiment sikh de Ferozpore, lequel faisait partie de la 29ᵉ brigade d'infanterie indienne. Earle avait inclus cette carte dans un album de photographies, qui documente la campagne de Gallipoli vue par son régiment. Parmi les photographies figurent des images du débarquement, le 1ᵉʳ mai, du régiment sikh, après l'invasion surprise du 25 avril, qui s'était heurtée de façon désastreuse aux solides défenses des Ottomans et à leur détermination. D'autres clichés immortalisent différents moments de la campagne – dont le succès éphémère remporté lors de la bataille de Sair Bair –, montrent des prisonniers ottomans, des soldats alliés dans les tranchées, y compris des Australiens et des Indiens en grande conversation, ce que celui qui confectionna l'album jugea digne d'être retenu.

Cet album constitue un témoignage unique sur l'engagement au combat du régiment sikh et de la 29ᵉ brigade, inconnu du public à l'époque et resté méconnu depuis. La campagne de Gallipoli demeure, à juste titre, fortement associée à l'Anzac, le corps australien et néo-zélandais déployé pour la première fois à cette occasion, et qui constituait une part significative d'une force alliée de 410 000 hommes ; les pertes subies par l'Anzac furent également conséquentes. Le nombre de victimes fut sensiblement plus important du côté ottoman. Comme le souligne la carte de Morrell, « le magnifique héroïsme » de l'Anzac contribua à faire de cette bataille un symbole.

À la différence des troupes australiennes et néo-zélandaises, les troupes indiennes avaient déjà l'expérience du combat lorsqu'elles furent engagées à Gallipoli. En effet, elles étaient présentes depuis la fin de 1914 sur le front occidental, où elles avaient comblé les failles d'une ligne anglaise fortement sous pression. Lors de la bataille de Neuve-Chapelle, du 10 au 13 mars 1915, un bataillon indien inexpérimenté, qui n'avait encore jamais utilisé les fusils qu'on lui avait fournis, fut désigné pour prendre part à une attaque-surprise expérimentale contre une portion du front allemand. À la différence des soldats noirs de l'Empire britannique, qui n'étaient pas autorisés à combattre, mais se voyaient affecter à d'autres fonctions[2], les Indiens jouissaient d'une certaine considération, sans pour autant être autorisés à accéder au rang d'officier supérieur. Et, comme celle de tous les soldats, leur correspondance était censurée pour des raisons de sécurité.

L'ouverture de divers dossiers et rapports officiels conservés dans les archives britanniques a permis de lever le silence historique sur l'implication des Indiens dans la Première Guerre mondiale au cours des dernières décennies[3]. Ces documents, dont des cartes, se sont parfois révélés plus éclairants par ce qu'ils ne mentionnaient pas ni ne montraient, que par ce qu'ils évoquaient explicitement.

Photographies de la 29ᵉ division indienne à Gallipoli en 1915, et carte de la péninsule de Gallipoli indiquant les principales offensives alliées de 1915, par G.F. Morrell (vers 1916). Tiré d'un album compilé par le major E.S. Earle. Eur MS A.190.

Landing.

← Dead Tur

← British tr

After a Turkish Attack.
(Officers arranging armistice to
bury de

Officers
14th Sikhs

Lt Wroford. (wounded) Capt. Channer (wounded)
Lt Cursetjee. I.M.S. (wounded) Lt Matkew. (killed)

Lt Savory. (wounded) Capt. MacLean (killed)

Hors des cartes : atlas routiers et apartheid en Afrique du Sud, 1963 et 1995

Cet atlas routier [p. 158-159], publié en octobre 1963 par l'Automobile Association (AA) d'Afrique du Sud, reflète les priorités politiques et culturelles de la période de l'apartheid. Uniquement disponible en anglais et en afrikaans, il présente une vision sélective de la géographie sud-africaine en se focalisant sur les villes conçues pour la population blanche et en omettant les *townships* noirs, quelle que soit leur superficie ou leur importance.

La carte numéro 111 montre Johannesbourg et ses environs. La ville est placée au centre, ses limites étant tracées de façon bien visible en gras et en mauve. En revanche, la superficie occupée par Soweto – un vaste *township* densément peuplé situé à la périphérie sud-ouest de la cité – apparaît comme un espace blanc et inoccupé.

Le Group Areas Act (Loi sur les zones réservées) avait, en 1950, instauré la ségrégation raciale, en plus d'autres mesures racistes initiées par le Parti national sud-africain. La relocalisation forcée des communautés noires se traduisit notamment par le déplacement de 60 000 personnes de Johannesburg à Soweto entre 1955 et 1960, aux termes du Natives Resettlement Act (Loi sur la relocalisation des autochtones, 1954). Soweto, un acronyme de South-Western Townships devenu dénomination officielle en 1963, devint en 1976 la plus grande ville noire d'Afrique du Sud, alors même que ses habitants ne bénéficiaient légalement que d'un statut temporaire de résidents, dans la mesure où ils travaillaient à Johannesbourg. Cette politique de ségrégation raciale créa un ordre spatial que cette carte ignore.

Dans la plupart des pays, les politiques étatiques commandent la représentation, sur les cartes destinées au public, des zones d'accès restreint, y compris les installations militaires et les infrastructures nationales essentielles. À l'inverse, aucune politique sud-africaine n'exigeait l'exclusion des townships des cartes – les zones construites de la région de Soweto apparaissent d'ailleurs sur les cartes publiées par l'Imprimerie nationale de Prétoria à partir de 1956. L'omission systématique que l'on constate ici était spécifique aux cartes commerciales.

Cet atlas se présente comme « unique et indispensable au touriste motorisé en Afrique du Sud ». Or, dans les circonstances politiques, sociales et économiques de l'apartheid, ce genre de touriste était presque exclusivement blanc. Et de fait, l'adhésion à l'Automobile Association d'Afrique du Sud était réservée aux Blancs. Par conséquent, les cartographes chargés des cartes routières adoptèrent la convention voulant que les localités ne soient pas catégorisées en fonction de l'importance de leur population, comme c'est l'usage, mais selon le niveau de leurs infrastructures, des services offerts et du degré de sécurité assuré aux automobilistes blancs. Les zones mal pourvues en routes pavées ou bitumées, en stations d'essence et autres commodités, ou perçues comme n'étant pas sûres pour les Blancs, n'étaient tout simplement pas indiquées.

De récentes études se sont intéressées au processus de pensée ayant conduit les cartographes à une telle pratique[1]. Un ancien directeur général de l'AA a ainsi déclaré :

« En raison de la politique gouvernementale, nous ne pouvions pas accueillir de membres noirs. Même si cela avait été possible, qu'aurions-nous pu leur offrir ? La visite d'un *township* noir ? Nous ne pouvions pas leur proposer de réservations d'hôtel, car ils n'étaient pas autorisés à séjourner dans les établissements pour touristes. »

Un cartographe n'était pas certain de la pertinence d'indiquer, ou non, les *townships* :

> *Nous voulions nous conformer aux règles internationales, mais montrer à quelqu'un qu'une énorme ville se dressait sur sa route pour qu'ensuite, il n'y trouve rien, pas même une boutique, aurait été source de confusion. En réalité, je ne sais pas ce qui était trompeur, indiquer [les* townships*] ou non.*

Carte routière régionale du Gauteng, Afrique du Sud, par MapStudio, 1995. Cartes X.5766.

Gauteng
Block A
PRETORIA
MAMELODI
DASPOORTRAND
ATTERIDGEVILLE
Hartbeespoort
Hartbeespoort Dam
Schoemansville
Broederstroom
Skeerpoort
Laudium
Erasmia
Valhalla
Lyttelton
Verwoerdburg
Silverton
Eerste Fabrieke
Faerie Glen
Garsfontein
BRONBERGE
VAN RIEBEECK NATURE RESERVE
WITWATERSBERG
Spioenkop
1 664 m
Hartbeeshoek
Lanseria Airport
Nooitgedag
Knoppieslaagte
Doornrandjie
DIEPSLOOT NATURE RESERVE
Irene
Pinedene
Clayville
Randjiesfontein
Olifantsfontein
Midrand
TEMBISA
Kaalfontein
Birchleigh
Bapsfontein
Muldersdrif
Sterkfontein Caves
Krugersdorp
KRUGERSDORP GAME RESERVE
Honeydew
Bryanston
Randburg
Sandton
ALEXANDRA
Buccleuch
Linbro Park
Modderfontein
Kempton Park
Spartan
Isando
Bonaero Park
Jan Smuts Airport
Daveyton
Edenvale
Primrose
KAGISO
ROODEPOORT
Florida
Wes-Rand
JOHANNESBURG
Bedfordview
Witfield
BOKSBURG
BENONI
Randfontein
Robinson
New Canada
Meadowlands
SOWETO
Orlando
Diepkloof
Crown
GERMISTON
Angelo
Apex
Brakpan
Dersley
Modder East
Geduld
Springs
Mohlakeng
Bekkersdal
Eldorado Park
Rosettenville
Mondeor
KLIPRIVIERSBERG
Glenvista
Alberton
Elsburg
Elspark
Rooikop
Midway
Lenasia
Lawley
Vanwyksrus
Eikenhof
GATSRAND
Lenasia South
Ennerdale
Platberg
1 841 m
KATLEHONG
TOKOZA
VOSLOORUS
Kwa Thema
Geluksdal
Tsakane
Duduza
Dunnottar
Nigel
Mapleton
Klipriver
Walkerville
Jagfontein
Poortjie
Glenroy
Driemanskap
Pretoriusstad
Jameson Park
Kaydale
SUIKERBOSRAND
SUIKERBOSRAND NATURE RESERVE
1 903 m
Heidelberg
Kraal
Ratanda
Stretford
Orange Farm
Debonair Park
De Deur
Daleside
Randvaal
Henley-on-Klip
Cardoville
EVATON
Residensia
Eatonside
Sebokeng
Meyerton
Riversdale
Rothdene
Houtheuwel
Bophelong
Boipatong
Tshepiso
Sharpeville
VEREENIGING
Woyenthin
Vanderbijlpark
Viljoensdrif
Loch Vaal
Barrage
Vaalpark
Verest
Henkiesvlei
Suikerbosrand
Goedbeloon

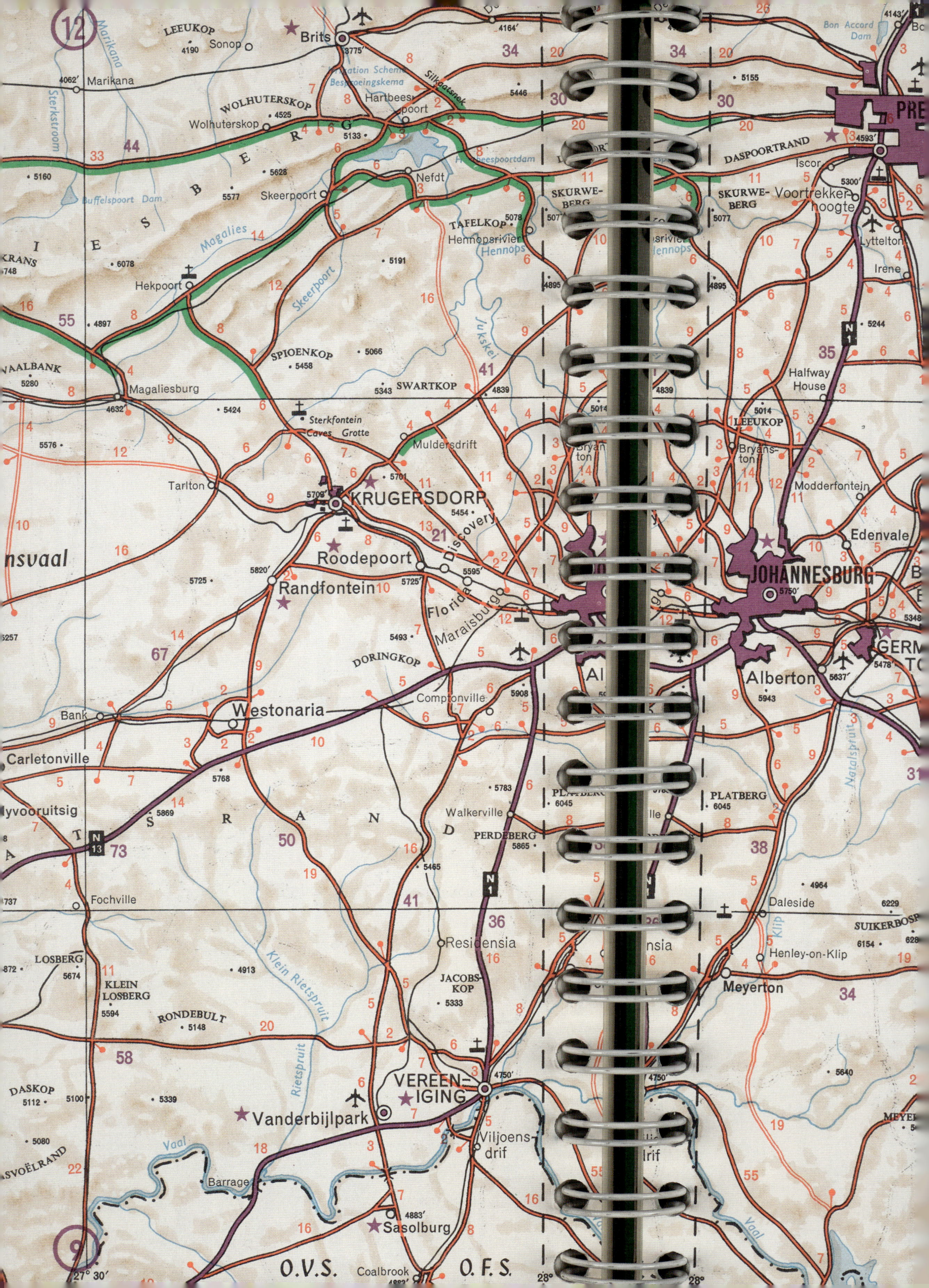
12
LEEUKOP
Sonop
Brits
Marikana
WOLHUTERSKOP
Wolhuterskop
Hartbeespoort
Silkaatsnek
Sterkstroom
Buffelspoort Dam
Hartbeespoortdam
Nefdt
Skeerpoort
TAFELKOP
Hennopsrivier
Hennops
Magalies
KRANS
Hekpoort
Skeerpoort
Jukskei
SPIOENKOP
SWARTKOP
VAALBANK
Magaliesburg
Sterkfontein Caves Grotte
Muldersdrift
Tarlton
KRUGERSDORP
Discovery
Roodepoort
Randfontein
Florida
Maraisburg
DORINGKOP
Comptonville
Westonaria
Bank
Carletonville
Walkerville
PERDEBERG
Fochville
Residensia
LOSBERG
KLEIN LOSBERG
RONDEBULT
JACOBSKOP
Klein Rietspruit
Rietspruit
DASKOP
VEREENIGING
Vanderbijlpark
Viljoensdrif
Vaal
Barrage
Sasolburg
SOËLRAND
O.V.S.
O.F.S.
Coalbrook
Bon Accord Dam
DASPOORTRAND
Iscor
SKURWEBERG
Voortrekkerhoogte
Lyttelton
Irene
Halfway House
LEEUKOP
Bryanston
Modderfontein
Edenvale
JOHANNESBURG
Alberton
PLATBERG
Daleside
SUIKERBOSRAND
Henley-on-Klip
Klip
Meyerton
Natalspruit

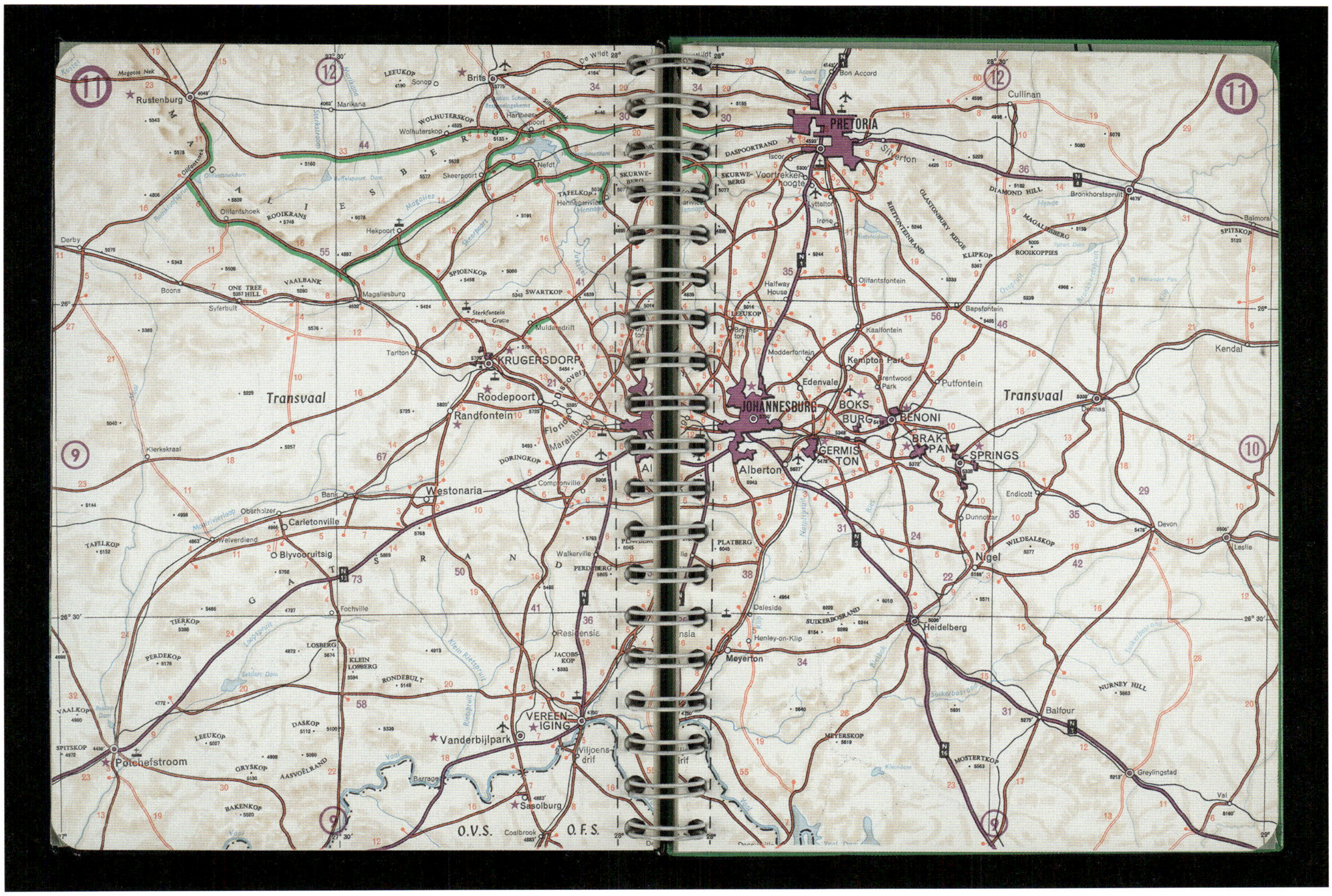

(Ci-dessus et ci-contre) Pages tirées du *Road Atlas and Touring Guide of Southern Africa* [« Atlas routier et guide touristique de l'Afrique australe »] (deuxième édition), 1963. Cartes 46.e.77.

Prioriser les besoins cartographiques d'une partie de la population au détriment de ceux d'une autre provoqua manifestement un certain trouble chez les cartographes, mais il est non moins évident que la pratique commerciale en question découlait directement de la politique d'apartheid menée par le gouvernement sud-africain. Or, cette pratique renforça également la ségrégation raciale. À l'examen des silences cartographiques, l'historien de la cartographie J. B. Harley mentionne quelques conséquences plus globales et durables du fait d'être ignoré sur les cartes :

La censure cartographique retire des cartes des éléments que, toutes choses égales par ailleurs, nous nous attendrions à trouver (...) On la justifie par des raisons de « sécurité nationale », par des « nécessités politiques » ou des « impératifs commerciaux » et elle est encore largement pratiquée. L'image censurée délimite ce qu'il est permis de dire et les omissions délibérées découragent « la clarification des alternatives sociales », ce qui rend « difficile pour les dépossédés de localiser la source de leur malaise, encore plus d'y remédier[2] ».

La carte régionale [p. 157], produite en 1995 par MapStudio, une entreprise de cartographie commerciale, offre un contraste saisissant avec la précédente. Un an plus tôt, Nelson Mandela avait été élu président de l'Afrique du Sud, ce qui scellait la fin de l'apartheid. Désormais, Soweto apparaît nettement sur la carte, signalé par une police de caractère et un style identiques à ceux utilisés pour indiquer Johannesbourg, tandis que la carte a pour titre « Gauteng », le nom de la région en sotho-tswana, devenu la dénomination officielle de la province en 1994. À partir de cette date, la cartographie sud-africaine s'est efforcée de refléter les réalités géographiques et sociales du pays.

Clyde en marche dans le Territoire indien, 1905 et 2010

Durant des siècles, le récit européen sur la cartographie coloniale de l'Amérique du Nord a tourné autour de la notion de progrès. À partir du XVIe siècle, les cartes se sont vues assigner la mission d'« étendre les frontières des connaissances vers l'intérieur des terres », comme s'il n'existait rien avant l'arrivée des Européens, et de soutenir l'expansion supposément inéluctable des colonies de peuplement[1]. Ce qui était jusqu'alors perçu comme les confins sauvages et menaçants des empires fut démystifié et civilisé. Plus tard, les topographes américains recoururent aux lignes et grilles cartographiques pour créer « les formes rectilignes des villes, comtés et États qui perdurent aujourd'hui[2] ». Plus récemment, un autre récit a émergé, centré sur les espaces blancs abritant des populations autochtones, les cartes devenant complices de l'éviction de ces dernières de leurs terres ancestrales.

Un troisième récit, qui n'a que trop tardé à être entendu, renverse ces perspectives et examine comment les peuples autochtones ont résisté aux menaces pesant sur leurs terres et sur leurs cultures, tout en faisant preuve d'ingéniosité. Il met en lumière des histoires que des perspectives biaisées avaient jusqu'à présent dissimulées, s'empare d'objets tels que les cartes pour les ériger en manifestations de force plutôt que de faiblesse. Dans cette veine, l'artiste et chercheur Bobby C. Martin écrit :

> *Clyde on the Move in I.T (Indian Territory) [« Clyde en marche vers le territoire indien »] s'inspire d'un événement historique « silencié et effacé » de la carte utilisée pour cette œuvre. La carte représente les territoires indiens et le territoire de l'Oklahoma dans l'ouest des États-Unis juste avant que l'Oklahoma ne devienne un État en 1907. Ce qu'elle ne montre pas, c'est l'histoire alternative des nations tribales des territoires indiens et les efforts qu'elles ont déployés pour créer un État américain séparé pendant cette période. Voici un exemple de la façon dont les cartes, si elles conservent la mémoire des lieux, peuvent aussi être employées pour remplacer ou effacer des événements (et des gens). J'ai voulu montrer mon alter ego artistique, Clyde the Big Red Indian [« Clyde le grand Indien rouge »], en démolisseur dominant cette carte – « déseffaçant » les histoires pour révéler les gens et les récits cachés dans cette carte.*
>
> *Les récits des déplacements forcés, au milieu du XIXe siècle, des nations tribales du sud-est des États-Unis, déportées par le gouvernement de leurs terres ancestrales vers de nouveaux territoires à l'ouest du Mississippi – ce qu'on appelle «la Piste des larmes», sont familiers à beaucoup. Cette relocalisation a impliqué de rassembler, pendant plus d'une décennie, des groupes de citoyens tribaux et de les obliger à marcher vers l'ouest, souvent au prix d'un grand nombre de vies, vers le territoire indien. Ce qu'on connaît moins (j'irais jusqu'à dire que c'est quasiment inconnu), ce sont les destins de ces populations tribales après qu'elles furent arrivées dans l'Ouest et entreprirent de recoller les morceaux de leur vie. Les histoires postérieures à la déportation parlent beaucoup de survie et de résilience et aujourd'hui, près de 200 ans plus tard, cette résilience se manifeste à travers le renouveau et l'essor des nations autochtones souveraines dans ce qui est désormais l'État américain de l'Oklahoma.*
>
> *Clyde on the Move in I. T traite de l'un de ces récits d'après la déportation, d'un mouvement qui a été largement effacé des consciences et n'a que récemment repris place dans les archives de l'Histoire. Il s'agit de la tentative des leaders tribaux en territoire indien de créer l'État séparé de Sequoyah, lequel aurait coexisté avec l'État de l'Oklahoma alors en projet. Même si les traités signés avec le gouvernement garantissaient la pérennité des terres tribales en Territoire indien, les nations tribales voyaient approcher le moment où leurs terres leur seraient de nouveau confisquées par des colons désireux de s'approprier des lopins dans l'Ouest. Anticipant ce cauchemar, les représentants des nations cherokee, choctaw, creek, chickasaw et séminole (appelées «les cinq tribus civilisées») se réunirent en 1905 pour tenir une*

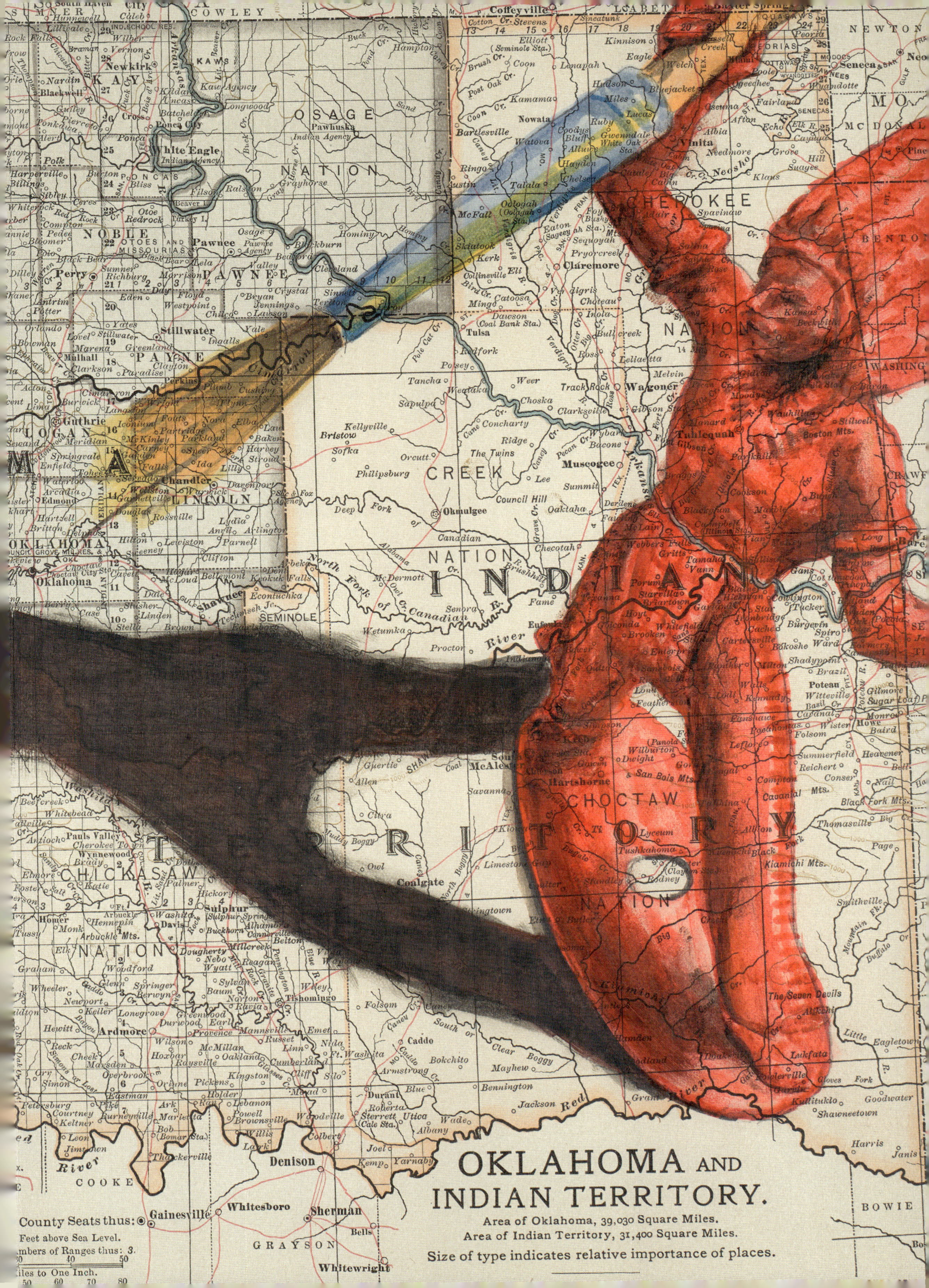

OKLAHOMA AND
INDIAN TERRITORY.
Area of Oklahoma, 39,030 Square Miles.
Area of Indian Territory, 31,400 Square Miles.
Size of type indicates relative importance of places.
County Seats thus:
Feet above Sea Level.
OSAGE
NATION
CHEROKEE
NATION
CREEK
NATION
INDIAN
TERRITORY
CHOCTAW
NATION
CHICKASAW
NATION
SEMINOLE
KAY
NOBLE
PAWNEE
PAYNE
LOGAN
LINCOLN
OKLAHOMA
GRAYSON
COOKE
BOWIE

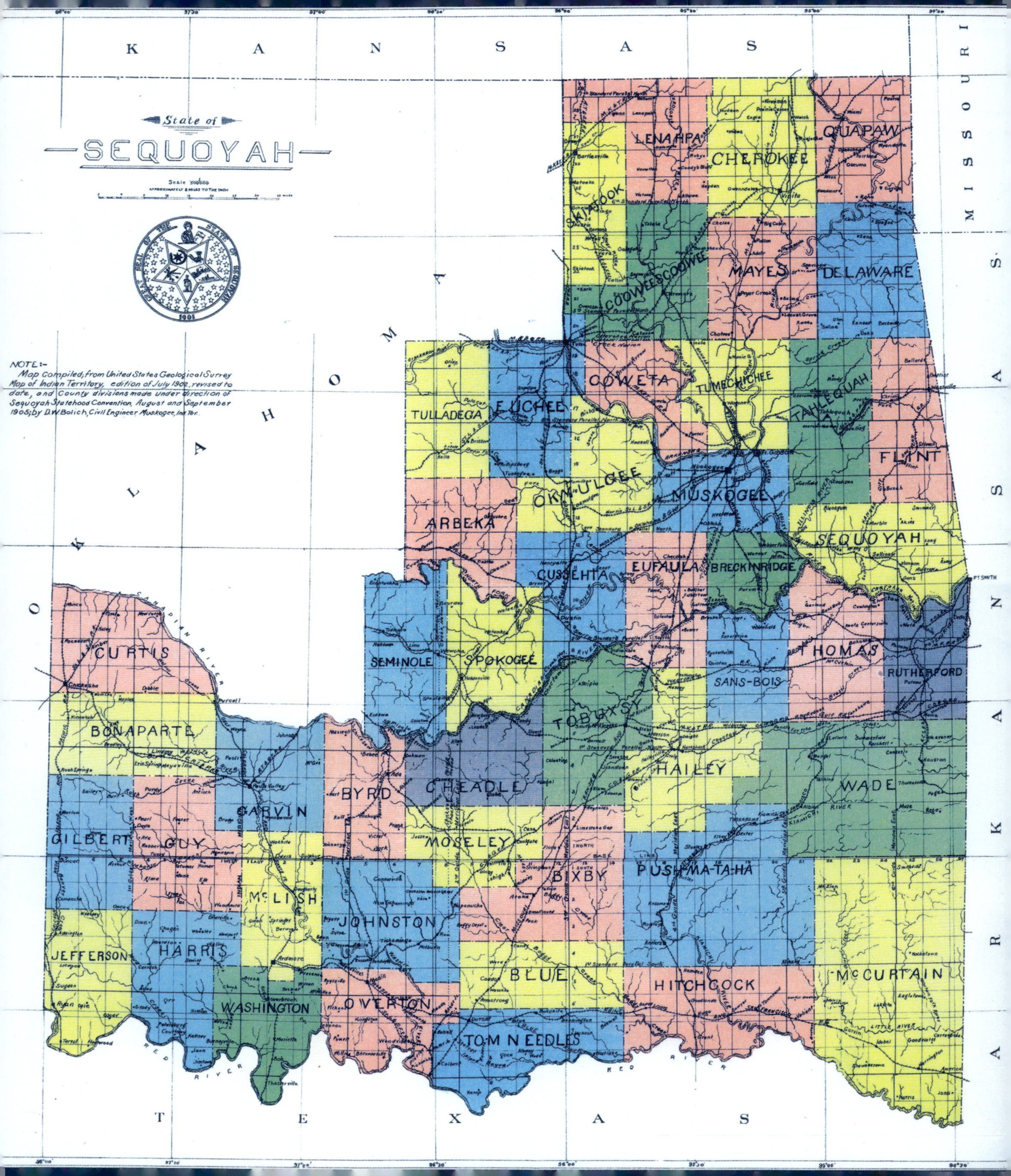

State of
SEQUOYAH
Scale 1:500000
APPROXIMATELY 8 MILES TO THE INCH
1905
NOTE:- Map compiled from United States Geological Survey Map of Indian Territory, edition of July 1902, revised to date, and County divisions made under direction of Sequoyah Statehood Convention, August and September 1905; by D.W. Bolich, Civil Engineer Muskogee, Ind. Ter.
K A N S A S
M I S S O U R I
A R K A N S A S
O K L A H O M A
T E X A S
RED RIVER
CANADIAN RIVER
LENAHPA
CHEROKEE
QUAPAW
SKIATOOK
COOWEESCOOWEE
MAYES
DELAWARE
COWETA
TUMECHICHEE
TAHLEQUAH
TULLADEGA
EUCHEE
OKMULGEE
MUSKOGEE
FLINT
ARBEKA
SEQUOYAH
CUSSEHTA
EUFAULA
BRECKINRIDGE
CURTIS
SEMINOLE
SPOKOGEE
THOMAS
RUTHERFORD
SANS-BOIS
BONAPARTE
TOBUKSY
HAILEY
WADE
BYRD
CHEADLE
GARVIN
GILBERT
GUY
MOSELEY
BIXBY
PUSHMATAHA
McLISH
JOHNSTON
JEFFERSON
HARRIS
BLUE
HITCHCOCK
McCURTAIN
WASHINGTON
OVERTON
TOM NEEDLES
Muskogee
Chickasha
Purcell
Pauls Valley
Ardmore
Vinita

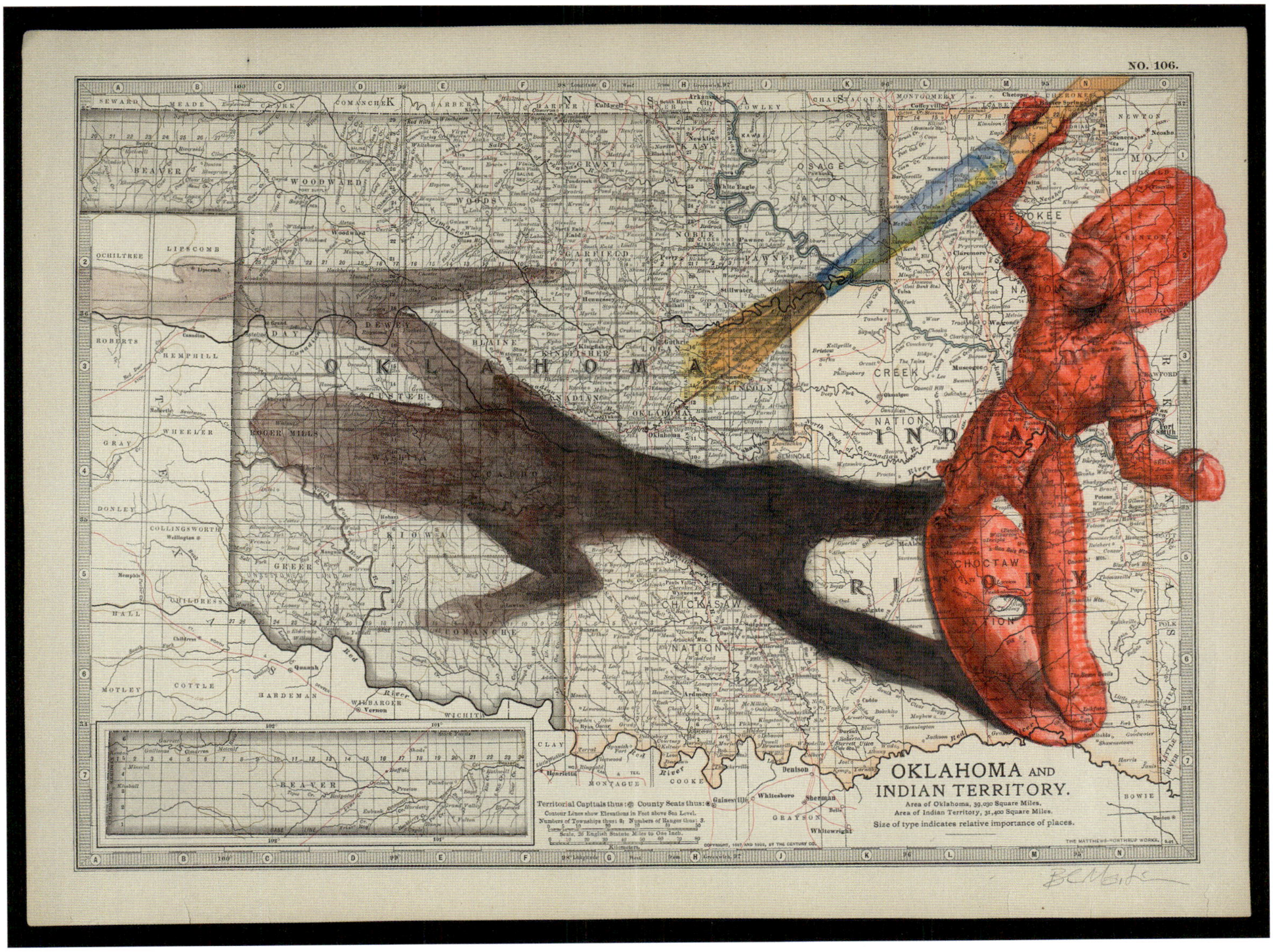

(Ci-contre) D.W. Bolich, « État de Sequoyah » [Oklahoma (?), 1905]. Oklahoma State University Library.

(Ci-dessus) Bobby C. Martin. « Clyde en marche vers le Territoire indien ». Siloam Springs, 2020. Cartes CC.5.d. © Bobby C. Martin.

assemblée constituante[3]. Leur but était de créer un gouvernement qui leur permettrait ensuite de décider de leur destin et de se gouverner elles-mêmes. L'assemblée rédigea une constitution, élabora un plan d'organisation du futur gouvernement, traça une carte des comtés qui seraient établis (incluant une carte de l'État de Sequoya projeté, presque identique à celle que j'utilise pour mon œuvre) et élut des délégués chargés de se rendre au Congrès des États-Unis pour y demander le statut d'État. Les propositions de l'assemblée constituante furent soumises par référendum à la population du territoire indien et furent très largement approuvées par les électeurs[4]. Pourtant, le Congrès refusa d'envisager l'instauration de l'État de Sequoyah et les territoires jumeaux furent admis sous la forme d'un État unique le 16 novembre 1907. Néanmoins, une grande partie de la constitution du Sequoyah fut intégrée à celle de l'État de l'Oklahoma. Les frontières dessinées sur la carte du Sequoyah furent reproduites presque à l'identique sur les cartes de l'époque, sans aucune mention au projet d'État de Sequoyah. Même si elle échoua en définitive, cette initiative attestait la créativité de personnes qui avaient enduré d'immenses traumatismes, mais trouvaient encore les moyens de transformer une situation conçue pour précipiter leur disparition.

Si l'on peut voir dans Clyde on the Move in I.T une tentative de Clyde de « décoloniser » la carte territoriale, mon vœu est que cette œuvre attire l'attention sur un moment spécifique et mette en évidence qu'on ne peut pas toujours prendre les cartes pour argent comptant : elles recèlent presque toujours des secrets et des histoires cachées attendant d'être révélés[5].

Cachés au cœur des villes : Londres, 1747 et Shahjanabad, années 1850

Deux cartes urbaines produites à environ un siècle de distance offrent des perspectives différentes sur le traitement des lieux publics secrets. Dans les deux cas, il s'agit de ruelles s'ouvrant d'un côté sur des artères majeures et s'enfonçant de l'autre dans le tissu urbain, pour se terminer au seuil de propriétés privées. Que sont exactement ces espaces retirés et pourtant publics ; comment sont-ils décrits sur les cartes et que nous disent-ils des motifs présidant à leur dissimulation comme à leur révélation dans des contextes urbains différents ?

Le premier exemple est offert par la carte de Londres et de Westminster, dessinée en 1747 par le cartographe John Rocque. Il s'agissait de la première carte à grande échelle de Londres produite en plus de 60 ans, un laps de temps pendant lequel la capitale britannique s'était considérablement agrandie (elle s'étendrait encore plus dans les décennies suivantes). La carte mesure près de 4 mètres de large, a été imprimée sur 24 feuilles et se fonde sur des arpentages effectués à partir de 1737 par Rocque. Il était essentiel que les mesures soient exactes, car Rocque était chargé de déterminer laquelle, de Londres ou de Paris, était la plus étendue, après qu'un cartographe français eut, dans les années 1720[1], « déterminé par ses calculs et non sans provocation » qu'il s'agissait de la capitale française.

Les données précises collectées sur le terrain constituaient un aspect crucial de la carte, mais tout aussi important était le rendu esthétique de ces informations. La carte fut gravée par John Pine et, non sans ironie compte tenu de la rivalité entre les deux villes, elle reprenait le style d'une carte de Paris, fabriquée en France. Elle montre Londres et ses jardins aménagés avec soin, figurés en détail – ce qui comptait beaucoup pour le cartographe anglais –, entourée de champs dont les limites n'ont pas été mesurées, mais ont été néanmoins dessinées de façon convaincante. Les zones construites de Londres n'ont toutefois pas fait l'objet du même traitement : des îlots entiers sont seulement représentés par des aplats ombrés et texturés, sans que l'on puisse discerner d'intervalles entre les différents bâtiments et autres éléments de constructions étrangement orientés. Ces parties de la ville ne se singularisent que par des ruelles s'intercalant entre les hachures et qui débouchent sur des cours ou des impasses... quand elles ne se fondent pas dans la masse.

La carte de Rocque ne montre que ce qui paraissait important pour son public : non pas ces espaces retirés et secrets, ces « bas-fonds inconnus » où régnaient « l'anonymat et le crime », mais l'élégance pittoresque de la ville considérée dans son ensemble[2]. Étant donné la réputation peu recommandable de lieux comme Cock Lane ou Tart Court, autour du marché de Smithfield, il n'est guère surprenant que ces endroits aient été minimisés au profit des jardins soigneusement agencés et des espaces campagnards traités manifestement de manière plus attentive, même si les détails ont été largement imaginés. Ce que cette carte révélait à ses lecteurs, c'était une ville georgienne raffinée. Ce qu'elle entendait dissimuler, ces aspects humains de la ville qui seraient apparus à quiconque l'aurait parcouru ou aurait vu l'œuvre de William Hogarth, un quasi-contemporain de Rocques, a été masqué. Rocque a produit une « vue idéalisée de la ville qui met en valeur la charmante ruralité des places principales, mais ne rend pas compte des sordides conditions urbaines[3] ».

À peine plus d'un siècle plus tard, en 1850, dans une autre partie de l'Empire britannique, un dessinateur indien resté anonyme dessinait à l'encre et à l'aquarelle une grande carte de Shahjahanabad, le vieux Delhi. Les mentions portées sur la carte sont en ourdou et les raisons ayant motivé sa confection ne sont pas claires, en particulier par rapport à l'administration de la ville par l'East Indian Company (la Compagnie britannique des Indes orientales). Le développement urbain du Vieux Delhi offre une image inversée de celui de Londres : Shahjahanabad fut édifiée selon un plan précis entre 1638 et 1648, sous le règne du souverain moghol Shah Jahan, avant que ne fût autorisé le développement de certains quartiers, qui se fit de façon moins ordonnée. La carte fait apparaître, dans ces zones, tout un réseau de rues secondaires, venelles et allées, d'une grande complexité et que, contrairement à John Pine qui grava la carte de Rocque, le dessinateur indien a tracées avec minutie, précisant et corrigeant

WEST
SMITHFIELD
COW CROSS
HATTON WALL
HATTON GARDEN
GREAT KIRBY STREET
CROSS STREET
HOLBOURN HILL
Holbourn Bridge
SNOW HILL
NEWGATE STREET
CHRISTS HOSPITAL
Christs Ch.
THE CHARTER HOUSE
CHARTER HOUSE SQUARE
COMPTON STREET
WOODS CLOSE
ST JOHNS STREET
ALDERSGATE STREET
SWAN ALLEY
ROTTEN ROW
COPPICE ROW
Clerkenwell Green
Corporation Lane
Skin Market
St. Johns Square
Bartholomew Close
LITTLE BRITAIN
St. Andrew
DEAN STREET
NEW STREET
RED LYON STREET
GRENVILLE STREET
Merlins Cave
Sheep Pens
1
14
9

THE
HIDE PARK
TOTHILL
FIELDS
ST. GEORGES
FIELDS
LONDON

John Rocque, *A plan of the cities of London and Westminster, the Borough of Southwark and the contiguous buildings* … [« Plan des villes de Londres et de Westminster, le borough de Southwark et les bâtiments adjacents… »] Londres, John Pine, Thomas Bowles & John Tinney, 1755. Cartes Crace Port.3.107.

SHAHJAHANABAD 1846-47
Delhi

[Carte manuscrite de Shahjahanabad ou Vieux Delhi]. [Delhi, vers 1850-1858]. IOR/X/1659.

fréquemment les détails, jusqu'aux angles des murs. Ce niveau de détail permet d'observer le statut et la séparation des différents espaces de la ville, conformément à la loi islamique, entre espaces privés (artères principales, lieux de rassemblement et bazars), semi-privés (voies plus modestes) et privés (propriétés individuelles et jardins privatifs).

Ces espaces semi-secrets étaient potentiellement des objets d'intérêt pour les militaires britanniques chargés de réprimer les rebelles après le siège et l'occupation de la ville en septembre 1857. Lors de la Révolte des cipayes, les soldats indiens servant dans l'armée britannique avaient attaqué et pris Delhi, contrôlée par les Britanniques, espérant ainsi encourager une rébellion plus vaste sous la bannière de l'empereur moghol Bahadur Shah II. Mais l'embrasement espéré n'eut pas lieu et Delhi fut assiégée, puis reprise, par les renforts britanniques, avec une brutalité considérable. Cela exigeait une certaine connaissance de la ville. L'élimination des poches de résistance, dans les venelles et les allées, pourrait avoir été facilitée par cette carte, alors probablement en possession de la Compagnie des Indes orientales.

Le Vieux Delhi fut en grande partie détruit suite aux combats de 1857, et cette carte offre un précieux éclairage sur ce qui a été perdu à jamais.

Cartographie des secrets du labyrinthe de Kowloon, 1997

La citadelle de Kowloon, ceinte de murs, formait un quartier très densément peuplé de Hong-kong. Son inaccessibilité aux personnes extérieures et sa réputation de carrefour d'activités illicites participaient à son atmosphère de secret et de mystère. Avant sa démolition en 1994, une équipe d'architectes, d'ingénieurs et d'urbanistes japonais, dirigée par le chercheur en anthropologie culturelle, Hiroaki Kani, entreprit de la cartographier. La Kowloon City Exploration Team [« équipe d'exploration de la cité de Kowloon »], nom que se donna le groupe, s'équipa de mètres rubans, de niveaux à bulle, de télémètres laser, d'appareils photographiques et de 150 rouleaux de pellicule. Guidée par un ancien habitant, l'équipe procéda à un relevé détaillé de l'inhabituelle structure urbaine[1]. Elle produisit une coupe panoramique de la cité, qui révéla enfin les secrets de l'intérieur de la cité enclose, qui n'avait cessé de se transformer, et, pour la première fois, donna à voir au monde extérieur une image détaillée de sa complexité spatiale. Jusqu'alors, cette enclave bondée n'avait jamais été complètement cartographiée. La mémoire de son organisation complexe n'était conservée que sur les cartes mentales de ses habitants qui, à force de se déplacer dans ce dédale, le connaissaient bien.

Le site, à l'origine une forteresse militaire chinoise établie sous la dynastie des Song (960-1279), s'était transformé au fil des siècles en une ville proliférante. En 1898, après la Convention pour l'extension de Hong Kong, la cité emmurée de Kowloon devint une enclave chinoise à l'intérieur du territoire concédé aux Britanniques. Durant l'occupation de Hong Kong par le Japon (1941-1945), les murailles ceignant la cité furent détruites et plus tard, la dénomination « citadelle de Kowloon » en vint à désigner non seulement le territoire compris dans l'ancienne enceinte, mais également la zone qui l'entourait. Après la proclamation de la République populaire de Chine, en 1949, un flot de migrants en provenance des régions intérieures chinoises vint chercher refuge et opportunités à Hong Kong. En raison de l'absence de régulation et du faible coût de la vie à Kowloon, beaucoup d'entre eux s'y installèrent. Dès les années 1950, la citadelle était devenue une ville dans la ville, échappant pratiquement à toute autorité, les gouvernements chinois et britanniques s'en désintéressant. Il en résulta le développement d'une zone urbaine chaotique et pourtant, extrêmement fonctionnelle, où toute une communauté prospéra à l'abri des regards extérieurs.

À son apogée, à la fin des années 1970 et 1980, la citadelle de Kowloon figurait parmi les zones les plus densément peuplées de la planète : elle abritait, selon les estimations, entre 30 000 et 50 000 habitants, ainsi que 900 petites entreprises, sur une superficie de 26 000 m² (2,6 hectares)[2]. L'absence de planification formelle engendra l'édification d'innombrables bâtiments en béton armé, construits au petit bonheur en une expansion verticale incessante, tous reliés par des passerelles et des passages intérieurs. La coupe panoramique créée à partir des données collectées par l'équipe japonaise révèle l'existence de plus de 300 bâtiments étroits pressés les uns contre les autres, montant jusqu'à 14 étages. La hauteur des constructions était d'ailleurs le seul aspect réglementé, en raison de la proximité périlleuse de Kowloon avec l'aéroport de Kai Tak : il ne fallait pas que les immeubles dressent des obstacles à l'intérieur des couloirs aériens ! Ces immeubles étaient si proches les uns des autres qu'ils partageaient souvent les murs extérieurs, ce qui signifie que leurs limites étaient indistinctes et qu'il était impossible de déterminer leur numéro exact dans une rue. Dans certains endroits, les passages principaux ne dépassaient pas un mètre de large, les étroits intervalles entre les bâtiments formant des allées secondaires. On trouvait également des

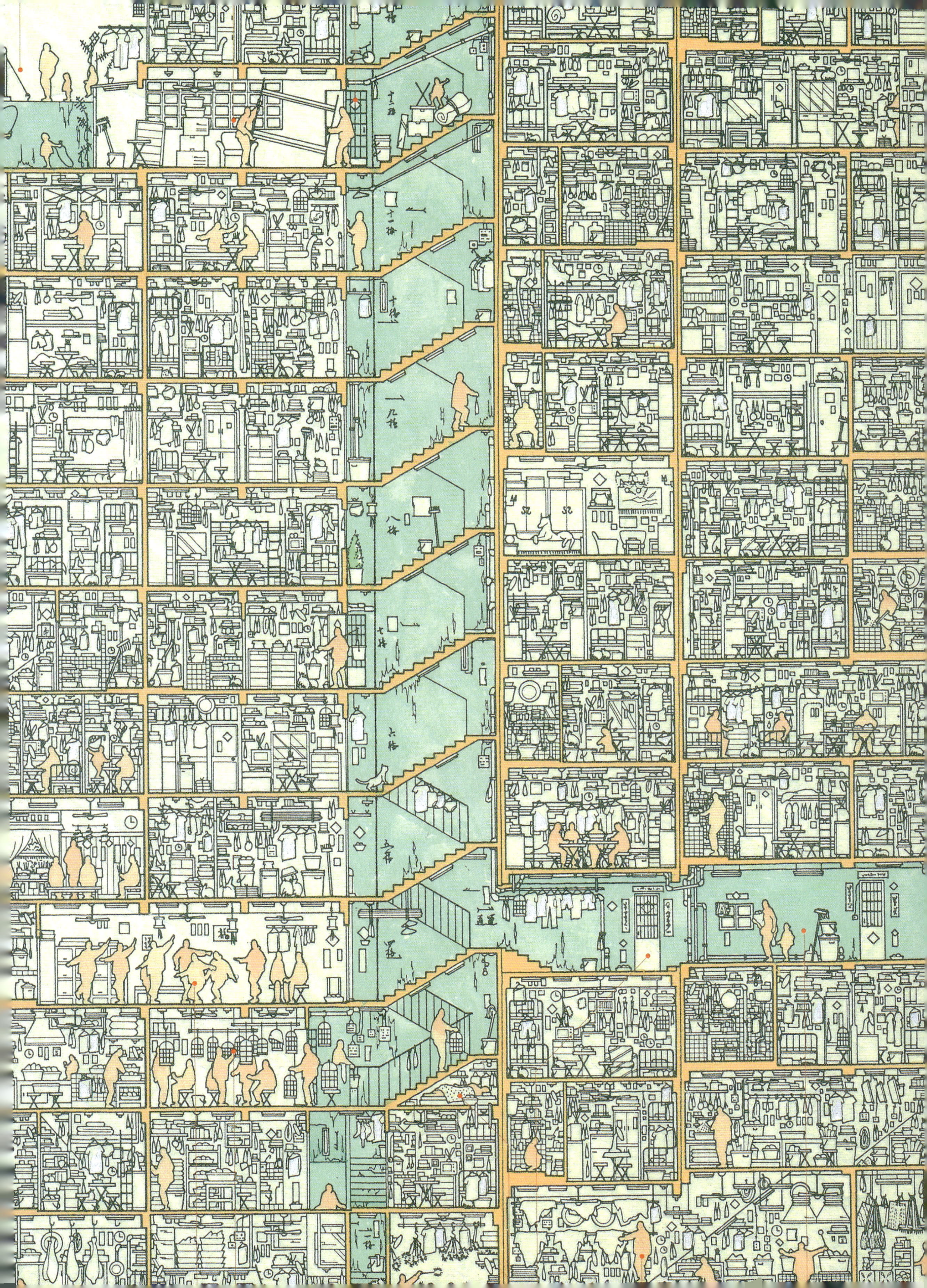

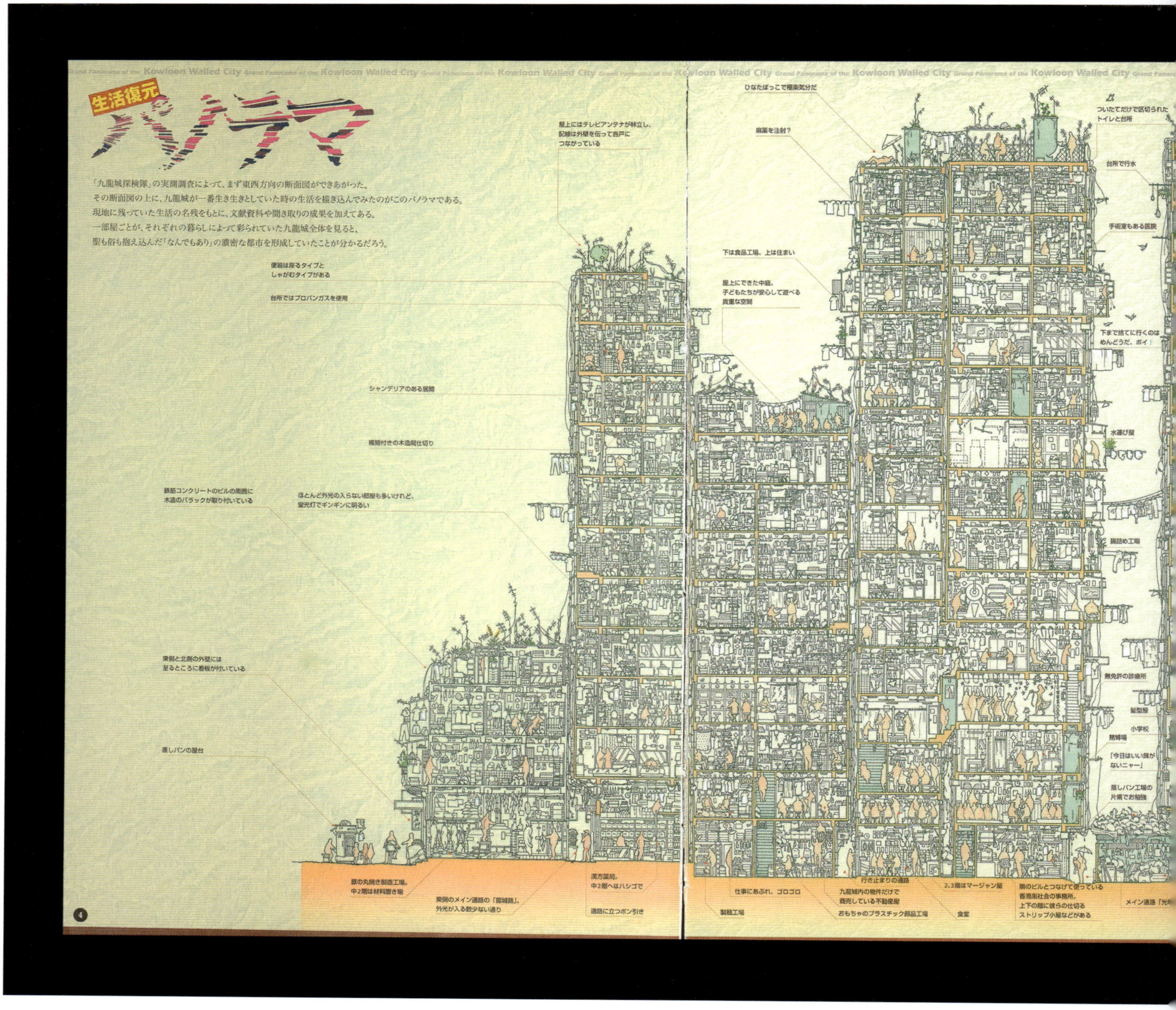

routes sinueuses, des impasses et des passages traversant les bâtiments. La citadelle de Kowloon ressemblait à un labyrinthe en trois dimensions et était, par conséquent, bien plus développée que sa superficie ne le laissait penser.

Il semble que les boîtes à lettres étaient situées au premier étage de chaque bâtiment, mais celui-ci correspondait côté nord à peu près au quatrième étage côté sud. Cette différence de hauteur entre les étages s'expliquait par l'anarchie des chantiers, favorisée par l'absence de plan d'urbanisme, les immeubles étant bâtis sur un sol inégal, sans qu'on se préoccupe des règles de l'art architecturales. Dans nombre d'entre eux, la forme et la localisation des escaliers différaient entre les étages situés sous le niveau du sol et ceux s'élevant au-dessus de celui-ci. Leur disposition était si confuse qu'on rapporte qu'il fallut trois mois à un nouveau facteur pour mémoriser l'itinéraire qu'il devait emprunter dans ce labyrinthe.

La réputation d'anarchie et de désordre de la citadelle était renforcée par le fait qu'elle était notoirement un havre pour des activités illégales telles que les paris, le trafic de drogues et la prostitution. En dépit de son image infamante, le quartier constituait un microcosme dynamique, où le sens de l'appartenance à la communauté était fortement ancré. Dans les années 1960, une association de quartier fut fondée pour traiter des questions de sécurité. Elle organisait des patrouilles

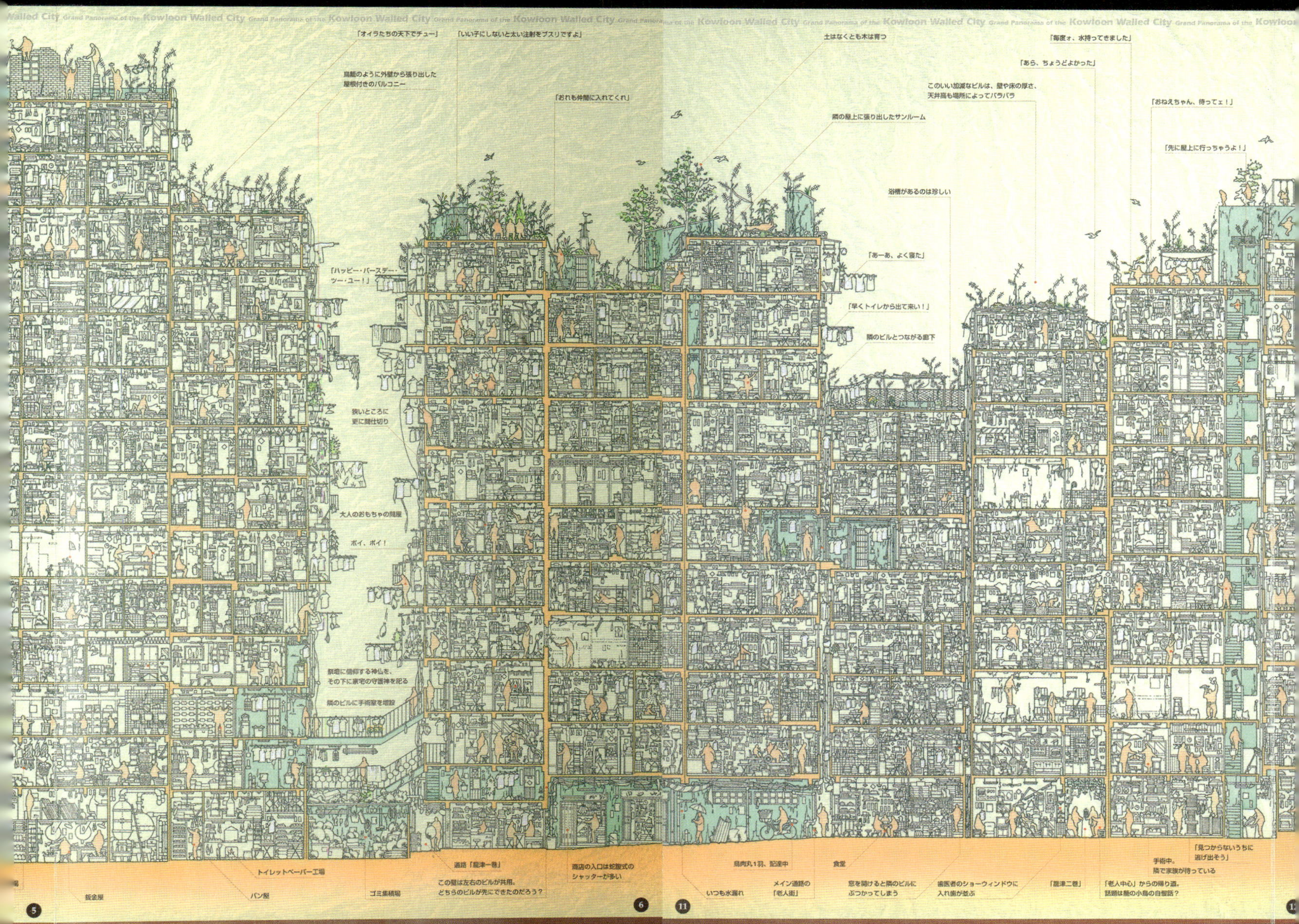

nocturnes pour prévenir les crimes et les incendies, maintenait les rues propres et gérait la collecte des déchets[3]. La communauté de Kowloon avait créé et gérait elle-même nombre de services sociaux, dont une crèche, des écoles, un club pour les jeunes et un centre pour les plus âgés.

La citadelle offrait également divers autres services ; on y trouvait une agence immobilière, un studio de tai-chi et même, une tannerie. Si Kowloon abritait illégalement des casinos, des clubs de strip-tease et bien d'autres établissements sordides, la plupart des entreprises qui y prospéraient avaient un rapport à l'alimentation. Restaurants, épiceries, boulangeries, étals vendant des pains à la vapeur et boucheries y étaient nombreux.

Les soins médicaux étaient fournis par des médecins et des dentistes non autorisés, titulaires de diplômes obtenus en Chine qui n'étaient pas reconnus par les autorités britanniques administrant Hong Kong[4]. Les résidents faisaient également preuve de débrouillardise quand il s'agissait de partager des ressources comme l'eau et l'électricité. Presque aucune lumière naturelle ne parvenait aux étages inférieurs, où l'air ne circulait

(Ci-dessus et double-page suivante) Équipe d'exploration de la cité de Kowloon, *Grand Panorama of the Kowloon Walled City* [« Grand panorama de la citadelle de Kowloon »], 2022 (1re édition, 1997). Cartes 2025.b.11.

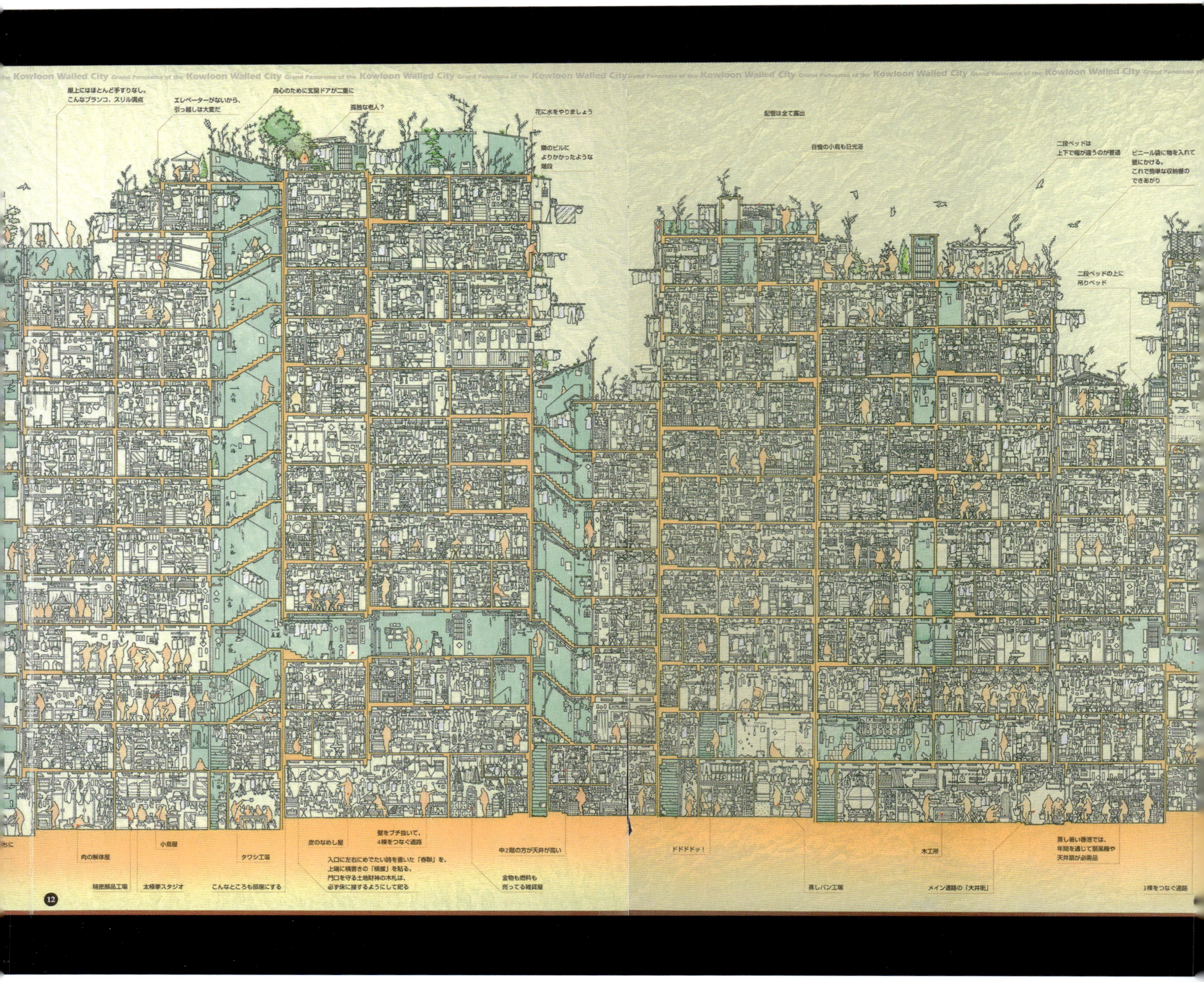

guère ; aussi, ceux qui habitaient là devaient-ils s'en remettre à l'air conditionné toute l'année. Si l'on avait l'impression de vivre dans une ville souterraine, contrairement à la réputation de « monde obscur » qui collait à Kowloon, les intérieurs étaient excessivement éclairés par des ampoules fluorescentes et les murs en étaient souvent peints de couleurs vives. Au cœur de la citadelle, une cour entourée de bâtiments, où les représentants officiels de la Chine vivaient autrefois, était l'une des rares zones bien ventilées et où l'on pouvait voir le ciel.

Le *Grand panorama* de l'équipe japonaise est abondamment annoté et riche en scènes de la vie quotidienne, montrant des enfants en train de jouer, des femmes suspendant du linge sur des piquets en bambou (« dans le style hongkongais », précise la légende), des habitants dans des cafés ou des restaurants, d'autres rentrant du travail et même, un patient en salle d'opération, dont la famille patiente dans la salle d'attente. Ludique, mais très éclairant, ce travail révèle l'image véritable de la citadelle de Kowloon : des gens ordinaires menant des vies ordinaires.

L'autosuffisance de la citadelle, son isolement et son statut légal obscur l'avaient parée au fil du temps d'une aura de mystère, à laquelle on avait fini par l'identifier. Les relevés effectués par la Kowloon City Exploration Team, ainsi que ses recherches basées sur des témoignages de première main ont

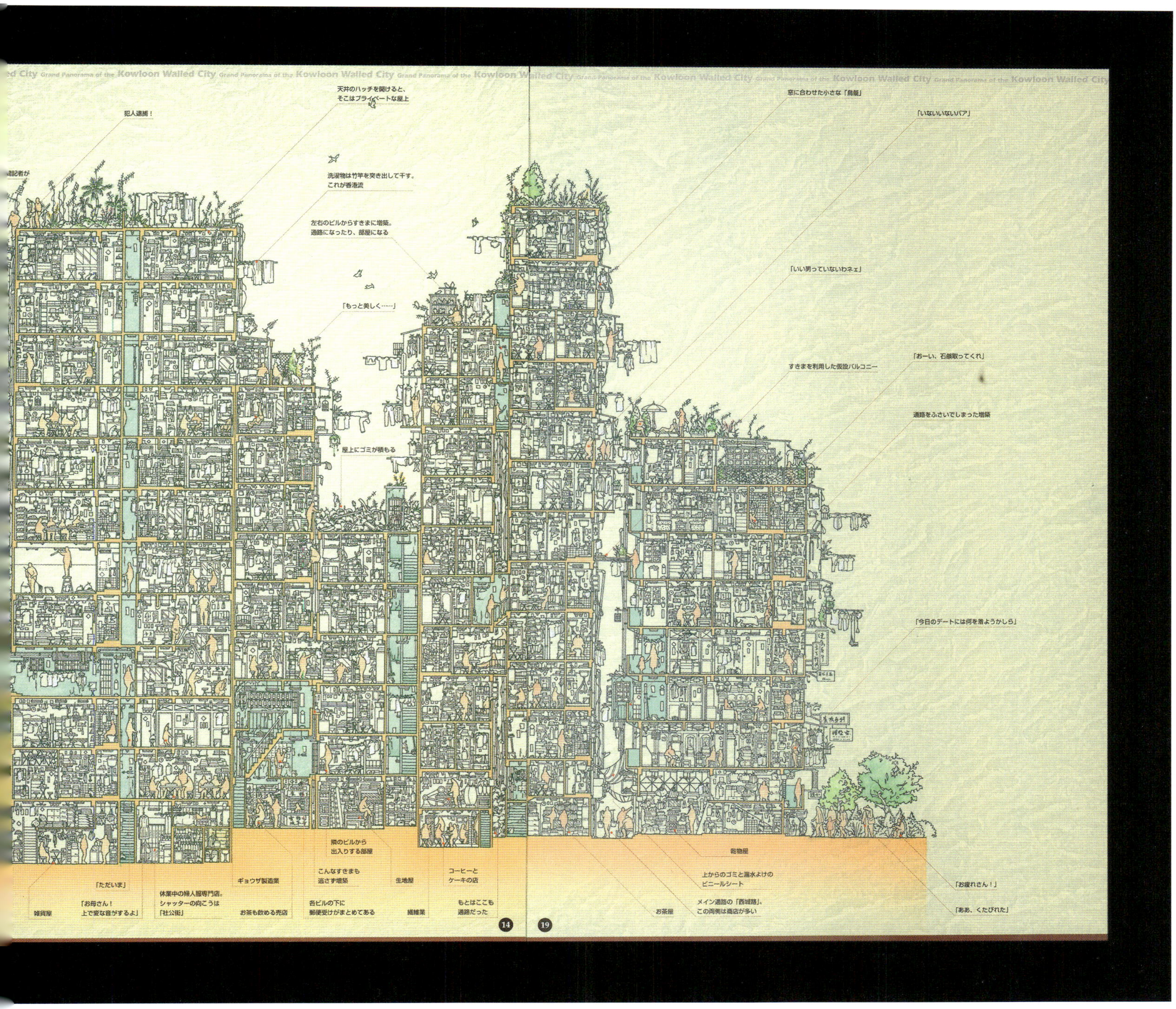

dévoilé une réalité bien plus complexe et laissent penser que l'anarchie qui était supposée y régner avait été exagérée. La mauvaise réputation de Kowloon était sans doute en grande partie amplifiée du fait de l'absence de rapports officiels sur son organisation urbaine, qui la rendait difficilement compréhensible aux personnes de l'extérieur. La décision prise en 1993 de raser le quartier pour faire place au Parc de la citadelle de Kowloon fut motivée par les préoccupations des autorités concernant la surpopulation, le manque d'infrastructures de base et les conditions de vie précaires, autant que par la forte criminalité et l'instabilité structurelle qui y prévalaient. La démolition, achevée en 1994, participait d'un plan plus large visant à résoudre ces problèmes et transformer la zone en un espace vert ouvert à tous. Sans les projets tels que l'opération de cartographie des Japonais, l'histoire et la mémoire de l'architecture de Kowloon n'auraient pas été préservées. Grâce à un travail de terrain acharné et exhaustif, qui a permis de documenter en détail cette structure urbaine complexe, les chercheurs peuvent aujourd'hui en analyser les différents espaces intriqués, jusqu'aux niveaux inférieurs et à la disposition précise des unités de vie. Les cartes créées dans le cadre de ce projet ont révélé une communauté fonctionnelle et bien organisée, tout en mettant en lumière son adaptabilité pour tirer le meilleur parti de l'espace.

Une carte en patchwork : la courtepointe de la prison de Wandsworth, 2010

Parce que la sécurité y est renforcée, les bâtiments des prisons du Royaume-Uni figurent rarement sur les cartes accessibles au public. Afin de ne pas fournir d'informations utiles à une évasion, les cartographes officiels optent le plus souvent pour une pratique consistant à laisser en blanc les terrains occupés par des établissements pénitentiaires, identifiés seulement par ces mots : « Prison de Sa Majesté ».

La prison de Wandsworth, à Londres, offre un exemple de cette politique. La première édition de la carte à l'échelle de 1 : 10 560, publiée par l'Ordnance Survey en 1873 montre clairement le site : les solides et sévères bâtiments disposés à la manière des rayons d'une roue dominent les anciens jardins de la prison, de formes variées. Toutefois, dans la deuxième édition de la carte [en bas, à droite], publiée en 1896, ces détails ont été supprimés.

Le plan de la prison est ensuite absent, durant tout le XXe siècle, sur toutes les cartes produites à destination du grand public par l'OS, quelle qu'en soit l'échelle, à une exception près. Les bâtiments et les terrains de la prison ont étonnamment réapparu en 1954, sur la carte à 1 : 1 250 [p. 178] – La carte à la plus grande échelle produite habituellement par l'OS, offrant donc un grand niveau de détails. Cette incohérence était le reflet d'un dialogue constant entre le gouvernement et l'OS, à la faveur duquel les priorités en matière de sécurité étaient continuellement réévaluées. Dans un document confidentiel interne, le directeur général de l'OS résumait les principes régissant le traitement des installations faisant l'objet d'une sécurité renforcée pour les cartes de 1954 de la manière suivante :

Limiter au maximum les omissions.

Omettre les noms et les descriptions plutôt que les détails (quand le choix est possible).

Veiller à ce que l'omission n'attire pas l'attention sur l'élément omis[1].

À l'époque du numérique, marquée par le libre accès en ligne aux images satellitaires, les mesures de restriction ont de nouveau changé. Alors que la disposition des prisons françaises est floutée sur les clichés pris par satellite, nous pouvons scruter librement les images des prisons britanniques.

En 2010, la prison de Wandsworth est également apparue sur un type très différent de carte *non* officielle et publique. Le HMP Wandsworth Quilt [« Courtepointe de la prison de Wandsworth », p. 179] a été confectionné par un groupe d'hommes incarcérés dans cet établissement pénitentiaire. Commandité par le Victoria and Albert Museum, il a été réalisé avec le soutien de Fine Cell Work, une association caritative reconnue qui se consacre à enseigner la couture aux détenus. La courtepointe a nécessité deux ans et demi de travail de la part de cinquante-deux prisonniers et dix bénévoles de l'association.

Le patron originel de la courtepointe, fondé sur les plans d'architecte de la prison, a été tracé par un détenu ayant une formation en architecture. Ironiquement, son dessin a cependant été confisqué par un gardien de prison qui pensait qu'il s'agissait d'un plan d'évasion[2]! La forme hexagonale du bâtiment central se prêtait particulièrement bien à la confection d'une courtepointe en patchwork, l'hexagone

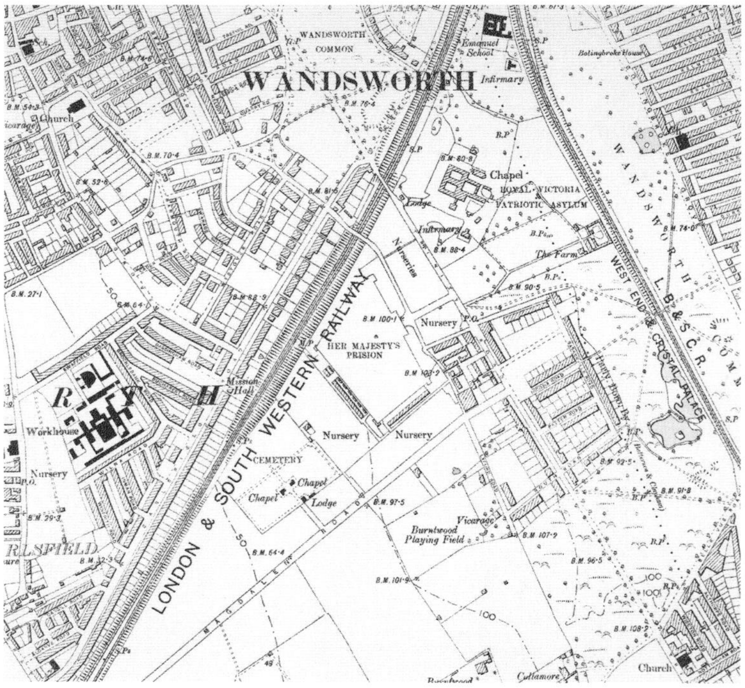

Détail de la carte de l'Ordnance Survey [« Service cartographique du Royaume-Uni »] d'Angleterre et du Pays de Galles, échelle 1/6 pouce – feuille Londres X SE, édition de 1894-1896.

AWAY YOU GO
DOES PRISON WORK?
I HAVE CRIME RECORD
ONE LIFE
I NEVER FORGET
PRISON BANGED UP TIME
BACK ON RECALL
PRISON
TIME MOVES SLOWLY
GET RELEASED
I HAVE MY PAROLE
DON'T COME BACK
RECALL BACK TO PRISON FOR NO REASO
TIME
BANG ME UP BOSS! IM FED UP
I didn't do it Guv!! Honest!
DENIAL
I GOT A LETTER TO DAY

ORDNANCE SURVEY

PLAN TQ 2673 NE

Scale: 1:1250 or 50·688 inches to 1 Mile

Revised September 1953
Levelled " " 1931-34

PLAN TQ 2673 NE

B *Printed and Published by the Director General of the Ordnance Survey, Chessington, Surrey. 1954.*
Surveyed 1948. Revised 1953.

PLAN TQ 2673 NE

PLAN TQ 2673 NE

REFERENCE

For fuller information see Reference Card published separately.

Antiquities .... (Site of)
Change of boundary mereing
Bench Mark
" " , Fundamental
" " , Stable
Surface Level
Revision Point
Triangulation Station

Levelling Information

Altitudes of Bench Marks and surface levels are given in feet above the Newlyn Datum.
Bench Mark lists, which may contain later levelling information, are obtainable from Director General, Ordnance Survey.

Boundary Mereing Abbreviations

Base of Bank .... *BB*
Centre of Bank .... *CB*
Centre of Canal, etc .... *CC*
Centre of Drain, etc .... *CD*
Centre of Covered Stream .... *CCS*
Centre of Old Course of Stream .... *COCS*
Centre of Road, etc .... *CR*
Centre of Stream .... *CS*
4 feet from Root of Hedge .... *4ft RH*
Face of Fence .... *FF*
Face of Wall .... *FW*
Side of River, etc .... *SR*
Track of Hedge .... *Tk H*
Track of Stream .... *Tk S*
Defaced, Undefined .... *Def, Und*

NATIONAL GRID REFERENCE

The lines on the plan form part of the National Grid and are spaced at 100 metre intervals.
To give a large scale reference defining the position of a point to the nearest 10 metres proceed as follows:—

EXAMPLE: No 18 MAGDALEN ROAD			
EASTING		NORTHING	
Take west edge of square in which point lies and read the figures opposite this line on NORTH and SOUTH margins	268	*Take south edge of square in which point lies and read the figures opposite this line on EAST and WEST margins*	737
Estimate tens of metres from the grid line	8	*Estimate tens of metres from the grid line*	0
	2688		7370
TEN METRE REFERENCE: TQ 26887370			

For further information see "The Projection for Ordnance Survey Maps and Plans and the National Reference System"

The representation on this plan of a road, track or footpath is no evidence of the existence of a right of way.

Beer House .... *BH*
Bench Mark .... *BM*
Boundary Post .... *BP*
Boundary Stone .... *BS*
Capstan, Crane .... *Cn, C*
Cart Track .... *CT*
Drinking Fountain .... *DFn*
Electricity Pillar, Post or Pylon .... *El P*
Fire Alarm Pillar .... *FAP*
Flagstaff .... *FS*
Foot Bridge .... *FB*
Footpath .... *FP*
Fundamental Bench Mark .... *FBM*
Guide Post .... *GP*
Letter Box .... *LB*
Level Crossing .... *LC*
Loading Gauge .... *LG*
Mail Pick-up .... *MPU*
Mile, or Mooring Post .... *MP*
Mile Stone .... *MS*
Pillar, Pole, Post or Pylon .... *P*
Police Call Box .... *PCB*
Police Telephone Pillar .... *PTP*
Post Office .... *PO*
Public House .... *PH*
Pump .... *Pp*
Revision Point .... *rp*
Signal Box, or Post .... *SB, SP*
Signal Bridge .... *SBr*
Spring .... *Spr*
Stone .... *S*
Sundial .... *SD*
Tank or Track .... *Tk*
Telephone Call Box .... *TCB*
Trough .... *Tr*
Water Point, or Tap .... *Wr Pt, Wr T*
Weighbridge .... *WB*
Well .... *W*
Wind Pump .... *Wd Pp*
High or Low Water Mark of Medium Tides ... *H or LWMMT*
High or Low Water Mark Ordinary Spring Tides ... *H or LWMOST*

(Ci-contre) Ordnance Survey of England and Wales, échelle 1:1 250 – feuille TQ 2673NE, édition de 1954.

(Ci-dessus) Courtepointe de la prison de Wandsworth, 2010. Fine Cell Work/Victoria and Albert Museum, Londres. T.27-2010.

étant une forme de pièce courante pour ce genre d'ouvrage. Chaque hexagone a été conçu et cousu par un détenu dans sa cellule. Les thèmes choisis pour les motifs, d'une grande variété, rendent compte à la fois d'histoires personnelles et de préoccupations communes aux prisonniers, et véhiculent également des critiques à l'égard du système. En s'exprimant ainsi, les prisonniers reprennent place sur la carte. Certains motifs sont issus de la sous-culture des prisons, au sein de laquelle le langage est codé : par exemple, on voit sur un hexagone des pieds alignés chaussés de baskets, qui constituent une forme de monnaie entre détenus, les chaussures de sport leur permettant d'affirmer leur individualité à l'intérieur de la prison. Apparaissent également des vis – en argot, le mot anglais *screw* désigne un gardien de prison – ; l'une d'elles est tordue, symbole de la corruption perçue au sein du système pénitentiaire. « Dig here - X » [« Creusez-ici »] est une évocation astucieuse des cartes au trésor, renvoyant aux plans d'évasion secrets élaborés dans la relative intimité des cellules, tandis qu'une empreinte digitale, entourée de brins d'ADN, nous parle d'identification des criminels et de la tension entre liberté individuelle, contrôle des données et droit à la vie privée.

La courtepointe, comme il se devait, renferme également un secret. Durant sa confection, une pièce réunissant des citations rassemblées par les détenus a été cousue au dos de l'ouvrage. Mais comme un bénévole l'explique, « un fil n'était pas correctement noué et la couleur a déteint, de sorte que le tissu constituant le revers de la courtepointe a dû être retourné, puis recousu[3] ». La pièce en question demeure ainsi dissimulée à l'intérieur de la courtepointe, tel un message caché attendant d'être un jour découvert par les conservateurs du futur.

Les secrets de la face cachée de la Lune, 1797 et 1961

Selenographia, achevé en 1797 par l'artiste et astronome anglais John Russell, marqua un tournant dans l'histoire de la cartographie de la Lune. Créé à partir d'une compilation des observations au télescope effectuées par Russell lui-même, ce globe offrait une vue de la surface de la Lune dont les traits topographiques comme les cratères, montagnes, mers et plaines étaient représentés avec une remarquable précision. À l'époque, l'étude des corps célestes était limitée par la capacité des outils scientifiques alors disponible, et Russell veilla à se procurer les instruments les plus récents pour mener ses observations. Durant plus de 30 ans (et d'innombrables nuits sans sommeil), il réalisa quelques 180 croquis et dessins de la surface lunaire. À partir de ses observations, il confectionna une carte, publiée sous la forme de ce « globe représentant la surface de la Lune, constitué de triangles mesurés avec un micromètre et précisément dessinés et gravés à partir d'une longue série d'observations au télescope ». La méthode employée par Russell était pionnière, tant du point de vue de la technique optique que du fait de la combinaison de l'investigation scientifique et de l'expression artistique. Dans le même temps, elle mettait en évidence le manque de connaissances concernant ce qu'on appelle « la face cachée de la Lune[1] ».

En raison d'un phénomène dénommé « verrouillage gravitationnel », c'est toujours le même hémisphère de la Lune qui est visible de la Terre, tandis que l'autre échappe à notre vue. Pour montrer les mouvements de la Lune par rapport à la Terre, Russell conçut un mécanisme complexe, qu'il intégra dans l'armature en cuivre, ainsi que dans le grand globe lunaire et le modèle réduit de la Terre. Comme l'astronome n'avait bien sûr pas pu effectuer des observations empiriques de la face cachée de la Lune, il la laissa complètement vierge. Son travail constituait une avancée majeure, mais il était incomplet. La moitié laissée vide du globe lunaire attira l'attention du public sur l'absence d'observation directe de cet hémisphère. Le globe de Russell en vint à être emblématique du mystère de la face cachée de la Lune, qui captivait depuis des siècles savants et artistes.

Si l'investigation scientifique progressa dans les débuts de la période moderne, les interprétations ésotériques des phénomènes naturels abondaient également. Certains auteurs et philosophes voyaient dans la face cachée de la Lune un symbole des mystères dissimulés aux humains. De telles idées modelèrent plus largement la façon d'appréhender les corps célestes, dont les interprétations symboliques étaient souvent associées à des croyances mystiques sur leur influence, la face cachée de la Lune devenant l'incarnation d'un savoir cosmique secret.

L'attention portée aux détails par Russell n'en établit pas moins une nouvelle norme pour la cartographie de la Lune et encouragea les astronomes à employer des méthodes d'observation plus rigoureuses scientifiquement. L'émergence de la sélénographie, l'étude scientifique de la surface de la Lune, bénéficia de cette nouvelle focalisation sur l'observation détaillée.

En dépit des efforts fournis et des avancées technologiques, il demeura impossible d'observer directement la face cachée de la Lune jusqu'à l'ère spatiale. Elle fut photographiée pour la première fois par *Luna 3*, une sonde automatique soviétique[2]. Les images prises par cette mission furent intégrées dans un globe lunaire présenté par Moscou en 1961, qui révélait enfin une topographie que les astronomes n'avaient pu que supputer pendant des siècles. Le paysage ainsi révélé était très différent de celui de la face visible, observable de la Terre : très accidenté, il était creusé de cratères et les plaines y étaient bien moins nombreuses. Toutefois, une part significative de la surface demeurait encore vierge sur le globe soviétique. S'étirant du pôle Nord de la Lune jusqu'aux régions proches de l'équateur, la zone laissée en blanc portait la mention suivante : « Ligne de terminaison au moment de la photographie ».

40
50
60
70
80

(Ci-contre) John Russel, globe représentant la surface visible de la Lune, construit à partir de triangles mesurés au micromètre et soigneusement dessinés et gravés, basés sur une longue série d'observations télescopiques. Londres (?) : J. Russell, 1797. Cartes G.45.

(À droite) Globe lunaire réalisé à partir de photographies prises par la station interplanétaire automatique le 7 octobre 195 et de documents tirés de l'*Atlas de la face cachée de la Lune*. Moscou : ministère de l'Éducation, RSFSR, 1961. Cartes G.4.

L'expression désigne la frontière entre les régions éclairées (jour lunaire) et celles plongées dans l'obscurité (nuit) au moment des prises de vue. L'absence d'images de cette zone était due à une série de limites techniques : la trajectoire orbitale de la sonde restreignait la possibilité de photographier certaines régions et la temporalité des prises de vue coïncidait par ailleurs à la ligne de terminaison nocturne, la Lune se trouvant alors dans une ombre trop profonde pour qu'elle puisse être photographiée. Le secret entourant les missions spatiales soviétiques à l'apogée de la Guerre froide, conjugué avec la révélation au public de certaines découvertes, alimenta les spéculations selon lesquelles l'Union soviétique se livrait à de la rétention d'informations. En réalité, aucune donnée concernant la face cachée de la Lune ne fut jamais dissimulée. La nature véritable de cette dernière demeura mystérieuse jusqu'en 1967, année où la sonde *Luna 4* livra les premières images complètes de cet hémisphère. La Lune, enfin, révélait ses secrets, et bien des mythes et spéculations propagés depuis des siècles furent alors écartés. Ces photographies détaillées confirmèrent le caractère accidenté de la face cachée de la Lune, criblée de cratères, et contribuèrent de manière essentielle à la connaissance de la topographie lunaire. Depuis, les missions spatiales, y compris le programme Apollo de la Nasa et les programmes d'exploration de la Lune plus récents, menés par divers pays, ont continué d'étendre notre connaissance de la Lune, dissipant le voile de mystère qui enveloppait jadis son hémisphère caché.

Cartes au trésor, 1687-1694

Rien n'évoque mieux un endroit secret et des richesses dissimulées qu'une carte au trésor. Popularisée par *L'île au trésor* de Robert Louis Stevenson (1883), celle-ci est devenue un élément récurrent du roman d'aventures. Son attractivité réside dans sa nature double : elle cache autant qu'elle révèle et suscite l'excitation, mettant le lecteur au défi d'en décoder les symboles et de suivre une piste inconnue.

Les origines du concept de la carte au trésor remontent à l'époque des Grandes découvertes, même si les premiers documents de ce genre n'indiquaient pas toujours de manne cachée. L'une des plus anciennes cartes marquées d'une croix à l'endroit d'un trésor que l'on connaisse fut dessinée en 1694 par William Hack, à partir des relevés effectués un an plus tôt par John Rowe sur l'île d'Irlande, dans l'archipel des Bermudes [ci-contre, en haut]. La carte n'est pas particulièrement remarquable en soi, mais lorsqu'on l'examine de plus près, elle révèle la localisation d'un trésor supposément enfoui par les Espagnols quelque 85 ans plus tôt. Une note fournie au bas de la carte décrit les circonstances dans lesquelles elle fut créée.

En 1692, à Londres, Thomas Neal demanda et reçut l'autorisation royale de rechercher un trésor enfoui sur « la petite île dénommée Irlande proche de l'île des Bermudes en Amérique », sur laquelle circulaient bien des histoires. Une entrée des *Treasury Calendars*, les livres dans lesquels étaient recensées les transactions financières du gouvernement britannique, précise les conditions de cette autorisation, y compris le type de recherche autorisée, le montant réglé pour son attribution (pas moins de 450 £ !) et la somme qui devait être versée au roi au cas où le trésor était découvert et récupéré avec succès (un cinquième de sa valeur)[1]. Il n'était pas inhabituel que de tels permis soient accordés. Les aventuriers, encouragés par la réussite du capitaine William Phips qui avait, en 1697, récupéré une épave avec grand profit, étaient nombreux à vouloir tenter leur chance[2].

La chasse au trésor passait pour une entreprise rentable, offrant la possibilité de faire fortune rapidement. Les individus disposant de fonds à investir, ainsi que des sociétés commerciales, s'y engageaient. La Couronne en tirait des revenus grâce aux patentes accordées et au pourcentage prélevé sur les biens éventuellement récupérés, le tout sans encourir le moindre risque.

William Hack, dessinateur et cartographe de talent appartenant à l'école de la Tamise, semble s'être spécialisé dans les cartes au trésor après avoir perçu leur potentiel commercial auprès de sa riche clientèle, parmi laquelle des membres du gouvernement et de l'aristocratie que pouvait séduire une telle entreprise. Sans surprise, il fut chargé de copier l'une des collections de cartes nautiques comptant parmi les plus précieuses, un *Atlas des mers du Sud* (également appelé *South Sea Waggoner*, ou « roulier des mers du Sud »), lui-même tiré d'un ensemble de cartes marines espagnoles dérobées lors du pillage d'un navire par des pirates.

En juillet 1681, le flibustier anglais Bartholomew Sharpe et son équipage avaient attaqué et mis à sac le *Santo Rosario*, battant pavillon espagnol, au large de l'Équateur. Les pirates commirent l'erreur de s'intéresser davantage aux jarres de fine et de vin qu'à l'argent non raffiné que le bateau transportait en grande quantité. Ils prirent ce dernier pour de l'étain ou quelque autre métal de peu de prix[3]. Ils n'en emportèrent qu'un peu afin de fabriquer des balles, et laissèrent le reste à bord, avant d'abattre le mât et de laisser le navire partir à la dérive. Ils ne réalisèrent que plus tard qu'ils avaient laissé échapper une immense fortune. Néanmoins, parmi les biens pillés, se trouvait un ensemble de documents que les Espagnols avaient tenté de détruire en les jetant par-dessus bord. Heureusement pour Sharpe et ses hommes, ils sauvèrent le volume qui allait se révéler être un véritable trésor : il s'agissait d'un *derrotero*, un recueil complet de cartes marines tenues à jour et d'instructions de navigation. Il comprenait des descriptions détaillées de la côte occidentale de l'Amérique centrale et du Sud, incluant « les instructions pour faire entrer un navire dans n'importe quel port ou havre entre la latitude de 17° 9' 15 N [Acapulco] et la latitude de 57° S [le cap Horn][4] ». Il contenait également des informations sur les vents, les courants, les ancrages sûrs, ainsi que des cartes nautiques indiquant les dangers pour la navigation le long de cette côte, tels les récifs immergés ou les bancs de sable erratiques. Les cartes identifiaient également les repères à terre

(Ci-contre, en haut) William Hack, carte de l'île d'Irlande, archipel des Bermudes, v. 1694. Cartes 7.TAB.127,f. 10.

(Ci-contre, en bas) William Hack, *A description of the Bahama Banck* [« Une description des bancs des Bahamas »], 1687. Sloane MS 45, f. 72

This is a description of Ireland it being one of the sommers or Bermudas Islands in America Lyeing in the lat: of 32:15 N° omiting the suns semi: diameter west Longitude from England 61:10 and contains 123 acres in all out of water: 113 of which is comprized within its bankes the S W part is much the best land I found the rockey part so confusedly intermixed with the clear land that it would not admit of a survey to distinguish its parts in any reasonable time but conjecture that but one third part at most is land the rest rocks; the cross bolt & yellow wood tree points with cross Island and limits the Spaniards rendezvoos place on Penbrook tribe being one of the nine devisions or tribes or parishes belonging to the main Island the 2 crosses points directly to the place where the Spaniards pitcht theire tent the yellow wood tree Neriah Hill tells me cut down which had several letters cut in it by the Spaniards Justice William keele tells me he saw the bolt to be iron & drove into a soft rock allmost up to the head & between the bolt and yellow wood tree a silver spoon & a tortois shell box inlaid with silver was found there; people do imagine that the Spaniards hid theire treasure there on the narrow part of Ireland: others that they hid it in the great cave a strang & great place, but smale enterance this survey was performed by Mr John Row in October 1693.

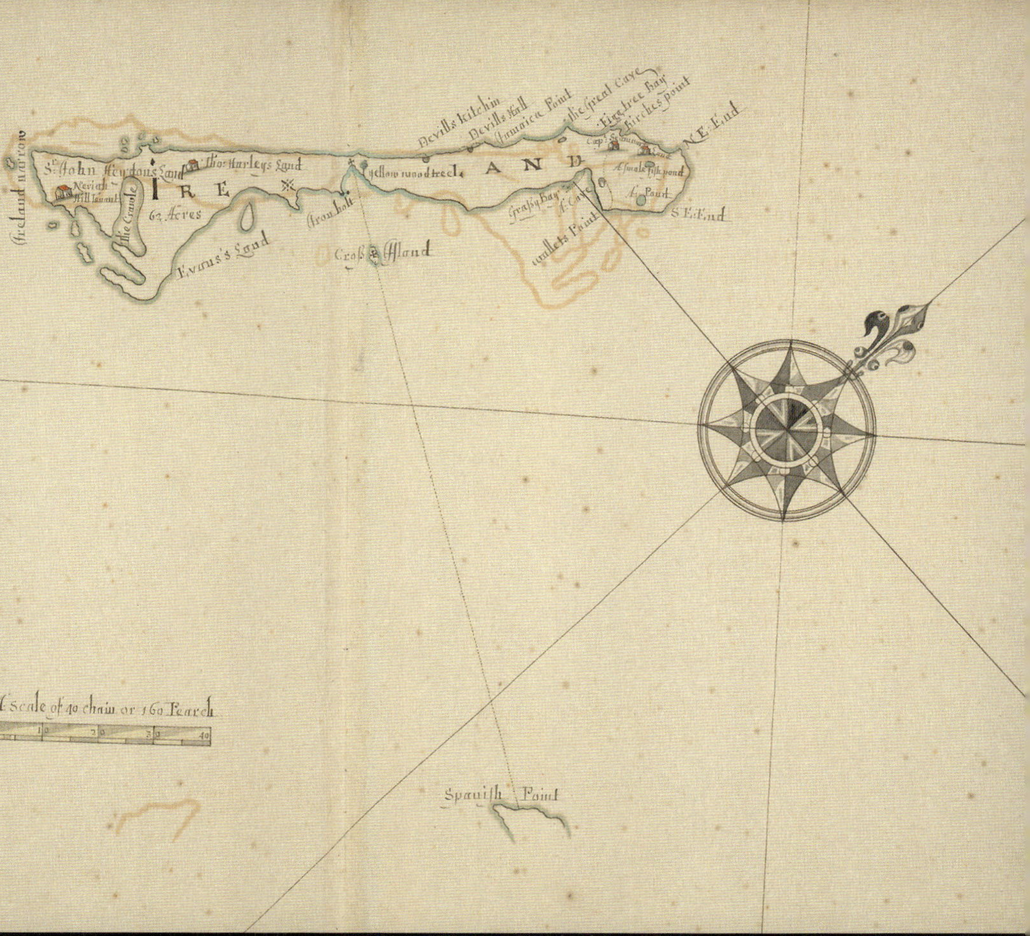

A; description; of; The Bahama Banck^s; originaly taken by Mr Charles Salmon; under the Comand of Capt; Phipps:-

72

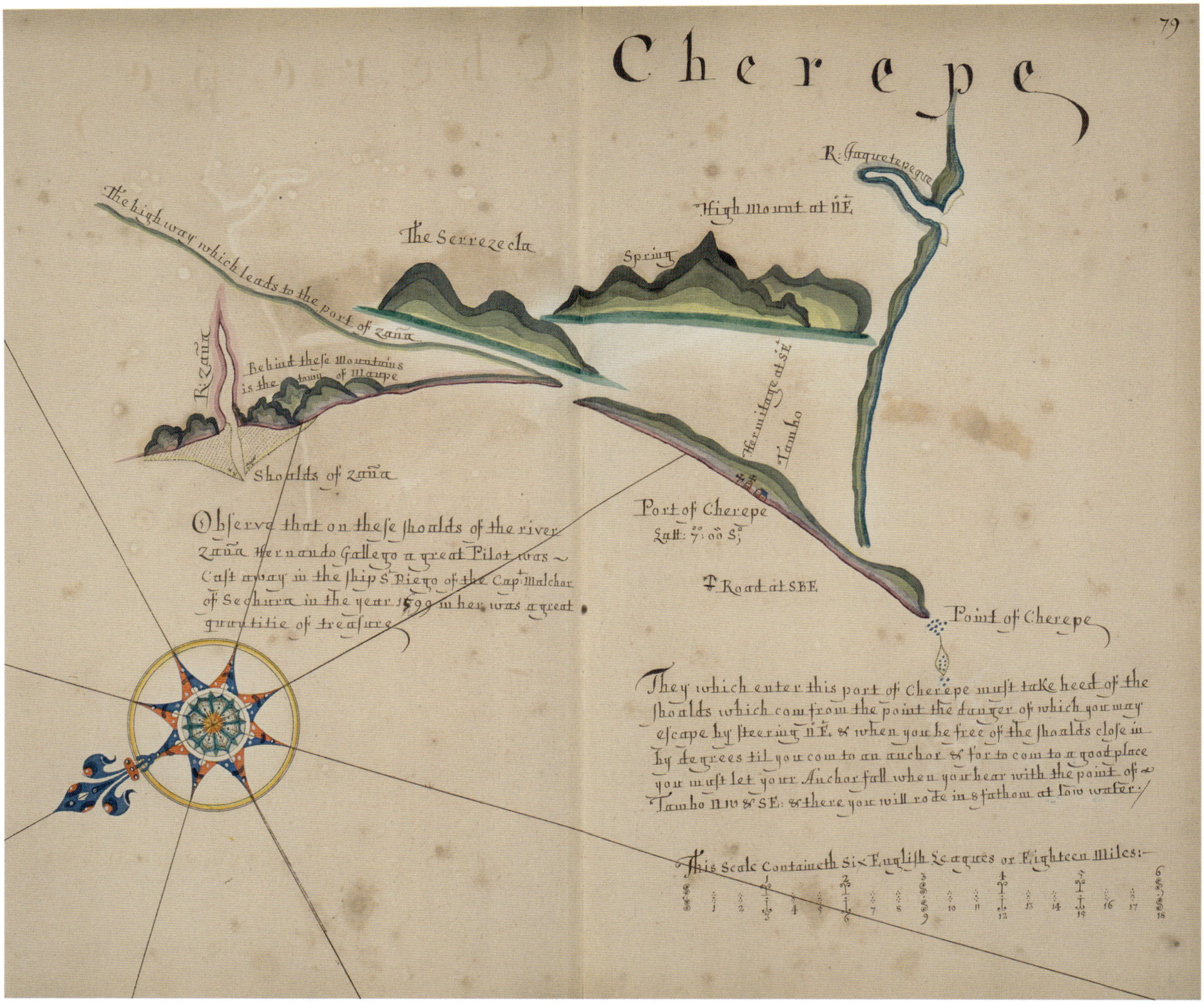

William Hack, [Cherepe, Pérou], in *Description of the Coast & Islands in the South Sea of America* [Description de la côte et des îles de la mer du Sud de l'Amérique], 1694. Cartes 7.Tab.122., f. 79.

signalant les ports principaux et les havres sûrs, offrant eau fraîche et possibilité de se ravitailler en nourriture. En résumé, il s'agissait d'une compilation de toutes les connaissances maritimes recueillies et enregistrées systématiquement par les capitaines espagnols au fil de nombreuses années de navigation. C'était là une ressource inestimable pour naviguer en sécurité le long de la côte pacifique des Amériques.

La valeur de cet atlas fut confirmée lorsque Sharpe revint en Angleterre. L'ambassadeur d'Espagne exigea qu'il fût immédiatement arrêté et traduit en justice. Sharpe fut emmené à Londres et poursuivi pour piraterie, un chef d'accusation très grave dans la mesure où le forfait avait été commis alors que l'Angleterre n'était pas en guerre contre l'Espagne. Tandis qu'il attendait d'être jugé, Sharpe fit copier le recueil et le fit présenter aux autorités anglaises, parvenant ainsi à obtenir le pardon du roi Charles II. La valeur de ces informations géographiques et maritimes était telle que la Couronne était disposée à passer outre ses crimes et à risquer un conflit avec l'Espagne.

L'atlas avait été gardé secret par les Espagnols, conscients que s'il tombait entre les mains d'une autre puissance européenne, leur monopole sur des routes maritimes lucratives serait sérieusement menacé. Jusqu'alors, l'Empire espagnol contrôlait complètement le Pacifique, en particulier la très profitable route reliant Acapulco à Manille. Maintenant que ces connaissances étaient accessibles aux navigateurs anglais, ces derniers allaient pouvoir perturber et défier la domination espagnole sur le Pacifique ; et l'Angleterre, nourrir ses propres ambitions coloniales.

En plus de fournir des instructions pratiques pour la navigation, les cartes dévoilaient les itinéraires suivis par la flotte espagnole

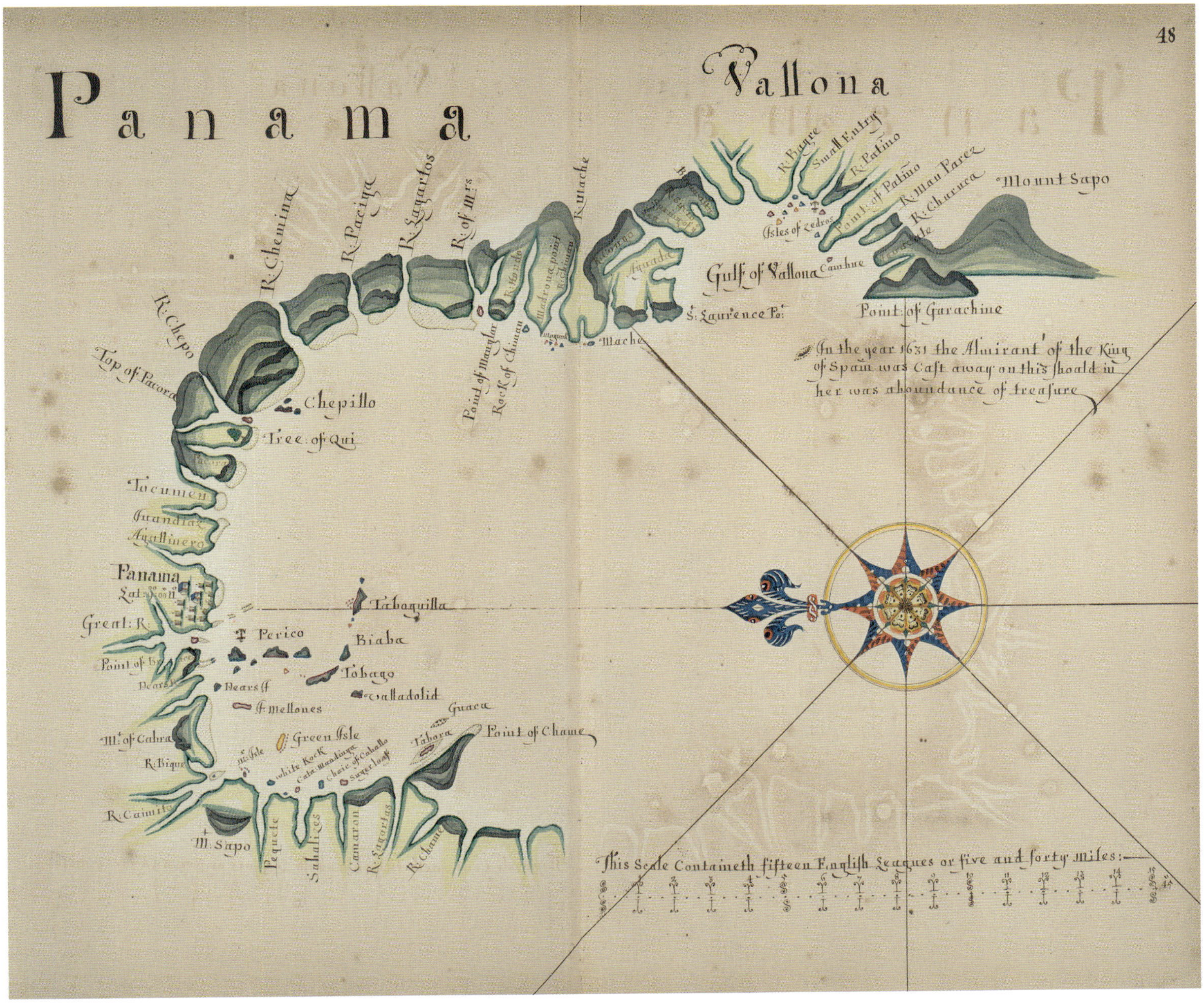

William Hack, *[Gulf of Vallona, Panama]*, in *Description of the Coast & Islands in the South Sea of America* [Description de la côte et des îles de la mer du Sud de l'Amérique], *1694. Maps 7.Tab.122., f. 48.*

transportant de l'or, de l'argent et autres cargaisons précieuses des Amériques en Europe. Elles indiquaient en outre les localisations de galions échoués ou coulés avec les richesses qu'ils convoyaient. Celles-ci étaient mentionnées pour avertir les autres vaisseaux espagnols des dangers dans ces parages, mais également dans l'espoir que les cargaisons perdues puissent être récupérées.

Les instructions de navigation et les annotations furent traduites en anglais par Philip Dassigny, un érudit juif, peu après que l'Angleterre eut autorisé le retour des Juifs sur son sol, en 1656. Sa traduction, commanditée par la Couronne anglaise, joua un rôle crucial dans la mise à jour des connaissances maritimes. William Hack fut pour sa part commissionné pour reproduire les cartes en y intégrant les textes traduits. Au fil du temps, d'autres éditions de l'atlas furent réalisées, chacune enrichie de nouveaux détails et annotations et intégrant les dernières connaissances maritimes. Ces diverses éditions furent conservées en lieu sûr, les cartes étant manuscrites afin d'éviter leur diffusion dans d'autres pays :

« Il a depuis été traduit en anglais, d'après ce que j'ai ouï dire, par ordre de Sa Majesté, et j'ai vu la copie de la traduction, faite par un Juif, à Wapping. Mais l'impression en a été strictement interdite, afin que d'autres nations ne puissent pénétrer dans ces mers et en faire usage, quand il est souhaité qu'elles demeurent réservées à l'Angleterre en temps voulu. »

La capture de ces connaissances maritimes secrètes mit de fait fin à la domination de l'Espagne dans la région et permit l'expansion anglaise. Les cartes piratées, obtenues par la force, confirmèrent leur valeur en fournissant des renseignements cruciaux en cette époque d'intense rivalité entre puissances européennes, qui permirent à l'Angleterre d'affirmer à son tour ses ambitions impérialistes.

Les secrets des pyramides, v. 1375-1954

Les pyramides d'Égypte sont synonymes de mystère et l'on dit souvent qu'elles ont préservé leurs secrets. Cela renvoie au fait que, malgré des millénaires de tourisme, d'exploration, de théorisation, de recherches, de fouilles, de mesures et de cartographie, les méthodes de construction de ces tombeaux antiques, leur agencement intérieur et leur visée première ne sont pas entièrement connus et compris. Plus encore, les pyramides sont perçues comme l'expression d'un secret ésotérique plus profond, du fait de la prééminence accordée à la culture de l'Égypte antique qui fascine depuis 50 siècles ceux qui les contemplent.

Les théories concernant les propriétés et la raison d'être secrètes des pyramides continuent non seulement de fleurir, malgré les études scientifiques et les cartes produites à ce jour, mais le flot de données techniques et cartographiques nourrit également, en retour, de nouvelles théories. Le résumé qui est fait ici des vues, coupes, plans et cartes des pyramides effectués au fil de l'histoire démontre, s'il en était besoin, que les investigations ont le plus souvent eu pour effet de raviver le parfum de secret flottant sur les pyramides qu'elles n'ont dissipé le mystère. Ces monuments illustrent le jeu constant entre révélation de connaissances secrètes et dissimulation simultanée de ces dernières au nom des priorités du moment ou du fait d'interprétations erronées, le désir d'alimenter le secret n'étant jamais absent.

Dès l'Antiquité, les pyramides attirèrent les touristes ; Hérodote et Pline l'Ancien les décrivirent dans des comptes-rendus de voyage devenus des classiques. Dans l'Europe médiévale, des images des pyramides figuraient dans les récits des pèlerins ayant fait le voyage en Terre sainte et étant passés par le nord de l'Égypte. Cette illustration est tirée d'une traduction allemande, datée de la fin du xve siècle, du *Libro d'Oltramare* [« Le livre d'outremer »], relatant le pèlerinage du franciscain italien Niccolò da Poggibonsi [à droite]. Le texte indique que les pyramides étaient les greniers à blé des pharaons. Cette description fautive dérive d'une interprétation d'un passage de l'Ancien Testament dans lequel Joseph, après un rêve prophétique, persuade le souverain égyptien de stocker des céréales pour éviter la famine. Les pyramides étant les constructions égyptiennes les plus connues des Européens, on comprend qu'ils aient pu les intégrer ainsi dans le récit biblique. Leur présence dans le *Libro d'Oltramare* montre comment la perception de ces monuments a pu varier en fonction du contexte.

Pas plus que l'image illustrant le *Libro d'Oltramare*, les vues des pyramides incluses dans ses publications par Athanasius Kircher, un jésuite allemand, savant et pionnier de l'égyptologie, n'étaient fondées sur l'observation directe. La « vue » topographique de la nécropole de Gizeh, gravée par le Néerlandais Coenraet Decker et imprimée dans

(Ci-dessus) Niccolò da Poggibonsi (fl. 1345-1350), [illustration des pyramides d'Égypte], in *Libro d'Oltramare* (« Livre d'outre-mer ») [Nuremberg, vers 1465]. Egerton MS 1900, f. 116v.

(Ci-contre) Coenradt Decker, *De coemiteriis sive adytis Aegyptiorum veterum*, in Athanasius Kircher, *Sphinx Mystagoga, sive Diatribe hieroglyphica* ... Amsterdam, 1676. 456.g.17.(2.).

B
A
C
C
E
G

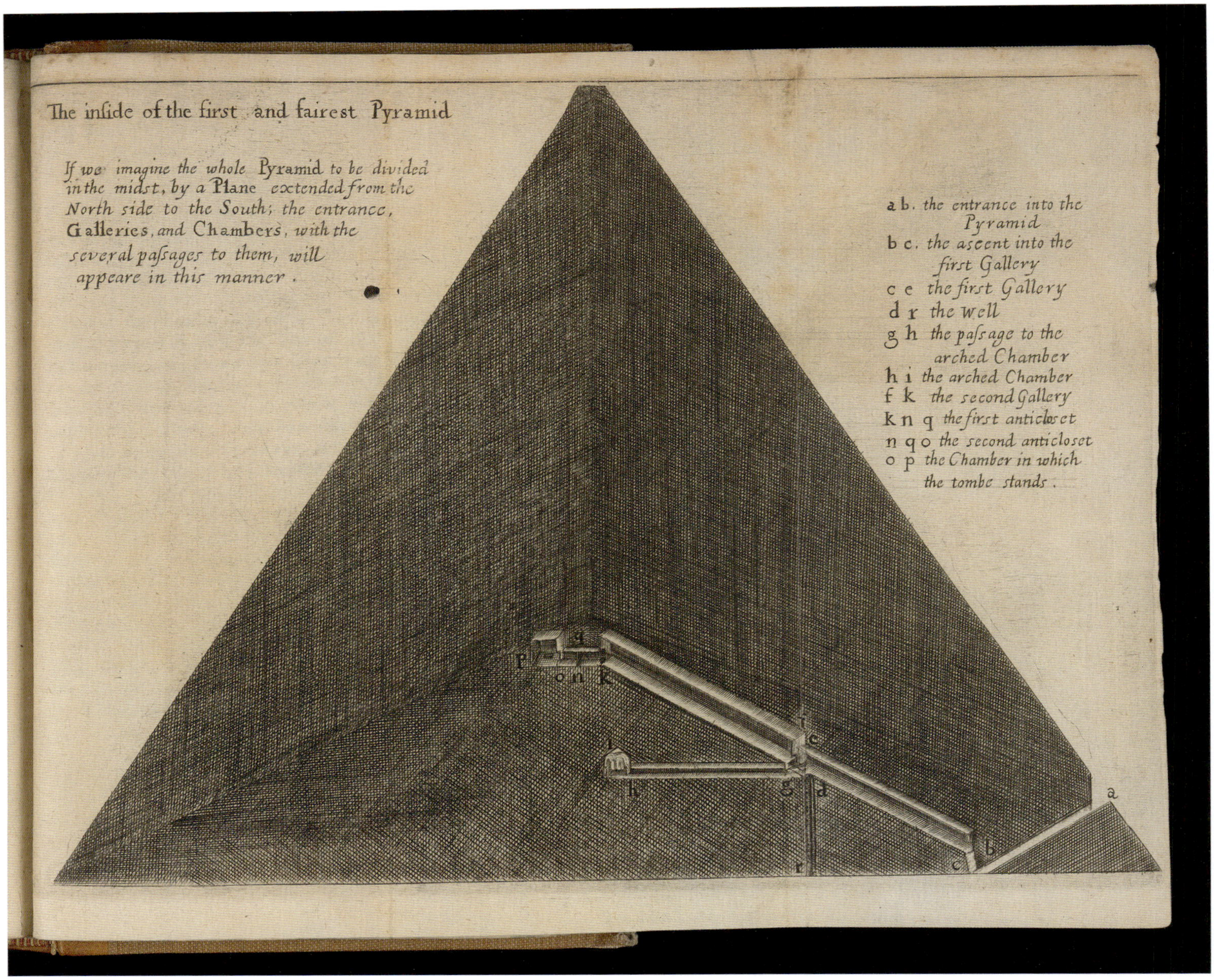

John Greaves, « L'intérieur de la première et de la plus belle pyramide », in *Pyramidographia: or, a description of the pyramids in Aegypt* [« Pyramidographia ou une description des pyramides d'Égypte »]. Londres, George Badger, 1646. 455.f.2.

Sphinx Mystagoga (1676), le traité de Kircher sur les hiéroglyphes, offre un très bon exemple de l'imagerie propre à frapper les esprits que le jésuite utilisait pour appuyer ses théories mêlant christianisme, hermétisme et d'autres influences encore [p. 189]. Dans son *Arca Noe*, le jésuite avait intégré des illustrations de la tour de Babel et de l'arche de Noé pour étayer son interprétation de ces épisodes bibliques : il expliquait pourquoi la tour n'avait jamais pu être achevée et comment les animaux s'étaient répartis sur toute la planète après le Déluge.

De la même façon, les pyramides exagérément pointues, massives et érodées de Decker, disposées sur un fond convaincant, étaient destinées à soutenir la thèse du cartographe postulant que l'Égypte possédait la culture antique la plus riche et détenait la clé des secrets de l'Univers, ce savoir étant contenu dans les hiéroglyphes que Kircher pensait avoir traduits correctement. Par son style délibérément réaliste, la vue évocatrice de Decker préfigure les reconstitutions en images de synthèse, les vues en 3D et les survols virtuels des pyramides générés au XXIe siècle.

Les tout premiers plans de l'intérieur des pyramides sont pratiquement contemporains de l'œuvre de Kircher. Ils étaient pour leur part basés sur l'exploration des tombeaux, notamment de la pyramide de Khéops, et révélaient au public ce qui jusqu'alors était demeuré caché aux regards occidentaux.
La toute première image en coupe de l'intérieur d'une pyramide que l'on connaisse fut réalisée par John Greaves, un savant anglais, qui s'intéressait aux pyramides en lien avec la métrologie, la discipline de la mesure [ci-dessus]. Cette coupe parut dans

Dutertre Schroeder, « Vue de l'entrée de la grande pyramide, prise au soleil levant », in *Description de l'Égypte* … Paris, 1809-1829. 1899.k.1.

son ouvrage *Pyramidographia*, publié en 1646. Elle montre les couloirs intérieurs, la grande galerie et les chambres du roi et de la reine qu'il avait explorés et mesurés, après tant d'autres. À propos de cette représentation, l'historien Zur Shalev écrit que « Greaves voulait peut-être transmettre davantage que l'organisation géométrique exacte du monument. En proposant une image aussi foncée, au détriment de la clarté et de l'esthétique, il cherchait à véhiculer le sentiment qu'on éprouve en pénétrant dans le sépulcre obscur et mystérieux[1] ». Cette image montre que même une étude ostensiblement scientifique n'échappait pas au sentiment de mystère et à l'idée d'une possible révélation secrète.

La lithographie incluse dans la *Description de l'Égypte*, publiée par la Commission des Sciences et des Arts française et offrant une vue de la pyramide de Khéops se dessinant sur fond de soleil levant, fait indubitablement écho à l'image de Greaves [ci-dessus]. Cette encyclopédie en plusieurs volumes, dont la parution s'échelonna entre 1809 et 1825, rendait notamment compte de la première campagne d'archéologie scientifique en Égypte et en Syrie, et fut le principal legs culturel laissé par l'invasion et l'occupation de l'Égypte par les troupes de Napoléon Bonaparte de 1798 à 1801. La commission de savants qui se livra à une étude minutieuse du pays comprenait, entre autres, mathématiciens, architectes, naturalistes, archéologues et géographes, parmi lesquels Edme François Jomard.

La *Description de l'Égypte* incluait un atlas de 50 feuillets et la coupe d'une pyramide, dessinée avec minutie pour en préciser les mesures et en livrer la topographie exacte. Le projet se voulait fondé sur l'observation scientifique méthodique, seule à même de

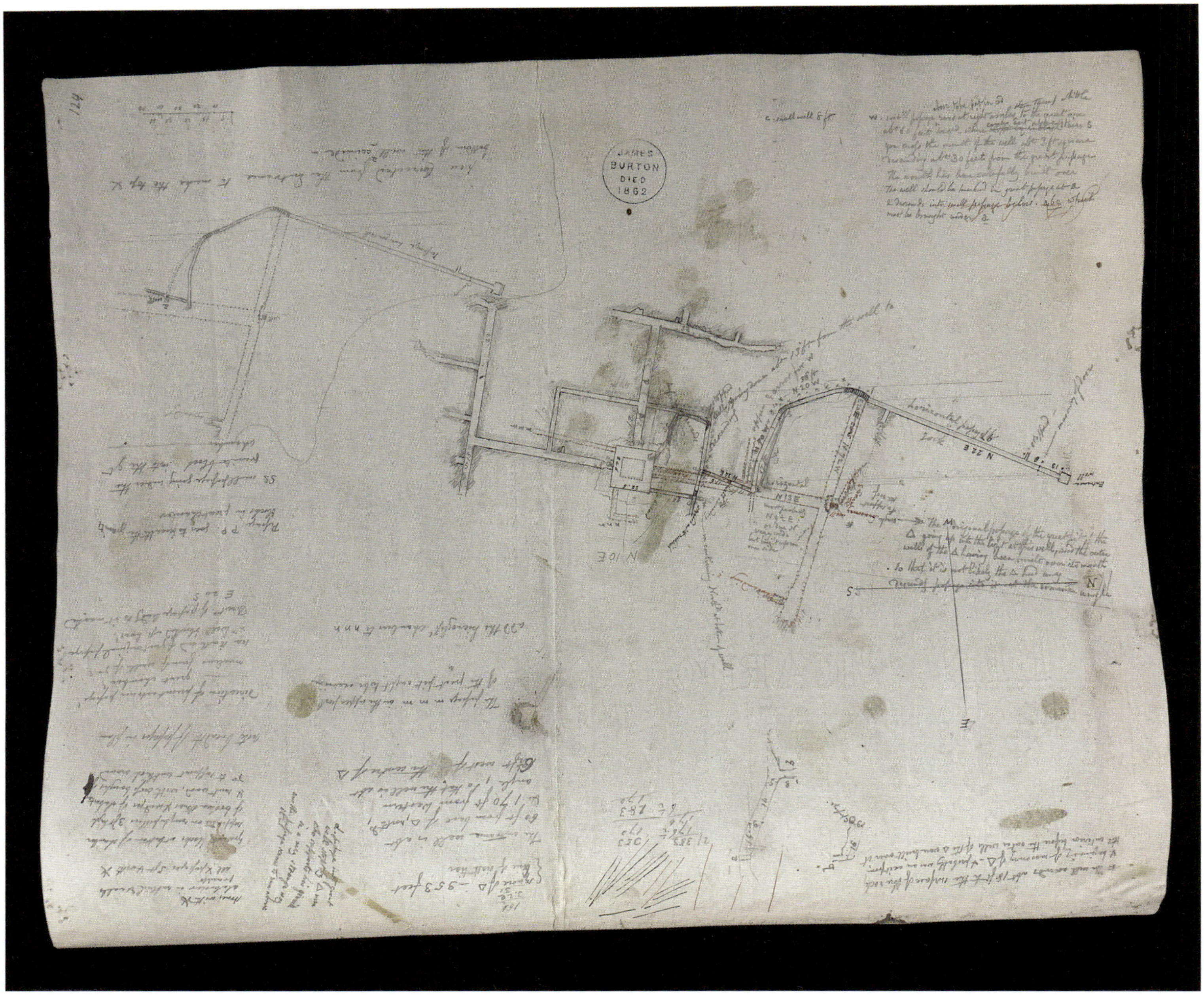

révéler la vérité selon ses promoteurs. Pourtant, si l'encyclopédie rendait compte de la réalité géographique des pyramides, elle ignorait les habitants qui les avaient reçues en héritage et une lecture contemporaine montre qu'elle ne se contentait pas de livrer des observations factuelles, mais était imprégnée du projet impérialiste français. Comme l'a écrit ailleurs Jomard, dans un plaidoyer passionné pour l'étude de la géographie, le but de la *Description de l'Égypte* était *l'honneur national*[2].

Après que la Grande-Bretagne eut défait la France en 1801, voyageurs et archéologues britanniques visitèrent à leur tour les pyramides pour tenter de mettre à jour d'autres informations sur leur disposition et ce qu'elles contenaient. L'un des premiers explorateurs fut l'excentrique égyptologue James Burton. De 1825 à 1834, il visita de nombreux tombeaux égyptiens à Thèbes, Gizeh et Saqqarah, y compris la pyramide à degrés de Djéser, dont on découvre sur ce plan les galeries et les chambres souterraines [ci-dessus]. Le croquis de Burton révèle ce que les gravures ont tendance à dissimuler : une multitude d'erreurs et de corrections s'expliquant par la difficulté à s'orienter dans un espace obscur et contraint, où l'on monte, descend, empreinte des voies sans issue, et qui constitue en lui-même une énigme. Burton n'était pas le premier à explorer la pyramide à degrés, qui avait été pillée dès l'Antiquité, mais il fut certainement le premier à pénétrer dans les tombeaux secrets de la Vallée des Rois, édifiés entre le XVIe siècle et le XIIe siècle avant notre ère.

Si, avec les dessins exploratoires de Burton, on est au plus près de l'expérience vécue en pénétrant dans les pyramides, le XIXe siècle vit ensuite l'investigation scientifique et le goût pour le mystère se combiner pour alimenter les « spéculations fantaisistes » de la pyramidologie[3]. Les dimensions

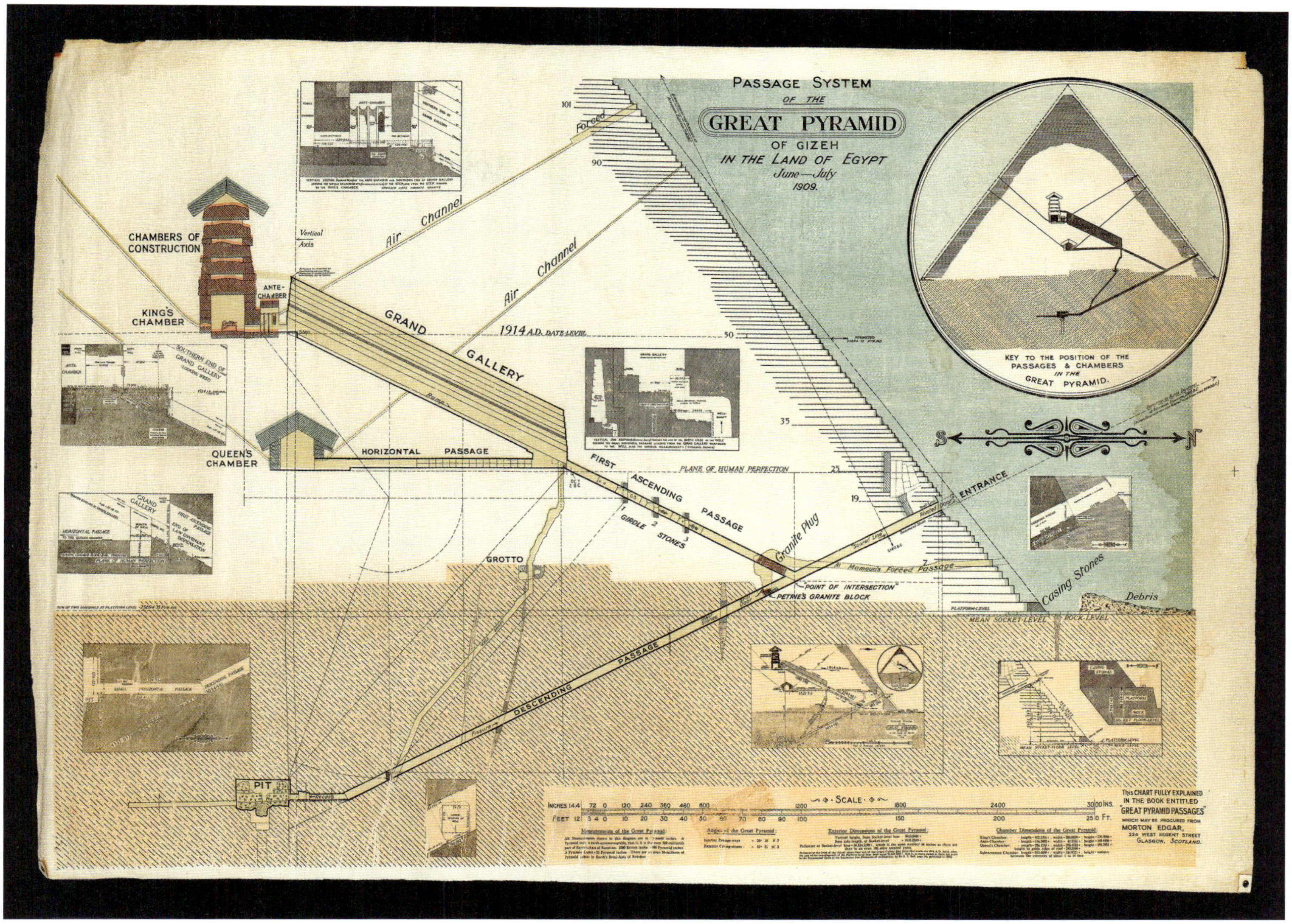

(Ci-contre) James Burton, [Plan du complexe intérieur et souterrain de la pyramide de Djéser]. Saqqarah, Égypte, vers 1825. Add. MS 25620, f. 125v.

(Ci-dessus) [John et Morton Edgar], « Système de couloirs de la grande pyramide de Gizeh dans le pays d'Égypte juin-juillet 1909 ». [Glasgow, Bone & Hulley, 1910 ou plus tardif ?]. Avec l'aimable autorisation de Boston Rare Maps, LLC.

extérieures et intérieures de la pyramide de Khéops, mesurées scientifiquement, furent interprétées comme porteuses d'une signification spéciale et révélatrice, par rapport au pouce anglais, à la circonférence de la Terre ou encore à des événements futurs, telle la seconde venue du Christ sur Terre. Au XXe siècle, de grands plans en coupe comme ceux produits par les frères Edgar et par Adam Rutherford ont parfois servi de supports visuels lors de conférences où ce genre de prophétie associée aux pyramides était expliquée au public. Le *Passage System of the Great Pyramid of Gizeh* [« Système de couloirs de la grande pyramide de Gizeh »], publié par les frères Edgar vers 1910, constitue de fait un schéma à visée prophétique, faisant correspondre des dates associées à l'histoire biblique et à un « plan divin pour les siècles à venir » aux longueurs, angles et intersections des galeries intérieures de la pyramide [ci-dessus].

Malgré les avancées des techniques de cartographie des pyramides, toujours plus précises et sophistiquées, les théories pseudo-scientifiques sur leurs origines et leur raison d'être continuent de proliférer. C'est là l'un des nombreux paradoxes des pyramides. Ces structures ont probablement été conçues pour protéger et dissimuler les chambres funéraires des pharaons ; pourtant leur imposante présence et leur célébrité ont empêché qu'elles puissent remplir cet office. Les cartographies successives ont clairement contribué à brouiller, voire oblitérer leurs origines, selon les motivations des cartographes, de l'exploit national à la révélation spirituelle. Aujourd'hui, même les techniques d'imagerie thermique les plus avancées ne parviennent pas à pénétrer complètement la pierre ; les espaces intérieurs demeurent dissimulés à la vue et pour certains, sont encore inconnus, donc pleins de possibilités secrètes.

Cartographier l'inconnu, 1905 et 1996

Si elles sont des outils pour comprendre et explorer le monde, les cartes ont également le pouvoir de matérialiser des concepts qui dépassent la géographie conventionnelle. À travers l'histoire, les cartes ne se sont pas contentées de décrire les paysages, mais ont aussi porté des théories, des hypothèses ou encore, des visions métaphysiques et prophétiques. Ces réalisations cartographiques visionnaires font souvent le lien entre la science, la religion et la spéculation, en apportant des interprétations alternatives au passé, au présent et au futur.

Il en va ainsi de la carte de A.P. Curtis, *The Land of Eden and Havilah* [« Le Pays d'Éden et Havilah »] publiée en 1905, qui réinvente le jardin biblique en une vaste région engloutie sous les océans Pacifique et Indien. Trois exemplaires abondamment annotés, accompagnés de remarques manuscrites de l'auteur, furent confiés au British Museum peu après leur publication. Dans ses indications, Curtis détaille sa conviction selon laquelle la recherche par les explorateurs européens d'un continent austral dans ces deux océans (recherche qui s'acheva au XVIIIe siècle par les voyages de James Cook et la confirmation qu'une telle masse continentale n'existait pas) fut inspirée par une charte antérieure – sans doute la Carte du monde du Dauphin (p. 58-59). Celle-ci représente un continent qui se situait au-dessus du niveau de la mer avant d'être submergé. Curtis avança alors la théorie selon laquelle les îles, les rochers et les barrières de corail étaient des vestiges de cette terre perdue.

La carte de Curtis illustre un mélange créatif de géographie biblique et de théories antédiluviennes relatif à la formation et l'apparence de la Terre. La carte désigne l'océan Indien comme « le Pays d'Éden » et aligne les littoraux post-Déluge sur les quatre fleuves décrits dans la Bible. Selon les notes de Curtis, le Jourdain est le cours d'eau central unificateur ; le Pishon entoure Havilah (ici, l'Australie, riche en or) ; le Gihon contourne le pays de Koush (l'Afrique) ; le Tigre (Hîddeqel) et l'Euphrate délimitent la frontière sud d'Éden. Ce point de vue concorde avec des idées plus anciennes, à l'image de celle de Jacques d'Auzoles, sieur de Lapeyre qui, au XVIIe siècle, avança que le Paradis avait existé sur une Terre alors très différente, avant le Déluge[1]. Curtis a associé tradition biblique, spéculation géographique et cartographie imaginative afin de décrire un Paradis perdu noyé par les océans, en mêlant la tradition religieuse et la curiosité dévorante des débuts du XXe siècle pour le passé antique de la Terre.

Près d'un siècle après Curtis, Gordon Michael Scallion soupçonna également l'existence des terres légendaires englouties de l'Atlantide et de Lémurie. La vision qu'il traduit dans sa

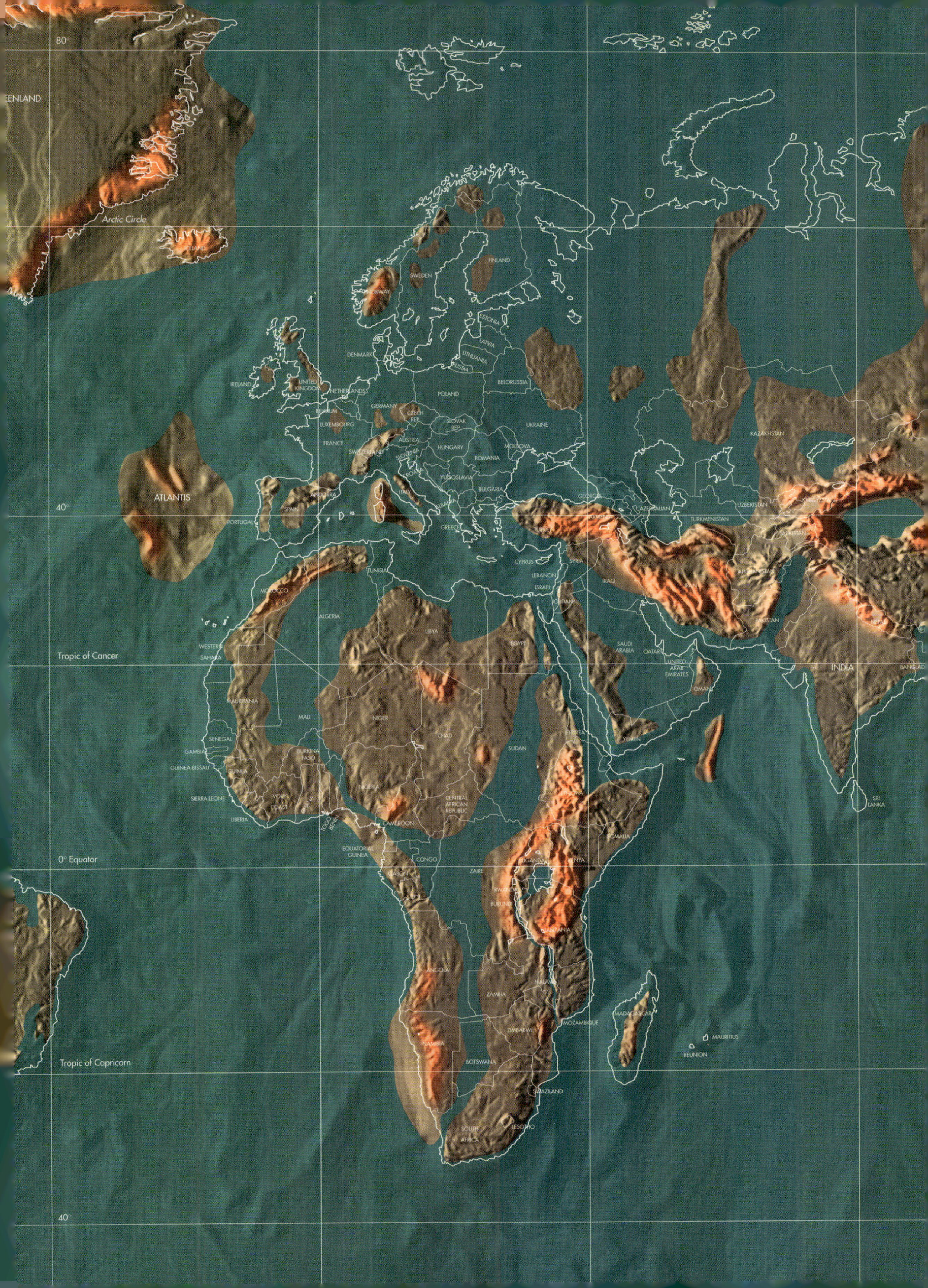
80°
Arctic Circle
ICELAND
NORWAY
SWEDEN
FINLAND
ESTONIA
LATVIA
LITHUANIA
RUSSIA
DENMARK
IRELAND
UNITED KINGDOM
NETHERLANDS
BELGIUM
LUXEMBOURG
GERMANY
POLAND
BELORUSSIA
CZECH REP.
SLOVAK REP.
UKRAINE
FRANCE
SWITZERLAND
AUSTRIA
HUNGARY
MOLDOVA
ROMANIA
SLOVENIA
CROATIA
YUGOSLAVIA
BULGARIA
ALBANIA
GREECE
ITALY
SPAIN
PORTUGAL
ATLANTIS
40°
KAZAKHSTAN
UZBEKISTAN
TURKMENISTAN
GEORGIA
AZERBAIJAN
CYPRUS
SYRIA
LEBANON
ISRAEL
JORDAN
IRAQ
PAKISTAN
TUNISIA
MOROCCO
ALGERIA
LIBYA
EGYPT
SAUDI ARABIA
QATAR
UNITED ARAB EMIRATES
OMAN
YEMEN
INDIA
WESTERN SAHARA
Tropic of Cancer
MAURITANIA
MALI
NIGER
CHAD
SUDAN
ERITREA
SENEGAL
GAMBIA
GUINEA-BISSAU
GUINEA
BURKINA FASO
SIERRA LEONE
IVORY COAST
LIBERIA
NIGERIA
CENTRAL AFRICAN REPUBLIC
CAMEROON
TOGO
BENIN
EQUATORIAL GUINEA
CONGO
ZAIRE
UGANDA
KENYA
SOMALIA
RWANDA
BURUNDI
TANZANIA
0° Equator
SRI LANKA
ANGOLA
ZAMBIA
MALAWI
MOZAMBIQUE
ZIMBABWE
MADAGASCAR
MAURITIUS
REUNION
NAMIBIA
BOTSWANA
SWAZILAND
LESOTHO
SOUTH AFRICA
Tropic of Capricorn
40°

A.P. Curtis, *The Land of Eden and Havilah* [« Le Pays d'Éden et Havilah »], 1905. Cartes 700.(4).

Future Map of the World [« Carte du monde du futur »] montre les changements spectaculaires provoqués par le déplacement du champ magnétique terrestre, les catastrophes naturelles et la mauvaise gestion des technologies. Cette carte s'appuie sur les propres visions de l'auteur et sur des croyances spirituelles New Age de la fin du XXe siècle ; elle prédit une reconfiguration de la géographie mondiale, ainsi que des transformations culturelles et spirituelles. Un texte conseille d'en aborder la lecture avec un œil critique, de consulter des experts si nécessaire et d'assumer l'entière responsabilité de toute décision prise ou de toute action menée sous l'influence de cette carte.

Scallion envisage trois phases de déplacement des pôles magnétiques, chacune de six à huit degrés, occasionnant des bouleversements tectoniques, des conditions météorologiques erratiques, une élévation du niveau des mers et des destructions à grande échelle. Les prévisions les plus spectaculaires incluent la fragmentation de la Californie, la submersion du Japon et des littoraux d'Amérique du Nord, d'Europe et d'Asie. L'Europe du Nord, y compris la quasi-totalité du Royaume-Uni, disparaîtra sous les flots, tandis que de nouvelles mers se formeront en Russie et en Asie centrale. De nouveaux cours d'eau diviseront le continent africain, tandis que le plateau de Gizeh (Égypte)

Gordon-Michael Scallion, *The Future Map of the World*, [« La Carte du monde du futur »], 1996. Maps Roll 558.

sera submergé après d'importantes découvertes archéologiques. Devenu terre fertile, l'Antarctique révélera la présence de cités antiques. Tout ceci apparaît sur cette carte qui montre un gigantesque océan recouvrant la majeure partie de la surface de la Terre (les frontières politiques sont celles qui prévalaient à l'époque de la mise au point de la carte). Par ailleurs, Scallion prévoit la réémergence de terres légendaires – l'Atlantide dans l'océan Atlantique et la Lémurie dans le Pacifique. Selon sa description détaillée, ces anciennes civilisations referont surface et leurs archives permettront de mieux comprendre le passé de l'humanité.

Ces deux cartes – distantes par leur époque et leur contexte – montrent combien les images cartographiques peuvent être non seulement des outils d'orientation, mais aussi des moyens de légitimiser des idées dépourvues de tout fondement scientifique. En concrétisant des concepts spéculatifs ou idéologiques sous la forme structurée (et faisant autorité) d'une carte, ceux-ci se font crédibles en présentant des idées abstraites ou des affirmations non vérifiées comme tangibles et réelles. Cette capacité à rapporter visuellement et à étayer certains récits assure la persistance et l'évolution de ces idées à travers les générations, influençant ainsi la perception du public et façonnant la compréhension collective du monde.

Espaces d'exception, 1516 et 2004

Un luxueux appartement et une chambre de confinement : deux espaces intérieurs radicalement différents. Ce qui les unit, c'est qu'ils correspondent à ce que le géographe Alastair Bonnett a appelé des « espaces d'exception, des endroits où les règles usuelles ne s'appliquent pas[1] ». Cette comparaison met en évidence combien les lieux secrets, situés « en dehors des sentiers battus », peuvent être à la fois désirés et redoutés.

Le premier de ces deux endroits semblera familier aux lecteurs de blogs et de beaux livres intitulés par exemple « Les lieux les plus secrets du globe ». Dans ce type d'ouvrages, niché entre le bunker militaire de Cheyenne Mountain Complex et la Queen's Bedroom (« chambre de la Reine ») de la Maison-Blanche, on retrouve souvent l'appartement privé du palais apostolique du Vatican (XVIe siècle) du cardinal Bernardo Dovizi de Bibbiena. Les pièces, situées aux troisième et quatrième étages du Palais du Vatican, ne sont actuellement pas ouvertes au public, une décision motivée non par le secret, mais par la préservation et la gestion du flux des visiteurs. Bibbiena fut le principal confident (ou *segretario domestico)* de Jean de Médicis – le pape Léon X. Il était logé dans ces pièces spécialement rénovées à son attention dans le palais apostolique, un « palais dans le palais » situé directement au-dessus des appartements pontificaux, auxquels il était relié par un escalier. Ainsi le cardinal bénéficiait-il d'un accès direct au pape, loin du public et de la cour papale.

L'appartement comprenait une *stufetta* – une salle de bains privée et chauffée, décorée par Raphaël et ses élèves en 1516. Sur les fresques se succèdent motifs grotesques et sujets mythologiques en vogue à l'époque, inspirés des images découvertes dans les pièces souterraines du palais Domus Aurea de l'empereur Néron [ci-dessous].[2]

Le logement de Bibbiena était un espace privé et exclusif, inaccessible à la plupart des personnes admises au Vatican et donc, situé en quelque sorte « en dehors des sentiers battus ». C'est la naissance, au milieu du XIXe siècle, de la discipline moderne des études artistiques, qui l'a fait connaître. L'un des principaux moteurs de la popularité croissante de l'étude de l'art occidental – et particulièrement, de la Renaissance italienne – fut la production de fac-similés en couleurs. Des lithographies d'œuvres d'art du monde entier, dont celles – inaccessibles – des collections privées, furent mises à la disposition d'un public plus large afin d'être étudiées (les premiers fac-similés de cartes anciennes furent également réalisés en Europe à cette époque). Ainsi, en 1850, lorsque l'artiste Ludwig Gruner incorpora des

Ludwig Gruner, « Peintures provenant de la salle de bains du Cardinal Bibbiena au Vatican. Par Raphael D'Urbino » in *Specimens of Ornamental Art. Selected from the best models of the classical epochs* [« Spécimens d'art ornemental. Sélectionnés parmi les meilleurs exemples des époques classiques »]. Londres, Thomas McLean, 1850. HS.74/1648.

(À gauche) Edmund Clark, [Photos de la chambre de l'hôtel de Skopje où Khalid El-Masri fut détenu], in *Negative Publicity: Artefacts of extraordinary rendition* [« Publicité négative : artefacts d'une détention exceptionnelle »] de Crofton Black et Edmund Clark. New York, Fondation Aperture, 2015. L.B.31.v.17284. © Edmund Clark.

(Ci-contre) M. El-Masri, [photocopie du croquis du plan d'une chambre d'un hôtel de Skopje], reproduite dans *Negative Publicity* [« Publicité négative »] de Black et Clark. L.B.31.v.17284.

images chromolithographiques de deux des murs de la salle de bains de Bibbiena dans une collection d'art ornemental (c'est-à-dire d'arts décoratifs), ce lieu d'exception fut enfin dévoilé.

L'espace figurant sur la deuxième image – un plan dessiné sur une feuille quadrillée – fut porté à l'attention du public en 2014 par le journaliste d'investigation Crofton Black et le photographe Edmund Clark dans le cadre de leur ouvrage *Negative Publicity* [ci-contre]. Tout comme Gruner, Black et Clark associèrent textes et images en impression de haute qualité afin de présenter « un endroit où les règles usuelles ne s'appliquent pas ». Toutefois, leur objectif n'avait rien à voir avec l'histoire de l'art de Gruner. Cette image est une photocopie d'un croquis au crayon d'une chambre d'hôtel, ainsi que de la réception et l'entrée de l'établissement. Le mobilier et les appareils électroménagers sont identifiés en allemand. Ce schéma fut réalisé par Khaled El-Masri, suspecté de terrorisme. En janvier 2004, il fut détenu dans cette chambre, attaché au lit figurant sur le plan, par les autorités macédoniennes en collaboration avec la CIA dans le cadre du protocole d'*extraordinary rendition* [« détention exceptionnelle »]. Dans les années qui suivirent les attaques terroristes du 11 Septembre, ce programme autorisait la détention sans procès, l'enlèvement extrajudiciaire et la torture de personnes soupçonnées d'activités terroristes par les États-Unis et leurs États partenaires. Généralement, les suspects étaient arrêtés et transférés à bord de vols non officiels vers des lieux tenus secrets pour y être interrogés. Nombre d'entre eux ont fini à Guantanamo, un autre nom figurant souvent sur les listes des « lieux les plus secrets du globe ».

Après le transfert d'El-Masri dans une prison d'Afghanistan, il s'avéra qu'il ne s'agissait pas d'un terroriste, mais d'un simple citoyen dont le nom était identique à celui d'un suspect. Le plan de l'hôtel *Merak* de Skopje fut dessiné afin d'être présenté comme preuve lors du procès devant la Cour européenne des droits de l'homme à l'issue duquel El-Masri obtint réparation[3]. La photographie du lit qui l'accompagne fut prise par Edmund Clark pour *Negative Publicity* [ci-dessus].

Il existe une certaine symétrie dans la façon dont l'existence de l'appartement de Bibbiena et la chambre-prison d'El-Masri fut divulguée via des publications richement illustrées et de grande qualité, en dépit d'objectifs fort différents. Pour *Negative Publicity*, Crofton Black a recherché, obtenu et reproduit une quantité astronomique de documents d'archives (dont beaucoup étaient mouchetés d'importants pavés de caviardage) ; en outre, Clark prit de nombreuses photos des sites de rétention, dont la plupart ressemblaient à n'importe quel bâtiment ou rue. Quand Clark et Black divulguèrent des lieux « secrets », car banals, comme le dit *Negative Publicity*, les dessins du Vatican signés Gruner ont rendu publics l'un de ces espaces luxueux que la richesse et le pouvoir ont la capacité de préserver la confidentialité. Issus des deux extrêmes du spectre du secret, ces deux lieux se sont retrouvés sous les feux des mêmes projecteurs.

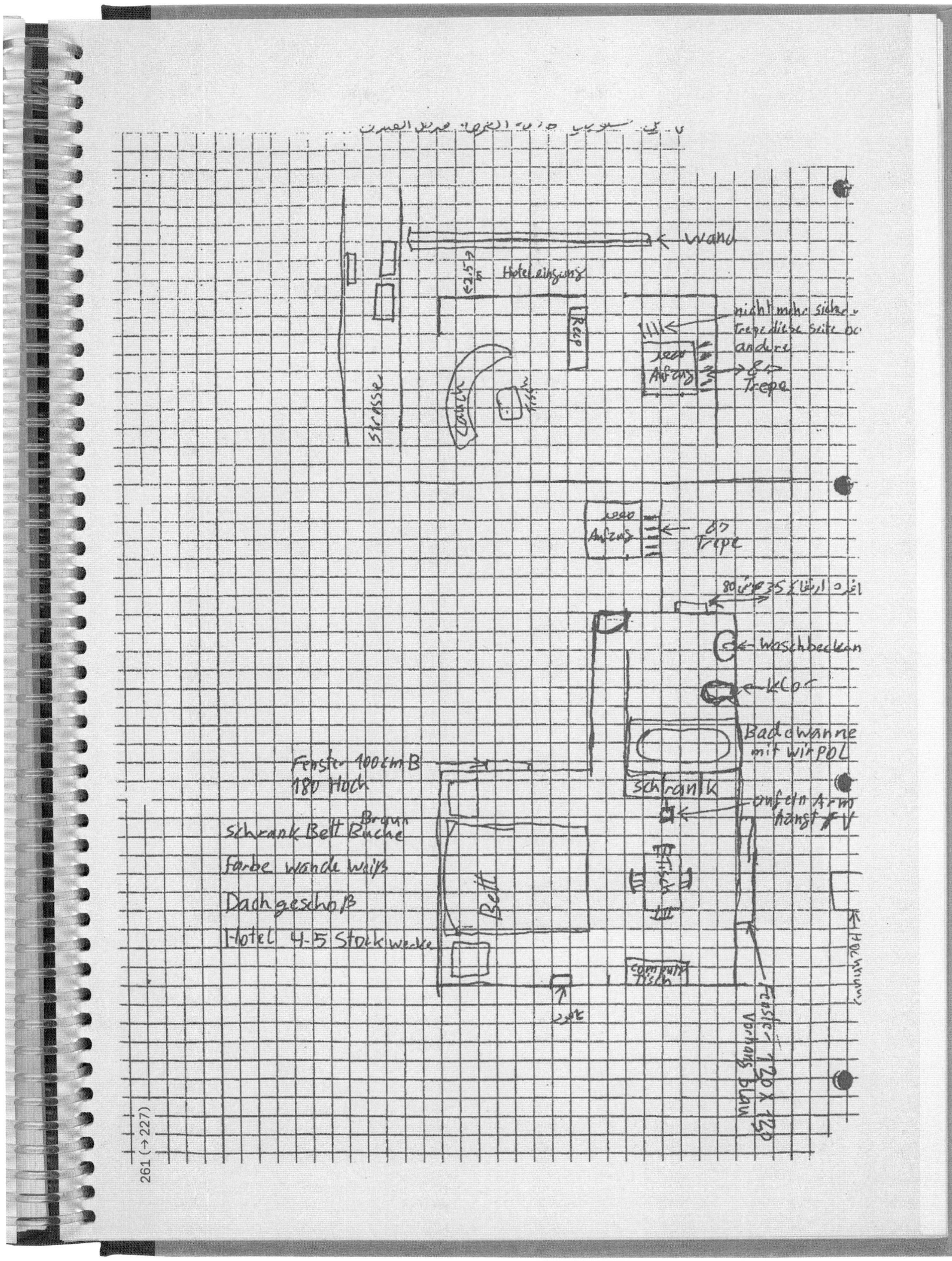
Wand
Hoteleingang
Strasse
Couch
Tisch
Rezep
nicht mehr sicher
Trepe diese Seite oder andere
Aufzug
Trepe
Aufzug
Trepe
80
Waschbecken
Klo
Badewanne mit Wirpol
Schrank
auf ein Arm hängt TV
Fenster 100 cm B
180 Hoch
Schrank Bett Braun Buche
Farbe Wände weiß
Dachgeschoß
Hotel 4-5 Stockwerke
Bett
Tisch
computer Tisch
Fenster 120 X 120
Vorhang blau
Heizung

261 (→227)

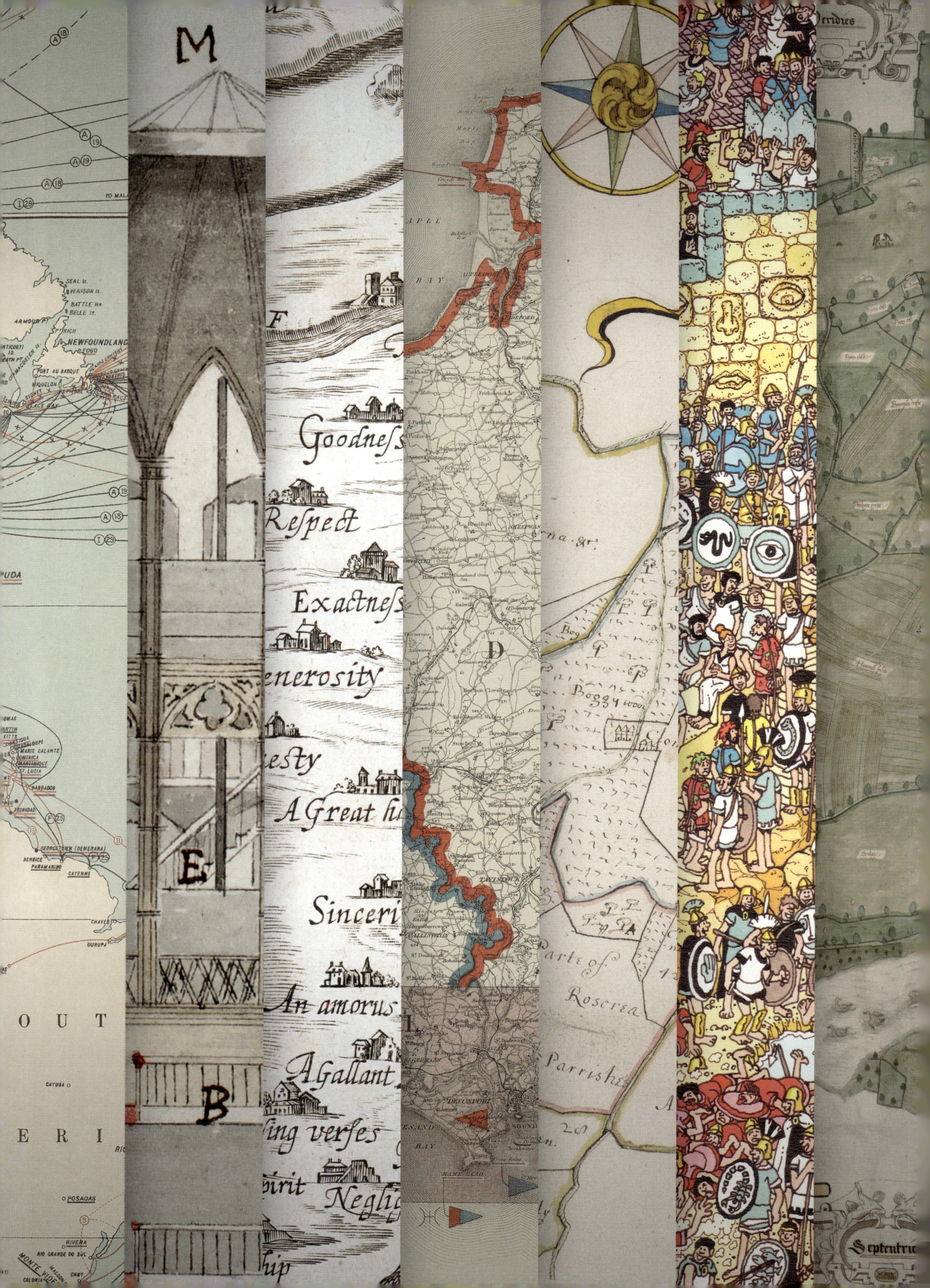

NEWFOUNDLAND
M
E
B
Goodnes
Respect
Exactnes
enerosity
esty
A Great
Sinceri
An amorus
A Gallant
ing verses
pirit
Negli
D
Boggy
Parts of
Roscrea
Parrishes
Septentrio

4. VIE PRIVÉE

ALLEY OPENED BY
Double
of Oblivion
of Truth
SWEDEN
FINLAND
ESTONIA
LATVIA
LITHUANIA
BELARUS
POLAND
CZECH REP.
SLOVAKIA
HUNGARY
ROMANIA
MOLDOVA
BULGARIA
GREECE
LIBYA
EGYP
CHAD
SUDA
CENTRAL AFRICAN REP.
DEMOCRATIC REPUBLIC OF CONGO
CONGO
ANGOLA
ZAMBIA
NAMIBIA
BOTSWANA
SOUTH AFRICA
Troy Orl

Ce chapitre s'intéresse aux liens historiques entre cartes et vie privée, plus particulièrement en termes de localisation et de territoire : où se trouvent les individus, ce qu'ils font et toute autre information personnelle susceptible d'être représentée sur une carte. Ce sujet transcende la dichotomie entre les cadres officiels et non-officiels de la confidentialité abordés jusqu'ici dans cet ouvrage. Vie privée et secret sont à la fois différents et étroitement liés. En matière de vie privée, nous protégeons nos connaissances personnelles, notre espace intime, et nous les protégeons par le secret. Un théoricien affirme que nous avons généralement une opinion positive de la vie privée et une opinion moins positive du secret : « La vie privée implique le refus légitime d'accès, tandis que le secret, dans le sens général du terme, implique la légitimité du refus d'accès[1]. » Ceci explique que la notion de sphère privée est un sujet controversé – de plus en plus au cours des dernières décennies. Avant que les gens ne transportent systématiquement un récepteur GPS dans leur poche, la vie privée était, selon les mots de Bill Gates, « presque implicite, car l'information était compliquée à trouver et à recueillir[2] ». Tout en reconnaissant l'impact des avancées technologiques, ce chapitre suggère qu'il existe un précédent plus général.

(Ci-contre) Hampstead Tenants Limited. *Preliminary sketch plan...* [« Plan préliminaire... »], Hampstead, 1907. Maps 3479.(106.).

Bien avant l'avènement de cartes permettant d'observer l'espace privé, l'intimité et la surveillance (le fait d'observer une personne ou un lieu) constituaient déjà des caractéristiques inhérentes aux sociétés[3]. En Europe, au début de l'ère moderne, la surveillance était devenue l'un des rôles des cartes en tant qu'outils du contrôle étatique. Lord Burghley par exemple, ministre d'Élisabeth Ire, eut recours aux cartes des comtés d'Angleterre et du Pays de Galles des années 1570 afin de surveiller des familles catholiques potentiellement problématiques. Dans les années 1590, Burghley fit réaliser de cartes détaillées de propriétés appartenant à des individus soupçonnés de malversations financières[4]. À partir du XVIe siècle, dans différentes régions du globe, des cartes mises au point par des cartographes de l'État et commerciaux représentèrent des territoires à une échelle permettant de percevoir littéralement le niveau de vie d'une personne – certaines de ces cartes mentionnaient même les noms des propriétaires terriens !

Au XIXe siècle, en Europe, à la suite d'une poussée démographique, d'une urbanisation et d'une mobilité sans précédent, et grâce à la disponibilité grandissante de données recueillies par les recensements officiels et les réformateurs sociaux, les cartes revêtirent une importance croissante. La vie des gens commença à être scrutée de plus près. Par exemple, à la fin du XIXe siècle, le quotidien des populations pauvres des centres-villes fut examiné via des enquêtes philanthropiques, religieuses et sanitaires. La publication de cartes « sociales », à l'image de celles de Londres par Charles Booth (1889) et de Chicago par Jane Adams (1895), fournit « une représentation détaillée de l'espace de vie de la ville sociale »

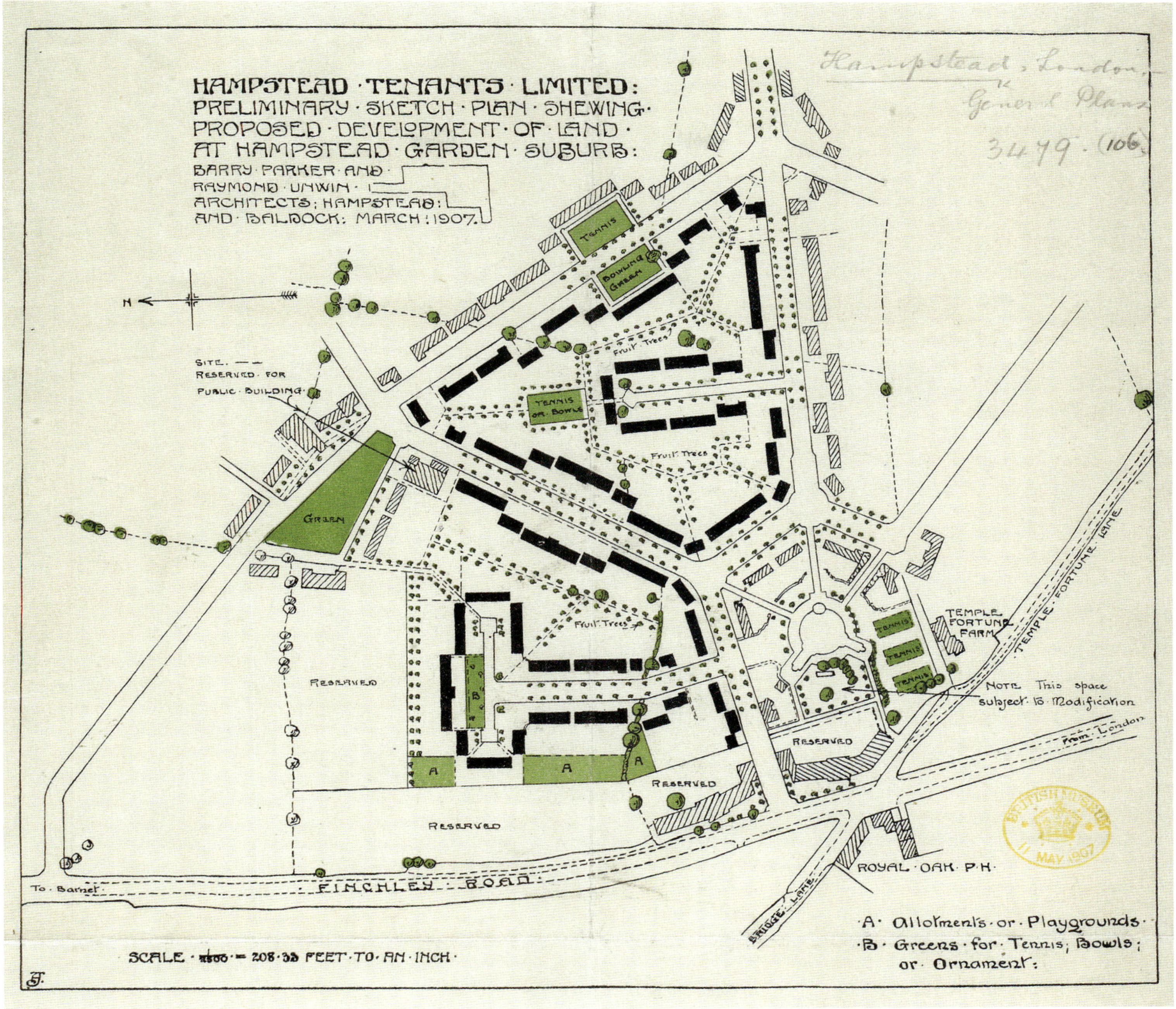

[p. 206-207][5]. Les rues et les bâtiments étaient colorés et annotés selon les informations recueillies par les enquêteurs lors de leurs tournées de porte-à-porte. Si ces cartes ont peut-être ouvert la voie à des améliorations sociales, elles impliquaient souvent une exposition réductrice de la situation personnelle des individus.

En Angleterre, à proximité de lieux considérés comme « les repaires secrets de pauvres dépourvus de toute moralité[6] », les initiatives de planification urbaine (le mouvement des cités-jardins, par exemple) tentèrent de préserver l'intimité en repensant l'orientation des logements, la couverture végétale et l'espace. Les membres des classes les plus pauvres de la société auront sans doute eu le sentiment d'être « envahis » par des enquêteurs sociaux bien intentionnés[7], cependant en Angleterre et au Pays de Galles, à partir des années 1820, les propriétaires terriens se sentirent également menacés par l'emprise de l'État par le biais d'une cartographie à grande échelle de leur sphère privée… et en particulier de leurs biens fonciers imposables. Toutefois, contrairement aux plus pauvres, cette classe sociale pouvait toujours tenter de contrer cette menace en jouant de son influence au Parlement.

Un peu plus tôt, dans les années 1780, Jeremy et Samuel Bentham avaient lancé l'idée du « panoptique », le plan d'un espace architectural utopique, conçu de sorte que les occupants – les détenus d'une prison ou les ouvriers d'une usine – s'imaginent être surveillés en permanence par un gardien invisible (lui-même observé) et ainsi, autoréguler leur comportement (voir p. 208). Le panoptique devint une métaphore incontournable de la société de surveillance moderne dans laquelle les intrusions perçues comme telles

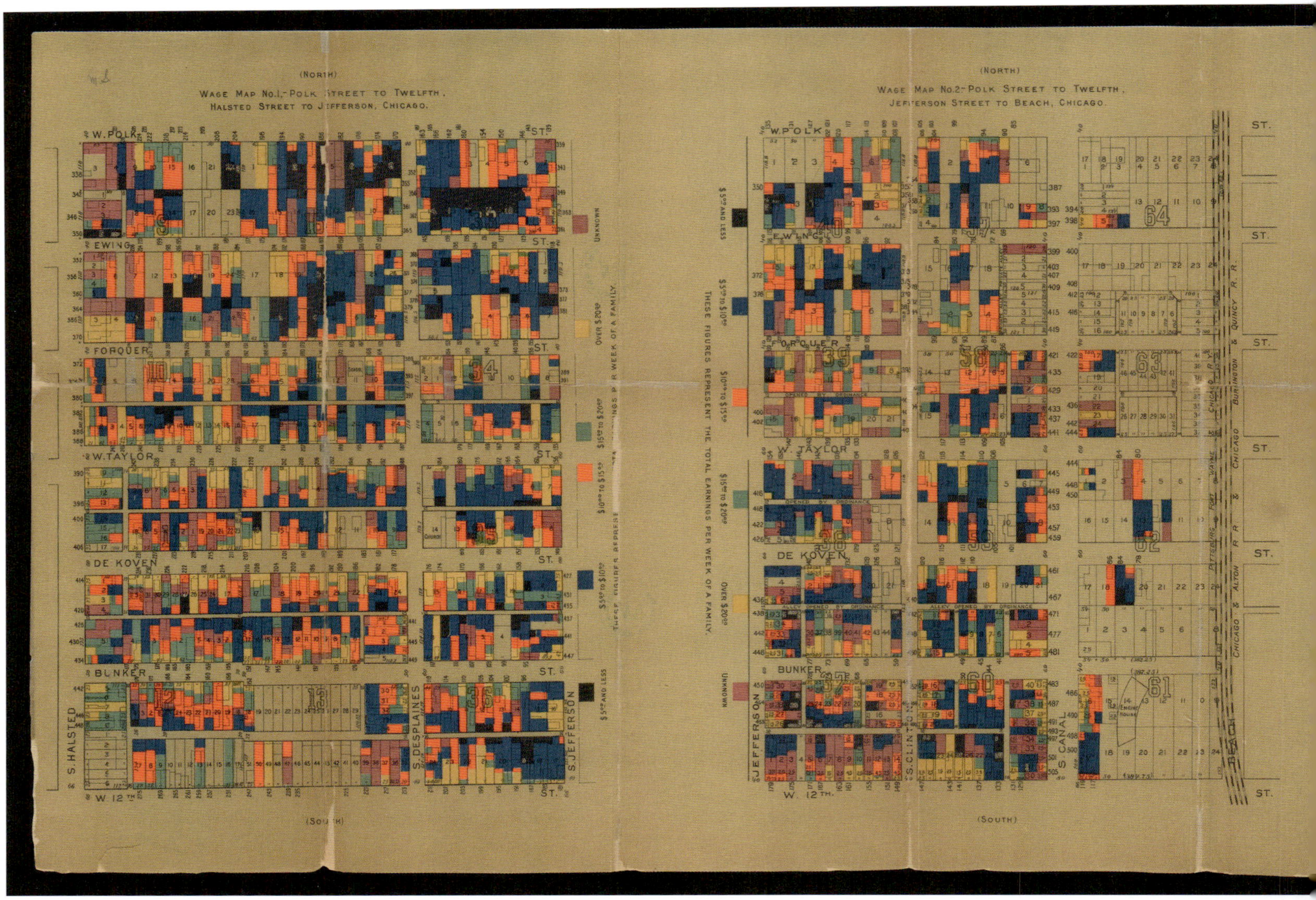

« Carte des salaires n° 1 à 4 », in *Hull-House maps and papers* [« Cartes et documents de Hull House »], résidents de Hull House, Boston, Thomas Y. Crowell [1895].

– espionnage postal, écoutes clandestines via des câbles sous-marins, sans oublier la kyrielle d'initiatives du renseignement du XXe siècle en temps de guerre et post-conflit – furent menées au motif que les atteintes à la vie privée des citoyens étaient un mal nécessaire pour assurer la sécurité de l'État.

Le lien entre les cartes et l'espace privé s'est fait plus complexe au cours des dernières décennies à la suite de la prolifération des technologies personnalisées de suivi de localisation dans la vie quotidienne. Il ne s'agit pas là de cartes dans le sens traditionnel du terme, mais l'émergence de données cartographiques en tant que produits indépendants de cartes illustrées montre bien le type de transformations subies par la cartographie désormais devenue un outil – et le sujet central de cet ouvrage. Aujourd'hui, la cartographie satellite à grande échelle et librement accessible couvre une majeure partie de la planète, tandis que les GPS cartographient, suivent, enregistrent, analysent, prédisent et même, influencent la localisation et les déplacements des individus et via les smartphones, produisent chaque jour une quantité inimaginable de données personnelles de localisation. Comme le titrait avec effroi un journal local britannique en mars 2022 : « Votre iPhone conserve une carte secrète de tous les endroits où vous vous rendez[8] » !

Les avantages culturels, scientifiques, éducatifs et commerciaux associés à ces technologies sont considérables. Les cartes de suivi, par exemple, sont devenues indispensables pour résoudre les crimes, améliorer la logistique des livraisons et la santé, même si des failles de sécurité peuvent survenir. Les valises, les animaux de compagnie et même, les enfants peuvent être surveillés pour une tranquillité d'esprit et une sécurité accrues. Les informations personnelles sont protégées par des lois, plus strictes sur certains territoires que d'autres. Les paramètres de confidentialité par défaut sont parfois jugés trop stricts par certains utilisateurs qui demandent aux

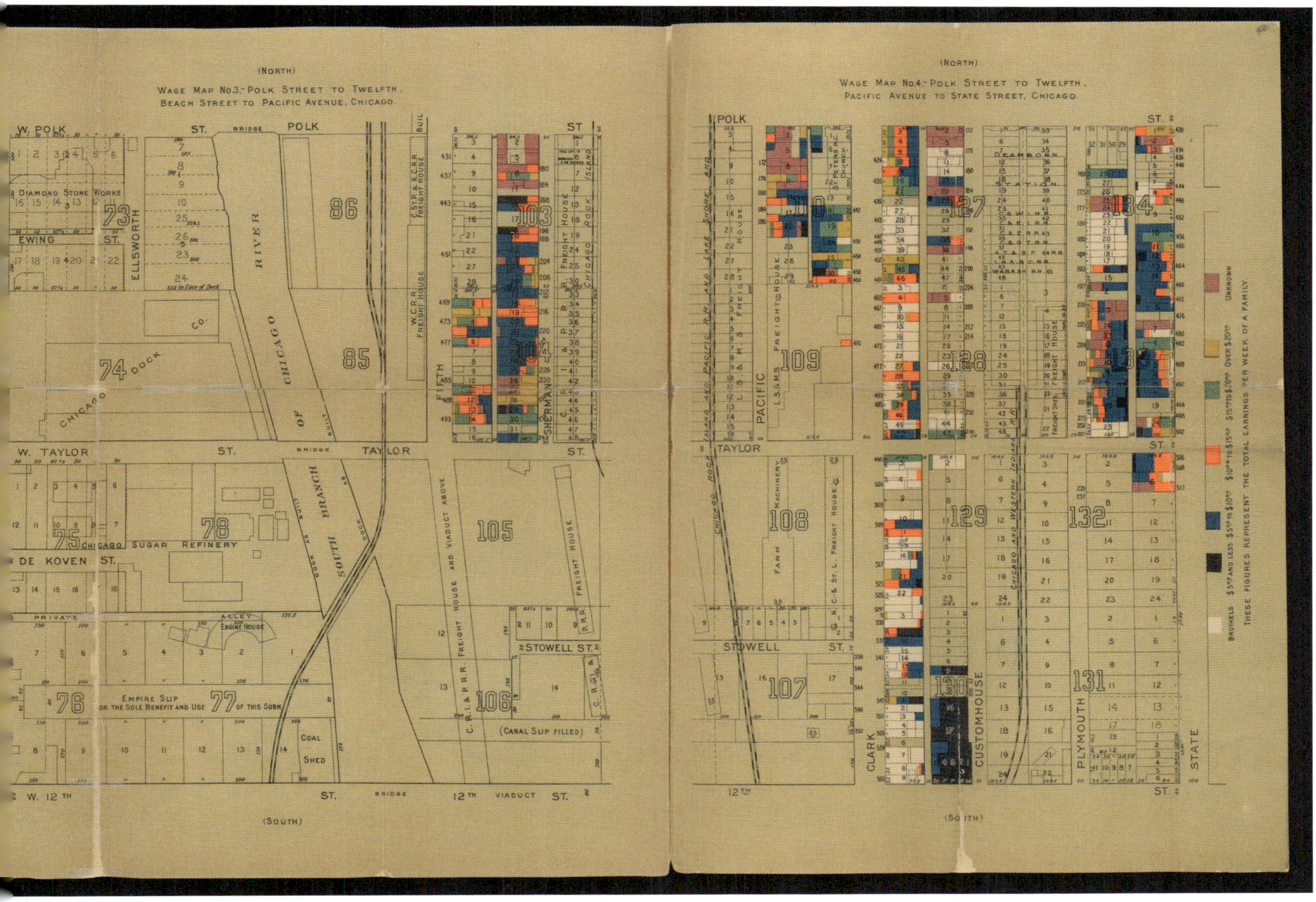

entreprises de supprimer les filtres de confidentialité associés à leurs données. Lorsque les données sont librement accessibles et peuvent être achetées, des outils d'anonymat et de brouillage garantissent que les individus ne soient pas identifiables.

Pourtant, certains s'inquiètent que nous ayons volontairement cédé nos données géographiques à l'État et aux entités privées qui gèrent ces systèmes. Même les données anonymisées peuvent être manipulées afin d'identifier les individus assez aisément. Voilà plus de 20 ans, le géographe Mark Monmonier montra tout ce que les spécialistes des études de marché pouvaient extraire des codes postaux américains[9]. Aujourd'hui, le « capitalisme de surveillance » s'articule sur la vente de données de suivi anonymisées à un grand nombre d'entités commerciales – les annonceurs, par exemple. S'il n'est pas exceptionnel qu'une entreprise détienne des informations privées sur ses clients, certains dénoncent un manque de clarté quant à l'utilisation qui en est faite en coulisses.

Dès lors, il devient possible de croire au scénario imaginé par Timon Beyes et Claus Pias, dans lequel « la vie exposée des individus devient du "big data" entre les mains des géants de l'Internet et des agences de renseignement gouvernementales, lesquelles, tout en restant opaques, collectent et évaluent les traces laissées derrière eux par les usagers du numérique[10] ». Monmonier s'est interrogé : « Qu'avons-nous à cacher qui mériterait d'être cartographié ?[11] » Au début de cet ouvrage, nous avons présenté comme un exemple de carte « secrète » une capture d'écran de téléphone portable montrant une localisation personnelle… mais si nous n'avons rien à cacher, où est le secret ? Comme l'expliquent les exemples suivants, l'histoire de la cartographie et de la vie privée s'articule autour de la dichotomie entre révélation et dissimulation, entre espace public et sphère personnelle, entre besoin de se trouver sur la carte et désir (ou possibilité !) d'y échapper.

Panoptique, cartes et données géospatiales, v. 1791-présent

Le concept du panoptique fut imaginé au XVIIIe siècle par Jeremy Bentham, philosophe et réformateur social anglais. Développé en tant que modèle de surveillance totale à l'attention des usines, des hôpitaux, des écoles et des prisons[1], le panoptique ne fut jamais construit. Néanmoins, l'influence de ce type d'architecture fut significative et pérenne, façonnant la manière dont les gens perçoivent la surveillance et le contrôle. Les plans montrent une structure conçue pour se prêter à une surveillance ininterrompue grâce à une visibilité maximale des détenus, tout en exigeant un minimum d'effort de la part de l'observateur. Il s'agit d'un espace où il n'y a aucune intimité, aucun moyen d'échapper à la surveillance et où les personnes peuvent être continuellement observées, ce qui ne laisse aucune place au secret.

Les plans manuscrits et les coupes transversales réalisées par l'architecte Willey Reveley, qui collabora avec Jeremy Bentham afin de visualiser le concept, dévoilent une vision pionnière de l'architecture carcérale en matière de surveillance[2]. La structure circulaire, constituée de cellules aménagées autour d'une tour d'observation centrale, avait pour objectif d'apporter une visibilité totale. Chaque recoin de la cellule avait été pensé pour être vu par le gardien, tandis que les détenus ne pouvaient savoir s'ils étaient ou non surveillés. Leurs secrets, leurs comportements et leurs routines étaient soumis au regard d'un scrutateur invisible. Les éléments principaux – les stores de la tour centrale pour masquer les gardiens, par exemple – garantissaient que les prisonniers ignorent s'ils étaient ou non surveillés[3]. Cette incertitude transmuait le panoptique de structure physique à un processus psychologique, encourageant les détenus à autoréguler leurs comportements[4].

Au XXe siècle, le philosophe français Michel Foucault réinterpréta le panoptique par le biais d'une métaphore plus vaste des dynamiques du pouvoir dans la société moderne : il affirma que la surveillance à des fins d'autorégulation comportementale avait une influence considérable sur les institutions, la technologie et la vie quotidienne[5]. Dans le monde moderne, le recours à la surveillance telle que conceptualisée par le panoptique ne se limite plus aux espaces physiques comme les prisons, mais s'étend aux technologies numériques et aux systèmes géospatiaux. Les technologies géospatiales – comme les SIG (Systèmes d'Information Géographique) – permettent de localiser précisément les individus, souvent sans leur autorisation explicite. Des services de localisation et de suivi GPS à la reconnaissance faciale, les technologies modernes reprennent les principes du panoptique en recréant des conditions dans lesquelles les individus s'autorégulent en réaction à une surveillance perçue. Ces systèmes, disponibles à bord des véhicules ou sur des dispositifs tels que les smartphones et via une multitude d'applications du quotidien, fonctionnent comme des observateurs invisibles, recueillant tous les jours des quantités considérables de données sur les mouvements de leurs utilisateurs. Tandis que ces derniers savent généralement qu'ils sont surveillés, la présence mondiale de ces systèmes en normalise l'acceptation. Dans ce contexte, la dynamique entre savoir et pouvoir décrite par Foucault est parfaitement visible : ceux qui recueillent ces données (entreprises, gouvernements, personnes privées...) peuvent les utiliser de façon à influencer notablement les individus surveillés. L'asymétrie du savoir, où l'observateur connaît tout de la personne surveillée tout en demeurant invisible, renforce la relation panoptique entre la technologie et ceux qui y ont recours.

Si la visualisation offerte par les cartes est un outil puissant, les données géographiques brutes peuvent également faire office de cartes. Les enquêtes, à l'image de celles menées dans le cadre du *Rendition Project* [« Projet Détention »], montrent combien les données spatiales peuvent divulguer des informations secrètes. Ce projet consistait en une collaboration visant à enquêter sur le protocole de *extraordinary rendition* de la CIA qui a suivi les attentats du 11 Septembre – une opération impliquant le transfert secret, la détention et l'interrogatoire d'individus soupçonnés d'activités terroristes. En se basant sur des données de vol accessibles au public, des documents déclassifiés et des témoignages directs, des chercheurs et des militants des droits humains reconstituèrent l'infrastructure mondiale des prisons secrètes, ou « sites noirs », gérés en collaboration avec de nombreux gouvernements alliés, dont le Royaume-Uni. Ce projet prouva combien les données spatiales – les itinéraires de vol, l'emplacement des aéroports et les horodatages – avaient la capacité de mettre au jour des opérations étatiques secrètes et de tenir les gouvernements responsables de violations des droits humains. Il souligna combien les pratiques cartographiques, traditionnellement employées par l'État pour contrôler et surveiller les populations, pouvaient également servir à la société civile pour défier le secret et exiger la transparence[6].

M
L
L
C
C
D
D
E
E
C
C
D
D
E
A
A
B
N
N
O
O
D
D
E

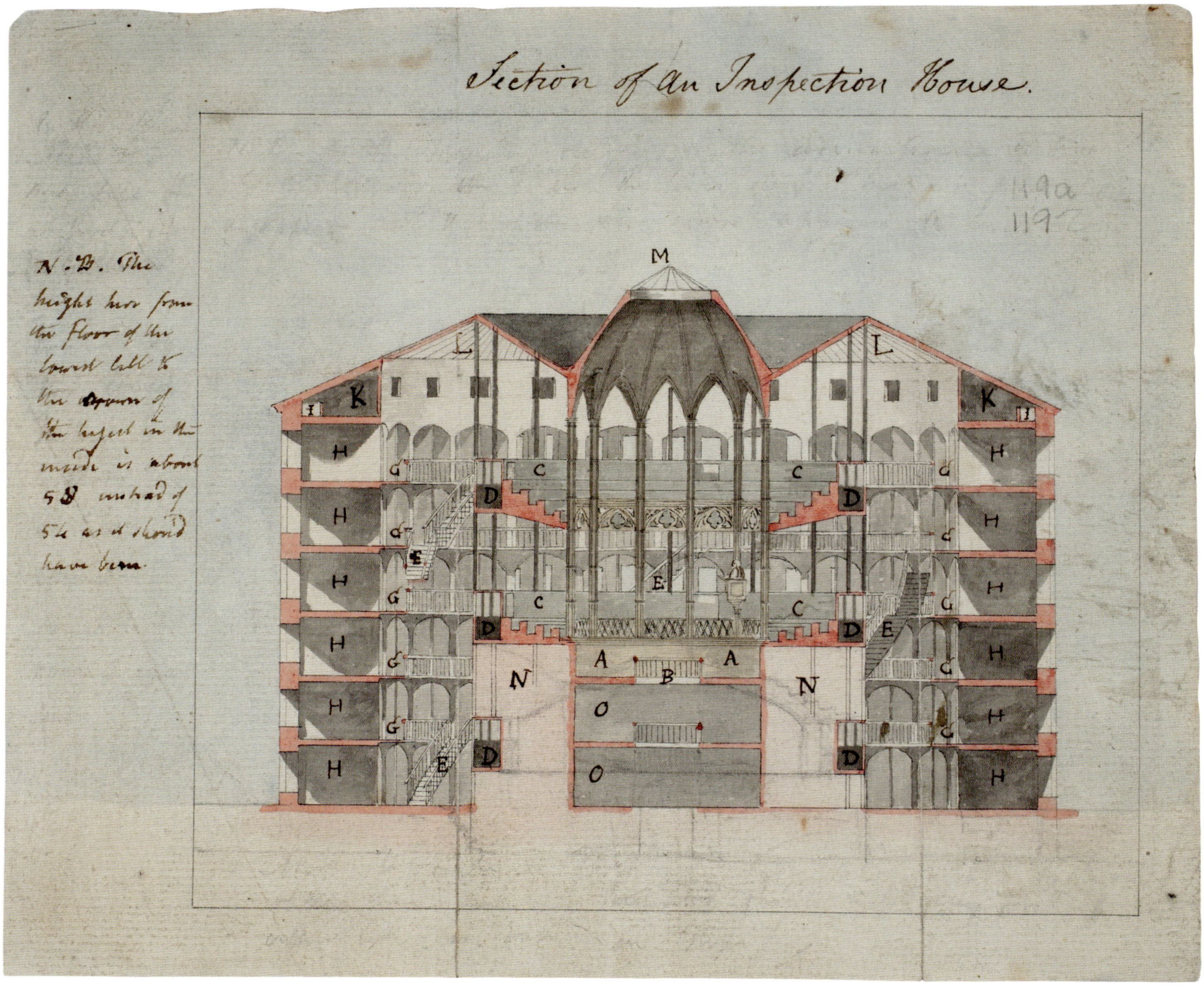

L'autorégulation s'étend à la vie contemporaine via les technologies de type caméras de surveillance et reconnaissance faciale qui opèrent selon les mêmes principes que le panoptique et visent à encourager les individus à réguler leurs comportements quand ils pensent être observés. Comme l'a affirmé Foucault, ces systèmes favorisent une discipline intérieure, où la possibilité d'être surveillé devient à elle seule un puissant outil de contrôle. Pourtant, ces technologies présentent aussi des avantages manifestes : réduction de la criminalité, renforcement de la sécurité des espaces publics, prévention de la fraude et apport de preuves irréfutables dans le cadre de poursuites judiciaires. Toutefois, dans une forme contemporaine de « contre-cartographie », la surveillance n'est pas acceptée passivement et les citoyens s'y opposent de plus en plus. Il en est pour preuve la campagne *Ban the Scan* (« Interdire le scan ») d'Amnesty International qui reprend des données géospatiales pour *cartographier les cartographes*. En effet, l'ONG a créé une carte interactive de New York pour permettre à ses utilisateurs de matérialiser des itinéraires révélant l'emplacement des caméras de reconnaissance faciale essaimées dans la ville. Si la carte montre des points de données, l'objectif est de souligner les problématiques éthiques liées aux technologies de surveillance de masse et leur impact sur les droits individuels et la marginalisation de communautés, en plaidant pour une réglementation et une transparence accrues[7].

L'interaction entre visibilité et confidentialité façonne non seulement le comportement, mais également l'identité. Les services de localisation influencent combien les individus interagissent avec leur environnement, qu'il soit question de se déplacer dans une ville ou de choisir un itinéraire en fonction de données en temps réel. Cette visibilité constante génère un sentiment de connexion, mais aussi une perte d'intimité tandis que les individus livrent leurs secrets au regard omniprésent de la technologie.

(Ci-contre) *Section of an Inspection House* [« Coupe de l'Inspection House (maison de surveillance centrale) dessinée par Willey Reveley »] Bentham MS Box 119/119, Bentham Papers, UCL Special Collections.

(À droite) The Rendition Project.

(En bas, à droite) Ban the Scan.

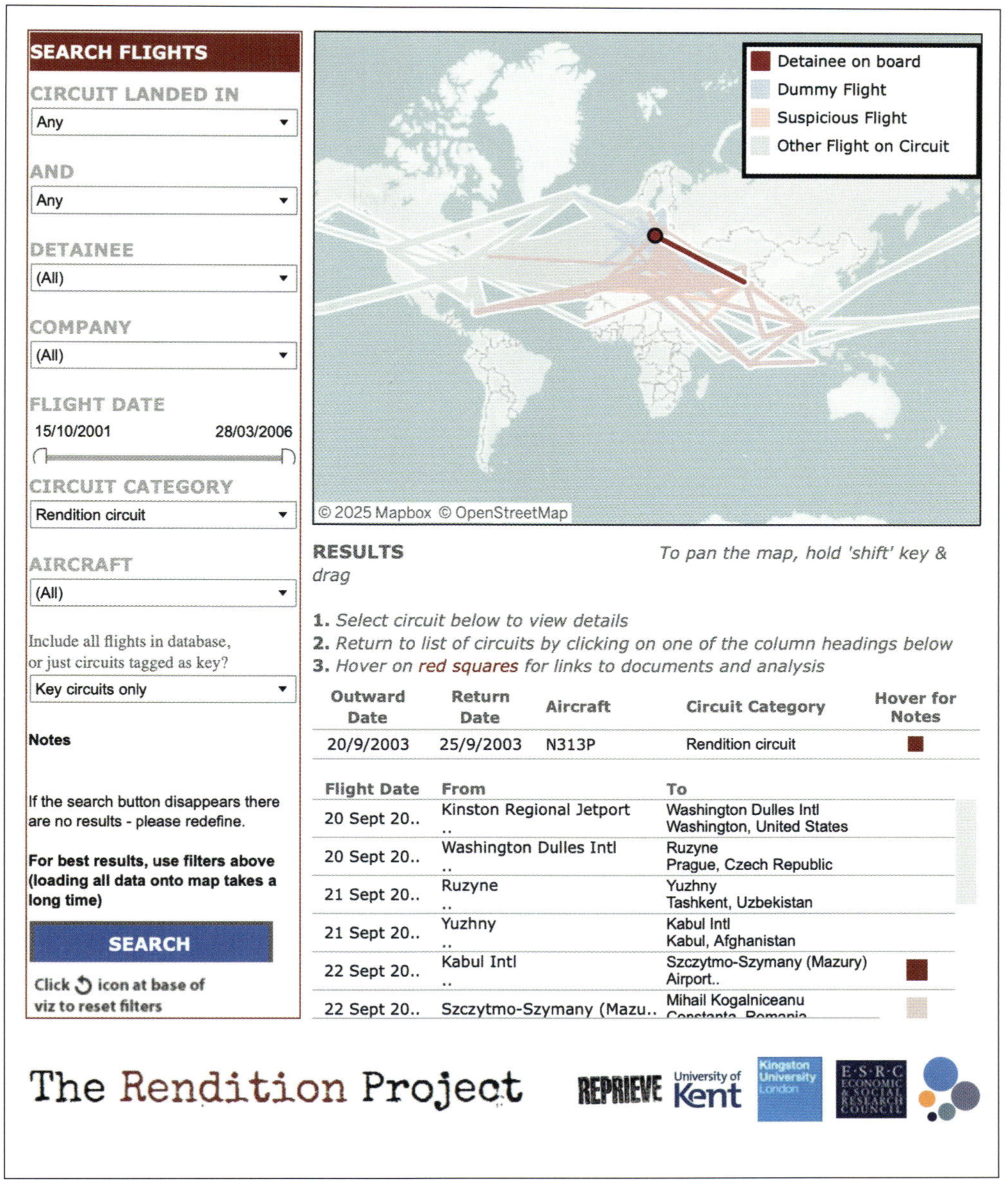

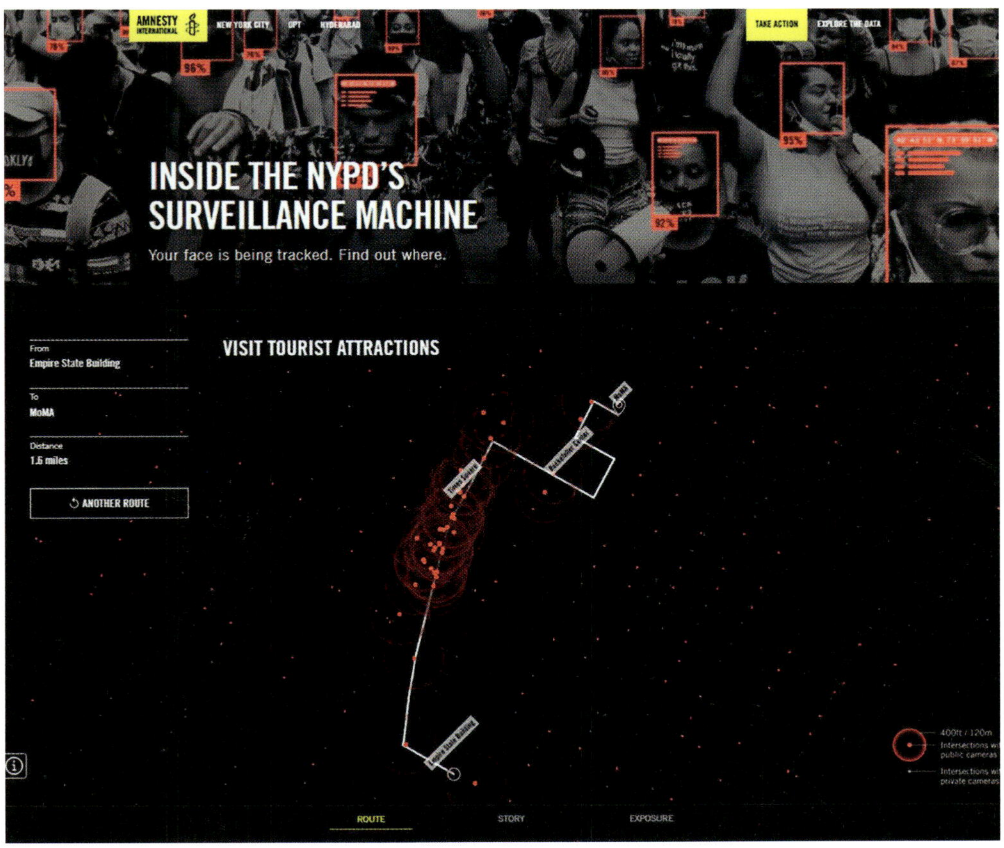

Communications par câble : un monde pas si secret, 1850-présent

À l'heure où nous écrivons ces lignes, on estime que plus de 95 % des données internationales transitent par câbles de communication terrestres ou sous-marins[1]. Appels téléphoniques, e-mails et trafic Internet traversent les continents et les océans, connectant des lieux éloignés grâce à des câbles de fibre optique d'à peine 25 millimètres de diamètre. Pourtant, il faut savoir que les câbles actuels [p. 219] suivent étroitement les itinéraires du réseau de communications télégraphiques du XIXe siècle. Aujourd'hui comme hier, ces réseaux offrent aux gouvernements la possibilité d'intercepter des messages secrets et privés lors de leur transit par les câbles, exacerbant ainsi une tension récurrente entre vie privée et sécurité nationale.

Le premier câble sous-marin fut déployé en 1850 par la English Channel Submarine Telegraphy Company entre Douvres, en Angleterre, et le cap Gris-Nez, dans la région du Pas-de-Calais, au nord de la France. Si la communication échoua au premier jour, le concept novateur fit ses preuves par la suite.

La Grande-Bretagne contrôlait les réseaux de câbles mondiaux, motivée par sa volonté d'étendre les communications à travers l'ensemble de l'Empire britannique. En 1866, le premier câble transatlantique fut posé avec succès entre l'Irlande et Terre-Neuve par le Great Eastern, le paquebot à vapeur tout en acier d'Isambard Kingdom Brunel. En 1870, l'Inde rejoint ce réseau en constante expansion grâce à une combinaison de câbles sous-marins et terrestres. Ce câble posé sous l'Atlantique en 1870 [à droite] provient de la plage de Porthcurno, en Cornouailles, un site où de nombreux câbles sous-marins rejoignaient la terre ferme à l'époque.

La *Western District Defence Scheme General Map* [« Carte générale du plan de défense du district occidental »] [p. 214-215] fut publiée par l'Ordnance Survey en 1904. Elle porte la mention « À l'usage exclusif du ministère de la Guerre » et fut versée à la bibliothèque confidentielle des cartes secrètes de la Division du renseignement du ministère de la Guerre de Whitehall (Londres).

Cette carte dévoile un vaste éventail d'installations stratégiques et de moyens de communication dans les Cornouailles et une partie du Devon, aux confins sud-ouest de la Grande-Bretagne, où se situaient des ports protégés et des forteresses, des bases de renseignement de l'Amirauté et des sites d'atterrissements de câbles. À Land's End et au cap Lizard, la carte indique des groupes de câbles sous-marins provenant de destinations étrangères, dont la France, Gibraltar et la Nouvelle-Écosse, au Canada. Les emplacements des sites d'atterrissement n'apparaissent pas sur les versions publiques de ces cartes.

Échantillon de câble sous-marin reliant la Grande-Bretagne et l'Inde, Eastern Telegraph Company, 1870. GCHQ CHLGC:2025.AP1890.

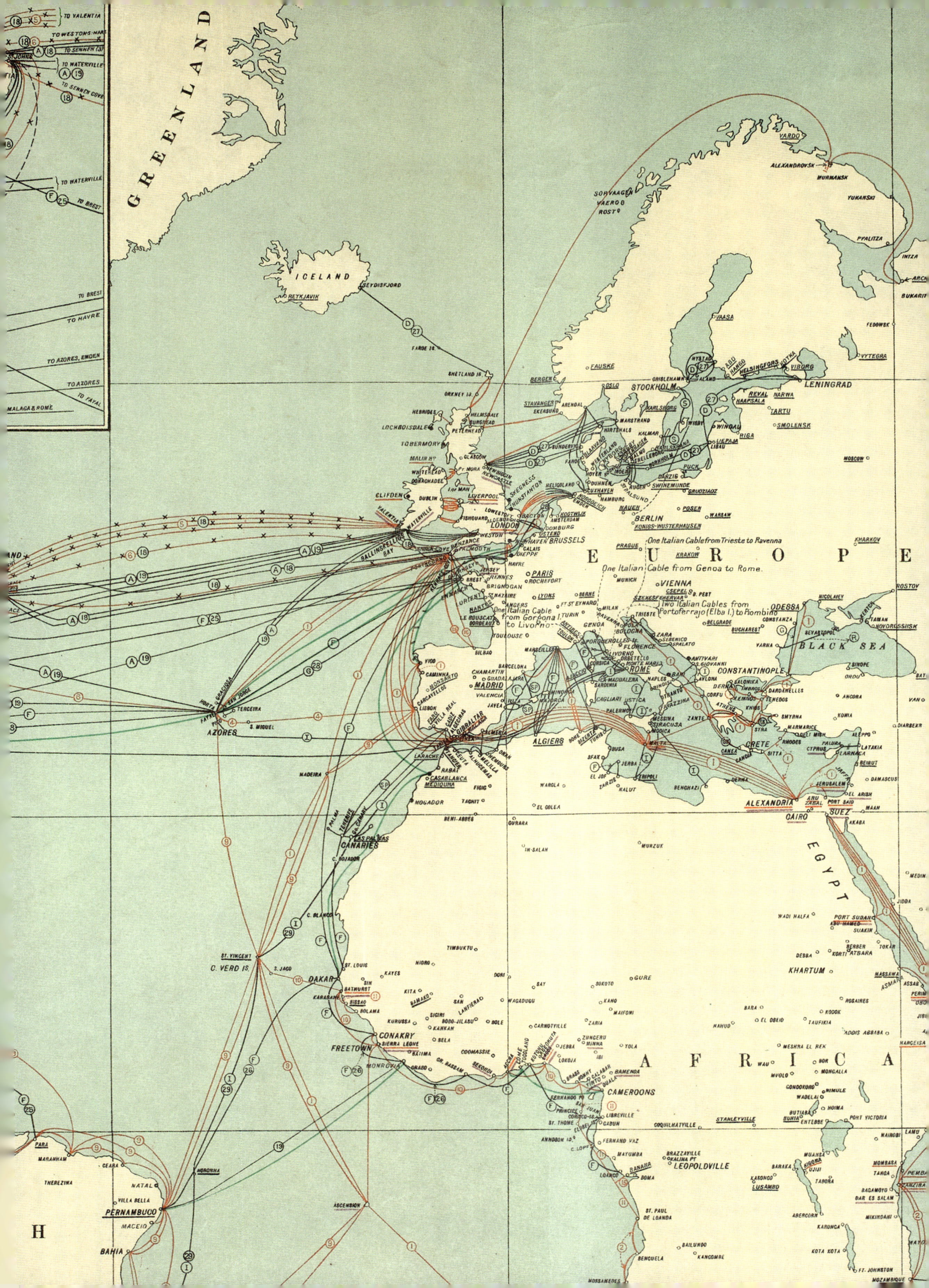
GREENLAND
ICELAND
REYKJAVIK
SEYDISFJORD
TO VALENTIA
TO WATERVILLE
TO BREST
TO HAVRE
TO AZORES, EMDEN
TO AZORES
TO FAYAL
MALAGA & ROME
SHETLAND IS.
ORKNEY IS.
HEBRIDES
LOCHBOISDALE
TOBERMORY
PETERHEAD
GLASGOW
CLIFDEN
DUBLIN
LIVERPOOL
VALENTIA
WATERVILLE
LONDON
PENZANCE
BRUSSELS
PARIS
BREST
HAVRE
DIEPPE
CALAIS
OSTEND
AMSTERDAM
EMDEN
HELIGOLAND
HAMBURG
BERLIN
KONIGS-WUSTERHAUSEN
POSEN
WARSAW
DANZIG
SWINEMUNDE
STOCKHOLM
BERGEN
STAVANGER
ARENDAL
OSLO
HELSINGFORS
VIBORG
LENINGRAD
REVAL
NARWA
TARTU
HAAPSALA
SMOLENSK
RIGA
LIBAU
WINDAU
VAASA
FAUSKE
SORVAAGEN
VAERO
ROST
VARDO
ALEXANDROVSK
MURMANSK
YUKANSKI
PYALITZA
INTZA
FEDOWSK
VYTEGRA
MOSCOW
KHARKOV
ROSTOV
NICOLAIEV
ODESSA
CONSTANZA
BUCHAREST
VARNA
BLACK SEA
SINOPE
CONSTANTINOPLE
TENEDOS
SMYRNA
RHODES
CYPRUS
LARNACA
LATAKIA
BEIRUT
ALEPPO
DAMASCUS
JERUSALEM
JAFFA
EL ARISH
PORT SAID
SUEZ
ALEXANDRIA
CAIRO
EGYPT
E U R O P E
One Italian Cable from Trieste to Ravenna
One Italian Cable from Genoa to Rome.
Two Italian Cables from Portoferrajo (Elba I.) to Piombino
One Italian Cable from Gorgona I. to Livorno
PRAGUE
KRAKOW
VIENNA
MUNICH
MILAN
TURIN
GENOA
LIVORNO
FLORENCE
ROME
NAPLES
BARI
TRIESTE
ZARA
SPALATO
CORFU
ATHENS
CRETE
CANEA
MALTA
MESSINA
SIRACUSA
PALERMO
CAGLIARI
SARDINIA
CORSICA
AJACCIO
MARSEILLES
TOULON
LYONS
BORDEAUX
TOULOUSE
BILBAO
VIGO
MADRID
BARCELONA
VALENCIA
LISBON
CARCAVELLOS
GIBRALTAR
CEUTA
TANGIER
MELILLA
ORAN
ALGIERS
TUNIS
BIZERTA
TRIPOLI
BENGHAZI
DERNA
CASABLANCA
RABAT
MOGADOR
LARACHE
AZORES
FAYAL
HORTA
TERCEIRA
S. MIGUEL
MADEIRA
CANARIES
LAS PALMAS
TENERIFE
C. BLANCO
C. VERD IS.
ST. VINCENT
S. JAGO
DAKAR
ST. LOUIS
BATHURST
BISSAO
BOLAMA
CONAKRY
SIERRA LEONE
FREETOWN
MONROVIA
GRAND BASSAM
SEKONDI
ACCRA
LAGOS
COTONOU
TOGOLAND
BONNY
CALABAR
DUALA
CAMEROONS
FERNANDO PO
PRINCIPE
ST. THOME
LIBREVILLE
GABUN
ANNOBON IS.
C. LOPEZ
MAYUMBA
LOANGO
BANANA
BOMA
BRAZZAVILLE
LEOPOLDVILLE
ST. PAUL DE LOANDA
BENGUELA
BAILUNDO
MOSSAMEDES
TIMBUKTU
KAYES
BAMAKO
IN-SALAH
MURZUK
EL GOLEA
BENI-ABBES
WARGLA
GURE
SOKOTO
KANO
ZARIA
WAGADUGU
A F R I C A
KHARTUM
WADI HALFA
PORT SUDAN
SUAKIN
BERBER
MASSAWA
ASMARA
ADDIS ABBABA
HARGEISA
STANLEYVILLE
COQUILHATVILLE
ENTEBBE
NAIROBI
MOMBASA
TANGA
ZANZIBAR
DAR ES SALAM
LAMU
KOTA KOTA
FT. JOHNSTON
MOZAMBIQUE
TABORA
UJIJI
ASCENSION
NORONHA
PARA
MARANHAM
CEARA
NATAL
PERNAMBUCO
MACEIO
BAHIA
THEREZINA
VILLA BELLA
H

For War Department purposes only.

WESTERN DISTRICT DEFENCE SCHEME GENERAL MAP.

I.D.W.O. No. 1845.

Scale of Four Miles to One Inch

The Altitudes are given in Feet above the assumed Mean Level of the Sea at Liverpool, which is 0.650 of a foot below the general Mean Level of the Sea, and are indicated thus (326)

The Altitudes for the Isles of Scilly are given in Feet above the assumed Mean Level of the Sea.

Admiralty Signal Stations

" Port War Signal Stations.

" Intelligence Bases

Defended Ports; Fortresses; Hd. Qrs. Mov. Cols. — Shewn Severally in Colours

Tunnels of Strategic Importance

Wireless Telegraphy Installations

Probable Landing Places

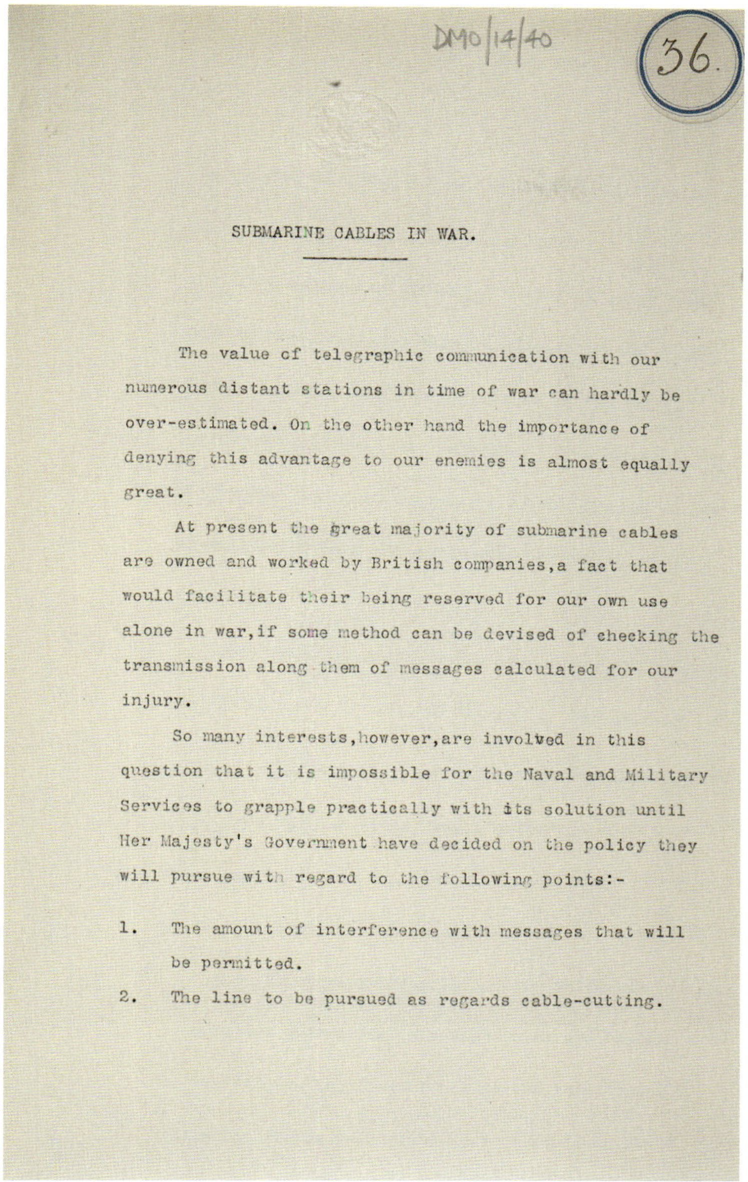
DMO/14/40

36.

SUBMARINE CABLES IN WAR.

The value of telegraphic communication with our numerous distant stations in time of war can hardly be over-estimated. On the other hand the importance of denying this advantage to our enemies is almost equally great.

At present the great majority of submarine cables are owned and worked by British companies, a fact that would facilitate their being reserved for our own use alone in war, if some method can be devised of checking the transmission along them of messages calculated for our injury.

So many interests, however, are involved in this question that it is impossible for the Naval and Military Services to grapple practically with its solution until Her Majesty's Government have decided on the policy they will pursue with regard to the following points:-

1. The amount of interference with messages that will be permitted.
2. The line to be pursued as regards cable-cutting.

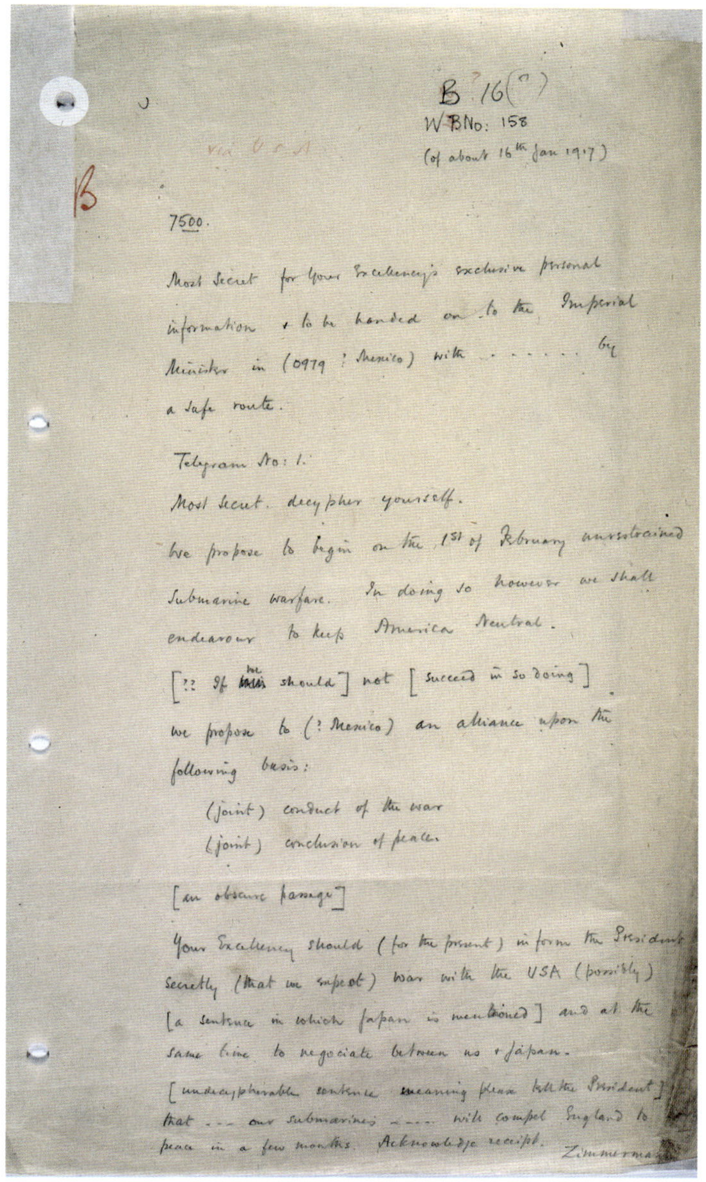
B 16(?)
W.B No: 158
(of about 16th Jan 1917)

7500.

Most Secret for Your Excellency's exclusive personal information & to be handed on to the Imperial Minister in (0979 ? Mexico) with ...... by a safe route.

Telegram No: 1.

Most Secret. decypher yourself.

We propose to begin on the 1st of February unrestrained Submarine warfare. In doing so however we shall endeavour to keep America Neutral.

[?? If we should] not [succeed in so doing]

we propose to (? Mexico) an alliance upon the following basis:

(joint) conduct of the war

(joint) conclusion of peace.

[an obscure passage]

Your Excellency should (for the present) inform the President secretly (that we expect) war with the USA (possibly) [a sentence in which Japan is mentioned] and at the same time to negociate between us & Japan.

[undecypherable sentence meaning please tell the President] that ... our submarines .... will compel England to peace in a few months. Acknowledge receipt.

Zimmerman

(Ci-contre, en haut et en bas) *Western District Defence Scheme* [« Carte générale du plan de défense du district occidental »], carte de l'Ordnance Survey, 1904. Cartes MOD IDWO 1845.

(Ci-dessus) *Submarine Cables in War* [« Les câbles sous-marins en temps de guerre »], in *DMO Secret. Military Policy & Organization* [« DMO Secret. Politique et organisation militaires »], 1895. BL DMO/14/40.

(Ci-dessus) Transcription du télégramme de Zimmermann, premier brouillon par Nigel de Grey, 1917. Archives nationales, HW 7/8, référence WNo.158.

Le fait qu'ils figurent sur cette carte secrète souligne leur importance dans le cadre de l'infrastructure stratégique nationale.

Dès le départ, le gouvernement britannique comprit la vulnérabilité de ce système face à l'espionnage et aux attaques de gouvernements étrangers. Il perçut également l'opportunité que représentait pour la Grande-Bretagne le fait de s'emparer du leadership dans ce domaine technologique afin de collecter ses propres renseignements. Un mémo confidentiel [en haut, à gauche], tapé à la machine dans le bureau du directeur des opérations militaires (DMO), fut intégré à un volume intitulé *DMO Secret, Military Policy and Organization* [« DMO secret, politique militaire et organisation »] vers 1895. Il fournit l'analyse succincte suivante :

En temps de guerre, la valeur des communications télégraphiques avec nos nombreuses stations distantes ne saurait être surestimée. Il est d'autre part tout aussi important d'empêcher nos ennemis de profiter de cet avantage.

À l'heure actuelle, la grande majorité des câbles sous-marins sont détenus et exploités par des entreprises britanniques, ce qui permettrait que leur usage exclusif nous soit réservé en temps de guerre, si nous pouvions trouver le moyen de vérifier la transmission de messages susceptibles de nous nuire.

Le mémo souligne également qu'il serait impossible aux services navals et militaires britanniques de trouver une solution pratique tant que le gouvernement n'aurait pas arrêté une politique sur les points suivants :

1. Le niveau d'interférence autorisé avec les messages.
2. La ligne à suivre en matière de coupure de câbles.

Au début de la Première Guerre mondiale, ces décisions avaient été prises. Dans la nuit qui suivit la déclaration de guerre de la Grande-Bretagne à l'Allemagne, le 4 août 1914, *Alert*, un navire britannique poseur de câbles, quittait Douvres pour saboter cinq câbles sous-marins allemands reliant l'Allemagne au reste du monde. Lors de l'un de ses premiers actes de guerre, l'équipage britannique coupa les câbles, obligeant ainsi les Allemands à employer la radio pour leurs communications internationales – rendant ainsi les messages beaucoup plus facile à intercepter.

Néanmoins, les Allemands trouvèrent rapidement une alternative. Avant que les États-Unis n'entrent en guerre en avril 1917, l'Allemagne négocia avec succès l'utilisation de câbles diplomatiques américains pour ses propres communications. À l'insu des deux parties, cette situation offrit aux Britanniques de précieuses opportunités d'interception.

Le déchiffrement manuscrit britannique [p. 215, à droite] d'un télégramme allemand intercepté eut un impact considérable sur la poursuite du conflit[2]. Le 16 janvier 1917, Arthur Zimmermann, ministre allemand des Affaires étrangères, envoya via des câbles américains un message crypté – aujourd'hui baptisé « Télégramme Zimmermann » – à l'intention de l'ambassadeur allemand au Mexique. Il lui donnait pour instruction de transmettre un message au président mexicain, lui proposant une alliance militaire entre leurs deux pays, contre les États-Unis, dans le cas où ces derniers déclareraient la guerre à l'Allemagne.

À l'époque, le quasi-monopole de la Grande-Bretagne sur le réseau mondial des câbles constituait un avantage indéniable. En effet, le trafic des câbles américains entre l'Allemagne et les États-Unis passait par Londres, où les Britanniques avaient la possibilité d'intercepter les messages. Selon de récentes recherches, les Britanniques auraient, en secret, commencé à intercepter les messages transmis par les câbles de l'ambassade américaine à Londres dès mai 1915 – voire avant[3].

Par conséquent, le télégramme allemand fut intercepté par les Britanniques et immédiatement transféré à la Chambre 40, la section de déchiffrement de l'Amirauté à Whitehall, précurseur de l'actuel Government Communications Headquarters (Centre de communications du Gouvernement) [GCHQ]).

Les Allemands avaient utilisé pour ce message un nouveau code secret pas encore tout à fait déchiffré par les Britanniques. Cette page manuscrite, rédigée de la main du célèbre décrypteur Nigel de Grey, fut la première tentative de déchiffrement du télégramme par ce dernier, traduit en anglais :

> *Top secret, à l'intention personnelle de votre Excellence, à transmettre au ministre impérial au Mexique... par voie sûre.*

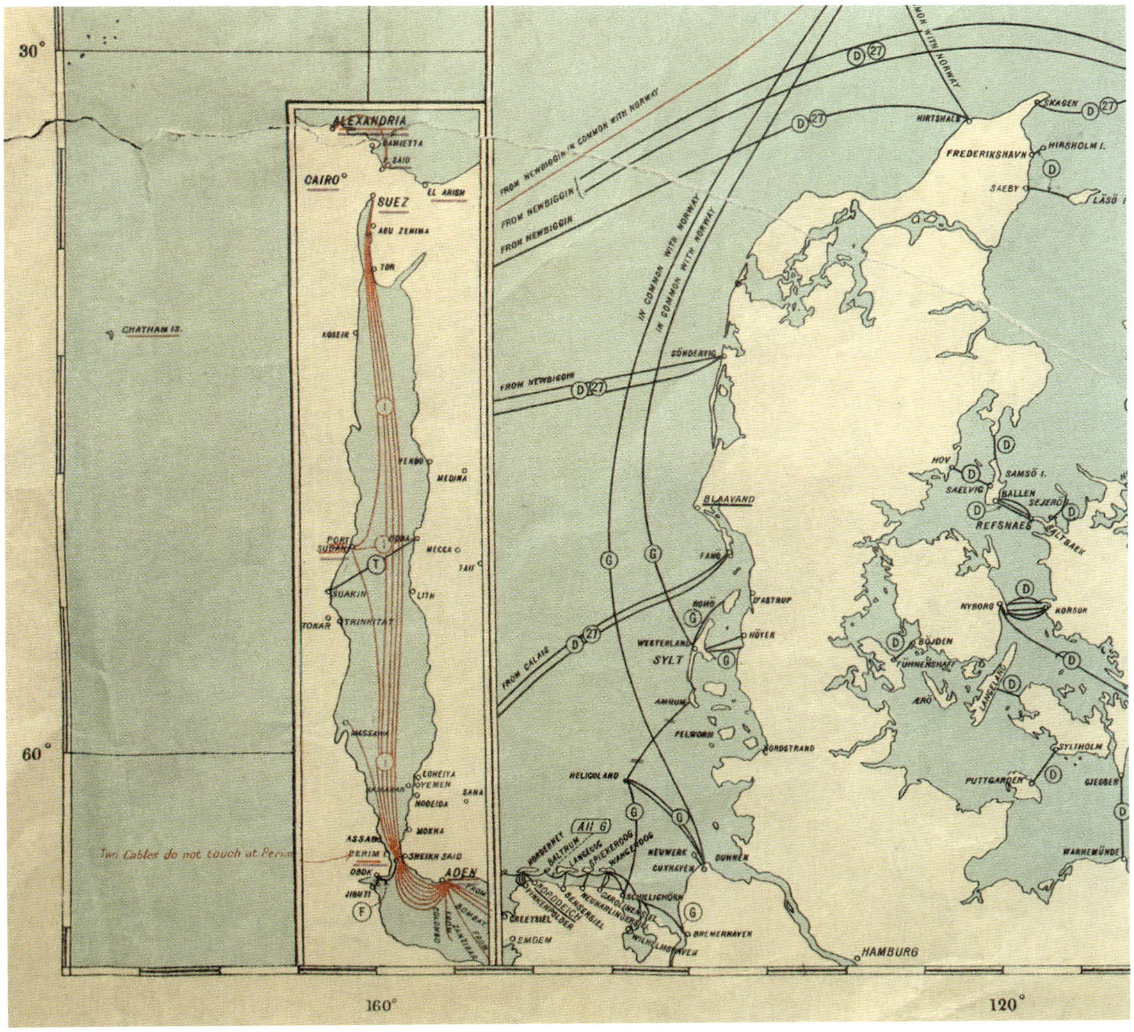

(Ci-contre et à gauche) *Radio and Cable Map of the World* [« Carte mondiale des communications par radio et par câble »], 1913-1938. Cartes MOD GSGS 1849.

Nous proposons d'entamer le 1er février une guerre sous-marine sans restriction. Dans cette optique toutefois, nous nous efforcerons de maintenir la neutralité américaine. Si nous n'y parvenons pas, nous proposerons au Mexique une alliance sur les bases suivantes :

Conduite (conjointe) de la guerre
Conclusion (conjointe) de la paix.

Les Britanniques se retrouvaient dans une situation délicate. Ils souhaitaient informer les États-Unis de la proposition allemande au Mexique, afin de les encourager à s'engager dans le conflit aux côtés des Britanniques. Mais comment pourraient-ils expliquer aux Américains avoir intercepté ce message transmis justement par un câble américain ? Et comment éviter que les Allemands apprennent que leur nouveau code secret avait été percé à jour ?

Ils durent attendre jusqu'au 5 février pour que l'ambassade allemande à Washington transmette le message à l'ambassade du Mexique. À cette occasion, le message fut crypté à l'aide d'un code plus ancien, que les Britanniques connaissaient parfaitement. Grâce à des méthodes qui n'ont jamais été confirmées, les Britanniques obtinrent une copie du second télégramme auprès du Bureau télégraphique mexicain, copie qui parvint à la Chambre 40 de Londres le 18 février.

Les Britanniques parvinrent à montrer le second message décrypté aux Américains sans révéler leur interception du premier message ni leur connaissance du code secret allemand le plus récent. Peu de temps après, une retranscription fut présentée à Woodrow Wilson, président des États-Unis, qui en divulgua les détails aux médias américains. Cette nouvelle suscita l'indignation du public et est considérée comme un facteur déterminant qui persuada le Congrès de voter l'entrée en guerre le 6 avril 1917.

La surveillance et l'interception de communications par câbles par le renseignement britannique constituèrent un avantage stratégique significatif au cours de la Première Guerre mondiale. Ces pratiques devaient se poursuivre.

La *Radio & Cable Map of the World* [« Carte mondiale des communications par radio et par câble »] fut mise au point pour la première fois en 1911 par la Section géographique de l'état-major (GSGS) du ministère de la Guerre de Londres. Régulièrement, les années suivantes, des éditions mises à jour furent publiées afin de présenter les derniers ajouts à un réseau de câbles en constante évolution. Si la plupart des cartes publiées par le CSGS étaient réservées à un usage militaire, celle-ci fait partie des rares cartes également mises à la disposition du public. Dans la marge inférieure apparaît une liste d'agents commerciaux auprès desquels il était possible d'en acheter un exemplaire, notamment des entreprises basées à Londres, à Édimbourg, à Liverpool et en Chine.

(Ci-dessus) Trevor Paglen, *NSA-Tapped Fiber Optic Cable Landing* Site [« Site d'atterrissement du câble en fibre optique intercepté par la NSA »], *Morro Bay*, 2016. Avec l'aimable autorisation de l'artiste, Altman Siegel, San Francisco and Pace Gallery.

(Ci-contre) *Submarine Cable Map* [« Carte des câbles sous-marins »], 2024.

En revanche, cet exemplaire de *Radio & Cable Map of the World* [p. 216] était secret. Mis au point en juillet 1927, il fut versé le 21 octobre de la même année à la bibliothèque confidentielle des cartes secrètes, située dans la Salle des cartes du GSGS.

Les éditions secrètes et publiques de cette carte sont quasiment identiques. Sur l'une et l'autre, les réseaux de câbles sont représentés sur une carte du monde essentiellement vierge. En médaillons, des cartes à plus grande échelle détaillent les régions où les câbles sont plus concentrés. Par exemple, à un point d'étranglement situé sur l'île de Périm – station britannique de ravitaillement en charbon stratégiquement située à l'entrée méridionale de la mer Rouge –, une note précise que, en dépit des apparences, « deux câbles ne se touchent pas à Périm ».

La propriété des câbles, tant publique que privée, est attribuée à 15 nations au total, dont les États-Unis, la Chine et la Russie. Toutefois, les câbles appartenant au gouvernement britannique sont plus nombreux que ceux de toute autre nation. Sur 29 câbles privés, plus de la moitié sont britanniques. Comme sur les autres cartes de l'époque, la couleur choisie pour représenter les câbles britanniques – gouvernementaux et privés – est le rouge. Ces deux exemplaires ne laissent donc aucun doute au lecteur sur la primauté de ce réseau.

La version secrète se distingue par une surimpression violette apportant des informations supplémentaires. Une ligne insérée dans la légende explique : « Stations britanniques de censure des câbles et des lignes terrestres... soulignées en violet ».

La carte dévoile un réseau mondial de stations de censure, des installations gouvernementales dédiées à l'interception de messages transitant le long des câbles sous-marins et terrestres. Au Royaume-Uni, la carte indique leur présence à Londres, Liverpool, Newcastle et Penzance, ainsi que dans l'ensemble de l'Empire britannique – Gibraltar, Suez, Aden, Bombay, Singapour, Hong Kong, Perth, Vancouver et Halifax. De nombreuses installations jalonnent les îles des Antilles et bordent la côte ouest de l'Afrique, tandis qu'à l'intérieur des terres on retrouve des stations à Delhi, Shimla, Chitral et Bagdad. Puisqu'ils étaient propriétaires d'une grande partie du réseau câblé et grâce à leur contrôle du territoire où transitaient les câbles étrangers, les Britanniques parvinrent à conserver leur maîtrise du trafic mondial des communications au-delà du début du XXe siècle.

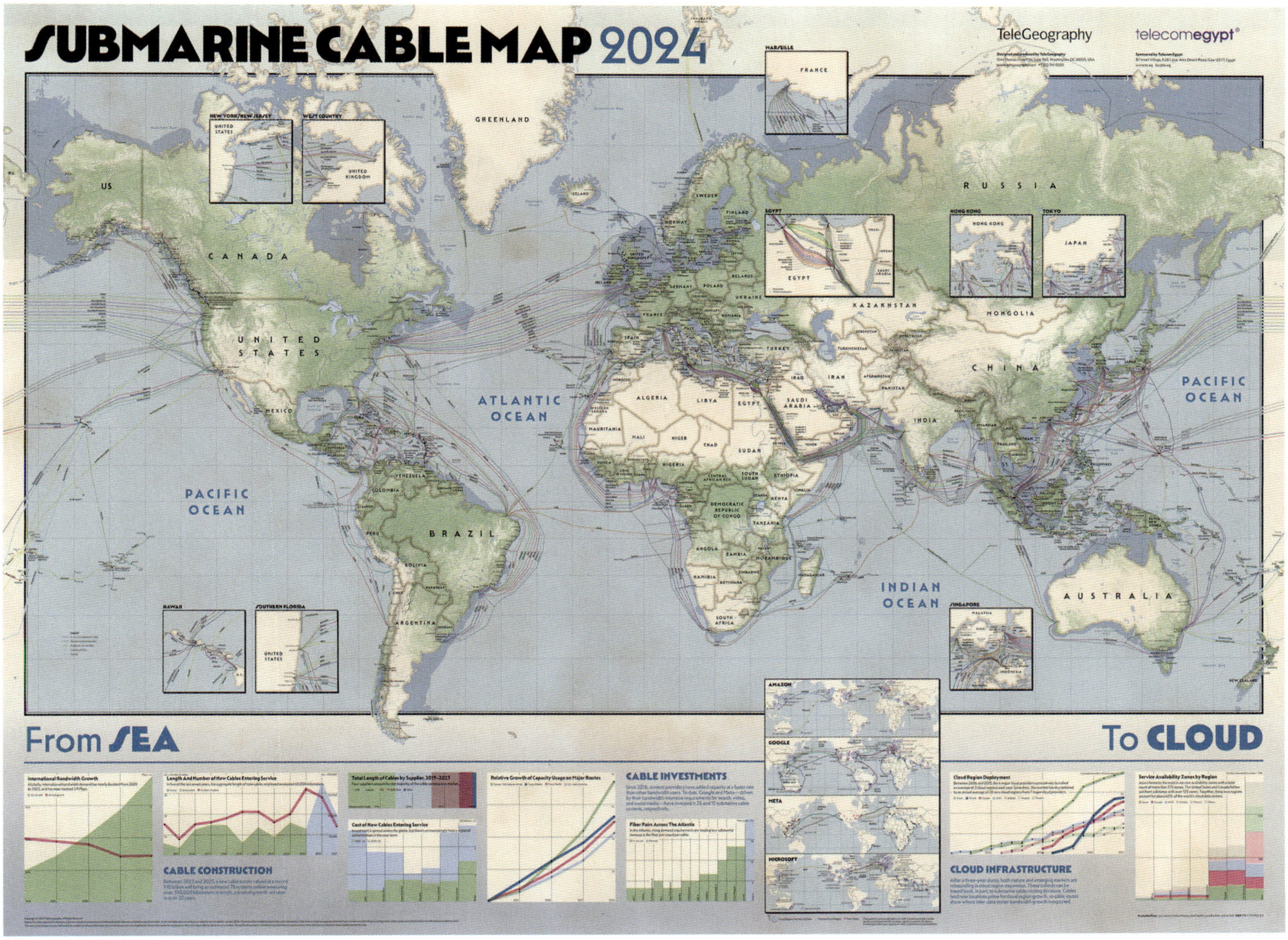

Plus récemment, des inquiétudes se firent jour quant à l'utilisation de techniques d'interception de communications à la fois par les gouvernements occidentaux et non-occidentaux (notamment la Chine et la Russie)[4]. En 2013, un grand nombre de documents hautement confidentiels du gouvernement américain furent divulgués par Edward Snowden, un ancien employé des services de renseignement. Les documents en question suggéraient qu'en 2010, la Grande-Bretagne disposait du « plus important accès à Internet des *Five Eyes* » (l'alliance des services de renseignement d'Australie, du Canada, de Nouvelle-Zélande, du Royaume-Uni et des États-Unis)[5]. Ils auraient également révélé l'existence de programmes de surveillance mondiale top-secret américains, incluant l'interception de communications privées provenant du réseau actuel de câbles sous-marins. Il s'avère que tout pouvoir occupant une position dominante dans un secteur de technologie de communication peut l'utiliser à son propre avantage… et ne s'en prive pas.

Les révélations de Snowden – qui ont suscité de vives inquiétudes en matière de protection de la vie privée – ont eu des répercussions durables d'un point de vue politique et culturel. Elles ont également inspiré l'artiste et géographe Trevor Paglen, qui s'est intéressé tout au long de sa carrière aux problématiques de surveillance de masse et de secret gouvernemental. S'inscrivant dans la riche tradition de la contre-cartographie, Paglen incorpore des cartes à sa pratique artistique. Dans sa série *Cable Landing Sites* (« Sites d'atterrissement de câbles ») Paglen présente des œuvres photographiques et cartographiques documentant les lieux où les câbles sous-marins convergent et arrivent à terre – c'est-à-dire les endroits où ils peuvent être mis sur écoute pour intercepter les communications qui les traversent. Son œuvre de 2016, intitulée *NSA-Tapped Fiber Optic Cable Landing Site, Tanguisson Beach, Guam* (« Site d'atterrissement du câble en fibre optique mis sur écoute par la NSA, Tanguisson Beach, Guam ») [ci-contre] associe une photo de la plage à une carte nautique du gouvernement américain dévoilant les câbles déployés sous la surface. En collant sur la carte des documents divulgués, Paglen crée une œuvre qui met en lumière les pratiques des programmes secrets du gouvernement.

Sortir de l'ombre : les origines militaires du GPS, 1973-présent

Le GPS (pour *Global Positioning System*) est aujourd'hui l'un des piliers de la technologie moderne. Il fut développé à l'origine en 1974 dans le cadre de Navstar, un programme militaire confidentiel du département américain de la Défense. Cette avancée technologique a révolutionné notre capacité à suivre et à surveiller les déplacements d'objets, de biens, d'animaux et de personnes à travers le monde. En 2024, le nombre de smartphones équipés d'un GPS était de l'ordre de 7,2 milliards, soit presque un par personne sur la planète !

Le GPS est un système de radionavigation spatial ayant recours à une constellation de satellites orbitant autour de la Terre et transmettant des signaux qui permettent aux récepteurs GPS de calculer l'exacte localisation de l'utilisateur. Sa conception a dérivé de systèmes de navigation antérieurs, dont le système terrestre Decca (voir p. 92) et le système satellitaire Transit de la Marine américaine. Après cinq années de développement, les premiers satellites expérimentaux furent mis en orbite entre 1978 et 1985. Au cours de cette période, les récepteurs, appelés *Manpacks*, pesaient plus de 20 kilos et étaient conçus pour être installés sur des véhicules ou transportés dans un sac à dos. Une photo de l'époque [à droite] témoigne de leur dimension imposante et de leur apparence rudimentaire.

En 1984, vers la fin de la première phase de développement, le président Reagan autorisa la mise à disposition du système Navstar à des fins civiles. Cette décision fut en partie motivée par un accident tragique survenu l'année précédente, lorsqu'un avion commercial coréen fut abattu après avoir involontairement pénétré l'espace aérien soviétique. Le GPS Navstar fut alors considéré comme essentiel afin d'éviter ce genre d'erreur de navigation à l'avenir.

Une appropriation massive dans la vie civile était attendue, comme en témoigne ce rapport technique publié en 1984 par la Defence Mapping Agency (Agence cartographique de la Défense) :

> *Les applications pour lesquelles le GPS peut être exploité sont nombreuses. Même si le système n'est pas entièrement opérationnel, il est utilisé par divers groupes civils tels la NASA afin de déterminer l'orbite à bord du LANDSAT-4 et les compagnies pétrolières dans le cadre du positionnement géodésique. À mesure que le système sera adopté par la communauté civile, des utilisations plus sophistiquées seront mises en place*[1].

Ce changement de politique suscita des inquiétudes quant à la mise à disposition pour le public d'un système exploitable par les adversaires des États-Unis. Ces craintes s'apaisèrent grâce à la mise en place d'un système à deux niveaux appelé *Selective Availability* (« disponibilité sélective ») : la précision des signaux GPS accessibles au public était à dessein réduite à 100 mètres environ, tandis que les signaux confidentiels, dotés d'une précision de 5 mètres environ, restaient réservés exclusivement à un usage militaire.

Le GPS fut utilisé pour la première fois dans un conflit lors de la guerre du Golfe, en 1991, en soutien des systèmes de guidage d'armes de précision. Il révolutionna la capacité des soldats à se déplacer dans un désert apparemment sans relief. Les avancées dans le cadre de la numérisation des signaux radio ont permis à l'époque la miniaturisation des récepteurs GPS.

(Ci-dessus) Des soldats testent les premiers modèles de récepteurs GPS *Manpack* en 1978, photo de l'US Air Force 130603-F-IN001-912.

(Ci-contre) Récepteur GPS *Manpack* AN/PSN-8, Rockwell Collins, [années 1980]. Science Museum, L2014-4184.

POS
MODE
CLR

(À gauche) Récepteur GPS Magellan 1000M, Magellan Systems Corporation, 1990. Science Museum, Londres, 2014-7.

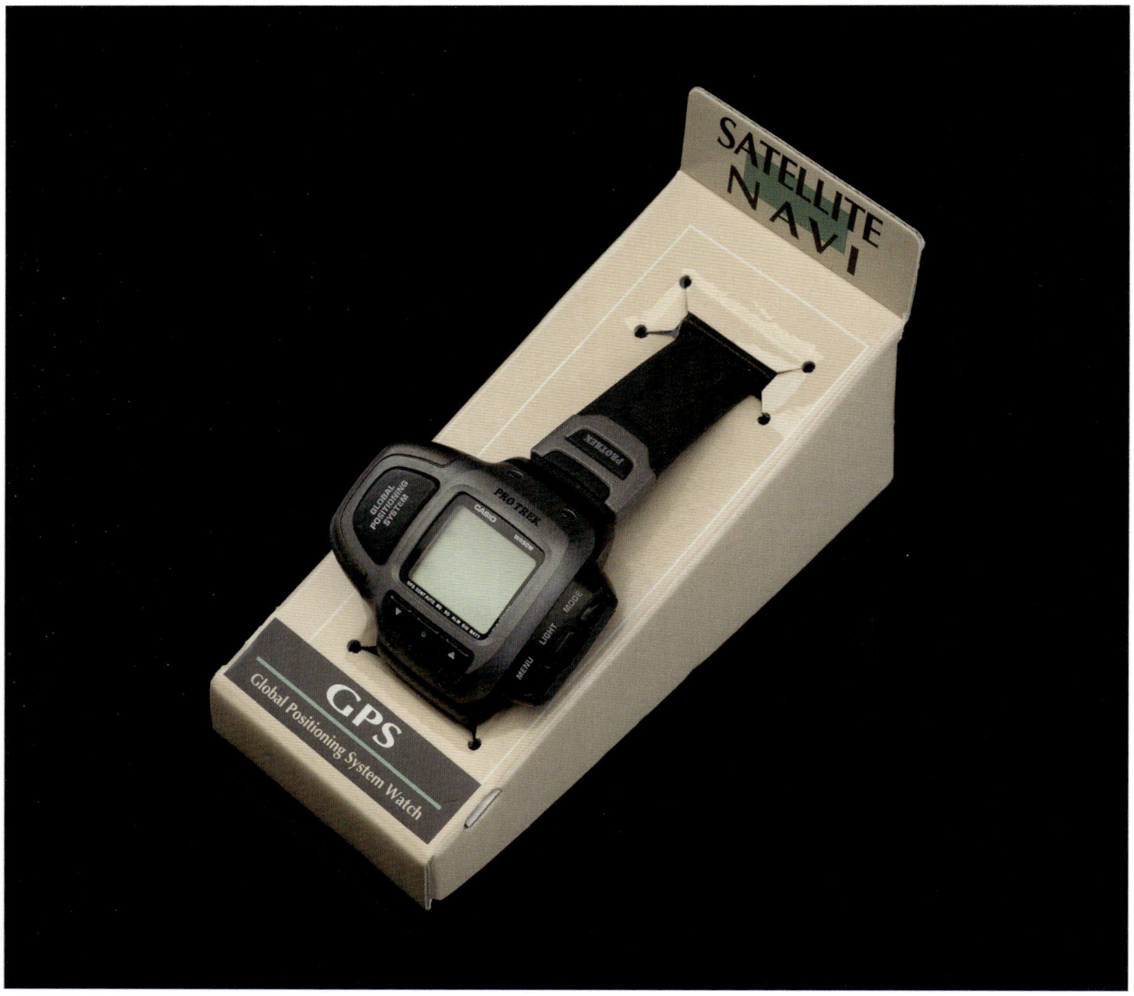

(En bas à gauche) Module GPS Casio Watch 2240, Casio Computer Company Limited, v. 1999. Science Museum, Londres, 2021-644.

(Ci-contre) Capture d'écran de GPSJAM, *Daily maps of GPS interference* [« Cartes quotidiennes des interférences GPS »], John Wiseman, 2025.

Des récepteurs portables, à l'image de celui-ci, fabriqué par l'entreprise américaine Magellan, furent fournis aux membres de l'unité des forces spéciales britanniques British Special Air Services (SAS) [ci-contre, en haut]. Ils fonctionnaient grâce à six piles AA et n'étaient pas plus gros qu'un téléphone portable moderne, soit un progrès considérable en termes de portabilité et de facilité d'utilisation comparé aux anciens modèles *Manpack*.

Cependant, une pénurie de téléphones militaires a conduit certaines troupes à utiliser des téléphones civils, achetés et envoyés aux soldats par leurs familles. Par conséquent, le gouvernement américain dut désactiver la fonction *Selective Availability* pendant la durée du conflit, afin que ces téléphones civils puissent fournir les données de localisation les plus précises possibles.

Près de dix ans plus tard, l'administration Clinton abolit la *Selective Availability*, accordant ainsi au public, en mai 2000, un accès permanent aux signaux GPS de haute qualité. Ceci devait transformer l'utilisation de la technologie GPS, catalysant son intégration dans les smartphones, les dispositifs de localisation et les technologies portables. Cette montre Casio, commercialisée en 1999, fut l'un des premiers biens de consommation à intégrer un GPS comme fonction secondaire [ci-contre, en bas]. À l'écran, différents affichages permettaient de choisir entre position, altitude, traçage et navigation.

De nos jours, le GPS est un outil facilement accessible dans le monde entier. Il sous-tend de nombreuses applications militaires et civiles. Il demeure toutefois sous le contrôle de l'armée américaine puisqu'il appartient à l'US Space Force (Force spatiale des États-Unis), et est géré par le 2e escadron de guerre de navigation[2]. Si le GPS est le système le plus connu et de loin le plus utilisé, d'autres pays et fédérations, y compris la Russie, la Chine et l'Union européenne, disposent de leurs propres systèmes afin de ne pas dépendre du GPS, lequel peut être désactivé ou dégradé à tout moment.

Des techniques ont désormais été mises au point afin de bloquer les signaux GPS ou même, les falsifier en remplaçant le signal d'origine par une localisation erronée. Ceci est fréquent à proximité ou à l'intérieur de zones de guerre, dans le but de limiter l'impact d'attaques de missiles ou de drones. Intitulée *GPSJAM*, cette carte numérique montre les zones susceptibles d'être affectées par des interférences GPS. Elle s'appuie sur des comptes-rendus des avions concernant la précision de leurs systèmes de navigation [ci-dessus]. Les zones signalées en rouge correspondent le plus souvent à des zones de conflit ou des sites militaires sensibles.

Outre le fait de dévier des navires et des avions de leur trajectoire, le brouillage et la falsification peuvent également affecter la population civile dans son utilisation quotidienne du GPS – par exemple avec les applications de rencontre et de livraison de repas. En juin 2024, à Chypre, des téléphones indiquaient régulièrement qu'ils se trouvaient à Beyrouth, à 240 kilomètres de là[3].

Lorsqu'il fonctionne normalement, le GPS nous offre la capacité extraordinaire de géolocaliser chacun de nos déplacements et lorsqu'il s'associe à d'autres avancées technologiques récentes, comme les SIG (Systèmes d'Information Géographique) et Internet, il nous permet de mettre au point des cartes d'une façon tout à fait inimaginable auparavant.

Pourtant, le pouvoir de cette technologie est à double tranchant. Avoir la possibilité de suivre des individus en temps réel suscite des craintes quant à la sécurité personnelle, tandis que l'émergence de modèles commerciaux s'appuyant sur la surveillance de données remet en question notre habilité à garder le contrôle sur les quantités considérables de données de localisation que nous générons chaque jour. Ces innovations constituent de nouveaux défis importants pour notre vie privée.

Renseignement de source ouverte : tous espions, 2022 et 2023

Au cours des décennies précédentes, la tâche méticuleuse consistant à analyser et à interpréter des images satellites était effectuée par des employés du gouvernement à l'aide de bases de données classifiées, au sein de structures de renseignement sécurisées. Aujourd'hui, les images satellites géoréférencées sont accessibles à tous, en ligne, permettant ainsi aux citoyens et aux enquêteurs indépendants d'entreprendre des tâches analytiques similaires grâce à des outils aisément disponibles. Ce qui était autrefois réservé aux gouvernements est désormais ouvert à tous.

Ceci fait partie d'un ensemble plus large de pratiques connues sous le nom de « renseignement de source ouverte » (ROSO ou, plus communément en anglais, OSINT), un terme décrivant la collecte et l'analyse d'informations accessibles au public afin de générer du renseignement. L'OSINT permet à toute personne de vérifier ou de contester les affirmations émanant non seulement des gouvernements, mais aussi des individus et des organisations privées via les réseaux sociaux ou tout autre type de plateforme en ligne. Par conséquent, à l'âge numérique, ces enquêteurs-citoyens jouent un rôle significatif dans la lutte contre la désinformation et pour la vérification des faits.

Cette capture d'écran montre une page web publiée en 2023 par Bellingcat, un collectif indépendant de chercheurs, d'enquêteurs et de journalistes citoyens fondé en 2014 [ci-contre et p. 226]. Ce collectif se consacre au développement et au partage de méthodes vérifiables afin de mener des enquêtes numériques éthiques. Sur cette page web, Bellingcat donne accès à une application nommée Ship Detection Tool [« Outil de détection de navires »]. Un tutoriel (illustré d'exemples de codes informatiques) explique, à des fins pédagogiques, comment fut conçue l'application. L'outil exploite un catalogue d'images satellites régulièrement mises à jour afin d'identifier et de suivre des navires partout dans le monde.

En vertu du droit international, tout bateau est tenu de transmettre son identité, sa position, son itinéraire et sa vitesse via un transpondeur radio-électronique embarqué. Cette technologie, appelée Système d'Identification Automatique (SIA), a été conçue afin de garantir la sécurité maritime en permettant un suivi et une identification en temps réel, sur toutes les mers du globe. Cependant, les équipages peuvent contourner le système en désactivant leur transpondeur afin de dissimuler leur position et la faire disparaître de la carte – on parle alors de « navires fantômes » ou de « flotte fantôme ». Cette pratique est le plus souvent associée à des activités illégales du type pêche dans des zones réglementées ou pour échapper à des sanctions internationales.

Néanmoins, ces bateaux ne peuvent échapper à la vigilance des caméras satellites qui les survolent et des techniques OSINT ont été développées afin de les localiser. En 2022, l'ONG Global Fishing Watch développa et rendit publique la première carte

(Ci-contre, en haut et en bas)
Captures d'écran de l'outil de détection de navires, Ollie Ballinger et Bellingcat, 2023.

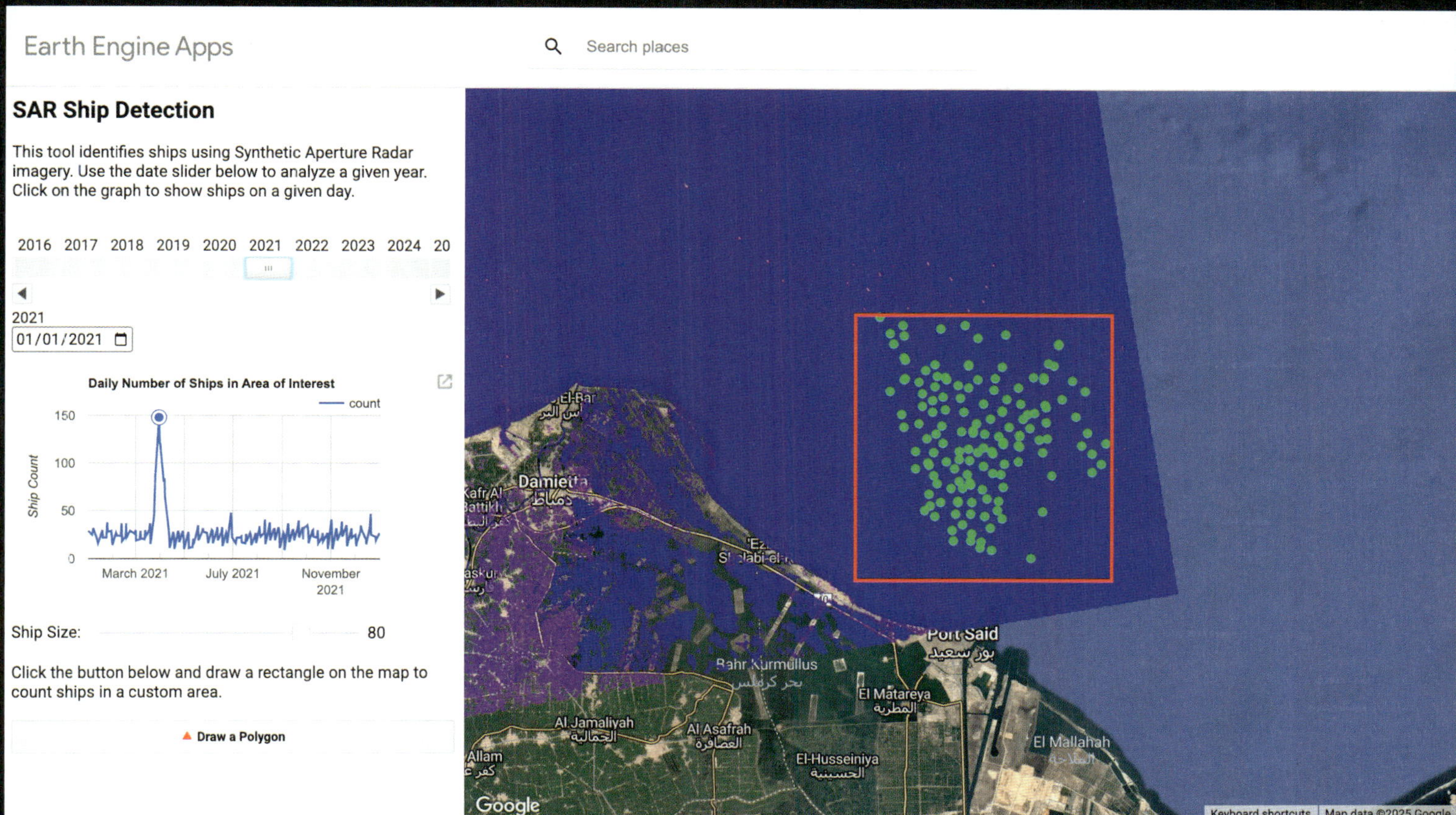
Earth Engine Apps
Search places
SAR Ship Detection
This tool identifies ships using Synthetic Aperture Radar imagery. Use the date slider below to analyze a given year. Click on the graph to show ships on a given day.
2016 2017 2018 2019 2020 2021 2022 2023 2024 20
2021
01/01/2021
Daily Number of Ships in Area of Interest
count
150
100
50
0
Ship Count
March 2021
July 2021
November 2021
Ship Size:
80
Click the button below and draw a rectangle on the map to count ships in a custom area.
Draw a Polygon
Damietta
دمياط
Port Said
بور سعيد
Bahr Kurmullus
El Matareya
المطرية
Al Jamaliyah
الجمالية
Al Asafrah
العصافرة
El-Husseiniya
الحسينية
El Mallahah
Google
Keyboard shortcuts
Map data ©2025 Google

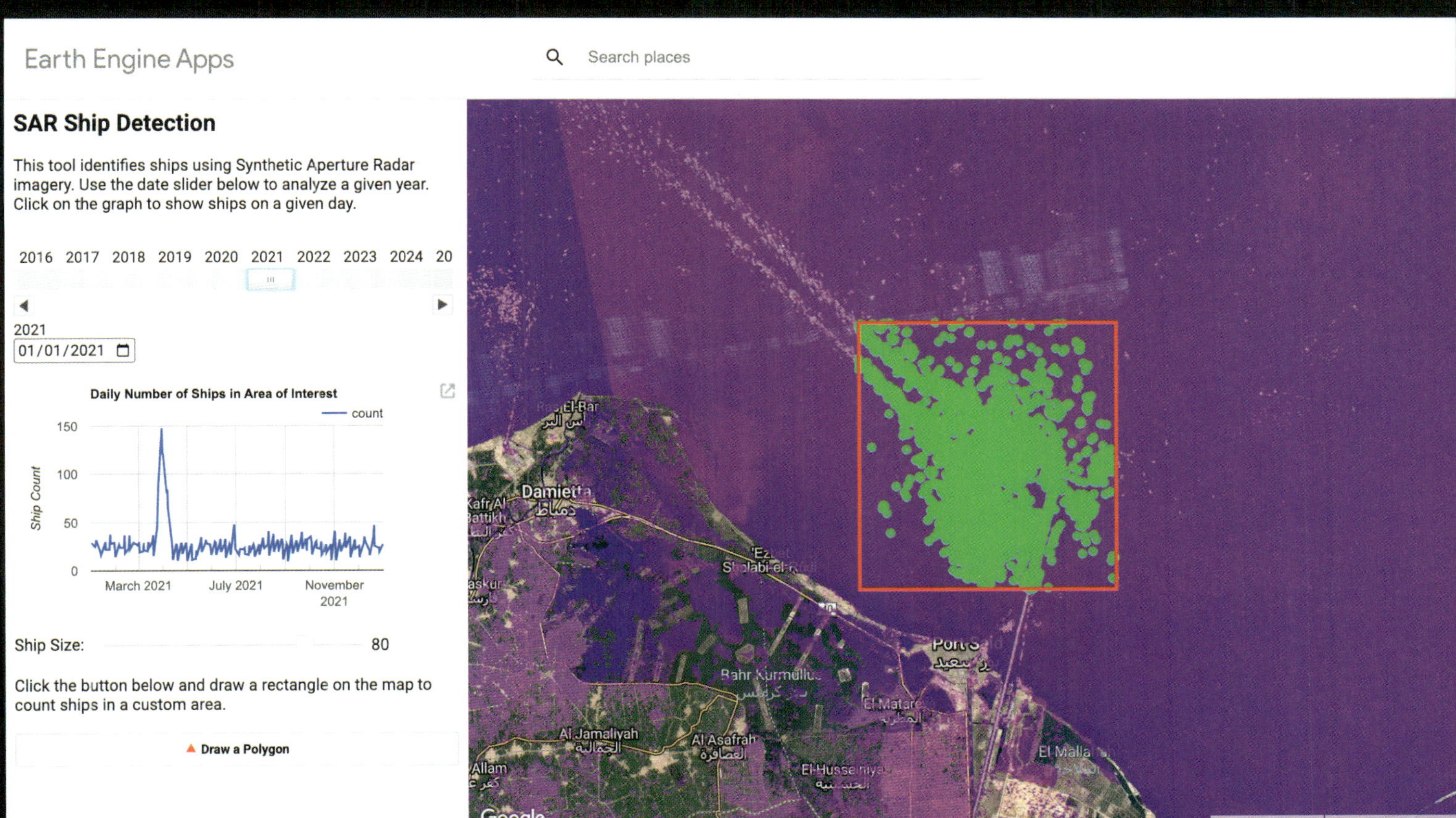
Earth Engine Apps
Search places
SAR Ship Detection
This tool identifies ships using Synthetic Aperture Radar imagery. Use the date slider below to analyze a given year. Click on the graph to show ships on a given day.
2016 2017 2018 2019 2020 2021 2022 2023 2024 20
2021
01/01/2021
Daily Number of Ships in Area of Interest
count
150
100
50
0
Ship Count
March 2021
July 2021
November 2021
Ship Size:
80
Click the button below and draw a rectangle on the map to count ships in a custom area.
Draw a Polygon
Damietta
دمياط
Bahr Kurmullus
Al Jamaliyah
الجمالية
Al Asafrah
العصافرة
Google
Keyboard shortcuts
Map data ©2025 Google

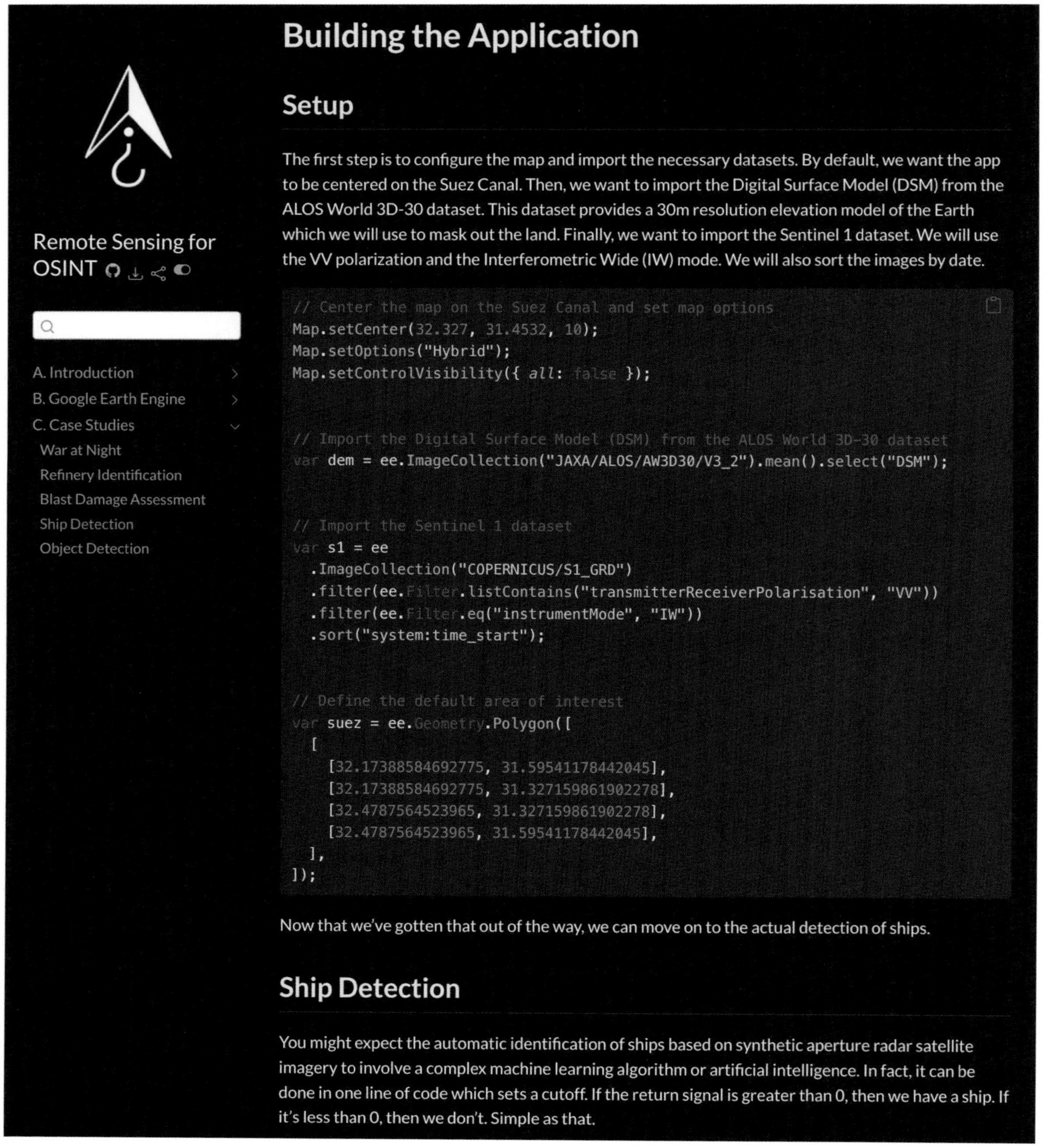

Capture d'écran d'un tutoriel en ligne, *Remote Sensing for OSINT*, Ollie Ballinger et Bellingcat, 2023.

mondiale des flottes de pêche fantômes [p. 227]. Selon Paul Woods, directeur de l'innovation de cette organisation :

> *En observant et en signalant l'activité de ces importantes flottes clandestines, nous commençons à mieux comprendre et à mieux quantifier non seulement la pêche illégale, mais aussi une grande partie des activités humaines impactant l'environnement marin. Nous vivons une période passionnante en matière de données ouvertes et accessibles, ouvertes à tous gratuitement pour comprendre et protéger les zones marines fragiles qui nous tiennent le plus à cœur*[1].

Sur une échelle plus locale, les chercheurs de Bellingcat ont déployé leur outil de détection de bateaux au cours d'une enquête sur les activités secrètes de navires à Sébastopol, un port de Crimée soumis à des sanctions internationales en 2023[2]. Tandis que les données de suivi SIA suggéraient un faible volume de vaisseaux accostant au port, l'outil découvrit que toute une flotte effectuait des visites régulières tandis que leurs transpondeurs étaient désactivés. Cette preuve souleva de nombreuses questions quant à d'éventuelles cargaisons illégales de céréales quittant le port aux mépris des sanctions.

Cette partie de la page web de Bellingcat présente l'application opérationnelle, avec laquelle les visiteurs du site peuvent interagir [p. 262]. L'application exploite la puissance de Google Earth Engine, une plateforme en ligne lancée en 2010 et qui intègre une base de données d'images satellites historique couplée à un éditeur de code s'appuyant sur un navigateur. En dessinant un rectangle sur la carte qui apparaît à l'écran, l'utilisateur peut délimiter une zone géographique spécifique pour y rechercher des

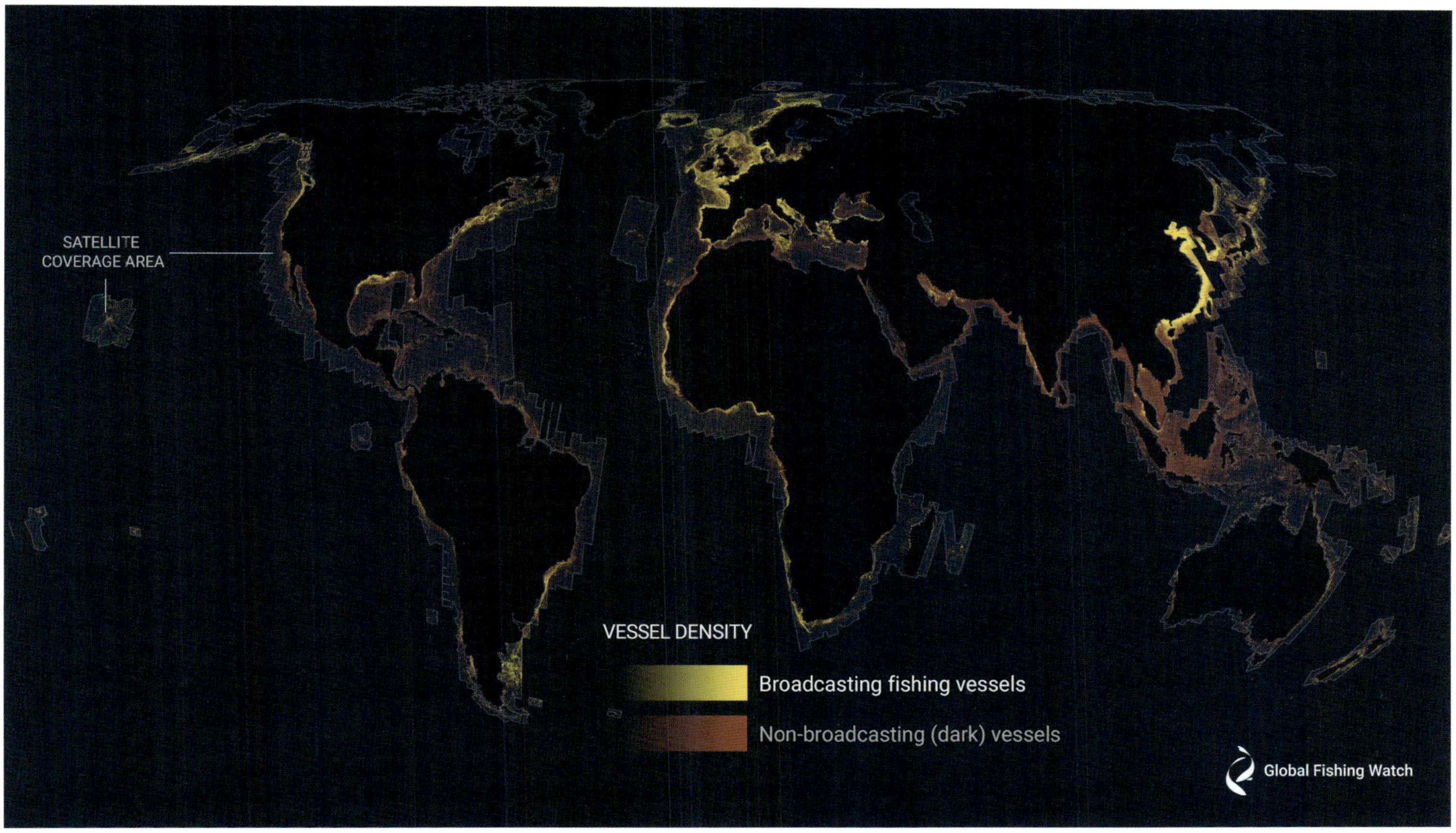

Carte des flottes de pêche fantômes issue d'un communiqué de presse de Global Fishing Watch, 8 juin 2022.

bateaux, tandis qu'un sélecteur de date peut affiner la recherche en la limitant à un jour précis. Les navires présents dans la zone apparaissent alors sous forme de balises vert vif.

L'utilisation croissante de l'OSINT par des acteurs extérieurs à communauté du renseignement officiel présente à la fois des défis et des opportunités. Parmi les premiers, citons les disparités entre les pratiques professionnelles d'organisations reconnues (Bellingcat, par exemple) et les autres utilisateurs, en particulier dans des domaines tels que la conformité juridique et la conduite éthique. En outre, les utilisateurs amateurs peuvent souffrir d'un manque de compréhension approfondie des limites inhérentes à l'interprétation des images (à l'inverse des intervenants officiels du renseignement, voir p. 138) et peinent à saisir les répercussions souvent complexes liées à la divulgation d'informations sensibles.

Du côté des opportunités, celles-ci résident dans le fait que les agences gouvernementales de renseignement ont elles-mêmes de plus en plus recours aux méthodologies de source ouverte. En 2023, Europol a mis en place un groupe de travail OSINT afin de soutenir les enquêtes sur les crimes de guerre commis en Ukraine. Selon un communiqué de presse : « Depuis le début du conflit, un niveau sans précédent d'OSINT est disponible en ligne, en grande partie grâce à l'importance croissante de l'Internet et des réseaux sociaux. Ces renseignements peuvent aider grandement les enquêteurs à vérifier et à répertorier les cas de crimes de guerre...
À ce jour, 14 pays ont accepté d'affecter des compétences OSINT dédiées au groupe de travail afin de répondre aux demandes prioritaires de l'Ukraine, d'autres pays et de la Cour pénale internationale[3]. »

POUR CONCLURE...

Les cartes sont associées au secret en raison des informations qu'elles comportent et des implications qu'elles véhiculent. Cette association, dans le sens moderne du terme, naquit au début de l'ère moderne en Europe, lorsque les cartes furent développées en tant qu'outils pratiques par les États et les empires dans un but commercial, expansionniste et centralisateur. Les politiques de confidentialité étaient destinées à préserver (tout en exploitant) les avantages découlant de leur propriété exclusive. Depuis la fin du Moyen Âge à nos jours, les cartes ont également été liées au secret par les sociétés afin de transmettre certaines informations cachées sur des individus ou des lieux, exprimant préjugés et priorités à travers ce qu'elles montraient et ce qu'elles escamotaient, et dissimulant (mais le plus souvent, divulguant) des pans entiers de la vie privée des gens.

Si le secret a été qualifié de « plus grand accomplissement de l'humanité[1] », l'impact de la cartographie sur l'histoire de l'humanité fut nettement plus modeste. Cependant, comme l'a démontré cet ouvrage, le secret et la confidentialité ont souvent été présents là où les cartes ont impacté la civilisation au cours des six siècles passés. La capacité des cartes à gérer des informations secrètes les a rendues fort utiles. Pourtant, comparée à la compréhension intuitive et accessible de certaines cultures cartographiques des dimensions cachées, spirituelles et profondes d'un lieu, la cartographie scientifique associée au monde occidental peut sembler limitée. D'une certaine manière, la notion fondamentale selon laquelle le processus cartographique sert à divulguer quelque chose est l'un des signes de cette limite. Toutefois, la cartographie scientifique camoufle également des lieux sous ses lignes, ses grilles, ses cadres et l'idéologie qui les accompagnent. Malgré les efforts évoqués dans cet ouvrage, nombre d'aspects intangibles de notre monde sont demeurés résolument secrets et imperméables à toute révélation cartographique.

Avons-nous l'impression de vivre dans un monde où il n'y a plus de place pour le secret ? Nous avons abordé le problème de la vie privée et combien les individus souhaitent – souvent en vain – disparaître des cartes des lieux où ils vivent. Nous avons également parlé de l'idéologie derrière la cartographie scientifique étatique et commerciale en tant que dispositif invasif, omniscient et omniprésent destiné à appréhender et quantifier le monde. La rhétorique de l'image de la « Bille bleue » et de la sphère Google Earth nous raconte que la planète est entièrement connue et connaissable. Bien sûr, nous savons que cela n'est pas exact, mais comment peut-on, en fin de compte, contester la véracité évidente des cartes ?

La trajectoire de la cartographie vers une précision mathématique toujours plus grande et l'exactitude rhétorique des cartes qui sont supposées dévoiler le moindre centimètre carré d'un territoire ne reflètent pas toujours la réalité d'un lieu qui peut être, d'expérience, plus nuancé que le noir et le blanc. Des cartes anciennes, par exemple celles des humanistes de la Renaissance du XVIe et du XVIIe siècles, à l'image d'Abraham Ortelius, considéraient le monde sous des angles très différents – un lieu d'analogies, de significations cachées et de secrets. Contrairement à la sphère de Google Earth, la mystérieuse carte anonyme « Le Monde dans la tête d'un fou », datant d'environ 1589 et qui reproduit la carte du

monde d'Ortelius sous la forme du visage d'un fou ou d'un bouffon, offre plusieurs significations possibles : le monde est vain et insensé, toutes les cartes sont médiocres et trompeuses, et y a-t-il un visage qui me regarde ? [ci-dessus][2]. Il y a peut-être une leçon à tirer de cette approche, en admettant l'existence des secrets, en acceptant le monde comme doté de contours assez flous plutôt que de lignes bien définies, un « globe incertain » plutôt qu'une sphère dont il émanerait un « ordre transparent[3] ».

Ce livre regorge de cartes secrètes, d'informations confidentielles, de messages secrets et de propriétés cachées – qui l'étaient tout du moins jusqu'à la publication de cet ouvrage. En réalité, la plupart n'étaient plus un secret depuis un moment. Nous tenons là peut-être la caractéristique la plus essentielle des secrets : dès qu'ils sont divulgués, ils cessent d'exister. Pour Sissela Bok, « une fois révélés, les secrets semblent insignifiants et disproportionnés au regard de tous les efforts déployés pour les taire[4] ».

On pourrait affirmer que l'association cartes/secrets n'est pas aussi fondamentale ou séduisante qu'on pourrait le croire. Certains scénarios peuvent sembler légèrement absurdes, comme ce fut le cas pour la tour BT de Londres : son absence des cartes de l'Ordnance Survey – en raison de son importance potentielle en termes de communication dans l'éventualité d'une attaque nucléaire – fut dénoncée par le Parlement britannique en février 1993... alors que la tour y figurait tout à fait[5]. La carte secrète-type, celle sur laquelle un « X » marque l'emplacement du trésor, est essentiellement issue du XXe siècle, malgré les mystères et les intrigues qui l'entourent. Le rôle historique des secrets et des cartes a souvent été exagéré. Par exemple, la confidentialité autour de « l'Atlas secret de la Compagnie néerlandaise des Indes orientales » de Johannes van Keulen (1754), fut largement surestimée[6], tandis que le statut secret de questions d'État relativement peu controversées est attesté sur les cartes des dossiers « Politiques et Secrets » de la British India Office

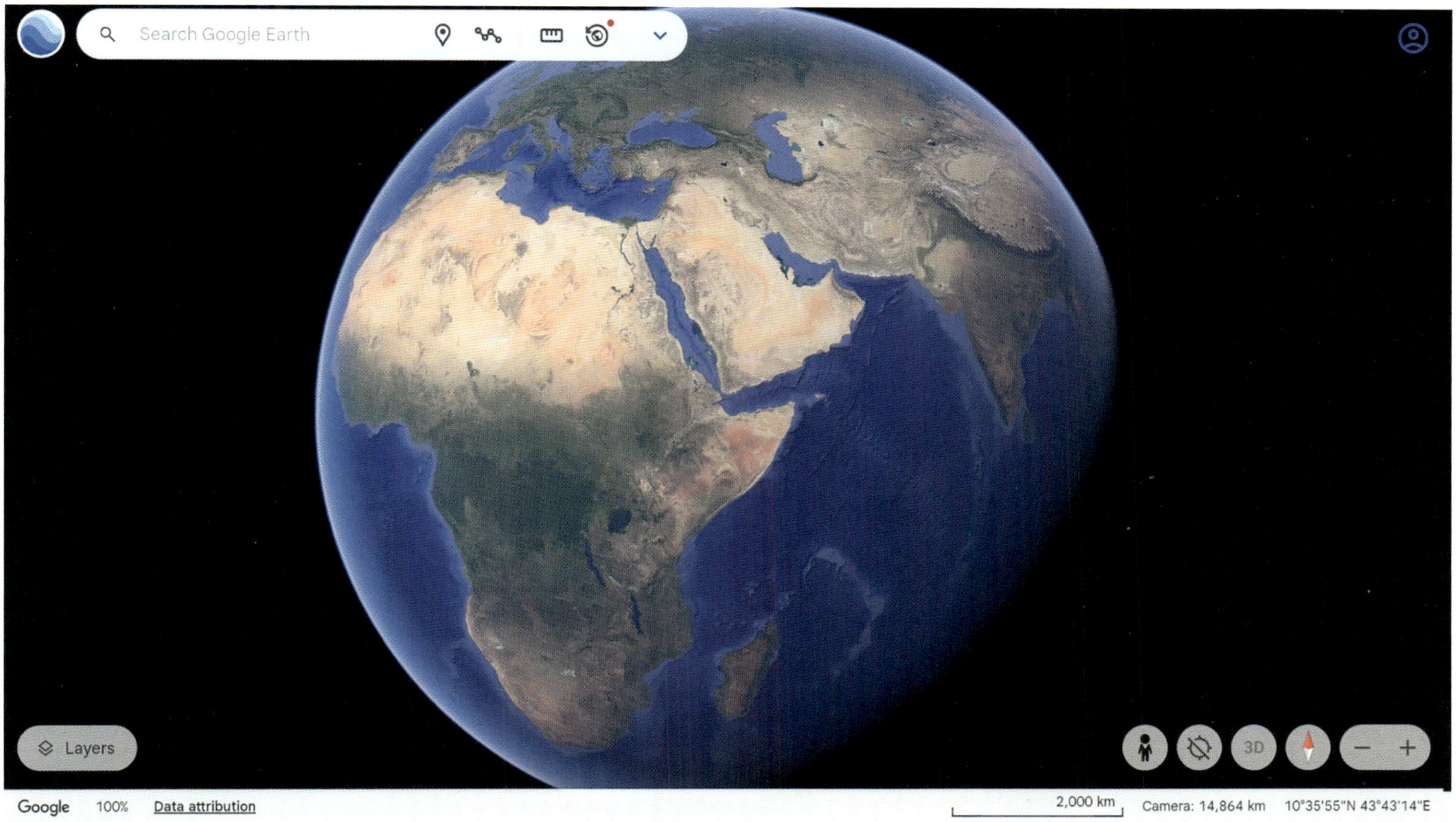

« Le Monde dans la tête d'un fou ». [Anvers (?), *vers* 1590]. Ashmolean Museum, Oxford, WA2003.Douce.738.

Google Earth. Données cartographiques © SIO, NOAA, US Navy, NGA, GEBCO, Landsat/ Copernicus, IBCAO, US Geological Survey [Institut d'études géologiques des États-Unis]. Images © 2015.

Library [Bibliothèque du bureau britannique des Indes][7].

Nous pouvons aller plus loin encore pour avancer qu'*in fine*, les secrets sont souvent ordinaires, ennuyeux, communs et décevants. La raison pour laquelle la carte secrète du plan d'urgence du ministère britannique de la Guerre, dans le cadre de la grève générale à Londres en 1926, ne fut pas déclassifiée avant les années 1980 est sans doute due au fait que personne n'avait pensé à le faire avant – et non parce qu'elle était encore jugée sensible[8]. Mais cela n'a pas d'importance, car les secrets vivent du frisson de la traque, comme une partie de cache-cache, « une joie d'être caché, mais un désastre de ne pas être trouvé[9] ». Il n'y a peut-être aucun secret, mais tout comme l'héroïne du *Sphinx sans secret* d'Oscar Wilde (1887) semble cultiver le mystère pour compenser son absence, la tentation est grande de voir partout le secret et l'intrigue plutôt que la simple réalité. De fait, la routine du quotidien peut être elle-même un moyen de préserver le secret, comme l'a souligné Eyal Weizman en référence aux banlieues servant de décor aux « détentions exceptionnelles[10] ». Leur banalité peut faire partie de la supercherie et les cartes en sont le parfait faire-valoir.

À l'inverse, les cartes secrètes semblent être partout. Les cartes secrètes officielles estampillées à l'encre rouge encombrent les archives et les bibliothèques. Internet regorge de cartes de lieux imaginaires, cachés et ésotériques. Les données cartographiques personnelles des individus s'achètent et se téléchargent sous forme de données anonymisées. Toutes illustrent la diversité et le caractère subjectif de ce qui définit un « secret ». Il y a des cartes secrètes que nous connaissons ; leur divulgation fut essentielle afin qu'elles soient utilisées au fil du temps et dans différents contextes. Les cartes secrètes dont nous ignorons l'existence, ces « inconnues inconnues » ne peuvent être intégrées à cet ouvrage. Elles constituent les véritables *mysteria* et *arcana*[11]. En conséquence, la morale de cette histoire pourrait être que les cartes secrètes résident dans la subjectivité de celui ou celle qui les regardent.

Notes

Introduction

1. C. Birchall, 'Six answers to the question "What is secrecy studies ?"' [« Six réponses à la question : 'Qu'est-ce que la cryptologie ?' »], *Secrecy and Society* 1(1), 2016.
2. S. Bok, *Secrets: On the Ethics of Concealment and Revelation* [« Secrets : Éthique de la dissimulation et de divulgation »], Oxford University Press, 1984, p.20.
3. S. Bok, *ibid.*, p.10.
4. S. Johnson, *A Dictionary of the English Language* [« Dictionnaire de la langue anglaise »], 1773.
5. J. Buchan, *The Last Secrets: The Final Mysteries of Exploration* [« Ultimes secrets : les derniers mystères de l'exploration »], T. Nelson, 1923, p. lvi.
6. B. Bellman, 'The paradox of secrecy' [« Le paradoxe du secret »], *Human Studies* 4(1), 1981.
7. K. Vermeir, 'Openness versus secrecy ? Historical and historiographical remarks' [« Transparence contre secret ? Commentaires historiques et historiographiques »], *British Journal for the History of Science*, 45(2), 2012, p. 166.
8. B. A. Bond, *Secret Escapes* [« Refuges secrets »], Times Books, 2015, p. 85–113.
9. Archives nationales britanniques, IR/80/7.
10. T. Conley, '*Secret est à louer* : Secrets and secrecy in French Baroque cartography, 1580–1640' [« Secret louable : le secret dans la cartographie française de style baroque »], in R. Dekoninck, A. Guiderdoni et W. Melian, *Quid Est Secretum ? Visual Representations of Secrets in Early Modern Europe, 1500–1700*, Brill, 2020, p. 559. Sur les problèmes que pose la tentative de percevoir des significations cachées dans « l'exubérance terminologique baroque protéiforme », voir P. B. Daly et J. Manning, *Aspects of Renaissance and Baroque Symbol Theory, 1500–1700*, AMS Press, 1999, p. xv.
11. J. B. Harley, 'Silences and secrecy: The hidden agenda of cartography in early modern Europe' [« Silences et dissimulation : les desseins cachés de la cartographie dans l'Europe des débuts de l'Époque moderne »], *Imago Mundi* 40(1), 1988, p. 57.
12. J. B. Harley, 'Silences and secrecy' [« Silences et dissimulation »], p. 71.
13. J. H. Andrews, 'Meaning, knowledge and power in the map philosophy of J. B. Harley' [« Sens, savoir et pouvoir dans la vision des cartes de J. B. Harley »], in P. Laxton, *The New Nature of Maps: Essays on the History of Cartography*, Hopkins University Press, 2001, p. 14.
14. L. Kurgan, *Si loin, si proche*, Les presses du réel, p. 8-23, 2021.
15. S. Daniels et D. Cosgrove, *The Iconography of Landscape: Essays on the Symbolic Representation, Design and Use of Past Environments* [« L'iconographie du paysage : essais sur la représentation symbolique, la conception et l'usage des environnements du passé »], Cambridge University Press, 1988, p. 7.
16. P. Cohen et M. Duggan, *New Directions in Radical Cartography : Why the Map Is Never the Territory* [« Les nouvelles orientations de la cartographie critique : pourquoi la carte n'est jamais le territoire »], Rowman & Littlefield, 2021, p. xv.
17. Merci à Dennis Gurtz pour cette observation.
18. G. Simmel, 'The sociology of secrecy and of the secret societies' [« Sociologie du secret et des sociétés secrètes »], *American Journal of Sociology* 11, 1096, p. 441–498.
19. G. Simmel, *ibid.*
20. R. Kitchin et M. Dodge, 'Rethinking maps' [« Repenser les cartes »], *Progress in Human Geography* 31(3), 2007, p. 340–342.

Secret et cartes du Moyen Âge à l'aube de l'Époque moderne

1. D. Jütte, *The Age of Secrecy: Jews, Christians, and the Economy of Secrets, 1400–1800*, [« L'ère du secret : les juifs, les chrétiens et l'économie du secret », 1400-1800], Yale University Press, 2015, p. 2.
2. W. Eamonn, *Science and the Secrets of Nature: Books of Secrets in Medieval and Early Modern Culture*, [« La science et les secrets de la Nature : Les livres des secrets dans la culture du Moyen-Âge et du début de l'Époque moderne »], Princeton University Press, 1994, p. 4–5.
3. J. Dee, *The Elements of Geometrie of… Euclide… With a preface by M.J. Dee, specifying the chiefe Mathematicale sciēces, what they are, etc.* [« Les éléments de la géométrie (…) d'Euclide (…) Avec une préface de M. J. Dee, présentant l'essence des sciences mathématiques, ce qu'elles sont, etc. »], John Day, 1570.
4. E. Edson, 'Reviving the Crusades: Sanudo's Schemes and Vesconte's Maps' [« Relancer les croisades : les plans de Sanudo et les cartes de Vesconte »], in R. Allen (sous la dir.), *Eastward Bound: Travel and Travellers, 1050–1550*, Manchester University Press, 2004. p. 133.
5. E. Edson, 'Reviving the Crusades' [« Relancer les croisades »], p. 136.
6. O. & M. Dilke, 'Marino Sanudo: Was He a Great Cartographer ?' [« Marino Sunodo était-il un grand cartographe ? »], *Map Collector* 39, 1987, p. 29–31.
7. E. Edson, 'Reviving the Crusades' [« Relancer les croisades »], p. 139.
8. Merci à Sarah Tyacke pour ces observations.
9. R. Bauer, 'A New World of Secrets: Occult Philosophy and Local Knowledge in the Sixteenth-Century Atlantic' [« Philosophie occulte et savoirs locaux dans l'Atlantique du XVIe siècle »], in J. Delbourgo et N. Dew (sous la dir.), *Science and Empire in the Atlantic World*, Routledge, 2007, p. 99.
10. S. Bok, *Secrets*, p. 172.

---

1. Secrets d'empires

1. V. Keller, 'Mining Tacitus: Secrets of Empire, Nature and Art in the Reason of State' [« Tacite, une mine de renseignements : raison d'État et secrets des empires, de la nature et de l'art »], *British Journal for the History of Science*, 45(2), 2012, p. 189.
2. M.H. Edney, 'The Irony of Imperial Mapping' [« Le paradoxe de la cartographie impériale »], in J. Akerman (sous la dir.), *The Imperial Map: Cartography and the Mastery of Empire*, University of Chicago Press, 2009, p. 11–12.
3. M.H. Edney, *Mapping an Empire: The Geographical Construction of British India, 1765–1843* [« Cartographie d'un empire : la construction géographique de l'Inde britannique, 1765-1843 »], University of Chicago Press, 1997, p. 278.
4. G. Best, *A True Discourse of the Late Journeys of discouerie, for the finding of a passage to Cathaya, by the Northvveast, vnder the conduct of Martin Frobisher Generall…* [« Discours véritable sur les derniers voyages de découverte, à la recherche d'un passage vers Cathay par le Nord-Ouest, sous la conduite de Martin Frobisher (…) »], Henry Bynneman, 1578.
5. P. Barber, 'John White's Maps and Tudor Cartography' [« Les cartes de John White et la cartographie sous les Tudors »], in Eric Klingelhofer (sous la dir.), *Excavating the Lost Colony Mystery: The Map, the Search, the Discovery*, North Carolina University Press, 2023, p. 27–40.
6. T. Livsey, 'Open Secrets : The British "Migrated Archives", Colonial history, and Postcolonial History' [« Secrets de Polichinelle, "Les archives relocalisées", britanniques, l'histoire coloniale et postcoloniale »], *History Workshop Journal* 93(1), T., 2022, p. 95–116. https://doi.org/10.1093/hwj/dbac002.
7. T. Livsey, 'Open Secrets' [« Secrets de polichinelle »], p. 104.
8. N. Etherington, *Mapping Colonial Conquest: Australia and Southern Africa* [« Cartographie de la conquête coloniale : l'Australie et l'Afrique du Sud »], University of Western Australia Press, 2007, p. 1–2.
9. L. Hostetler, 'Mapping, Registering, and Ordering: Time, Space, and Knowledge' [« Cartographier, enregistrer et ordonner : temps, espace et savoir »], in Peter Fibiger Bang (sous la dir.), *The Oxford World History of Empire*, vol. 1, *The Imperial Experience*, Oxford University Press, 2021, p. 306.
10. J. B. Harley, 'Silences and Secrecy' [« Silences et dissimulation »], p. 66 ; D.G. Burnett, *Masters of All They Surveyed: Exploration, Geography and a British El Dorado* [« Maîtres de tout ce qu'ils ont exploré : Exploration, géographie et Eldorado britannique »], University of Chicago Press, 2000, p. 10–11.
11. L. Hostetler, 'Mapping, Registering, and Ordering', [« Cartographier, enregistrer et ordonner »], p. 307.
12. D. Veevers, *The Great Defiance: How the World Took on the British Empire* [« Un formidable défi : comment le monde a résisté à l'Empire britannique »], Ebury Press, 2023, p. 82.
13. Par exemple, la cartographie des territoires situés au-delà des frontières septentrionales de l'Inde britannique fut commandée à un lama tibétain par l'officier britannique Cilliam Edmund Hay, dans les années 1850. *Voir* D. Lange, 2020.
14. G. King, *Mapping Reality: An Exploration of Cultural Geographies* [« Cartographier la réalité : une exploration des géographies culturelles »], Macmillan,1997, p. 146–147.
15. M.H. Edney, 'The Irony of Imperial Mapping', [« Le paradoxe de la cartographie impériale »], p. 44 ; Holstetler, 'Mapping, Registering, and Ordering' [« Cartographier, enregistrer et ordonner »], p. 292.
16. Merci à Angus Martin qui nous a montré la voie.
17. W. Baffin, *A Description of East India Conteyninge th'Empire of the Great Mogoll* [« Description de l'Inde orientale, contenant l'empire du grand Moghol »], Thomas Sterne, 1610 ; G. Staunton, *An Historical Account of the Embassy to the Emperor of China …* [« Relation historique de l'ambassade auprès de l'empereur de Chine (…) »], John Stockdale, 1797.

Une diplomatie pas si secrète : le planisphère Salviati, v. 1525

1. A.Sandman, *Controlling Knowledge: Navigation, Cartography, and Secrecy in the Early Modern Spanish Atlantic* [« Contrôler la diffusion des connaissances : navigation, cartographie et secret dans l'Atlantique espagnol au début de l'Époque moderne »], Routledge, 2007, p. 32.
2. A. Sandman, 'Spanish Nautical Cartography in the Renaissance' [« La cartographie maritime espagnole à la Renaissance »], in D. Woodward (sous la dir.), *The History of Cartography*, vol. 3, part 1, *Cartography in the European Renaissance*, University of Chicago Press, 2009, p. 1107, 1110.

Des secrets rentables : le planisphère de Joan Blaeu, 1648

1. K. Zandvliet, 'Mapping the Dutch World Overseas in the Seventeenth Century' [« La cartographie des outremers néerlandais au XVIIe siècle »], in D. Woodward (sous la dir.) *The History of Cartography*, vol. 3, *Cartography in the European Renaissance: Part II*, University of Chicago Press, 2009, p. 1438.
2. J. Brotton, *Une Histoire du monde en douze cartes*, Flammarion, 2013.

3. Institut Huygens, 'The Dutch East India Company's Shipping between the Netherlands and Asia 1595–1795' [« Expéditions de la Compagnie néerlandaise des Indes orientales entre les Provinces-Unies et l'Asie, 1595-1795 »]. https://resources.huygens.knaw.nl/das/voyages.
4. C. Koeman, G. Schilder, M. Van Egmond & P. Van der Krogt, 'Commercial Cartography and Map Production in the Low Countries, 1500 – ca. 1672' [« Cartographie commerciale et production de cartes aux Pays-Bas, 1500-1672 env. »], in D. Woodward (sous la dir.) *The History of Cartography*, vol. 3, *Cartography in the European Renaissance: Part Two*, University of Chicago Press, 2009, p. 1315.

La révélation de l'Afrique, 1558-années 1850

1. M.F. Alegria *et al.*, 'Portuguese Cartography in the Renaissance' [« La cartographie portugaise à la Renaissance »], 2007, in Woodward (sous la dir.), *The History of Cartography*, vol. 3, part 1, p. 989.
2. P. Barber, *The Queen Mary Atlas: Facsimile of Add. MSS 5415A with a Commentary* [« L'Atlas de la Reine Marie : Facsimilé Add. MSS 5414A avec commentaire »], British Library, 2005, p. 70.
3. Barber, *The Queen Mary Atlas* [« L'Atlas de la Reine Marie »], p. 69.
4. R. Law, *The Slave Coast of West Africa 1550–1750: The Impact of the Atlantic Slave Trade on an African Society* [« La Côte des esclaves en Afrique de l'Ouest, 1550-1750 : Impact du commerce atlantique des esclaves sur la société africaine »], Clarendon Press, 1991, p. 161.
5. H. Paul, 'The South Sea Company's Slaving Activities' [« Les activités esclavagistes de la Compagnie des mers du Sud »], 2009, p. 4. https://www.southampton.ac.uk/economics/research/discussion_papers/author/helen_paul/0924_the_south_sea_company_s_slaving_activities.page.
6. A. Odlyzko, 'Newton's Financial Misadventures in the South Sea Bubble' [« Les mésaventures financières de Newton lors de la « bulle des mers du Sud »], *Notes and Records* 73(1), 2019, p. 7329–59. https://royalsocietypublishing.org/doi/10.1098/rsnr.2018.0018.
7. D. Eltis, D. Richardson, *Atlas of the Transatlantic Slave Trade* [« Atlas du commerce transatlantique des esclaves »], Yale University Press, 2010, p. 2.
8. A.S. Wisnicki, 'Interstitial Cartographer: David Livingstone and the Invention of South Central Africa' [« Un cartographe interstitiel : David Livingstone et l'invention du sud de l'Afrique centrale »], *Victorian Literature and Culture* 37(1), 2009, p. 267.
9. 'Part of Livingstone's Route from Loanda to Quilimane, 1855–56, Showing his Discovery of the Victoria Falls, [1856]' [« Itinéraire partiel suivi par Livingstone de Luanda à Quelimane, 1855-1856, intégrant sa découverte des chutes Victoria »]. https://livingstoneonline.org/in-his-own-words/catalogue?query=%22liv%3A003298%22&view_pid=liv%3A003298.
10. 'Chart of South Africa embracing the Revd David Livingstone's travels beyond Kolobeng and the Great Lake NGAMI to Sisheke with the Orange River Sovereignty. Natal, British Caffraria and the Colonial Districts to the Eastward of Mossel Bay by Thomas Budden Surveyor', [« Carte de l'Afrique du Sud couvrant les voyages du révérend David Livingstone au-delà de Kolobeng et du grand lac NGAMI jusqu'à Sesheke, avec la Souveraineté du fleuve Orange. Le Natal, la Caffrerie britannique et les Districts coloniaux à l'est de Mossel Bay par Thomas Budden »], 1853, British Library, IOR/W/F/4/2536/147465.
11. T. Jeal, *Livingstone: Revised and Expanded Edition* [« Livingstone : édition revue et complétée »], Yale University Press, 2013.

Les cartes des espions aztèques, années 1570

1. *Codex de Florence* numérique. https://florentinecodex.getty.edu.
2. *Codex de Florence*, livre 8, « Rois et seigneurs », f. 33v. https://florentinecodex.getty.edu/book/8/folio/33v?spTexts=&nhTexts=.
3. B. E. Mundy, 'Mesoamerican Cartography' [« La cartographie mésoaméricaine »], in D. Woodward (sous la dir.), *The History of Cartography*, vol. 2, livre 3, *Cartography in the Traditional African, American, Arctic, Australian, and Pacific Societies*, University of Chicago Press, 1998, p. 227.

La quête de la Cité de l'or, v. 1595

1. W. Raleigh, *The Discoverie of the Large, Rich and Bewtiful Empyre of Guiana*, Robert Robinson, 1596 ; disponible en français sous le titre *El Dorado*, Utz,1993.
2. R. Bauer, 'A new World of Secrets' [« Un nouveau monde de secrets »], p. 104.
3. D.G Burnett, 'Fabled Land' [« Un pays légendaire »], in J. Dym, K. Offen (sous la dir.), *Mapping Latin America: A Cartographic Reader*, University of Chicago Press, 2011, p. 40.

La carte au tracé rouge,
une dissimulation impériale, 1783

1. D. Hancock, 'Oswald, Richard (1705 ?–1784), Merchant and Diplomat' [« Oswald, Richard (1705 ?–1784), marchant et diplomate »], *Oxford Dictionary of National Biography*, 2008, https://www.oxforddnb.com/view/10.1093/ref:odnb/9780198614128.001.0001/odnb-9780198614128-e-20924.
2. J.P.D. Dunbabin, 'Red Lines on Maps: The Impact of Cartographical Errors on the Border between the United States and British North America, 1782–1842', [« Les tracés rouges sur les cartes : l'impact des erreurs cartographiques sur la frontière entre les États-Unis et l'Amérique du Nord britannique, 1782–1842 »], *Imago Mundi* 50, 1998, p. 109.
3. J. P. D. Dunbabin, 'Red Lines on Maps' [« Les tracés rouges sur les cartes »], p. 113-121.
4. D.G. Burnett, 'Fabled Land' [« Un pays légendaire »], p. 38-40

***Terra Incognita*, 1547-1793**

1. G. Williams, 'Pacific Voyages' [« Voyages dans le Pacifique »], M.H. Edney et M.S. Pedley (éditeurs), *The History of Cartography*, vol. 4, *Cartography in the European Enlightenment*, Chicago, University of Chicago Press, 2020, p. 1087.
2. M.H. Edney, 'The Irony of Imperial Mapping' [« L'ironie de la cartographie impériale »], p. 3.
3. K.H. McIntyre, *The Secret Discovery of Australia: Portuguese Ventures 200 Years before Captain Cook* [« La découverte secrète de l'Australie : les expéditions portugaises 200 ans avant le capitaine Cook »], Londres, Souvenir Press, 1977.
4. Archives Nationales, ADM 2/1332. Un autre exemplaire est conservé à la British Library, Egerton MS 2177 B.
5. J.C. Beaglehole, *The Journals of Captain James Cook on His Voyages of Discovery* [« Les carnets de bord du capitaine James Cook au cours de ses explorations »], vol. 4, *The Life of Captain James Cook*. Cambridge, Hakluyt Society, 1974, p. 151.
6. P.L. Barton, 'Maori Cartography and the European Encounter' [« Cartographie maorie et rencontre avec les Européens »], D. Woodward et G. Malcolm Lewis G (éditeurs), *The History of Cartography*, vol. 2, livre 3, *Cartography in the Traditional African, American, Arctic, Australian, and Pacific Societies*. Chicago ; Londres, University of Chicago Press, 1998, p. 506-509.
7. G. King, *Mapping Reality: an Exploration of Cultural Geographies* [« Cartographier la réalité : une exploration des géographies culturelles »], Basingstoke, Macmillan, 1996, p. 146.
8. P. Barber, 'Malaspina and George III, Brambila and Watling: Three Discovered Drawings of Sydney and Paramatta by Fernando Brambila' [« Trois dessins retrouvés de Sydney et Parramatta par Fernando Brambila : Malaspina, George III, Brambila et Watling »], *Australian Journal of Art* 11, 1993, p. 31-53.
9. A. Dalrymple, *Memoir Concerning the Chagos and Adjacent Islands* [« Mémoire sur les Chagos et les îles voisines »], Londres, George Bigg, 1786, p. 4 ; M.H. Edney, 'Alexander Dalrymple's Spiteful Innovation in Map History' [« L'innovation malveillante d'Alexander Dalrymple dans l'histoire de la cartographie »], 2024. https://www.mappingasprocess.net/blog/2024/11/11/alexander-dalrymples-spiteful-innovation-in-map-history.
10. G. Williams, 'Pacific Voyages' [« Voyages dans le Pacifique »], p. 1095.

La sphère mystérieuse, 1623

1. Helen M. Wallis et E. D. Grinsted, 'A Chinese Terrestrial Globe. ad 1623'. *British Museum Quarterly* 25(3/4), 1962, p. 85-86.
2. Helen M. Wallis et E. D. Grinsted, 'A Chinese Terrestrial Globe' [« Un globe terrestre chinois, 1623 apr. J.-C. »], p. 87-89.
3. J. Spence, *The Memory Palace of Matteo Ricci* [*Le Palais de mémoire de Matteo Ricci*, Paris, Payot, 1986], Londres, Quercus, 2008, p. 193-194.
4. J.R. Snyder, *Dissimulation and the Culture of Secrecy in Early Modern Europe* [« La dissimulation et la culture du secret dans l'Europe moderne »], Berkeley, University of California Press, 2009, p. xiii, 15-16.

La collection clandestine des cartes interdites
à l'époque d'Edo (Japon), 1848

1. H. Mitsuru, 'The Circumstances of the Establishment and the Author of the "Izu Shichishima Zenzu"[« Contexte de la création et de l'auteur du "Izu Shichishima Zenzu" »], 2001. https://www.lib.meiji.ac.jp/ashida/articles/report_2001/hirano/hirano.html.
2. J. Rüegg, 'Mapping the Forgotten Colony: The Ogasawara Islands and the Tokugawa Pivot to the Pacific' [« Cartographier la colonie oubliée : les îles Ogasawara et le tournant pacifique du shogunat Tokugawa »], *Cross-Currents: East Asian History and Culture Review* 6(2), 2017, p. 456.
3. G.K. Goodman, *Japan, the Dutch Experience* [« Le Japon : l'expérience néerlandaise »], Londres, Athlone, 1986, p. 21.
4. E.M. Binsbergen, 'Philipp Franz von Siebold (1796–1866): Wetenschapper in de Oost' [« Philipp Franz von Siebold (1796–1866) : scientifique en Orient »], 2002. https://web.archive.org/web/20070328203612/http://www.uba.uva.nl/collecties/object.cfm/objectid=34853D0C-C771-4E13-8B78334417AB31EE#paragraaf6.

Cartographie de Chittagong par la Compagnie des Indes orientales : quand le secret limite l'utilité, 1815-1816

1. M.H, Edney, *Mapping an Empire* [« Cartographier un empire »], p. 144, 200.

La planification de la partition des Indes, 1946

1. I. Talbot et G. Singh, *The Partition of India* [« La répartition de l'Inde »], Cambridge, Cambridge University Press, 2009.

---

2. Secrets d'État

1. Duc de Richelieu, *Testament Politique de Richelieu* [1688]. Paris, Champion, 1995, p. 248.
2. F. Bacon, *The Works of Francis Bacon* [« Les Œuvres de Francis Bacon »], Londres, Longman, 1875, p. 474.
3. D. Vincent, *The Culture of Secrecy: Britain 1832–1998* [« La culture du secret : La Grande-Bretagne de 1832 à 1998 »], Oxford, Oxford University Press, 1998, p. 10.
4. M. Dodge et C. Perkins, 'Satellite imagery and the spectacle of secret spaces' [« Imagerie satellite et le spectacle des espaces secrets »], *Geoforum* 40(4), 2009, p. 549.
5. H. Ballon et D. Friedman, 'Portraying the city in early modern Europe' [« Représenter la ville dans l'Europe moderne »], *in* D. Woodward (éditeur), *The History of Cartography*, vol. 3, 2ᵉ partie, *Cartography in the European Renaissance*, Chicago, University of Chicago Press, 2009, p. 686-687.
6. M. Pelletier, 'National and regional mapping in France to about 1650' [« Cartographie nationale et régionale en France jusqu'en 1650 »], *in* Woodward (éditeur) *The History of Cartography*, vol. 3, 2ᵉ partie, 2009, p. 1497.
7. C. Jewitt, *Intelligence Revealed: Maps, Plans and Views at Horse Guards and the War Office, 1800–1880* [« Intelligence révélée : Cartes, plans et vues au Horse Guards et au War Office, 1800–1880 »], (Londres, British Library), 2011, p. xix–xxxix.
8. Anon, 'Soviet cartographic falsification' [« Falsification cartographique soviétique »], *Military Engineer* 62(410), 1970, p. 389-391.
9. P. Chasseaud, 'Trench mapping: Military survey and large-scale mapping on the Western front 1914–18. A talk at the British Library Map Library on 7 March 1987' [« Cartographie des tranchées : enquête militaire et cartographie à grande échelle sur le front occidental, 1914–1918. Une conférence à la Map Library de la British Library, le 7 mars 1987 »] (transcription non publiée), 1987, p. 16.
10. J.B Harley, 'Maps, knowledge and power' [*Le Pouvoir des cartes : Brian Harley et la cartographie*, Anthropos, 1995], *in* Daniels et Cosgrove (éditeurs), *The Iconography of Landscape*, 1998, p. 306.
11. G. Simmel, *The sociology of secrecy*, [« Sociologie du secret »], p. 464-465.
12. R. Norton-Taylor, *The State of Secrecy: Spies and the Media in Britain* [« L'État du secret : Les espions et les médias en Grande-Bretagne »], Londres, I.B. Tauris, 2019, p. 148-149.
13. R. Hewitt, *Map of a Nation: A Biography of the Ordnance Survey* [« Carte d'une nation : Une biographie de l'Ordnance Survey »], Londres, Granta, 2011, p. 215.
14. R. Adams, 'Sixteenth-century intelligencers and their maps' [« Les agents secrets du XVIᵉ siècle et leurs cartes »], *Imago Mundi* 63(2), 2011, p. 206-210.
15. J. Davis et A. Kent (2017). *The Red Atlas: How the Soviet Union Secretly Mapped the World* [« L'Atlas rouge : comment l'Union soviétique a secrètement cartographié le monde »], Chicago, University of Chicago Press, 2017.

16. G. King, *Mapping Reality* [« Cartographier la réalité »], p. 81.
17. D. Moore, *The Last Things* [« Les Dernières choses »], Stockport, Dewi Lewis, 2007. Voir également https://davidmoore.uk.com/The-Last-Things-2008.
18. M. Dodge et C. Perkins, 'Satellite imagery' [« Imagerie satellite »], p. 549 ; p. 547.

Le « ventre mou » de l'Angleterre : cartographie de la côte sud, 1539–1762

1. J.R Hale, 'The defence of the realm, 1485–1558' [« La défense du royaume, 1485–1558 »], in *The History of the King's Works*, vol. 4, 1485–1660, 2e partie, Londres, HMSO, 1982, p. 365-401.
2. P. Barber, 'England I', *in* D. Buisseret (éditeur), *Monarchs, Ministers and Maps: The Emergence of Cartography as a Tool of Government in Early Modern Europe* [Monarques, ministres et cartes : l'émergence de la cartographie comme outil de gouvernement dans l'Europe du début de l'époque moderne »], Chicago, University of Chicago Press, 1992, p. 35.
3. W.A.R. Richardson, 'An Elizabethan pilot's charts (1594): Spanish intelligence regarding the coasts of England and Wales at the end of the XVIth century' [« Les cartes d'un pilote élisabéthain (1594) : le renseignement espagnol sur les côtes d'Angleterre et du pays de Galles à la fin du XVIe siècle »], *Journal of Navigation* 53(2), 2000, p. 313-327.
4. P. Barber, 'Cartographic espionage and cartographic gifts in international relations, 1460–1760' [« Espionnage cartographique et dons cartographiques dans les relations internationales, 1460–1760 »], in R. Adams and R. Cox (éditeurs), *Diplomacy and Early Modern Culture* (Londres, Palgrave Macmillan), 2011, p. 151.

Débarquement et Decca : navigation top secrète, 1944

1. https://www.gov.uk/government/publications/ukho-1915-archives-catalogue
2. O. Dawkins, *Night Passage to Normandy* [« Traversée nocturne vers la Normandie »]. Londres, Decca, 1984.

Préparation du débarquement de Normandie : élaboration des cartes pour l'invasion, 1942-1944

1. *A History of the Map Distribution Plan for the Operation 'Neptune'* [« Histoire du plan de distribution des cartes pour l'opération 'Neptune' »], section de distribution des cartes, quartier général de la division du renseignement, théâtre européen des opérations, Armée américaine, 24 juillet 1944.
2. Naval History and Heritage Command, 'Chapter 6: The Operation Begins – Part 1 -Developments During May 1944' [« Naval History and Heritage Command, Chapitre 6 : Le début de l'opération – Partie 1 : Évolutions au cours de mai 1944 »], 2015. https://www.history.navy.mil/research/library/online-reading-room/title-list-alphabetically/o/operation-neptune-invasion-normandy/chapter-6-operation-begins.html.
3. *Ibid.*
4. *Ibid.*
5. *The Times*, 10 décembre 2003. https://www.thetimes.com/article/rear-admiral-roger-wellby-6zjghgccrlw.
6. A. B, Clough, *Maps and Survey* [« Cartes et relevés »] (Londres, ministère de la Guerre), 1952, p. 456 ff.

Plans de fortification, espions et fuites, 1682-1747

1. V. Pansini, 'Military cartography in the Enlightenment' [« Cartographie militaire au siècle des Lumières »], in M.H. Edney et M.S. Pedley (éditeurs), *The History of Cartography*, vol. 4, *Cartography in the European Enlightenment*, Chicago, University of Chicago Press, 2020, p. 956.
2. P. Barber, 'Cartographic espionage' [« Espionnage cartographique »], p. 13-29.
3. P. Barber et C. Board, *Tales from the Map Room: Fact and Fiction about Maps and Their Makers* [« Histoires de la salle des cartes : réalité et légendes autour des cartes et de leurs auteurs »], Londres, British Library, 1993, p. 90-91.
4. British Library, Add. MS 63759. Cité dans P. Barber, 'Cartographic espionage' [« Espionnage cartographique »], p. 13.

Surimpressions confidentielles : les cartes des tranchées du front occidental, 1914-1918

1. Cité dans P. Chasseaud, 'Trench mapping' [« Cartographie des tranchées »], p. 3.
2. P. Chasseaud, 'Trench mapping' [« Cartographie des tranchées »], p. 16.
3. M. Middlebrook, *The First Day on the Somme, 1 July 1916* [Le Premier jour de la bataille de la Somme »], Londres, Penguin, p. 262-264.

Falsification d'une carte touristique soviétique, 1981

1. Un grand merci à Daniel Wilkinson pour avoir attiré mon attention sur cette carte ; ainsi qu'à Katya Rogatchevskaia pour m'avoir fourni des informations complémentaires.
2. A. Luhn, 'Story of cities #20: the secret history of Magnitogorsk, Russia's steel city' [« Histoire des villes #20 : l'histoire secrète de Magnitogorsk, la ville sidérurgique de Russie »], Guardian, 12 avril 2016. https://www.theguardian.com/cities/2016/apr/12/story-of-cities-20-the-secret-history-of-magnitogorsk-russias-steel-city.
3. Référencé dans *Soviet Map Distortion Policy* [« Politique soviétique de déformation des cartes »], CIA, 1977. https://www.cia.gov/readingroom/docs/DOC_0000498616.pdf.
4. R. Rossa, 'Lviv mapping in the Soviet period' [« Cartographie de Lviv à l'époque soviétique »], *Geodesy, Cartography and Aerial Photography* 91', 2020.

Les cartes et l'État sécuritaire élisabéthain, années 1570

1. P. Barber, 'Mapmaking in England' [« La cartographie en Angleterre »], *in* D. Woodward (éditeur), *The History of Cartography*, vol. 3, 2e partie, *Cartography in the European Renaissance*, Chicago, University of Chicago Press, 2007, p. 1629.

Publiée, puis secrète : la Carte de France, années 1790

1. A. Brotton, *A History of the World in Twelve Maps* [*Une Histoire du monde en douze cartes*, Flammarion, 2020], p. 328.
2. M. Pelletier, 'Carte de France', *in* Edney et Pedley (éditeurs), *The History of Cartography*, vol. 4, Chicago, University of Chicago Press, 2020, p. 243-244.

Imagerie aérienne et spatiale : un siècle d'espionnage, 1903-2003

1. 'U.S. Secretary of State Colin Powell Addresses the U.N. Security Council' [« Discours du secrétaire d'État Colin Powell au conseil de sécurité des Nations unies »], Maison-Blanche des États-Unis, archivé sur https://georgewbush-whitehouse.archives.gov/news/releases/2003/02/20030205-1.html, # 13.
2. Report to the President of the United States, Commission on the Intelligence Capabilities of the United States Regarding Weapons of Mass Destruction [« Rapport au président des États-Unis, Commission sur les capacités du renseignement des États-Unis concernant les armes de destruction massive »], 31 mars 2005.

3. Le secret au sein des sociétés

1. Dans les années 1990, Rocinha était devenue une « favela touristique ». *Voir* B. Freire-Madeiros, 'The favela and its tourist transits' [« La favela et ses transits de touristes »], *Geoforum* 40(4), 2009, p. 5808.
2. Voir, par exemple, les cartes des villes du centre de l'Amérique du Nord incluses dans le 'Nuclear War Atlas' [« Atlas de la guerre nucléaire »], de William Bunge, 1988.
3. R. Macfarlane, *Par les chemins*, Les Arènes, 2022 ; R. Williams, *The Country and the City* [« Le pays et la ville »], Chatto & Windus, 1973 p. 165 ; K. Hauser, *Bloody Old Britain: O.G.S. Crawford and the Archaeology of Modern Life*, Granta, 2008, p. 90.
4. Nous devons ces observations à Phil Cohen.
5. L. Nuti, 'The world map as an emblem: Abraham Ortelius and the Stoic contemplation' [« La carte du monde comme emblème : Abraham Ortelius et la contemplation stoïque »], *Imago Mundi* 55(1), 2003, p. 38–55.
6. T. Conley, *'Secret est à louer'*, p. 549.
7. E. M. Middleton, *Middleton's Eighteenth Map of the Great Flat Earth* [« Dix-huitième carte de la grande terre plate par Middleton »], Londres, 1881.
8. G. Hancock, *Fingerprints of the Gods: A Quest for the Beginning and the End* [« Les empreintes des dieux : une quête du début et de la fin »], Mandarin, 1995, p. 15–16.
9. C. Birchall, 'Six answers to the question' [« Six réponses à la question : 'Qu'est-ce que la cryptologie ?' »], p. 8.

Secrets de Polichinelle : les femmes cartographes, 1648-années 1960

1. P. D. Burden, *The Mapping of North America* [« La cartographie de l'Amérique du Nord »], vol. 1, 1511–1670, Raleigh Publications, 1996, p. 387–389.
2. M. de Pazzis Pi Corrales, *La Mujer en los Ejércitos: Nuevas Perspectivas* [« Les femmes dans les armées : nouvelles perspectives »], M. de Pazzis, 2020, p. 101.
3. L. Worms, 'Selina Hall – Secret Mapmaker' [« Selina Hall: cartographe clandestine »]. https://ashrarebooks.com/2013/11/28/selina-hall-secret-mapmaker.
4. W.W. Van den Hoonaard, *Map Worlds: History of Women in Cartography* [« Les cartes du monde : histoire des femmes dans la cartographie »], Wilfrid Laurier University Press, 2013.
5. M. Tharp, 'Connect the dots: Mapping the seafloor and discovering the mid-ocean ridge' [« Relier les points : la cartographie des fonds marins et la découverte de la dorsale médio-atlantique »], in L. Lippsett *et al.*, *Lamont-Doherty Earth Observatory of Columbia: Twelve Perspectives on the First Fifty Years 1949–1999*, Lamont-Doherty Earth Observatory of Columbia University, 1999.

Escroqueries dans le commerce de cartes, 1559 et 1680

1. V. L. Ménage, 'The Map of Hajji Ahmed and its makers' [« La carte de Hajji Ahmed et ses fabricants »], *Bulletin of the School of Oriental and African Studies* 21(2), 1958, p. 291–314.
2. Cité dans M.S. Pedley, *The Commerce of Cartography: Making and Marketing Maps in 18th Century France and England* [« Le commerce cartographique : fabrication et commercialisation des cartes dans la France et l'Angleterre du XVIIIe siècle »], University of Chicago Press, 2005, p. 106.
3. J. Speed, *The Theatre of the Empire of Great Britain* [« Le théâtre de l'Empire de Grande-Bretagne »], Bassett and Chiswell, 1676, préface (non paginée).

Une brigade indienne à Gallipoli, 1915

1. British Council, 2014. https://www.britishcouncil.org/sites/default/files/remember-the-world-report-v5.pdf, p. 35
2. Imperial War Museums, 'The black British soldiers who were deliberately forgotten' [« Les soldats noirs britanniques qui ont été délibérément oubliés »]. https://www.iwm.org.uk/history/the-black-british-soldiers-who-were-deliberately-forgotten
3. J. O'Brien, 'Interviews with Indian soldiers of World War One and World War Two' [« Entretiens avec des soldats indiens de la Première Guerre mondiale et de la Seconde Guerre mondiale »], 2019. https://blogs.bl.uk/untoldlives/2019/02/interviews-with-indian-soldiers-of-world-war-one-and-world-war-two-.html. Les rapports de censure du courrier des soldats indiens en France sont conservés à la British Library sous la cote IOR/L/MIL/5/825-827.

Hors des cartes : atlas routiers et apartheid en Afrique du Sud, 1963 et 1995

1. T.J. Bassett, 'Signs of the times: Commercial road mapping and national identity in South Africa' [« Signes du temps : cartes routières commerciales et identité nationale en Afrique du Sud »], in James R. Akerman (sous la dir.), *Decolonizing the Map*, University of Chicago Press, 2017.
2. J. B. Harley, 'Maps, knowledge and power' [« Cartes, savoir et pouvoir »], in Daniels et Cosgrove (sous la dir.), *The Iconography of Landscape*, 1988, p. 288. L'auteur cite T. J. Jackson Lears, 'The concept of cultural hegemony: Problems and possibilities' [« Le concept d'hégémonie culturelle : problèmes et possibilités »], *American Historical Review*, 90(3), p. 567–593.

Clyde en marche dans le Territoire indien, 1905 et 2010

1. R.A. Skelton, *Explorers' Maps : Chapters in the Cartographic Record of Geographical Discovery* [« Les cartes des explorateurs : autant de chapitres des découvertes historiques »], Routledge & Kegan Paul, 1958, p. 91.
2. R. Macfarlane, *The Wild Places* [« Les étendues sauvages »], Granta, 2007, p. 142.
3. N. Dorn, 'The state of what ? ? U.S. states that never made the cut' [« Mais quel État ? Les États américains qui n'ont jamais vu le jour »], Library of Congress blogs, 2012. https://blogs.loc.gov/law/2012/05/the-state-of-what-u-s-states-that-never-made-the-cut.
4. https://en.wikipedia.org/wiki/Sequoyah_Constitutional_Convention.
5. Bobby C. Martin commente ainsi son œuvre en exclusivité pour cet ouvrage.

Cachés au cœur des villes : Londres, 1747 et Shahjanabad, années 1850

1. R. Hyde, in S. O'Connell, *London, 1753* [« Londres, 1753 »], British Museum, 2003, p. 22.
2. Cité par M. Rabb dans *Satire and Secrecy* [« Satire et dissimulation »], p. 28.
3. J. B. Harley, *The New Nature of Maps* [« La nouvelle nature des cartes »], John Hopkins University Press, 2001, p. 69.

Cartographie des secrets du labyrinthe de Kowloon, 1997

1. K. Terasawa, K. Hiroaki, *Grand Panorama of the Kowloon Walled City* [« Grand panorama de la citadelle de Kowloon »], 12e édition, Iwanami Shoten, 2022, p. 21.
2. K. Terasawa et K. Hiroaki, *Grand Panorama* [« Grand panorama de la citadelle de Kowloon »], p. 26.
3. G. Girard, *City of Darkness Revisited* [« La cité obscure revisitée »], Watermark Publications, 2014, p. 176.
4. G. Girard, *City of Darkness Revisited* [« La cité obscure revisitée »], p. 182.

Une carte en patchwork : la courtepointe de la prison de Wandsworth, 2010

1. *Security Installations, Implementation of Policy for Treatment on OS Maps and Plans* [« Installations sécurisées, mise en œuvre de la politique de traitement sur les cartes et les plans de l'OS »], 1957, Archives nationales britanniques, OS 1/1470.
2. 'The Making of the Wandsworth Prison Quilt' [« La confection de la courtepointe de la prison de Wandsworth »], mémoire non publié – avec nos remerciements à Cherry Conway-Hughes.
3. *Ibid.*

Les secrets de la face cachée de la Lune

1. W. Sheehan, T.A. Dobbins. *Epic Moon: A History of Lunar Exploration in the Age of the Telescope* [« L'épopée lunaire : histoire de l'exploration de la Lune à l'âge du télescope »], Willmann-Bell, 2001.
2. B. Harvey, *Soviet and Russian Lunar Exploration* [« L'exploration de la Lune par les Soviétiques puis les Russes »], Springer-Praxis, 2007, p. 34.

Cartes au trésor, 1687-1694

1. 'Entry Book: June 1692, 1–10' [« Livre des entrées : juin 1692, 1-10 »], in *Calendar of Treasury Books*, vol. 9, 1689-1692, ed. William A. Shaw, 1931, British History Online. King's Warrant Book XVI, p. 241–244. https://www.british-history.ac.uk/cal-treasury-books/vol9/pp1656-1672.
2. 'A treasure map' [« Une carte au trésor »], 1937, *Imago Mundi* 2(1), p. 60.
3. British Library, Sloane MS 46B, f. 94 (entrée du vendredi 29).
4. N.J.W. Thrower, T. A. Cimolino et D. B. Quinn, *A Buccaneer's Atlas : Basil Ringrose's South Sea Waggoner: A Sea Atlas and Sailing Directions of the Pacific Coast of the Americas, 1682* [« Atlas d'un flibustier : le roulier des mers du Sud de Basil Ringrose : Atlas maritime et instructions nautiques pour la côte pacifique des Amériques, 1682 »], University of California Press, 1992.
5. N.J.W. Thrower *et al.*, *A Buccaneer's Atlas*.

Les secrets des pyramides, v. 1375-1954

1. Z. Shalev, 'Measurer of all things: John Greaves (1602–1652), the Great Pyramid, and early modern metrology' [« Mesurer toute chose : John Greaves (1602-1652), la Grande pyramide et les débuts de la métrologie moderne »], *Journal of the History of Ideas* 63(4), 2002, p. 555–75.
2. E. F. Jomard, *Considérations sur l'objet et les avantages d'une collection spéciale consacrée aux cartes géographiques et aux diverses branches de la géographie*, Duverger, 1831, p. 28–31.
3. D. Boorstin, 'Afterlives of the great pyramid' [« Les vies d'après de la Grande pyramide »], *Wilson Quarterly*, été 1992, p. 132.

Cartographier l'inconnu

1. A. Scafi, *Mapping Paradise: A History of Heaven on Earth* [« Cartographier le paradis : une histoire du ciel sur Terre »], Londres, British Library, 2006, p. 356.

Espaces d'exception, 1516 et 2004

1. A. Bonnett, *Off the Map: Lost Spaces, Invisible Cities, Forgotten Islands, Feral Places, and that they tell us about the World* [« Hors des cartes : espaces disparus, villes invisibles, îles oubliées, lieux sauvages, et ce qu'ils nous apprennent sur le monde »], Londres, Aurum Press, 2014, p. 155.
2. H. Dietrich Fernández, 'A Secret Space for a Secret Keeper: Cardinal Bibbiena at the Vatican Palace' [« Un espace secret pour un gardien de secrets : le cardinal Bibbiena au palais du Vatican »], in T. McCall et S. Roberts (éditeurs), *Visual Cultures of Secrecy in Early Modern Europe*. University Park, Pennsylvanie (États-Unis), Penn State University Press, 2013, p. 154.
3. C. Black et E. Clark, *Negative Publicity: Artefacts of Extraordinary Rendition* [« Mauvaise publicité : artefacts de la pratique de la détention exceptionnelle »], New York, Aperture Foundation, p. 239-240 ; T. Paglen, 'Goatsucker: Toward a spatial theory of state secrecy' [« *Goatsucker* : vers une théorie spatiale du secret d'État »], *Environment and Planning D: Society and Space* 29, 2010, p. 769.

4. Vie privée

1. B. Bellmann, 'The paradox of secrecy' [« Le paradoxe du secret »], *Human Studies* 4(1), 1981, p. 5.
2. Cité dans *Wired*, 12 novembre 2013.
3. S. Tomasch, 'Surveillance/history' [« Surveillance et histoire »], in A. Kern-Stähler et N. Nyffenegger (éditeurs), *Secrecy and Surveillance in Medieval England* (Tübingen, Narr), 2019, p. 24.
4. P. Eden, 'Three Elizabethan land surveyors: Peter Kempe, Thomas Clerke and Thomas Langdon' [« Trois géomètres élisabéthains : Peter Kempe, Thomas Clerke et Thomas Langdon »], *in* S. Tyacke (éditeur), *English Map-Making 1500–1650: Historical Essays* (Londres, British Museum Press), 1983, p. 68-78.
5. L. Vaughan, *Mapping Society: The Spatial Dimensions of Social Cartography* [« Cartographier la société : les dimensions spatiales de la cartographie sociale »], Londres, UCL Press, 2018, p. 4.
6. L. Vaughan, *Mapping Society* [« Cartographier la société : les dimensions spatiales de la cartographie sociale »], p. 170.
7. D. Vincent, *The Culture of Secrecy* [« La culture du secre »t], p. 95.
8. J. Hudspith, 'Your iPhone keeps a secret map of everywhere you go' [« Votre iPhone conserve une carte secrète de tous vos déplacements »], *North Wales Live*, 22 mars 2022. https://www.dailypost.co.uk/news/uk-world-news/your-iphone-keeps-secret-map-23490920.
9. T. Beyes et C. Pias, 'Secrecy, transparency, and non-knowledge' [« Secret, transparence et ignorance »], in Andreas Bernard, Matthias Koch et Martina Leeker (éditeurs), *Non-Knowledge and Digital Cultures* (Lüneburg: Meson Press), 2018, p. 40.
10. M. Monmonier, *Spying with Maps* [« Espionner avec des cartes »], p. 1.

Panoptique, cartes et données géospatiales

1. 'The panopticon', Bentham Project, UCL. https://www.ucl.ac.uk/bentham-project/about-jeremy-bentham/panopticon.
2. Plans du panoptique, UCL Bentham Manuscripts Box 119 (Bentham MS Box 119_122).
3. Bentham MS Box 119_120.
4. 'The panopticon', Bentham Project.
5. M. Foucault, *Surveiller et punir : naissance de la prison*, Paris, Gallimard, 1975.
6. https://www.therenditionproject.org.uk.
7. Amnesty International (n.d.), 'Inside the NYPD's Surveillance Machine' [« Dans les coulisses du dispositif de surveillance de la NYPD »]. https://banthescan.amnesty.org/decode/index.html

Communications par câble : un monde pas si secret, 1850-présent

1. Centre for Strategic & International Studies, 'Safeguarding subsea cables: Protecting cyber infrastructure amid great power competition' [« Protection des câbles sous-marins : préserver les infrastructures cybernétiques dans le contexte de la compétition entre grandes puissances »]. https://www.csis.org/analysis/safeguarding-subsea-cables-protecting-cyber-infrastructure-amid-great-power-competition#:~:text=Subsea%20fiber%2Doptic%20cables%2C%20a,state%20actors%20such%20as%20Russia.
2. Un grand merci à la Section historique du GCHQ pour son aide dans la localisation du télégramme.
3. T. Boghardt, *The Zimmermann Telegram: Intelligence, Diplomacy, and America's Entry into World War I* [« Le télégramme Zimmermann : renseignement, diplomatie et l'entrée des États-Unis dans la Première Guerre mondiale »]. Annapolis, Maryland, États-Unis, Naval Institute Press, 2012.
4. S. Walker, 'Russia to monitor "all communications" at Winter Olympics in Sochi' [« La Russie va surveiller "toutes les communications" aux Jeux olympiques d'hiver de Sotchi »], *Guardian*, 6 octobre 2013. https://www.theguardian.com/world/2013/oct/06/russia-monitor-communications-sochi-winter-olympics
5. E. MacAskill, *et al.*, 'Mastering the internet: How GCHQ set out to spy on the world wide web' [« Maîtriser Internet : comment le GCHQ s'est lancé dans l'espionnage du web mondial »], *Guardian*, 21 juin 2013. https://www.theguardian.com/uk/2013/jun/21/gchq-mastering-the-internet

Sortir de l'ombre : les origines militaires du GPS, 1973-présent

1. W.H. Wooden, 'NAVSTAR Global Positioning System overview' [« Présentation du système de positionnement global NAVSTAR »], Defence Mapping Agency,1984.
2. Fiche technique 'Mission Delta 31 – PNT Integrated Mission Delta' [« Mission Delta 31 – Mission intégrée PNT »], Space Operations Command, US Space Force. https://www.spoc.spaceforce.mil/About-Us/Fact-Sheets/Display/Article/3878190/mission-delta-31-pnt-integrated-mission-delta.
3. I. Martin, 'Electronic warfare is screwing up food delivery apps and 'find my' location tracking in the Middle East' [« La guerre électronique fout le bazar dans les applis de livraison et le suivi de localisation "Localiser mon iPhone" au Moyen-Orient »], magazine *Forbes*, 20 juin 2024. https://www.forbes.com/sites/iainmartin/2024/06/20/electronic-warfare-is-screwing-up-food-delivery-apps-and-find-my-location-tracking-in-the-middle-east

Renseignement de source ouverte : tous espions, 2022 et 2023

1. Global Fishing Watch, 'Emerging technology gives first ever global view of hidden vessels' [« Une technologie émergente offre une toute première vue mondiale des navires cachés »], 8 juin 2022. https://globalfishingwatch.org/press-release/technology-highlights-hidden-vessels.
2. O. Ballinger, 'Peering beyond the clouds: A guide to Bellingcat's Ship Detection Tool' [« Voir au-delà des nuages : un guide de l'outil de détection de navires Bellingcat »], 2023. https://www.bellingcat.com/resources/2023/05/11/peering-beyond-the-clouds-a-guide-to-bellingcats-ship-detection-tool.
3. Europol, 'Europol sets up OSINT taskforce to support investigations into war crimes committed in Ukraine' [« Europol crée une task force OSINT pour soutenir les enquêtes sur les crimes de guerre commis en Ukraine »], 21 novembre 2023. https://www.europol.europa.eu/media-press/newsroom/news/europol-sets-osint-taskforce-to-support-investigations-war-crimes-committed-in-ukraine

Pour conclure…

1. G. Simmel, 'The sociology of secrecy' [« La sociologie du secret »], p. 462.
2. T. Conley, '*Secret est à louer*', p. 557.
3. P. Kingsbury et J. P. Jones, 'Walter Benjamin's Dionysian adventures on Google Earth' [« Les aventures dionysiaques de Walter Benjamin sur Google Earth »], *Geoforum* 40(4), 2009, p. 502-513.
4. S. Bok, *Secrets* [« Secrets : Éthique de la dissimulation et de divulgation »], p. 5.
5. Hansard, Right to Know Bill HC Deb, 19 février 1993, vol 219 cc583-654. [loi sur la liberté d'information]. https://api.parliament.uk/historic-hansard/commons/1993/feb/19/right-to-know-bill#S6CV0219P0_19930219_HOC_109.
6. K. Zandvliet, 'Mapping the Dutch world overseas' [« La cartographie du monde néerlandais à l'étranger »], p. 1460-1461.
7. British Library, archives du bureau des Indes, dossier « Politiques et secrets ».
8. British Library, cartes CC.5.a.170 ; Bryars, T. et T. Harper (2014). *A History of the Twentieth Century in 100 Maps* [« Une histoire du XXe siècle en 100 cartes »],(Londres, British Library), p. 68-69.
9. P. Winnicott, cité dans C. Birchall, 'Six answers to the question' [« Six réponses à la question : 'Qu'est-ce que la cryptologie ?' »], p. 7.
10. E. Weizman, E, 'Strikeout: The material infrastructure of the secret' [« *Strikeout* : l'infrastructure matérielle du secret »], in Black et Clark, *Negative Publicity*, 2015, p. 287.
11. T. Beyes et C. Pias, 'Secrecy, transparency and non-knowledge' [« Secret, transparence et ignorance »], p. 50.

Bibliographie sélective

Adams, R. (2011). 'Sixteenth-century intelligencers and their maps'. *Imago Mundi* 63(2), pp. 206–10.
Alegria, M.F., et al. (2007). 'Portuguese cartography in the Renaissance', in Woodward (ed.), *The History of Cartography*, vol. 3, part 1.
Andrews, J.H. (2001). 'Meaning, knowledge and power in the map philosophy of J.B. Harley', in P. Laxton (ed.), *The New Nature of Maps: Essays on the History of Cartography* (Baltimore, MD: Johns Hopkins University Press).
Anon. (1970). 'Soviet cartographic falsification'. *Military Engineer* 62(410), pp. 389–91.
Arnold, L. (2007). *Windscale 1957: Anatomy of a Nuclear Accident* (Basingstoke: Palgrave Macmillan).
Ballon, H., and D. Friedman (2009). 'Portraying the city in early modern Europe', in Woodward (ed.), *The History of Cartography*, vol. 3, part 2.
Barber, P. (1992). 'England I', in D. Buisseret (ed.), *Monarchs, Ministers and Maps: The Emergence of Cartography as a Tool of Government in Early Modern Europe* (Chicago: University of Chicago Press).
Barber, P. (1993). 'Malaspina and George III, Brambila and Watling: Three discovered drawings of Sydney and Paramatta by Fernando Brambila', *Australian Journal of Art* 11, pp. 31–53.
Barber, P. (2005). 'John Darby's map of the parish of Smallburgh in Norfolk, 1582'. *Imago Mundi* 57(1).
Barber, P. (2005). *The Queen Mary Atlas: Facsimile of Add. MSS 5415A with a Commentary* (London: British Library).
Barber, P. (2007). 'Mapmaking in England', in Woodward (ed.), *The History of Cartography*, vol. 3, part 2.
Barber, P. (2011). 'Cartographic espionage and cartographic gifts in international relations, 1460–1760', in R. Adams and R. Cox (eds), *Diplomacy and Early Modern Culture* (London: Palgrave Macmillan).
Barber, P. (2023). 'John White's maps and Tudor cartography', in Eric Klingelhofer (ed.), *Excavating the Lost Colony Mystery: The Map, the Search, the Discovery* (Raleigh: North Carolina University Press).
Barber, P., and C. Board (1993). *Tales from the Map Room: Fact and Fiction about Maps and Their Makers* (London: British Library).
Barton, P.L. (1998). 'Maori cartography and the European encounter', in Woodward and Lewis (eds), *The History of Cartography*, vol. 2, book 3.
Bassett, T.J. (2017). 'Signs of the times: Commercial road mapping and national identity in South Africa', in James R. Akerman (ed.), *Decolonizing the Map* (Chicago: University of Chicago Press).
Bauer, R. (2007). 'A new world of secrets: Occult philosophy and local knowledge in the sixteenth century Atlantic', in J. Delbourgo and N. Dew (eds), *Science and Empire in the Atlantic World* (New York: Routledge).
Baynton-Williams, A. (2015). *The Curious Map Book* (London: British Library).
Beaglehole, J.C. (1974). *The Journals of Captain James Cook on His Voyages of Discovery*, vol. 4, *The Life of Captain James Cook* (Cambridge: Hakluyt Society).
Bellmann, B. (1981). 'The paradox of secrecy'. *Human Studies* 4(1).
Beyes, T., and C. Pias (2018). 'Secrecy, transparency, and non-knowledge', in Andreas Bernard, Matthias Koch and Martina Leeker (eds), *Non-Knowledge and Digital Cultures* (Lüneburg: Meson Press).
Birchall, C. (2016). 'Six answers to the question "What is secrecy studies?"'. *Secrecy and Society* 1(1).
Black, C., and E. Clark E. (2015). *Negative Publicity: Artefacts of Extraordinary Rendition* (New York: Aperture Foundation).
Boghardt, T. (2012). *The Zimmermann Telegram: Intelligence, Diplomacy, and America's Entry into World War I* (Annapolis, MD: Naval Institute Press).
Bok, S. (1984). *Secrets: On the Ethics of Concealment and Revelation* (Oxford: Oxford University Press).
Bond, B.A. (2015). *Secret Escapes* (Glasgow: Times Books).
Bonnett, A. (2014). *Off the Map: Lost Spaces, Invisible Cities, Forgotten Islands, Feral Places, and What They Tell Us about the World* (London: Aurum Press).
Boorstin, D. (1992). 'Afterlives of the great pyramid'. *Wilson Quarterly* (summer).
Brotton, J. (2012). *A History of the World in Twelve Maps* (London: Penguin).
Bryars, T. and T. Harper (2014). *A History of the Twentieth Century in 100 Maps* (London: British Library).
Burden, P.D. (1996). *The Mapping of North America*, vol. 1, 1511–1670 (Rickmansworth: Raleigh Publications).
Burnett, D.G. (2000). *Masters of All They Surveyed: Exploration, Geography and a British El Dorado* (Chicago: University of Chicago Press).
Burnett, D.G. (2011). 'Fabled land', in J. Dym and K. Offen (eds), *Mapping Latin America: A Cartographic Reader* (Chicago: University of Chicago Press).
Chasseaud, P. (1987). 'Trench mapping: Military survey and large-scale mapping on the Western Front 1914–18. A talk at the British Library Map Library on 7 March 1987' (unpublished transcript).
Clough, A.B. (1952). *Maps and Survey* (London: War Office).
Cohen, P., and M. Duggan (2021). *New Directions in Radical Cartography: Why the Map Is Never the Territory* (London: Rowman & Littlefield, 2021).
Conley, T. (2020). 'Secret est à louer: Secrets and secrecy in French Baroque cartography, 1580–1640', in R. Dekoninck, A. Guiderdoni and W. Melian (eds), *Quid Est Secretum? Visual Representations of Secrets in Early Modern Europe, 1500–1700* (Leiden: Brill).
Cook, C. (2005). *The Routledge Companion to Britain in the Nineteenth Century, 1815–1914* (London: Routledge).
Culcasi, K. (2015). 'Counter-mapping', in Monmonier (ed.), *The History of Cartography*, vol. 6.
Daniels, S., and D. Cosgrove (eds) (1988). *The Iconography of Landscape: Essays on the Symbolic Representation, Design and Use of Past Environments* (Cambridge: Cambridge University Press).
Davis, J., and A. Kent (2017). *The Red Atlas: How the Soviet Union Secretly Mapped the World* (Chicago: University of Chicago Press).
Dawkins, O. (1984). *Night Passage to Normandy* (London: Decca).
Delano-Smith, C., and R.J.P. Kain (1999). *English Maps: A History* (London: British Library).
Dietrich Fernández, H. (2013). 'A secret space for a secret keeper: Cardinal Bibbiena at the Vatican Palace', in T. McCall and S. Roberts (eds), *Visual Cultures of Secrecy in Early Modern Europe* (University Park, PA: Penn State University Press).
Dobson, Jerome E. (2015). 'Privacy', in Monmonier (ed.), *The History of Cartography*, vol. 6.
Dodge, M., and C. Perkins (2009). 'Satellite imagery and the spectacle of secret spaces'. *Geoforum* 40(4).
Dunbabin, J.P.D. (1998). 'Red lines on maps: The impact of cartographical errors on the border between the United States and British North America, 1782–1842'. *Imago Mundi* 50.
Eamonn, W. (1994). *Science and the Secrets of Nature: Books of Secrets in Medieval and Early Modern Culture* (Princeton, NJ: Princeton University Press).
Eden, P. (1983). 'Three Elizabethan land surveyors: Peter Kempe, Thomas Clerke and Thomas Langdon', in S. Tyacke (ed.), *English Map-Making 1500–1650: Historical Essays* (London: British Museum Press).
Edney, M.H. (1997). *Mapping an Empire: The Geographical Construction of British India, 1765–1843* (Chicago: University of Chicago Press).
Edney, M.H. (2008). 'John Mitchell's map of North America (1755): A study of the use and publication of official maps in eighteenth-century Britain'. *Imago Mundi* 60(1), pp. 63–85.
Edney, M.H. (2009). 'The irony of imperial mapping', in J. Akerman (ed.), *The Imperial Map: Cartography and the Mastery of Empire* (Chicago: University of Chicago Press).
Edney, M.H., and M.S. Pedley (eds) (2020). *The History of Cartography*, vol. 4, *Cartography in the European Enlightenment* (Chicago: University of Chicago Press).
Edson, E. (2004). 'Reviving the Crusades: Sanudo's schemes and Vesconte's maps', in R. Allen (ed.), *Eastward Bound: Travel and Travellers, 1050–1550* (Manchester: Manchester University Press).
Eltis, D., and D. Richardson (2010). *Atlas of the Transatlantic Slave Trade* (New Haven, CT: Yale University Press).
Etherington, N. (2007). *Mapping Colonial Conquest: Australia and Southern Africa* (Crawley: University of Western Australia Press).
Foucault, M. (1975). *Discipline and Punish: The Birth of the Prison* (London: Allen Lane).
Freire-Madeiros, B. (2009). 'The favela and its tourist transits'. *Geoforum* 40(4).
Gartner, W.G. (1998). 'Mapmaking in the Central Andes', in Woodward (ed.), *The History of Cartography*, vol. 2, book 3.
Girard, G. (2014). *City of Darkness Revisited* (Haslemere: Watermark Publications).
Goodman, G.K. (1986). *Japan, the Dutch Experience* (London: Athlone).
Hale, J.R. (1982). 'The defence of the realm, 1485–1558', in *The History of the King's Works*, vol. 4, 1485–1660 (Part II) (London: HMSO), pp. 365–401.
Harley, J.B. (1988). 'Maps, knowledge and power', in Daniels and Cosgrove (eds), *The Iconography of Landscape*.
Harley, J.B. (1988). 'Silences and secrecy: The hidden agenda of cartography in early modern Europe'. *Imago Mundi* 40(1).
Harvey, B. (2007). *Soviet and Russian Lunar Exploration* (New York: Springer-Praxis)
Hauser, K. (2008). *Bloody Old Britain: O.G.S. Crawford and the Archaeology of Modern Life* (London: Granta).
Hewitt, R. (2011). *Map of a Nation: A Biography of the Ordnance Survey* (London: Granta).
Hodson, Y. (1999). *Popular Maps: The Ordnance Survey Popular Edition One-Inch Map of England and Wales, 1919–1926* (London: Charles Close Society).

Hostetler, L. (2021). 'Mapping, registering, and ordering: Time, space, and knowledge', in Peter Fibiger Bang (ed.), *The Oxford World History of Empire*, vol. 1, *The Imperial Experience* (Oxford: Oxford University Press).
Hyland, S. (2017). 'Writing with twisted cords: The inscriptive capacity of Andean khipus'. *Current Anthropology* 58(3).
Hyde, R. (2003), in S. O'Connell, *London, 1753* (London: British Museum).
Jewitt, C. (2011). *Intelligence Revealed: Maps, Plans and Views at Horse Guards and the War Office, 1800–1880* (London: British Library).
Jütte, D. (2015). *The Age of Secrecy: Jews, Christians, and the Economy of Secrets, 1400–1800* (New Haven, CT: Yale University Press).
Kasperson, J.X., R.E. Kasperson and B.L. Turner II (eds) (1995). *Regions at Risk: Comparisons of Threatened Environments*. Tokyo: United Nations University Press.
Kain, R.J.P. (2020). 'Taxation and cartography', in Edney and Pedley (eds), *The History of Cartography*, vol. 4.
Kitchin, R., and M. Dodge (2007). 'Rethinking maps'. *Progress in Human Geography* 31(3).
Kingsbury, P., and J.P. Jones (2009). 'Walter Benjamin's Dionysian adventures on Google Earth'. *Geoforum* 40(4).
Kurgan, L. (2013). *Close Up at a Distance: Mapping, Technology & Politics* (New York: Zone Books).
King, G. (1997). *Mapping Reality: An Exploration of Cultural Geographies* (Basingstoke: Macmillan).
Koeman, C., et al. (2009). 'Commercial cartography and map production in the Low Countries, 1500–ca. 1672', in Woodward (ed.), *The History of Cartography*, vol. 3, part 2.
Law, R. (1991). *The Slave Coast of West Africa 1550–1750: The Impact of the Atlantic Slave Trade on an African Society* (Oxford: Clarendon Press).
Macfarlane, R. (2007). *The Wild Places* (London: Granta).
Macfarlane, R. (2012). *The Old Ways: A Journey on Foot* (London: Hamish Hamilton).
Map Distribution Section, Intelligence Division Headquarters, European Theater of Operations (1944). *A History of the Map Distribution Plan for the Operation 'Neptune'* (US Army).
Ménage, V.L. (1958). '"The Map of Hajji Ahmed" and its makers'. *Bulletin of the School of Oriental and African Studies* 21(2).
Middlebrook, M. (1971). *The First Day on the Somme, 1 July 1916* (London: Penguin).
Monmonier, M. (2002). *Spying with Maps: Surveillance Technologies and the Future of Privacy* (Chicago: University of Chicago Press).
Monmonier, M. (ed.) (2015). *The History of Cartography*, vol. 6, *Cartography in the Twentieth Century* (Chicago: University of Chicago Press).
Morgan, M.S., et al. (2019). *Charles Booth's London Poverty Maps* (London: Thames and Hudson).
Mundy, B.E. (1998). 'Mesoamerican cartography', in Woodward (ed.), *The History of Cartography*, vol. 2, book 3.
Norton-Taylor, R. (2019). *The State of Secrecy: Spies and the Media in Britain* (London: I.B. Tauris).
Nuti, L. (2003). 'The world map as an emblem: Abraham Ortelius and the Stoic contemplation'. *Imago Mundi* 55(1).
Paglen, T. (2010). 'Goatsucker: Toward a spatial theory of state secrecy'. *Environment and Planning D: Society and Space* 29.
Pansini, V. (2020). 'Military cartography in the Enlightenment', in Edney and Pedley (eds), *The History of Cartography*, vol. 4.
Pazzis Pi Corrales, M. de (2020). *La Mujer en los Ejércitos: Nuevas Perspectivas* (Madrid: M. de Pazzis).
Pedley, M.S. (2005). *The Commerce of Cartography: Making and Marketing Maps in 18th Century France and England* (Chicago: University of Chicago Press).
Pelletier, M. (2009). 'National and regional mapping in France to about 1650', in Woodward (ed.), *The History of Cartography*, vol. 3, part 2.
Peters, J. (2020). 'Allegorical mapping', in Edney and Pedley (eds), *The History of Cartography*, vol. 4.
Pickford, N. (1994). *The Atlas of Shipwreck & Treasure* (London: Dorling Kindersley).
Purbrick, L. (2007). 'British watchtowers', in D. Wylie and L. Purbrick, *British Watchtowers* (Göttingen: Steidl).
Quilter, J., and G. Urton (eds) (2002). *Narrative Threads: Accounting and Recounting in Andean Khipu* (Austin: University of Texas Press).
Richardson, W.A.R. (2000). 'An Elizabethan pilot's charts (1594): Spanish intelligence regarding the coasts of England and Wales at the end of the XVIth century'. *Journal of Navigation* 53(2), pp. 313–27.
Rivera, P.M. (1958). 'Quipus y jeroglíficos'. *Zeitschrift für Ethnologie* 83(1).
Roberts, H. (2021). 'Sellafield and British nuclear culture, 1945–1992: Nuclear imaginaries in the rural periphery'. PhD thesis, University of Liverpool.
Ruddock, A. (1961). 'The earliest original seaman's rutter and pilot's chart'. *Journal of the Institute of Navigation* 14(4), pp. 409–31.
Rüegg, J. (2017). 'Mapping the forgotten colony: The Ogasawara Islands and the Tokugawa pivot to the Pacific'. *Cross-Currents: East Asian History and Culture Review* 6(2).
Sandman, A. (2007). *Controlling Knowledge: Navigation, Cartography, and Secrecy in the Early Modern Spanish Atlantic* (New York: Routledge).
Sandman, A. 'Spanish nautical cartography in the Renaissance', in Woodward (ed.), *The History of Cartography*, vol. 3, part 1.
Savage, C. (2017). *Power Wars: The Relentless Rise of Presidential Authority and Secrecy* (New York: Back Bay Books).
Scafi, A. (2006). *Mapping Paradise: A History of Heaven on Earth* (London: British Library).
Shalev, Z. (2002). 'Measurer of all things: John Greaves (1602–1652), the Great Pyramid, and early modern metrology'. *Journal of the History of Ideas* 63(4), pp. 555–75.
Sheehan, W., and T.A. Dobbins (2001). *Epic Moon: A History of Lunar Exploration in the Age of the Telescope* (Richmond, VA: Willmann-Bell).
Simmel, G. (1906). 'The sociology of secrecy and of the secret societies'. *American Journal of Sociology* 11, pp. 441–98.
Skelton, R.A. (1958). *Explorers' Maps: Chapters in the Cartographic Record of Geographical Discovery* (London: Routledge & Kegan Paul).
Snyder, J.R. (2009). *Dissimulation and the Culture of Secrecy in Early Modern Europe* (Berkeley: University of California Press).
Spence, J. (2008). *The Memory Palace of Matteo Ricci* (London: Quercus).
Talbot, I., and G. Singh (2009). *The Partition of India*. Cambridge: Cambridge University Press.
Terasawa, K., and K. Hiroaki (2022). *Grand Panorama of the Kowloon Walled City*, twelfth edition (Tokyo: Iwanami Shoten).
Tharp, M. (1999). 'Connect the dots: Mapping the seafloor and discovering the mid-ocean ridge', in L. Lippsett et al., *Lamont-Doherty Earth Observatory of Columbia: Twelve Perspectives on the First Fifty Years 1949–1999* (Palisades, NY: Lamont-Doherty Earth Observatory of Columbia University).
Thrower, N.J.W, T.A. Cimolino and D.B. Quinn (1992). *A Buccaneer's Atlas: Basil Ringrose's South Sea Waggoner: A Sea Atlas and Sailing Directions of the Pacific Coast of the Americas, 1682* (Berkeley: University of California Press)
Tyacke, S. (2009). 'Chartmaking in England and its context, 1500–1660', in Woodward (ed.), *The History of Cartography*, vol. 3, part 2.
van den Hoonaard, W.C. (2013). *Map Worlds: History of Women in Cartography* (Waterloo, Ont.: Wilfrid Laurier University Press).
Vaughan, L. (2018). *Mapping Society: The Spatial Dimensions of Social Cartography* (London: UCL Press).
Veevers, D. (2023). *The Great Defiance: How the World Took on the British Empire* (London: Ebury Press).
Vermeir, K. (2012). 'Openness versus secrecy? Historical and historiographical remarks'. *British Journal for the History of Science* 45(2).
Vincent, D. (1998). *The Culture of Secrecy: Britain 1832–1998* (Oxford: Oxford University Press).
Wallis, Helen M., and E.D. Grinsted (1962). 'A Chinese terrestrial globe, AD 1623'. *British Museum Quarterly* 25(3/4).
Weizman, E. (2015). 'Strikeout: The material infrastructure of the secret', in Black and Clark, *Negative Publicity*.
Williams, G. (2020). 'Pacific voyages', in Edney and Pedley (eds), *The History of Cartography*, vol. 4.
Williams, R. (1973). *The Country and the City* (London: Chatto & Windus).
Wisnicki, A.S. (2009). 'Interstitial cartographer: David Livingstone and the invention of south central Africa'. *Victorian Literature and Culture* 37(1).
Wooden, W.H. (1984). 'NAVSTAR Global Positioning System overview'. Defense Mapping Agency.
Woodward, D. (ed.) (2009). *The History of Cartography*, vol. 3, *Cartography in the European Renaissance* (Chicago: University of Chicago Press).
Woodward, D., and G. Malcolm Lewis G (eds) (1998). *The History of Cartography*, vol. 2, book 3, *Cartography in the Traditional African, American, Arctic, Australian, and Pacific Societies* (Chicago and London: University of Chicago Press).
Zandvliet, K. (2009). 'Mapping the Dutch world overseas in the seventeenth century', in Woodward (ed.) *The History of Cartography*, vol. 3, part 2.

Index

Les illustrations sont indiquées par des numéros de page en *italique*.